国际边境口岸法规丛书

加拿大海关法

CANADA CUSTOMS LAW

国家口岸管理办公室 / 编译

中国海关出版社

图书在版编目（CIP）数据

加拿大海关法/国家口岸管理办公室编译. —北京：中国海关出版社，
2017.7
（国际边境口岸法规丛书）
ISBN 978-7-5175-0175-6

Ⅰ.①加… Ⅱ.①国… Ⅲ.①海关法—加拿大 Ⅳ.①D971.122

中国版本图书馆 CIP 数据核字（2016）第 300351 号

加拿大海关法
JIANADA HAIGUAN FA

作　　者：国家口岸管理办公室
策　　划：普　娜
责任编辑：左桂月
出版发行：中国海关出版社
社　　址：北京市朝阳区东四环南路甲 1 号　　　邮政编码：100023
网　　址：www. hgcbs. com. cn
编 辑 部：01065194242-7527（电话）　　　　01065194231（传真）
发 行 部：01065194221/4238/4246（电话）　　01065194233（传真）
社办书店：01065195616（电话）　　　　　　　01065195127（传真）
　　　　　http://store. hgbookvip. com（网址）
印　　刷：北京铭成印刷有限公司　　　　　　　经　　销：新华书店
开　　本：710mm×1000mm　1/16
印　　张：25.5　　　　　　　　　　　　　　　字　　数：496 千字
版　　次：2017 年 7 月第 1 版
印　　次：2017 年 7 月第 1 次印刷
书　　号：ISBN 978-7-5175-0175-6
定　　价：118.00 元

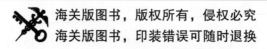

《加拿大海关法》

译者

黄胜强

编辑说明

一、《加拿大海关法》中文版译自 2016 年版《加拿大海关法》《海关税则》《出口及进口许可法》《特别进口措施法》4 部法律。

二、《加拿大海关法》中文版中所有页中注和页下注均为译者注。

三、《加拿大海关法》中文版遵从的原则是内容、条目体例和层级与英文版原文保持一致。因此，中文版中，法条下只有一款的，该法条有标题，条目层级为（a）、（i）、（A）（详见示例1）；法条下有两款或两款以上的，该法条无标题，其下各款有独立标题，条目层级依次为（1）、（a）、（i）、（A）（详见示例2）。

示例1：

第8条　申报

部长有权规定以申报单的格式，该申报单应由填写人签名并声明申报单中提供的信息真实、准确，并且是完整的。

示例2：

第48条

……

（5）已付或应付价格的调整

以向加拿大出口为目的的销售的货物的已付或应付价格应根据下列因素进行调整：

（a）下列各项金额中任何一项如未包括在该货物的已付或应付价格中，应予计入：

（i）由该货物的采购人支付并与该货物相关的佣金及经纪费，但不包括该采购人向其代理人于销售时在境外提供的代理服务已付或应付的代理费。

（ii）由该采购人支付的并与该货物相关的包装成本及费用，包括在海关监管意义上被视为进口货物组成部分的纸板箱、箱子、其他容器及掩盖物的成本，以及为保持货物在装运至加拿大之时的原状所发生的所有包装费用。

（iii）下列货物或服务的价格，由该货物的采购人直接或间接地免费或减价提供的用于该进口货物的生产及出口销售的，以合理的方法并按普遍接受的会计原则按比例摊入进口货物成交价格的：

（A）已固化在该进口货物中的材料、元器件、部件及其他货物的；

（B）该进口货物的生产中所使用的工具、模具及其他货物的；

（C）该进口货物的生产中所消耗的材料的；以及

（D）在加拿大境外进行的并且是该进口货物的生产必需的策划、研发工作、艺术工作、设计工作及制图工作的。

......

编者

2017 年 5 月

目　录

统一法律文本 ⋯⋯⋯⋯⋯⋯⋯⋯⋯⋯⋯⋯⋯⋯⋯⋯⋯⋯⋯ 1

海关法 ⋯⋯⋯⋯⋯⋯⋯⋯⋯⋯⋯⋯⋯⋯⋯⋯⋯⋯⋯⋯⋯ 2

简　称 ⋯⋯⋯⋯⋯⋯⋯⋯⋯⋯⋯⋯⋯⋯⋯⋯⋯⋯⋯⋯⋯ 2

解　释 ⋯⋯⋯⋯⋯⋯⋯⋯⋯⋯⋯⋯⋯⋯⋯⋯⋯⋯⋯⋯⋯ 2

第Ⅰ部分　总则 ⋯⋯⋯⋯⋯⋯⋯⋯⋯⋯⋯⋯⋯⋯⋯⋯⋯ 7

对国家元首的适用 ⋯⋯⋯⋯⋯⋯⋯⋯⋯⋯⋯⋯⋯⋯⋯⋯ 7

处罚及利息 ⋯⋯⋯⋯⋯⋯⋯⋯⋯⋯⋯⋯⋯⋯⋯⋯⋯⋯ 8

担保 ⋯⋯⋯⋯⋯⋯⋯⋯⋯⋯⋯⋯⋯⋯⋯⋯⋯⋯⋯⋯⋯ 9

大额支付 ⋯⋯⋯⋯⋯⋯⋯⋯⋯⋯⋯⋯⋯⋯⋯⋯⋯⋯⋯ 9

履行义务 ⋯⋯⋯⋯⋯⋯⋯⋯⋯⋯⋯⋯⋯⋯⋯⋯⋯⋯⋯ 9

现场海关及设施 ⋯⋯⋯⋯⋯⋯⋯⋯⋯⋯⋯⋯⋯⋯⋯⋯ 10

法律适用 ⋯⋯⋯⋯⋯⋯⋯⋯⋯⋯⋯⋯⋯⋯⋯⋯⋯⋯⋯ 11

提供信息 ⋯⋯⋯⋯⋯⋯⋯⋯⋯⋯⋯⋯⋯⋯⋯⋯⋯⋯⋯ 11

格　式 ⋯⋯⋯⋯⋯⋯⋯⋯⋯⋯⋯⋯⋯⋯⋯⋯⋯⋯⋯⋯ 11

关务代理人 ⋯⋯⋯⋯⋯⋯⋯⋯⋯⋯⋯⋯⋯⋯⋯⋯⋯⋯ 13

第Ⅱ部分　进口 ⋯⋯⋯⋯⋯⋯⋯⋯⋯⋯⋯⋯⋯⋯⋯⋯ 14

人　员 ⋯⋯⋯⋯⋯⋯⋯⋯⋯⋯⋯⋯⋯⋯⋯⋯⋯⋯⋯⋯ 14

货物申报 ⋯⋯⋯⋯⋯⋯⋯⋯⋯⋯⋯⋯⋯⋯⋯⋯⋯⋯⋯ 17

关　税 ⋯⋯⋯⋯⋯⋯⋯⋯⋯⋯⋯⋯⋯⋯⋯⋯⋯⋯⋯⋯ 20

对已申报货物的纳税义务 ⋯⋯⋯⋯⋯⋯⋯⋯⋯⋯⋯⋯ 21

货物的移动及存放 ⋯⋯⋯⋯⋯⋯⋯⋯⋯⋯⋯⋯⋯⋯⋯ 22

运　输 ⋯⋯⋯⋯⋯⋯⋯⋯⋯⋯⋯⋯⋯⋯⋯⋯⋯⋯⋯⋯ 23

保税仓库及免税商店 ⋯⋯⋯⋯⋯⋯⋯⋯⋯⋯⋯⋯⋯⋯ 25

海关放行 ⋯⋯⋯⋯⋯⋯⋯⋯⋯⋯⋯⋯⋯⋯⋯⋯⋯⋯⋯ 27

报关及缴纳关税 ⋯⋯⋯⋯⋯⋯⋯⋯⋯⋯⋯⋯⋯⋯⋯⋯ 27

货物标记 ⋯⋯⋯⋯⋯⋯⋯⋯⋯⋯⋯⋯⋯⋯⋯⋯⋯⋯⋯ 32

货物的原产地 ⋯⋯⋯⋯⋯⋯⋯⋯⋯⋯⋯⋯⋯⋯⋯⋯⋯ 33

放弃货物 ⋯⋯⋯⋯⋯⋯⋯⋯⋯⋯⋯⋯⋯⋯⋯⋯⋯⋯⋯ 34

无主货物 ··· 34

某个规定类别的货物 ·· 35

业务账册 ·· 36

审 查 ·· 38

某项自由贸易协定项下的审查 ····························· 38

进行审查 ·· 38

原产地审查报告 ·· 39

原产地重新认定的生效日期 ······························ 40

拒绝或撤销某些自由贸易协定项下的优惠关税待遇 ····· 41

提供文件 ·· 41

行政决定 ·· 42

第 III 部分　计征关税 ·· 43

按百分比计算的关税 ·· 43

完税价格 ·· 43

解 释 ·· 43

确定完税价格 ··· 45

估价方法的选择顺序 ·· 45

货物的成交价格 ·· 46

相同货物的成交价格 ·· 48

相似货物的成交价格 ·· 49

倒扣价格 ·· 50

计算价格 ·· 51

其他方法 ·· 52

一般规定 ·· 53

基于规定数量或规定价格的关税 ·························· 53

做出认定 ·· 53

进口货物的原产地、税则归类，以及完税价格的认定、重新认定及

进一步重新认定 ·· 54

署长重新认定及进一步重新认定 ·························· 56

上诉及诉诸 ·· 60

特别规定 ·· 62

第 IV 部分　减免税及退税 ·································· 64

第 V 部分　出口 ·· 68

第 V.1 部分　征税 ··· 71

解　释 ……………………………………………… 71

附属权力 …………………………………………… 72

一般规定 …………………………………………… 72

未缴纳证明、留置权及解除 ………………………… 74

扣押债权的通知及非常规转让 ……………………… 78

财产获得及扣押 …………………………………… 81

限制规定 …………………………………………… 82

受托人、资产管理人及本人代表 …………………… 85

合并及清理 ………………………………………… 88

伙伴关系 …………………………………………… 89

非法人实体 ………………………………………… 89

确定、异议及上诉 ………………………………… 90

　　确　定 ………………………………………… 90

　　异议及上诉 …………………………………… 91

第Ⅵ部分　执法 …………………………………… 97

海关执法人员的权力 ……………………………… 97

对诉讼或司法程序的限制规定 …………………… 102

信息披露权 ………………………………………… 102

调查权 ……………………………………………… 108

罚款及利息 ………………………………………… 109

扣押权 ……………………………………………… 111

被扣押货物的归还 ………………………………… 113

没　收 ……………………………………………… 115

　　一般规定 ……………………………………… 115

　　确定的没收 …………………………………… 116

　　对扣押、确定的没收或处罚确定的复议 ……… 117

　　第三方诉求 …………………………………… 124

放弃或没收物品的处理 …………………………… 127

对邮件征收关税权 ………………………………… 128

证　据 ……………………………………………… 129

禁止、违规及处罚 ………………………………… 132

　　一般规定 ……………………………………… 132

　　程　序 ………………………………………… 134

第Ⅵ.1部分　本法项下违法行为以外的刑事犯罪行为的执法 …………… 135

指定海关执法人员的权力 ……………………………… 135

第 VII 部分　实施细则 ……………………………… 136

议会审查 ……………………………………………… 138

过渡条款 ……………………………………………… 139

相应修改 ……………………………………………… 139

生　效 ………………………………………………… 139

税率表 ……………………………………………… 140

相关规定 …………………………………………… 142

未生效的修改 ……………………………………… 151

海关税则 …………………………………………… 153

简　称 ………………………………………………… 153

第 1 部分　注释及总则 …………………………… 153

注　释 ………………………………………………… 153

总　则 ………………………………………………… 158

税率表修改 …………………………………………… 158

第 2 部分　海关关税 ……………………………… 160

第 1 节　货物的原产地 ……………………………… 160

原产地规则 …………………………………………… 160

直接运输及转口运输 ………………………………… 161

货物标志 ……………………………………………… 162

第 2 节　征收海关关税 ……………………………… 162

一般规定 ……………………………………………… 162

特殊归类 ……………………………………………… 165

第 3 节　关税待遇 …………………………………… 165

一般规定 ……………………………………………… 165

普通税率 ……………………………………………… 167

最惠国税率 …………………………………………… 167

普惠制税率（GPT） …………………………………… 170

最不发达国家税率（LDCT） ………………………… 172

英联邦加勒比国家税率（CCCT） …………………… 173

澳大利亚税率（AUT）及新西兰税率（NZT） ……… 174

美国税率（UST）、墨西哥税率（MT）及墨西哥—美国

税率（MUST） ………………………………………… 176

智利税率（CT） ···························· 178

哥伦比亚税率（COLT） ···················· 180

哥斯达黎加税率（CRT） ·················· 183

巴拿马税率（PAT） ······················ 185

秘鲁税率（PT） ·························· 186

洪都拉斯税率（HNT） ···················· 188

韩国税率（KRT） ························ 189

加拿大—以色列协定税率（CIAT） ·········· 191

冰岛税率（IT） ·························· 192

挪威税率（NT） ·························· 194

瑞士—列支敦士登税率（SLT） ············ 195

约旦税率（JT） ·························· 197

第4节　特别措施、紧急措施及保障措施 ········ 198

特别措施 ································ 198

全球紧急措施 ···························· 199

对农产品的保障措施 ······················ 206

针对美国货物的双边紧急措施 ·············· 207

对墨西哥及MUST货物的双边紧急措施 ········ 208

双边紧急措施——智利 ···················· 210

双边紧急措施——哥伦比亚 ················ 211

双边紧急措施——哥斯达黎加 ·············· 212

双边紧急措施——冰岛 ···················· 214

对边紧急措施——挪威 ···················· 216

双边紧急措施——瑞士—列支敦士登 ········ 218

双边紧急措施——巴拿马 ·················· 220

双边紧急措施——秘鲁 ···················· 222

双边紧急措施——约旦 ···················· 223

双边紧急措施——洪都拉斯 ················ 224

对从洪都拉斯进口的纺织及服装货物的双边紧急措施 ········ 226

双边紧急措施——韩国 ···················· 227

针对中国的保障措施 ······················ 230

附加税 ·································· 234

转口货物 ································ 234

第3部分　关税减免 ······················ 235

解 释 ………………………………………………… 235

第 1 节 关税税率的降低 ………………………… 236

第 2 节 未全部缴纳关税进口 …………………… 237

　　降低完税价格 …………………………………… 237

　　文化族群 ………………………………………… 238

　　关税的分期缴纳 ………………………………… 238

　　离岸加拿大货物 ………………………………… 246

　　一般规定 ………………………………………… 248

第 3 节 过时或过剩货物 ………………………… 249

第 4 节 额外减免税 ……………………………… 250

第 5 节 一般规定 ………………………………… 252

第 4 部分　实施细则及命令 ………………… 256

第 5 部分　违禁货物 ………………………… 262

第 6 部分　过渡条款 ………………………… 262

第 7 部分　相关修改 ………………………… 264

第 8 部分　后续修改 ………………………… 264

第 9 部分　废止及生效 ……………………… 265

　废 止 …………………………………………… 265

　生 效 …………………………………………… 265

出口及进口许可法 …………………………… 266

　简 称 …………………………………………… 266

　解 释 …………………………………………… 266

　制定控制清单 …………………………………… 268

　双边紧急措施：纺织及服装货品 ……………… 277

　进口许可 ………………………………………… 277

　软木制品出口许可 ……………………………… 278

　许可及证明 ……………………………………… 279

　实施细则 ………………………………………… 285

　禁限规定 ………………………………………… 286

　违法及处罚 ……………………………………… 287

　一般规定 ………………………………………… 289

　报告国会 ………………………………………… 289

特别进口措施法 ……………………………… 290

简　称 ……………………………………………………………… 290

解　释 ……………………………………………………………… 290

第Ⅰ部分　特别进口措施 …………………………………………… 299

应征收反倾销税、反补贴税及临时关税 ……………………… 299

反倾销税和反补贴税 …………………………………… 299

临时关税 ………………………………………………… 303

在本法第Ⅰ.1部分或第Ⅱ部分规定项下的司法程序期间的关税

缴纳 ……………………………………………………… 305

关于缴纳关税的一般规则 ……………………………… 309

正常价格、出口价格或补贴金额的快速审查 ………… 310

免予适用本法 …………………………………………… 311

正常价格、出口价格、倾销幅度及补贴金额 ……………… 312

正常价格 ………………………………………………… 312

出口价格 ………………………………………………… 317

正常价格及出口价格 …………………………………… 321

倾销幅度 ………………………………………………… 321

补贴金额 ………………………………………………… 323

倾销及补贴调查程序 ………………………………………… 323

启动调查 ………………………………………………… 323

对审查或对倾销或补贴的初步认定 …………………… 328

最终认定 ………………………………………………… 330

法院审查 ……………………………………………………… 332

承　诺 ………………………………………………………… 337

由指定的海关执法人员认定 ………………………………… 342

重新认定及上诉 ……………………………………………… 343

由指定的海关执法人员或署长重新认定 ……………… 343

向加拿大国际贸易法院上诉 …………………………… 348

向联邦法院上诉 ………………………………………… 348

对命令和调查结论的审查 ……………………………… 349

命令及调查结论的废除 ………………………………… 355

第Ⅰ.1部分　对某个 NAFTA 国家货物的争议裁决 ……………… 356

解　释 ………………………………………………………… 356

申请审议 ……………………………………………………… 357

设立工作组 …………………………………………………… 358

工作组审议 ·· 359

对工作组决定采取的措施 ······································ 360

特别异议司法程序 ·· 360

成 员 ·· 362

特别委员会审议 ·· 362

犯 法 ·· 366

实施细则 ··· 367

法律适用 ··· 367

第 II 部分 对美国货物的争端裁决 ·························· 368

解 释 ·· 368

申请审议 ··· 369

设立工作组 ··· 370

工作组审议 ··· 371

对工作组决定采取的措施 ······································ 371

特别异议司法程序 ·· 372

成 员 ·· 373

秘书处 ·· 374

犯 法 ·· 375

实施细则 ··· 375

法律的适用 ··· 376

第 III 部分 一般规定 ··· 376

向署长提供证据 ··· 376

关税的征收 ··· 378

信息披露 ··· 378

对谁是进口人的行政裁定 ······································ 382

收集信息 ··· 385

申请审查 ··· 385

犯 法 ·· 388

实施细则 ·· 389

命 令 ·· 391

统一法律文本

统一法律文本的法律地位

2009 年生效的《立法修改及统一法》第 31 条（1）及（2）规定如下：

第 31 条

（1）公布的统一法律文本是其法律地位的证据

部长按本法规定公布的每份统一的法律法规或其统一的实施细则，无论是印刷或是电子格式的，都是该法律法规或其实施细则以及其内容的法律地位证据，部长以发布为目的签发的每份统一的法律法规或其统一的实施细则，除有相反的证据外，应视为是部长按本法规定发布的。

（2）法律之间的不一致

部长按本法规定发布的统一的法律法规与由议会执行秘书依照《法律法规公布法》规定证实的法律法规原文及其后来的修改有不一致时，以该法律法规原文或修改为准。

海 关 法①

简 称

第1条 简称

本法称为《海关法》。

解 释

第2条

（1）词语定义

在本法中：

"服务局"，指加拿大边境服务局。

"保税仓库"，指部长按《海关税则》第九十一条（1）规定批准作为某个保税仓库批准的场所。

"加拿大"，［1996年废止］。

"加拿大—美国自由贸易协定"，［1997年废止］。

"承运人代码"，指部长按本法第12.1条（4）规定发布的或在该条②规定生效前发布的唯一识别号码。

"CCFTA"，按《加拿大—智利自由贸易实施法》第2条（1）规定的"协定"一词定义。

"CCOFTA"，按《加拿大—哥伦比亚自由贸易实施法》第2条规定的"协

---

① 本统一法律文本最新一次修订于2015年8月1日生效。
② 指本法第12.1条。——译者注

定"一词定义。

"CCRFTA"，按《加拿大—哥斯达黎加自由贸易实施法》第 2 条（1）规定的"协定"一词定义。

"CEFTA"，按《加拿大—CEFTA 自由贸易实施法》第 2 条（1）规定的"协定"一词定义。

"原产地证书"，指申请享受某项自由贸易协定项下优惠关税待遇时，按本法第 35.1 条（1）规定，并按本法第 35.1 条（4）（b）规定办理，用以证明货物原产地的书面证明。

"CHFTA"，按《加拿大—洪都拉斯经济增长与繁荣法》第 2 条规定的"协定"一词定义。

"智利"，按《关税法》第 2 条（1）规定解释。

"CIFTA"，按《加拿大—以色列自由贸易协定》第 2 条（1）规定的"协定"解释。

"雪茄"，[2002 年废止]。

"CJFTA"，按《加拿大—约旦经济增长与繁荣法》第 2 条规定的"协定"解释。

"CKFTA"，按《加拿大—韩国经济增长与繁荣法》第 2 条规定的"协定"解释。

"哥伦比亚"，按《海关税则》第 2 条（1）规定解释。

"海关署署长"，[2005 年废止]。

"运输工具"，指任何车辆、航空器或水上航行器及其他任何用于运输人员或货物的设备。

"哥斯达黎加"，按《海关税则》第 2 条（1）规定解释。

"邮件"，按行政法规相关规定解释。

"CPAFTA"，按《加拿大—巴拿马经济增长与繁荣法》第 2 条规定的"协定"一词解释。

"CPFTA"，按《加拿大—秘鲁经济增长与繁荣法》第 2 条规定的"协定"一词解释。

"现场海关"，指部长按本法第 5 条规定指定作为通关现场的某处场所。

"数据"，指以任何形式表示的信息或概念。

"副部长"，[1999 年废止]。

"指定货物"，指：

（a）[2002 年废止]

（b）航空汽油；

（c）航空煤油；

（d）啤酒或麦芽酒；

（e）钻石；

（f）柴油；

（g）煤油；

（h）珍珠；

（i）宝石或半宝石；

（i.1）酒精饮料；

（j）葡萄酒；或者

（k）部长以部长令形式为适用本法或本法任何一条规定指定的其他货物。

"关税"，指依照《海关税则》《2001 年消费税法》《消费税法》《特别进口措施法》或其他所有议会通过的法律规定对进口货物征收的关税和进口环节税。但适用本法第 3 条（1）、第 59 条（3）（b）及第 65 条（1）（b）、第 69 条、第 73 条及第 74 条（1）、第 75 条（2）及第 76 条（1）规定时，不包括按《消费税法》第九部分规定征收的消费税。

"免税商店"，指部长按本法第 24 条规定批准作为免税店开设的某处场所。

"EFTA 国家"，按《加拿大—EFTA 自由贸易协定实施法》第 2 条（1）规定定义。

"消费税印发票"，指部长按《2001 年消费税法》第 25.1 条（1）规定发放并且没有按该法第 25.5 条规定被撤销的一种印花票。

"出口"，指从加拿大出口。

"没收"，指以加拿大的权利没收并上交国家元首。

"自由贸易协定"，指附件第一部分第二栏所列某项协定。

"自由贸易伙伴"，指附件第一部分第一栏所列某个国家或地区。

"货物"，从广义上讲，包括运输工具、动物及任何形式的文件。

"洪都拉斯"，按《海关税则》第 2 条（1）规定定义。

"冰岛"，按《海关税则》第 2 条（1）规定定义。

"进口"，指进口到加拿大。

"从以色列或其他 CIFTA 受惠国家进口"，按《海关税则》第 2 条（1）规定定义。

"领水"，指加拿大境内所有河流、湖泊和其他淡水，包括下列圣劳伦斯河部分地区：

（a）从得罗西亚角到安蒂科斯蒂最西端；以及

（b）从安蒂科斯蒂岛到圣劳伦斯河北岸沿经线六十三度向西；

"内水"，[1996年废止]。

"以色列或其他CIFTA受惠国家"，按《海关税则》第2条（1）规定定义。

"约旦"，按《海关税则》第2条（1）规定定义。

"韩国"，按《海关税则》第2条（1）规定定义。

"经批准的使用人"，按《2001年消费税法》第2条规定定义。

"列支敦士登"，按《海关税则》第2条（1）规定定义。

"邮件"，按《加拿大邮政公司法》第2条规定定义。

"烟草制品"，[2002年废止]。

"部长"，指加拿大公共安全及应急部部长。

"NAFTA"，按《北美自由贸易协定实施法》第2条（1）规定定义。

"NAFTA国家"，按《北美自由贸易协定实施法》第2条（1）规定定义。

"挪威"，按《海关税则》第2条（1）规定定义。

"海关执法人员"，指在本法、《海关税则》或《特别进口措施法》的管理和执法工作所雇用的人员，包括加拿大皇家骑警警员。

"巴拿马"，按《海关税则》第2条（1）规定定义。

"人"，指某个个人，某个合营公司、公司、信托公司，某个死者的遗产，或者某个社团、联盟、俱乐部、协会、委员会或其他任何组织。

"秘鲁"，按《海关税则》第2条（1）规定定义。

"优惠关税待遇"，对于货物，指可以适用附件第一部分第三栏所列规定税率。

"CCFTA项下优惠关税待遇"，[2012年废止]。

"CCRFTA项下优惠关税待遇"，[2012年废止]。

"CEFTA项下优惠关税待遇"，[2012年废止]。

"CIFTA项下优惠关税待遇"，[2012年废止]。

"CPFTA项下优惠关税待遇"，[2012年废止]。

"NAFTA项下优惠关税待遇"，[2012年废止]。

"规定的"，指：

（a）指部长准许的填表格式及方式。

（b）指部长规定的表格中或被提供的信息。

（c）对于其他情况，指行政法规规定的或按行政法规规定的规则确定的。

"主席"，指按《加拿大边境服务机构法》第7条（1）规定委任的加拿大边境服务机构的主席。

"生烟叶"，指《2001年消费税法》第2条规定定义。

"记录"，指任何记录或标明数据的材料，人或某个计算机系统或者其他装置能够阅读或理解的。

"实施细则"，指总督依照本法制定的某项实施细则。

"放行"，指：

（a）对于货物，指允许将该货物提离现场海关、监管仓库、保税仓库或免税商店，在加拿大境内使用；以及

（b）对于应适用第32条（2）（b）规定的货物，指在进口人、货物所有人或收货人经营场所接受货物。

"受限制的配方"，按《2001年消费税法》第2条规定定义。

"特异变性醇"，按《2001年消费税法》第2条规定定义。

"特定利率"，指按某个年利率，相当于每年按6%加规定利率。

"酒精饮料"，按《2001年消费税法》第2条规定定义。

"酒精饮料许可证持有人"，按《2001年消费税法》第2条规定定义。

"监管仓库"，指部长按本法第24条规定批准作为监管仓库的场所。

"瑞士"，按《洗头税法》第2条（1）规定定义。

"税则归类"，指进口货物归入《海关税则》所列商品分类目录某个税目。

"领海"，[1996年废止]。

"烟草许可证持有人"，按《2001年消费税法》第2条规定定义。

"烟草制品"，按《2001年消费税法》第2条规定定义。

"美国"，[1997年废止]。

"完税价格"，对于货物，指按本法第45条至第56条规定确定的该货物的价格。

"葡萄酒"，按《2001年消费税法》第2条规定定义。

（1.1）词语定义

本条（1）规定的"指定货物"定义如下：

"酒精""乙醇"，[2002年废止]。

"啤酒"或"麦芽酒"，按《2001年消费税法》第4条规定定义。

"钻石"，指个人使用或人体装扮用，归入《海关税则》所列商品分类目录子目7102.10、7102.31及7102.39项下的。

"燃料油"，按《2001年消费税法》第2条（1）规定定义。

"煤油"，按《2001年消费税法》第2条（1）规定定义。

"珍珠"，指个人使用或人体装扮用，归入《海关税则》所列商品分类目录税目71.01项下的。

"宝石及半宝石"，指个人使用或人体装扮用，归入《海关税则》所列商品分类目录税目71.03项下的。

"葡萄酒"，[2002年废止]。

（1.2）［2002 年废止］

（1.3） 电子记录

本法要求的每个人应使用电子手段保存的记录，应使用电子可读的格式按规定的保存期限保存。

（2） 加拿大领水的界限

适用本法时，总督可随时颁布实施细则临时性地界定加拿大领水的范围，包括内水的范围，但这一实施细则不得理解为优先于加拿大对界定的水域所拥有的主权。

（3） 机构主席的权力、责任及职责

本法规定授予机构主席的所有权力、责任及职责可由机构主席本人授权的任何人或任何某一级别的海关执法人员代为行使或履行。由被授权人行使或履行，应视为由机构主席本人行使或履行。

（4） 授权

部长可授权某个海关执法人员或某一级别的海关执法人员行使部长的权力或履行部长的职责，包括在本法项下的任何司法或准司法权力。

（5） 部长授权

部长可以授权某个由加拿大收入机构雇佣的人或某一级别的这些人行使部长的权力或履行部长的职责，包括在本法项下的任何司法或准司法权力。

（6） 国家收入部部长授权

国家收入部部长可以授权某个由加拿大收入机构雇佣的人或某一级别的这些人行使部长的权力或履行部长的职责，包括在本法项下的任何司法或准司法权力。

第 I 部分

总　　则

对国家元首的适用

第 3 条

（1） 对国家元首有约束力的关税

依照《海关税则》《2001 年消费税法》《消费税法》《特别进口措施法》或其他涉及海关的法律对进口货物征收的关税或其他税，对国家元首或某省省长本人或委托他人进口的所有货物具有约束力。

（2）对国家元首具有约束力的法律

除本条（3）另有规定外，本法对国家元首或某省省长具有约束力。

（3）例外规定

总督有权制定实施细则规定在任何情况下按规定的条件免除加拿大国家元首按本法第 12 条或第 95 条规定的申报义务。

处罚及利息

第 3.1 条　应按复利计算的利息

利息应按某个规定利率或某个特定利率计算并且按复利逐日计算。如果按本法某条规定对某个金额计算的利息，在按此计算的截止日期（本条规定的日期除外）未缴纳，应对未缴纳的利息征收按复利逐日计算的利息，计息时段从该日起至缴纳之日，并且按相关规定缴纳。

第 3.2 条　可准许的规定利率

依照本法规定可按特定利率计算的利息，经部长或部长为此指定的任何海关执法人员准许，可改按规定利率计算。

第 3.3 条

（1）免予罚款或征息

除涉及征收任何本法第 VI 部分 1 规定项下的皇室债务外，部长或部长为执行本条规定专门指定的任何海关执法人员，可在任何时候部分或全部豁免或撤销某人按本法规定本应缴付的任何罚款或利息。

（1.1）例外规定

本条（1）规定不适用于按本法第 127.1 条规定采取的措施、按本法第 129 条规定提出的请求，或者该条规定列明的提出请求的期限没有到期的情况。

（2）罚款或被退还利息的利息

如果某人因本条（1）规定项下的免除或撤销其已缴付的一笔罚款或利息被退还，此人还应被退还对被退还的该笔罚款或利息按规定利息计算的利息，计息时段从该笔罚款或利息缴付之日起至退还之日止。

担　保

第3.4条

（1）补充担保

如果某人按本法规定向部长提供了担保而部长或部长为执行本条规定专门指定的任何海关执法人员（本条以下简称"指定人员"）认定已提供的担保价值不足，部长或某个指定人员可书面通知要求此人本人或委托他人在通知规定的合理期限内提供补充担保。

（2）未缴付补充担保情况下的缴付

如果某人本人或委托他人没有在规定的时期内按本条（1）规定提供补充担保，此人应立即缴付下列金额：

（a）此人向部长提供的并且价值不足的担保所涉及的金额；超过

（b）此人向部长提供的担保金额，部长或某个指定人员确定的。

大额支付

第3.5条　多付情况

除部长确定的情况外，缴付本法项下任何金额的个人，如果已缴付金额超过部长规定的金额，应按规定方式并在规定时间内，由下列机构向加拿大总税务司缴付：

（a）某家银行；

（b）某家信用社；

（c）某家公司，为某项议会法案或某个省的立法授权作为一个公共受托人提供其服务的；

（d）某家公司，为某项议会法案或某个省的立法授权接受公众存款并且从事动产或不动产担保贷款业务或者从事投资抵押或不动产抵押债权贷款业务的。

履行义务

第4条　履行义务

本法规定的所有义务涉及一个以上的义务履行人时，其中任何一人应视为有履行全部义务的责任。

第4.1条 承诺

对于适用本法第 32 条（2）（b）规定的货物，部长可接受来自进口人或运输人承担涉及遵守本法及实施细则的义务的承诺。

现场海关及设施

第5条 现场海关

部长有权指定加拿大境内或境外的现场海关负责某项或各项海关业务，并且有权随时更改、撤销或重新作出任何这类指定。

第6条

（1）海关设施

下列地点的所有人或经营人有义务在下列地点或其附近免费提供、配备或维护能适合海关扣留及查验进口货物或者搜查人身所需的场所或设施：

（a）任何国际桥梁或隧道，需收费使用的；

（b）任何从事国际运输的铁路；或

（c）任何机场、码头或港口，停靠经营国际运输业务的运输工具并且设有按第 5 条规定指定的现场海关的。

（1.1）准确性

适用本条（1）规定时，"维护"一词指除进行一般性维护外，支付所有与建筑物、住房及其他设施的使用相关的费用，包括电力、照明、通风、热力、冷却、供水、污水处理、防火、除雪及清洁费用。

（1.2）溯及力

本条（1.1）规定直到本条（1）规定生效之日具有溯及力，并适用于任何该款生效之日未决的诉讼或司法程序。

（2）部长的权利

部长有权：

（a）对按本条（1）规定提供的任何设施进行其认为必要的改善；

（b）在这些设施上或周围安装其认为安全使用设施或者所有涉及货物进口或出口或人员国际流动法律的执法所必需的标示；以及

（c）无限期延长设施使用期限。

任何人不得干预本款规定的权力的行使。

（3）实施细则

除本条（4）另有规定外，总督有权制定实施细则规定哪些建筑物、住房或其他设施适合本条（1）规定的用途。

（3.1） 实施细则的溯及力

按本条（3）规定制定的实施细则，如果有此规定，可具有溯及力并适用于任何未决的诉讼或司法程序。

（4） 加拿大劳动法典

所有为本条（1）规定目的提供的建筑物、住房或其他设施，如果不符合《加拿大劳动法典》第二部分的规定条件，应视为不适宜用于这些目的。

（5） 部长的权力

如果按本条（1）规定提供的国际桥梁或隧道所在地或附近的建筑物、住房或其他设施，不适宜用于该款规定的目的，部长有权在30天内通知桥梁或隧道的所有人或经营人对设施进行建造或修缮，使其适宜用于这些目的。

（6） 承担费用

国际桥梁或隧道的所有人或经营人应承担部长实施本条（5）规定时所发生的所有合理费用，但该费用可按本法第143条至第145条规定报销。

法律适用

第7条　在加拿大境内及境内适用

除本法及行政法规另有规定外，本法或有关货物进口的实施细则项下的所有权力、义务或职责，可在加拿大境内或在其他国家（如果与该国法律不冲突）适用，并可在进口前或进口后适用。

提供信息

第7.1条　提供准确信息的义务

向负责本法、《海关税则》或《特别进口措施法》的管理或执法的海关执法人员提供的，或者按任何其他禁止、控制或管理货物进口或出口的法律提供的任何信息，应当真实、准确并且完整。

格　式

第8条　申报

部长有权规定申报单的任何格式，该申报单应由填写人签名并声明申报单中提供的信息真实、准确，并且是完整的。

第8.1条 电子传输

（1）电子传输的含义

适用本条规定时，"电子传输"应按部长书面规定的方式进行。

（2）申请电子传输

被要求或者本应按本法或《海关税则》规定提交申报单的某人，如果符合部长书面规定的标准，可按规定方式向部长递交一份申请，请求准许其使用电子传输方式递交或其他方式递交申报单。

（3）批准

部长认为按本条（2）规定递交申请的申请人符合该款规定的标准，可书面批准其使用电子方式提交或以其他方式提供申报单，但申请人必须遵守部长随时规定的条件。

（4）撤销批准

下列情况下，部长有权撤销某人依本条（3）规定项下取得的批准：

（a）该人书面要求部分撤销批准；

（b）该人不遵守任何涉及批准的条件或本法及《海关税则》的任何规定；

（c）部长不再认为符合本条（2）规定的标准；或者

（d）部长认为批准不再需要。

（5）撤销通知

部长撤销批准时，应书面通知该人批准将于某日被撤销。

（6）视为提交

适用本法及《海关税则》时，某人如果按本条（3）规定的条件（如果有）使用电子传输方式提交或以其他方式提供申报单，应视为在规定日期按规定格式提交或提供了申报单。

（7）打印件作为证据

适用本法及《海关税则》时，部长出具的按本条规定接受的申报单打印件的文件，具有证据效力，在没有反证情况下，应作为按本条规定提交或以其他方式提供的申报单的证据。

（8）实施细则

总督有权根据部长的建议制定实施细则，对本法及《海关税则》的管理中使用的电子系统或其他技术的运行作出规定，包括制定涉及下列事项的实施细则：

（a）以电子方式或其他格式提供的用于本法或《海关税则》规定项下任何目的的信息或其他申报单、向个人发出的任何通知，以及本法或《海关税则》规定项下任何其他信息的传输；

（b）按本法或《海关税则》规定使用电子指令缴纳税费；

（c）本法、《海关税则》或其实施细则的任何规定适用电子系统的方式及范围，以及这些规定为此所做的调整。

关务代理人

第 9 条

（1）发放关务代理执业执照

除实施细则另有规定外，部长或部长指定的任何人可向任何符合该项行政法规规定条件的人发放关务代理执业执照。

（2）执业执照的修改等

除实施细则另有规定外，部长有权修改、中止、续签、吊销或重新发放任何按本条（1）规定发放的执业执照。部长指定的任何人也有权修改、中止、续签、吊销或重新发放他本人按本条（1）规定发放的执业执照。

（3）业务账册

遇有某个海关执法人员提出要求时，关务代理人应向该海关执法人员出示其按实施细则规定应制作的业务账册。

（4）禁止规定

除持有按本条（1）规定发放的执业执照或者按实施细则规定具备关务代理人资格并由持有此类执业执照的人合法授权外，任何人不得以关务代理身份经营或试图经营关务代理业务，但本款规定不得理解为禁止任何人按本法规定以货物所有人身份或者以经合法授权的代理人身份自行办理关务。

（5）实施细则

总督有权制定实施细则：

（a）规定申领按本条（1）规定发放的关务代理执业执照的申请人的资格条件，如公民国籍、居留地、对进出口法律及程序的知识等，以及代表执业执照持照人办理关务的人应具备的资格条件；

（b）规定执业执照的发放条件，包括可要求提供的担保及发放执业执照应收取的费用（如果有）；

（c）规定执业执照的有效期限；

（d）规定执业执照的申领或续签方式；

（e）规定部长或任何其他人可对执业执照的申领人及代表其作为关务代理办理关务的人进行涉及进口及出口的法律和程序知识的考试；

（f）规定应支付的考试费，应存放的存款金额及应退还这些收费和存款的条件；

（g）规定关务代理人应制作的业务账册及保存时间；以及

（h）规定部长有权中止或吊销按本条（1）规定发放的关务代理执业执照，或者其他人有权暂停或吊销由其本人发放的这些执照的方式及条件，以及收回关务代理执业执照的条件。

第 10 条

（1）代理人

除实施细则另有规定外，有合法授权的任何人可作为另外一人的代理人按本法规定办理关务，但某个海关执法人员有权拒绝让任何这些人办理关务，除非该人根据该海关执法人员提出的要求，能提供一份由被代理人按部长批准的格式出具的书面授权。

（2）管理人员

经合法授权管理他人财产的人（因死亡、破产、无偿还能力或无资格的原因或因其他任何原因）可作为财产管理人办理关务，但如果其不能向海关执法人员提供足够的证据证明其有管理财产的合法授权，海关执法人员有权拒绝其办理关务。

（3）实施细则

总督有权制定本法任何规定的实施细则，规定某人可作为另外一个人的代理人按本规定办理关务的情况。

第 II 部分
进　　口

人　员

第 11 条

（1）人员抵达加拿大时现身海关

除本条另有规定外，抵达加拿大的每个人，除在规定的情况下并且符合规定的条件外，应只能通过为此指定的并且正在办公的某个现场海关进入加拿大，并立即现身于某个海关执法人员的面前，诚实地回答正在履行其在本法或任何联邦法律项下职责的该海关执法人员提出的任何问题。

（2）例外规定

本条（1）规定不适用于已现身过加拿大境外为此指定的现场海关而且此后直至抵达加拿大前未停留过任何地点的任何人，除非某个海关执法人员要求该人本人现身于他的面前。

（3）旅客及机组人员现身海关

除本条另有规定外，所有驶抵加拿大的运输工具，其负责人应按规定条件保证其乘客及机组人员抵达加拿大时立即被运往本条（1）规定的现场海关。

（4）例外规定

本条（3）规定不适用于运载全部旅客及机组人员已经现身过加拿大境外某个为办理此项业务的现场海关并在此后直至抵达加拿大前未停留任何地点的运输工具的任何负责人，除非某个海关执法人员要求该人遵守该条规定。

（5）例外规定本条（1）及（3）规定不适用于任何从加拿大境外某地直接去往加拿大境外另一地途中进入加拿大领水（包括内水）或加拿大上空的任何人，除非某个海关执法人员要求该人遵守该条规定。

（6）例外规定

本条（1）规定不适用于下列任何人：

（a）持有部长按本法第11.1条（1）规定出具的授权以规定的替代方式本人现身海关的，或者以该人授权的方式本人现身海关的；或者

（b）按本法第11.1条（3）规定制定的实施细则准许以规定的替代方式本人现身海关的，或者以该类授权的方式本人现身海关的。

（7）海关执法人员的权力

对持有本法第11.1条（1）规定项下的批准证书或者即使被按本法第11.1条（3）规定制定的实施细则所准许的某人，某个海关执法人员仍可要求其按本条（1）规定现身海关。

第11.1条

（1）部长有权授权

除实施细则另有规定外，部长有权准许任何人以替代方式代表其本人。

（2）授权的修改等

除实施细则另有规定外，部长有权修改、中止、续签、撤销或重新作出一项授权。

（3）实施细则

总督有权制定实施细则：

（a）规定某种人被授权以替代方式代表他们本人，以及某种人可以被授权以替代方式代表他们本人；

（b）规定代表的替代方式；

（c）规定授权前应符合的要求及条件；

（d）规定授权条件；

（e）规定授权的修改、中止、续签、撤销或重新作出；以及

（f）规定为获得授权应支付的费用或确定费用的方法。

（4）使用费法

按本条规定授权的收费，如果是某项国际安排项下的一种互相收费，不适用《使用费法》规定。

第 11.2 条

（1）海关监管区域的指定

部长有权指定某个区域为本条及本法第 11.3 条至第 11.5 条、第 99.2 条和第 99.3 条规定意义上的海关监管区域。

（2）指定的修改等

部长有权随时修改、撤销或重新作出一项按本条规定作出的指定。

第 11.3 条

（1）禁止进入

除下列人员外，位于海关监管区域内的某个设施的所有人或经营人不得直接或间接地允许任何其他人进入海关监管区域：

（a）经过部长授权的；或

（b）是某个规定的人或一个规定的类别的成员。

（2）授权的修改等

部长有权修改、中止、续签、撤销或重新作出一项授权。

第 11.4 条

（1）现身及报关——离开海关监管区域

除本条（2）另有规定外，离开海关监管区域的每个人，遇有某个海关执法人员有此要求时，应当：

（a）以规定的方式本人出现在某个海关执法人员面前并本人表明身份；

（b）以规定的方式申报任何其在该海关监管区域内通过任何手段获得的货物；

（b.1）出示某个海关执法人员希望检查的货物并掀开其覆盖物，从任何运输工具上卸下或打开该运输工具的任何部分或者拆开包装或容器；并且

（c）如实回答正在履行本法或其他联邦法律项下其职责的某个海关执法人员

提出的任何问题。

（1.1） 现身及报关——在海关监管区域

在海关监管区域的每个人，遇有某个海关执法人员有此要求时，应当：

（a） 以规定的方式本人出现在某个海关执法人员面前并本人表明身份；并且

（b） 如实回答正在履行本法或其他联邦法律项下其职责的某个海关执法人员提出的任何问题。

（2） （1） 及 （1.1） 款规定的不适用

本条 （1） 及 （1.1） 规定不适用于按本法第 11 条规定被要求本人现身或按本法第 12 条规定申报货物的人。

第 11.5 条　实施细则

总督有权制定实施细则：

（a） 规定可以按本法第 11.3 （1） （b） 规定允许进入的人或人的类别；并且

（b） 规定某人必须按本法第 11.4 条 （1） （a） 及 （1.1） （a） 规定本人现身及按本法第 11.4 （1） （b） 申报货物的方式。

（c） 至 （e） ［2009 年废止］

第 11.6 条

（1） 混合交通走廊的指定

部长如果认为是出于公共利益需要，可指定下列某条公路的某个路段或其他道路作为混合交通走廊：

（a） 从某个国际边界通向按本法第 5 条规定指定的某个现场海关的；以及

（b） 被抵达加拿大的人及在加拿大境内旅行的人共同使用的。

（2） 指定的修改等

部长有权随时修改、撤销或重新作出按本条规定作出的指定。

第 11.7 条　在混合交通走廊中旅行的人

在混合交通走廊中旅行的每个人，应在最近一处现场海关出现在某个海关执法人员面前并声明他是从加拿大境内还是境外某个地点到达的。

货物申报

第 12 条

（1） 申报

除本条另有规定外，所有进口货物应按规定条件在办公时间内向指定办理此项业务的最近一处现场海关申报。

（2）申报时间及方式

总督有权规定货物按本条（1）申报的时间及方式。

（3）申报人

货物应按本条（1）规定由下列人员申报：

（a）实际占有货物或者属于其搭乘的抵达加拿大的运输工具上行李的一部分的人，或者（在规定条件下）该运输工具的负责人；

（a.1）向加拿大出口货物的人，如果货物通过邮递方式进口；

（b）运载本款（a）规定的或通过邮递渠道进口的货物以外的货物抵达加拿大的运输工具的负责人；

（c）以其名义进口货物的人。

（3.1）返回加拿大的货物

为进一步明确，按本条（1）规定申报货物时，货物携带出境后返回加拿大时应视为进口。

（4）货物在加拿大境外申报

本条（1）规定不适用于所有已在加拿大境外按本条（2）规定于进口前向某现场海关申报的货物，除非某个海关执法人员要求该货物进口后按本条（1）规定再次申报。

（5）例外规定

除某个海关执法人员另有要求外，本条规定不适用于由在加拿大境外两个地点之间直接往来途中驶入加拿大内水、领海或领空的运输工具所运载的货物。

（6）书面申报

如果实施细则规定要求货物应按本条（1）规定书面申报，应使用载有规定信息的规定格式或使用载有部长认可的信息的格式。

（7）某些可不扣押的货物

下列情况下,《海关税则》税率表中列明的"关税规定表"中税目9813.00.00或9814.00.00项下的货物，如仅因未按本条规定申报，可不按本法规定作为没收被扣押：

（a）由抵达加拿大的人实际占有或者属于其搭乘的抵达加拿大的运输工具上行李的一部分的；

（b）不征关税的；而且

（c）按《海关税则》规定不属于本法或《海关税则》以外其他联邦法律规定禁止、限制或管理进口的。

第 12.1 条

（1）提前信息

运输工具抵达加拿大前，实施细则规定所指的运输工具所有人或负责人或者实施细则规定所指的任何其他人，应向事务署提供涉及该运输工具及已乘（装）上或准备乘（装）上该运输工具的人（货物）的规定信息。

（2）例外规定

被要求按本条（1）规定提供信息的人，除免予履行该义务外，应获得一个有效的承运人代码。

（3）承运人代码——要求

承运人代码的申请应按规定格式提交并提供规定信息。

（4）承运人代码——颁发

如果申请承运人代码符合本条（3）规定所指的要求而且部长确信发放该承运人代码的规定要求及条件已经满足，部长应向申请人发放承运人代码。

（5）承运人代码——中止、撤销及重新颁发

部长有权依照实施细则的规定中止、撤销及重新颁发承运人代码。

（6）通知

部长有权向任何提供本款规定项下信息的人发出通知，要求其对该信息采取任何规定的措施。

（7）遵守义务

被通知的人应遵守该通知。

（8）实施细则

授权总督制定本条规定的实施细则，包括下列实施细则：

（a）规定按本条（1）要求必须提供的信息；

（b）规定必须按本条（1）要求提供信息的人或某个类别的人；

（c）规定必须按本条（1）要求提供信息的情况；

（d）规定必须按本条（1）要求提供信息的时限及方式；

（e）规定颁发承运人代码前应符合的要求及条件；

（f）规定可以不持有承运人代码的人或某个类别的人；以及

（g）规定可以中止、撤销或重新颁发承运人代码的方式及情况。

第 13 条　回答问题及送验货物的义务

按本法第 12 条规定在加拿大境内或境外申报货物或按本法第 99.1 条规定被海关执法人员拦下的每个人，必须：

（a）诚实地回答海关执法人员提出的任何与货物有关的问题；并且

（b）遇有海关执法人员有此要求时，向该海关执法人员出示其要求检查的货物，打开货物包装、卸下运输工具或打开运输工具的任何部位，或者打开容器、拆除包装等。

第 14 条

（1）对申报前卸货的限制规定

驶抵加拿大的运输工具，在货物按本法第 12 条及第 13 条规定申报以前，任何人不得卸货，但运输工具或者其所载货物或人员的安全因诸如碰撞、起火、天气恶劣等特殊情况受到威胁时除外。

（2）运输工具在本条（1）规定所指的情况下卸货时，运输工具负责人应立即按规定的方式向某个为此指定的现场海关办理运输工具进境报告手续，并申报该运输工具已卸下或仍留在运输工具上的货物。

第 15 条　非法进口货物的申报

任何人发现或已经占有已进口的货物，并且他有理由认为该货物的进口未遵守本法或其他所有联邦法律有关禁止、限制或管理规定，而且未缴纳关税的，必须向海关执法人员申报他已发现或已占有该货物。

第 16 条

（1）视为进口的残骸

适用本法规定时，从加拿大境外运入加拿大的所有残骸视为进口的残骸。

（2）残骸应申报并应征收关税

按《2001 年加拿大海运法》第 158 条规定运入加拿大的残骸，海关放行给某人时，该人应当：

（a）向海关执法人员申报；并且

（b）从交付之时起，应缴纳按交付之时对该残骸施行的税率计征的关税。

（3）残骸的定义

适用本条规定时，"残骸"包括：

（a）遗弃物、漂浮船体残骸、系浮标投海的货物及海上遗弃物，在海上、海岸、潮水或内水水面上发现的；

（b）船舶所载货物、供应品、索具及其所有部分；

（c）遇难人员的个人物品；以及

（d）遇难飞机或飞机的任何部分及其所载货物。

关　税

第 17 条

（1）进口之时应征收的关税

进口货物在进口之时应征收关税，除非该关税已经缴纳或被免除。

（2）关税税率

　　除本法另有规定外，进口货物的关税税率应为货物按本法第 32 条（1）、（2）或（5）规定向海关办理报关手续之时或者海关放行之时［指在本法第 32 条（2）（b）规定所指的情况下放行的货物］对该货物施行的税率。

　　（3）纳税义务

　　海关已放行货物的进口人或者按本法第 32 条（6）（a）或（7）规定代理他人向海关办理报关手续的任何人，应按本法规定承担对这些货物缴纳关税的义务。货物所有人应于海关放行货物之时，与该进口人或该代理人共同或分别承担缴纳货物关税的义务，或者与进口人或被授权人负有缴税的连带责任。

对已申报货物的纳税义务

　　第 18 条

　　（1）视为已进口

　　适用本条规定时，所有已按本法第 12 条规定申报的货物应视为已进口。

　　（2）短卸货物申报人的纳税义务

　　除本条（3）及本法第 20 条（2.1）另有规定外，按本法第 12 条规定申报货物的任何人及任何担任代理人的人或办理该项申报时所雇佣的雇员，应共同或分别承担对该货物征收的所有税收的纳税义务，除非他们其中任何一人能在规定时间内证明税款已经缴纳或者该货物：

　　（a）在申报前已被损毁或灭失，或者申报后某人按本款（d）规定在本款（c）规定所指的某个地点接受之前已损毁；

　　（b）没有离开加拿大境外出口地点；

　　（c）已在某现场海关、某海关监管仓库、某保税仓库或者某免税商店被接受；

　　（d）已被按本法第 20 条（1）规定在加拿大境内运输或办理运输的人接受；

　　（e）已经出口；或者

　　（f）已经被放行。

　　（3）关税税率

　　按本条（2）规定对货物应征收的关税，应适用该货物按本法第 12 条规定申报之时对该货物施行的税率。

　　（4）实施细则

　　总督有权制定实施细则，规定在哪种情况下可要求按本条规定承担纳税义务的人提供规定的担保。

货物的移动及存放

第 19 条

（1）海关放行货物的处置

除本法第 20 条另有规定外，经海关执法人员或者实施细则规定的任何方式的准许，任何人可以：

（a）交付按本法第 12 条规定申报的货物，或者要求他人将这些货物从某个现场交付到另一个现场海关或某个海关监管仓库；

（b）亲自或要求他人将这些货物从某个海关监管仓库交付到另一个海关监管仓库；

（c）将这些货物从某个现场海关或海关监管仓库提离用于按《海关税则》第 99 条（g）规定制定的实施细则规定的某一类别运输工具机（船）上，如果这些货物按根据该款规定制定的实施细则规定被指定为机（船）用供给品；

（d）出口这些货物或者要求他人将这些货物直接从某个现场海关或海关监管仓出口；或者

（e）在存放这些货物的现场海关放弃这些货物，但应支付按规定收取的储存费用。

（1.1）准许交付货物

在规定的情况下或按规定的条件，海关执法人员可准许或按规定的方式准许某人亲自或要求他人向进口人、货物所有人或收货人交付货物。

（2）货物的移动及存放

除本法第 20 条另有规定外，按本法第 12 条规定申报的货物，如已在某个为此指定的现场海关被列入规定表格，任何经海关执法人员准许或按规定方式准许的人，可以：

（a）交付这些货物，或者要求他人将这些货物从某个现场或某个海关监管仓库交付给某个保税仓库或免税商店；

（b）亲自或要求他人将这些货物从某个保税仓库交付到另一个保税仓库或者从某个免税商店交付给另一个免税商店；

（c）亲自或要求他人将这些货物从某个保税仓库提离用于按《海关税则》第 99 条（g）规定制定的实施细则规定的某一类别运输工具机（船）上，如果这些货物按根据该款规定制定的实施细则规定被指定为机（船）用供给品；

（d）按根据本法第 30 条规定制定的实施细则规定出口这些货物或者要求他人将这些货物直接从某个免税商店出口；或者

（e）出口这些货物或者要求他人将这些货物直接从某个保税仓库出口。

（3）免除关税

货物按本条（1）（c）规定作为机（船）用供给品提离或按本条（1）（d）规定出口，从其出口之日起，不再征收关税。

（4）及（5）［1995 年废止］

第 19.1 条

（1）统计

除本条另有规定外，被海关执法人员按本法第 19 条（2）规定准许将货物亲自或要求他人交付给某个保税仓库的任何人，必须在该交付前，在某个现场海关向某个海关执法人员提供货物的统计代码。统计代码参照依照《统计法》第 22.1 条规定编制的"代码制度"确定。

（2）规定格式

本条（1）规定所指的统计代码的提供应符合规定方式，并且使用规定格式填写规定信息。

（3）实施细则

授权总督制定实施细则，对人员或某些货物，或某个类别的人员或货物，规定在该实施细则规定的条件（如果有）下，免予符合本条（1）规定的要求。

运　输

第 20 条

（1）货物运输

除在规定情势下，所有人在加拿大境内运输或使已进口但未被海关放行的货物运输，应遵守规定条件并提供规定担保。

（2）运输人的义务

除本条（2.1）另有规定外，所有人在加拿大运输或使已进口但未被海关放行的货物［本法第 32 条（2）（b）规定适用的货物除外］运输，应承担缴纳该货物所有关税的义务，除非他能在规定时间内证明该货物：

（a）在运输途中遭受损毁或灭失；

（b）在某现场海关、某海关监管仓、某保税仓库或某免税商店被接受；

（c）在按《海关税则》第 99 条（g）规定制定的实施细则指定的某一类别运输工具上被接受，如果这些货物按实施细则规定被指定为船上供给品；

（d）被另一人接受，该人按本条（1）规定有资格运输这些货物；或者

（e）已出口。

（2.1）例外规定

在加拿大运输本法第 32 条（2）（b）规定适用的并应按本法第 12 条规定申报但未被海关放行货物的某人，应承担缴纳该货物所有关税的义务，除非他能在规定时间内证明该货物：

（a）在运输途中遭受损毁或灭失；

（b）在某现场海关、某保税仓库或某免税商店被接受；

（c）在按《海关税则》第 99 条（g）规定制定的实施细则指定的某一类别运输工具上被接受，如果这些货物按实施细则规定被指定为船上供给品；

（d）已出口；或者

（e）在进口人、货物所有人或收货人的营业地点被接受。

（3）关税税率

对本条（2）规定项下的货物应征收的关税，其税率应为按本法第 12 条规定申报时对其施行的税率。

第 21 条　海关执法人员查看货物的权力

所有人在加拿大境内运输或使已进口但未被海关放行的货物运输，遇有某个海关执法人员提出要求时，应允许该海关执法人员自由进入任何受其本人控制的该货物被申报、装卸或储存的场所或地点，并负责打开货物的包装、容器和任何覆盖物。

第 22 条

（1）业务账册

除本条（2）另有规定外，下列人员应在其加拿大的经营场所或部长指定的任何其他场所，在规定的期限内并以规定的方式保存规定的业务账册，遇有某个海关执法人员提出要求时，应在规定时间内予以提供并诚实地回答该海关执法人员提出的有关业务账册的问题：

（a）将货物运入或使其运入加拿大的某人；或者

（b）在加拿大境内运输或使其运输已进口但未被海关放行的货物的某人。

（2）例外规定

授权部长按规定条件准许任何人或或任何类别的人免予履行在加拿大保存业务账册的义务，如果他认为在加拿大境内保存业务账册不必要或不可行时。

第 23 条　在加拿大境外领土上运输

从加拿大境内某一地点借经加拿大境外领土或领水运至加拿大境内另一地点的货物，如已遵守规定的条件并已提供了规定的担保，在关税的纳税义务或免除方面，应与完全在加拿大境内运输时同样对待。

保税仓库及免税商店

第 24 条

（1）批准证书

除实施细则另有规定外，授权部长在其认为必要时或需要时，向任何符合实施细则规定条件的人发放经营下列活动的从业资格批准证书，并可在批准证书中规定任何可接受的货物类别或货物可接受的条件：

（a）海关监管仓库，用于海关查验已进口但未放行的货物的；或者

（b）［1995 年废止］

（c）免税商店，用于向准备离开加拿大的人出售依照《海关税则》《消费税法》《2001 年消费税法》《特别进口措施法》或其他任何涉及海关的法律规定免除关税及其他税的商品的。

（1.1）不适用的关税定义

本法第 2 条（1）规定中"关税"一词的定义不适用于本条（1）（c）规定。

（2）批准证书的变更

除实施细则另有规定外，部长可对按本条（1）规定发放的批准证书进行更改、中止、续签、撤销或重新发放。

第 25 条　监管仓库经营人的义务

除实施细则另有规定外，海关监管仓库经营人不得拒绝接受被运至该仓库的任何符合其批准证书条件的货物。

第 26 条

（1）在免税商店出售的货物的价格

免税商店经营人应保证在免税商店出售的货物的价格能反映出货物享受了关税及其他税的免税优惠。

（2）词语定义

本条（1）规定中，"关税"指依照《海关税则》《消费税法》《2001 年消费税法》《特别进口措施法》或其他任何涉及海关的法律规定征收的关税或其他税。

第 27 条　海关执法人员见到货物的权力

遇有某个海关执法人员提出要求时，海关监管仓库、保税仓库或免税商店的经营人应保证该海关执法人员自由进入该仓库或免税商店或者任何由其控制的作为该仓库或免税商店附属部分或组成部分的场所或地点，并负责打开货物的包装、容器和所有覆盖物。

第 28 条

（1）经营人的纳税义务

海关监管仓库、保税仓库或免税商店经营人应对仓库或免税商店接受的货物承担缴纳依照《海关税则》《消费税法》《2001 年消费税法》《2007 年消费税法》《特别进口措施法》或其他任何涉及海关的法律规定对征收的所有关税及其他税的义务，除非他能证明该货物：

（a）仍存放在该仓库或免税商店；

（b）在该仓库或免税商店内遭受了损毁或灭失；

（c）已按本法第 19 条规定提离该仓库或免税商店；

（d）依照《火器法》或其他联邦法律作为样品被提取或被扣留；或者

（e）已被某个海关执法人员放行。

（1.1）及（1.2）〔2002 年废止〕

（2）税率

对本条（1）规定项下的货物应征收的关税或其他税，其税率应分别为：

（a）货物按本法第 12 条规定申报之时对这些货物施行的税率，如果该货物已被某个监管仓库接受；以及

（b）保税仓库或免税商店接受这些货物之时对这些货物施行的税率，如果货物已被某个保税仓库或免税商店接受。

（3）关税定义不适用

适用本条（1）及（2）规定时，本法第 2 条（1）规定中"关税"一词的定义不适用。

第 29 条　〔1995 年废止〕

第 30 条　实施细则

总督有权制定实施细则：

（a）规定海关监管仓库或免税商店经营人必须具备的公民或居民资格或者其他资格；

（b）规定按本法第 24 条规定发放的经营海关监管仓库或免税商店的批准证书的限制条件，包括要求该仓库或商店经营人提供的担保、批准证书的有效期、发放批准证书应收取的费用及收费方法；

（c）规定经营海关监管仓库或免税商店批准证书的发放、修改、中止、续签、撤销或重新发放的条件；

（d）规定海关监管仓库或免税商店设施的运营维护标准；

（e）规定海关监管仓库或免税商店确认接受货物的方式；

（f）规定货物可以在海关监管仓库或免税商店内接受简单处置、拆包、包

装、改包装的情况及程度；

（g）规定海关监管仓库或免税商店应配备的设施、设备及人员；

（h）规定海关监管仓库经营人有权因妥善保管原因拒绝接受某些货物的情况；

（i）对免税商店内货物所有权的转让作出规定；

（j）对免税商店内供出售的货物或某个类别的货物规定最低本国产品含量（按数量或价值计算）或其他类似标准；

（k）对海关监管仓库可接受的货物的类别进行限制；

（l）规定海关监管仓库不得接受货物的情况；

（m）规定免税商店经营人应提供的信息；以及

（n）对海关监管仓库或免税商店的经营作出其他规定。

海关放行

第 31 条　海关放行

除本法第 19 条另有规定外，除依照本法或其他联邦法律规定执行公务的海关执法人员外，任何人不得从现场海关、海关监管仓库、保税仓库或免税商店提离未经海关放行的货物，除非该货物已被某个海关执法人员或以任何规定的方式放行。

报关及缴纳关税

第 32 条

（1）报关及缴纳关税

除本条（2）及（4）、按本条（6）规定制定的实施细则及本法第 33 条另有规定外，货物只有在下列情况下才可被海关放行：

（a）货物进口人或所有人已按规定方式并且已按含有规定信息的规定格式报关（指书面报关情况下）；并且

（b）货物所有关税已缴清。

（2）报关前海关放行

在规定的情况及条件下，海关可以在本条（1）规定要求的报关前放行货物，如果：

（a）货物进口人或所有人已按规定方式及含有规定信息的规定格式报关，或者已按含有部长满意的信息的格式报关；或者

（b）货物被某个海关执法人员或以任何规定方式准许交付至货物的进口人、所有人或收货人的经营地点并且已被接受。

（3）海关放行后报关

按本条（2）规定在报关前放行货物时，按该款规定办理该货物临时报关手续的人及该货物［指本条（2）（b）规定适用的货物］的进口人或所有人，应在规定时间内按本条（1）（a）规定的方式办理正式报关手续。

（4）海关放行货物

在实施细则可以规定的情况及条件下，对以邮递方式进口的货物或邮件，海关可在本条（1）规定要求的报关前并在缴纳关税前予以放行。

（5）报关及缴纳关税

按本条（4）规定放行货物时：

（a）按本条（6）（a）或（7）规定被准许办理货物报关手续的人，应在规定时间内按本条（1）（a）规定的方式办理货物的报关手续，并且该人或该货物的进口人或所有人应在规定时间内缴纳该货物的关税；或者

（b）如果没有人按本条（6）（a）或（7）规定被准许办理该货物的报关手续，该货物的进口人或所有人应在规定时间内按本条（1）（a）规定的方式办理货物的报关手续并缴纳该货物的关税。

（5.1）视为报关

除在规定情况下外，按本条（4）规定作为邮件提前放行的邮件的进口人或所有人提取该邮件时，该邮件应被视为在其放行时按本条（5）规定办理了报关手续。

（6）实施细则

总督有权制定实施细则：

（a）规定哪些人或哪一类人可被准许按本条规定代理货物的进口人或所有人办理货物的报关手续，并规定这些人或这些类别的人可被准许的情况及条件；以及

（b）规定无须报关海关即可放行货物的情况。

（7）准许报关

适用本款规定时，部长或由部长专门指定的某个海关执法人员可准许任何非加拿大居民在规定的情况和条件下，代理货物的进口人或所有人按本条规定办理报关手续。

第32.1条

（1）统计

除本条另有规定外，任何人按本法第32条（1）、（3）或（5）规定办理货

物的报关手续时，应在现场海关向某个海关执法人员提供货物根据《代码制度》（按《统计法》第22.1条规定编制的）确定的统计代码。

（2）规定格式

本条（1）规定所指的统计代码应按规定方式及载有规定信息的格式提供。

（3）实施细则

总督有权制定实施细则，规定某人或某个类别的人或者某项货物或某个类别的货物可按实施细则中规定的条件（如果有）免予履行本条（1）规定的义务。

第32.2条

（1）原产地申报的修改

申请享受某项自由贸易协定项下优惠关税待遇的货物的进口人或所有人，或者按本法第32条（6）（a）或第32条（7）规定被准许办理这些货物报关手续的任何人，如果有理由相信按本法规定填制的涉及这些货物的某份原产地报关单不正确，应在之后90天以内：

（a）按规定方式和载有规定信息的格式对该原产地申报进行修改；并且

（b）补缴因修改该原产地申报而产生的任何所欠税款和涉及该笔税款的任何欠交或可能欠交的利息。

（1.1）〔1997年废止〕

（2）修改其他申报

除按本条（7）规定制定的实施细则另有规定外，货物的进口人、所有人或属于某个规定类别的人〔与货物有关联或者按本法第32条（6）（a）规定或第32条（7）规定被准许办理货物报关手续的〕，如果有理由相信按本法规定填制的原产地报关单〔本条（1）规定所指的原产地报关单除外〕、税则分类申报或完税价格申报不正确，应在之后90天内：

（a）按规定格式及方式并提供规定信息对该申报进行修改；并且

（b）缴纳因申报修改而产生的任何所欠税款和涉及该笔税款的任何欠交或可能欠交的利息。

（3）视为重新认定的修改

按本条规定进行的修改在本法意义上讲，应视为本法第59条（1）（a）规定项下的重新认定。

（4）对修改义务的4年限制

本条规定项下的涉及进口货物的修改义务，于该货物按本法第32条（1）、（3）或（5）规定之后报关4年之时终止。

（5）不予退税的修改

本条规定不适用于要求或允许会产生关税退税申请的修改。

（6）比照适用

本条规定项下的修改税则归类申报的义务，应包括对该货物按本法第32条（1）、（3）或（5）规定报关或者该货物在不报关情况下被海关放行（指规定货物）之后，由于不遵守《海关税则》的税率表中所列的"关税规定表"的某一税目或者根据本法制定的实施细则所规定的条件而造成的税则归类不正确时应修改税则归类申报的义务。

（7）实施细则

总督有权制定实施细则，规定某些货物可免予按本条（6）规定进行修改的情况，以及该项免责规定适用的货物类别、时限及条件。

（8）关税

本条（6）规定所指的不遵守规定如果造成税则分类申报不正确，适用本条（2）（b）规定时，应补缴的关税不包括按《2001年消费税法》《2007年消费税法》或《特别进口措施法》规定征收的关税或其他税。

第32.3条　用于船上供给品的货物的其他用途

按本法第19条（1）（c）或（2）（c）规定作为船上供给品被提离或被要求提离的货物，如果后来改为用于另一用途，改变该货物用途的人应在改变用途之时：

（a）在某个现场海关向某个海关执法人员报告该改变用途；

（b）按规定方式及含有规定信息的规定格式办理该货物的报关手续；并且

（c）缴纳该货物的关税，税额应等于该改变用途之时以相同的条件进口相同的货物应缴纳的税额。

第33条

（1）缴纳关税前海关放行

在规定情况下，货物可在缴纳对其征收的关税前被海关放行。

（2）缴纳关税

货物如果按本条规定先予放行，按本法第32条（2）或（3）规定办理该货物报关手续的人，应在规定期限内缴纳对该货物应征收的关税。

（3）关税的含义

在本条（2）规定中，关税不包括按下列规定征收的关税：

（a）《海关税则》第21.1条（1）规定，如果该关税按该法①第21.1条（2）规定已经缴纳或已经征收；或者

---

① 指《海关税则》。——译者注

（b）《海关税则》第21.2条（1）及（2）规定，如果该关税按该法①第21.2条（3）规定已经缴纳或已经征收。

第33.1条 ［2001年废止］

第33.2条 要求报关的通知

部长或由署长为适用本条规定专门指定的海关执法人员，可通过挂号信函或派专人送达，通知任何人在通知规定的期限内，按本法第32条（1）（a）规定办理通知中列名的任何货物的报关手续。

第33.3条 ［2001年废止］

第33.4条

（1）利息

除本条（3）另有规定外，任何有义务缴纳进口货物的关税（按《特别进口措施法》规定征收的特别关税除外）的人，除缴纳该笔税款外，还应按规定利率缴纳涉及该税款未清余额的利息，计息期从该人对缴纳该笔税款产生纳税义务之日的次日起至缴清全部税款之日止。

（2）关税应税时间节点

适用本条（1）规定时，货物按本法第59条（3）（a）或第65条（1）（a）规定或者《特别进口措施法》规定缴纳的任何关税，应被视为于该货物按本部分规定或该法②规定应征收关税之日予以征收。

（3）免息期

某人根据本法规定进行的认定、重新认定或进一步重新认定在本法第59条（3）（a）或第65条（1）（a）规定项下应缴纳的关税，如果已被该人缴纳，或者某人根据本法规定进行的认定、重新认定或进一步重新认定在《特别进口措施法》规定项下应缴纳的关税税款，如果在该认定、重新认定或进一步重新认定（按适用情况选定）作出之日（本款以下称"决定之日"）之后30天内被在加拿大的进口人已经缴纳，可不按本款（1）规定对该税款征收利息，免息期为从决定之日的次日开始至税款缴纳之日止。

第33.5条 缴税通知

部长或由任何部长为适用本条规定专门指定的海关执法人员，可派专人或通过挂号信函送达缴税通知，要求任何人在该通知规定的期限内，缴纳该通知指定的任何货物的作为关税的欠款。

第33.6条 ［2001年废止］

---

① 指《海关税则》。——译者注
② 指《特别进口措施法》。——译者注

第 33.7 条

（1）延期

部长或署长为适用本条规定专门指定的海关执法人员，有权随时以书面形式批准延长按本部分规定制定的实施细则对货物报关或缴纳作为关税的欠款规定的期限。

（2）延期报关的法律效力

按本条（1）规定延长某人应办理货物报关的期限时：

（a）该货物必须在按此延长的期限内办理报关手续；

（b）如果该人在该延期的期限内办理了货物的报关手续，可不按本法第109.1 条规定处以罚款；以及

（c）如果该人在按此延长的期限内未办理货物的报关手续，该延期应被视为未予批准。

（3）延期缴税的法律效力

如果某人应缴纳作为关税的欠款的期限按本条（1）规定延长：

（a）该税款应在延期的纳税期限内缴纳；

（b）如果该人在延期的纳税期限内缴纳了该笔税款，对该笔税款适用本法第 33.4 条（1）规定时，该期限应被视为没有被延期，但按该款规定①应支付的该笔税款的利息应按规定利率而不是特定利率计征；以及

（c）如果该人未在延期的纳税期限内缴纳该笔税款，该延期应被视为没有批准。

第 33.8 条　　[2001 年废止]

第 34 条　　[1995 年废止]

第 35 条　　担保及海关放行条件

除非在可以规定的情况下，任何货物未交存押金、保证金或其他规定的担保前，海关不得按本法第 32 条（2）或（4）规定或第 33 条规定放行，按这些规定②放行任何货物时，均应遵守规定的限制条件。

货物标记

第 35.01 条　　遵守标记实施细则的要求

任何按《海关税则》第 19 条规定制定的实施细则规定要求应加贴标示的货

---

① 指本法第 33.4 条（1）规定。——译者注
② 指本法第 32 条（2）或（4）规定或第 33 条规定。——译者注

物，未按这些实施细则规定加贴标记的，任何人不得进口。

第 35.02 条

（1）［2001 年废止］

（2）要求加贴标记或合规的通知

部长或署长为适用本条规定专门指定的海关执法人员，有权通过本人送达或者挂号信函形式通知并要求任何人：

（a）在该通知规定的合理期限内，按《海关税则》第 19 条规定制定的实施细则规定的要求对进口货物加贴标记，如果该货物不符合本法第 35.01 条规定；或者

（b）使该通知中所指定的由该人随后进口的货物符合本法第 35.01 条规定。

（3）［2001 年废止］

（4）从 NAFTA 国家进口的货物

除下列情况外，某人从 NAFTA 国家进口的某一规定类别的货物时，不受本法第 109.1 规定项下的处罚：

（a）曾经不遵守本法第 35.01 条对进口货物的规定，而且已接到按本条（2）规定送达的通知；

（b）不遵守本法第 35.01 条规定或者已按本条（2）规定送达的通知所涉及的货物，在没有按本法第 35.01 条规定加贴标记的情况下已被放行；或者

（c）进口货物加贴了假标记以误导他人确定货物的原产国家或原产地理区域。

（5）［2001 年废止］

货物的原产地

第 35.1 条

（1）原产地证据

除按本条（4）规定制定的实施细则另有规定外，所有货物进口时，都应提供按规定格式填制并载有规定信息的原产地证据，原产地证据应载有或随附任何实施细则规定要求提供的信息、陈述或证据。

（2）提供时间

货物的原产地证据应按本条（1）规定在规定期限、地点并按规定方式向某个海关执法人员提供。

（3）提供人

除按本条（4）规定制定的实施细则另有规定外，货物的原产地证据必须由

货物的进口人或货物的所有人按本条（1）规定提供。

（4）实施细则

总督有权根据部长或财政部长的建议制定实施细则，具体规定：

（a）某个或某个类别的代理人有权代理货物的进口人或货物的所有人按本条（1）规定提供货物的原产地证据的情况和条件（如果有）；

（b）在该原产地证据格式中应包含的规定信息之外应包含或应随附的信息，并具体规定该格式应包含或应随附的任何陈述或证据；以及

（c）免除某个或某个类别的人或者某项货物或某个类别的货物遵守本条（1）规定项下的要求，但应遵守实施细则规定的条件（如果有）。

（5）拒绝或撤销优惠关税待遇

货物在自由贸易协定项下的优惠关税待遇，可以被拒绝或撤销，如果按本条规定应提供原产地证据的该货物的进口人、所有人或其他人不遵守本法或《海关税则》的任何规定，或者不遵守按这两项法律①中任何一项法律制定的实施细则中任何涉及该项优惠关税待遇的规定。

（6）［1997 年废止］

放弃货物

第 36 条

（1）货物放弃上交联邦政府

已进口但尚未经海关放行的货物，其所有人经某个海关执法人员准许，在本条（2）规定的条件下可放弃货物上交联邦政府。

（2）放弃条件

按本条（1）规定放弃货物上交联邦政府的任何人，应负责支付国库为处置（不包括出售）该货物所发生的一切合理费用。

无主货物

第 37 条

（1）无主货物

除某个规定类别的货物外，对未在规定期限内提离现场海关、监管仓库、保税仓库或免税商店的货物，海关执法人员有权将其存至部长为此专门指定的地点

---

① 指本法或《海关税则》。——译者注

妥善保管。

（2）保税仓库中的无主货物

除依照《海关税则》第 99 条（f）（xii）规定制定的实施细则所规定的类别的货物外，未在依照《海关税则》第 99 条（f）（xi）规定制定的实施细则所规定的期限内提离保税仓库的货物，海关执法人员有权将其存至部长为此专门指定的地点妥善保管。

（3）延长规定期限

部长有权对任何一票货物延长本条（1）或（2）规定所指的期限。

（4）视为

本条规定所指的妥善保管的地点，适用本法规定时，应视为某现场海关。

第 38 条

（1）风险及储存费用

按本法第 37 条规定存放到某个指定地点妥善保管的货物，其风险由货物所有人或进口人承担。货物的所有人或进口人应共同、各自或连带地负责支付按规定收取的存放费用，以及货物从现场海关、监管仓库、保税仓库或免税商店移至指定存放地点妥善保管所发生的费用。

（2）未缴费不得提离

本条（1）规定所指的费用未缴清前，除海关执法人员外，任何人不得将货物提离本法第 37 条规定所指的妥善保管地点。

第 39 条

（1）没收无主货物

货物自存放至本法第 37 条规定所指的地点妥善保管之日起，在规定期限内未提离该地点的，应予没收。

（2）处置费用

按本条（1）规定没收的货物，其进口人或所有人在没收货物之时应共同、各自或连带地负责支付联邦政府为处置（不包括销售）该货物所发生的所有合理费用。

某个规定类别的货物

第 39.1 条

（1）未提离时没收货物

某个规定类别的货物，如果在规定期限内未提离现场海关、监管仓库、保税仓库或免税商店，应予没收。

（2）保税仓库货物未提离时没收

依照《海关税则》第99条（f）（xii）规定制定的实施细则所规定的某个类别的货物，如果在依照《海关税则》第99条（f）（xi）规定制定的实施细则所规定的期限内未提离保税仓库，应予没收。

业务账册

第40条

（1）进口人的业务账册

任何人，如果以出售或以任何产业、职业、商业或集体的目的或者类似目的自行进口货物或要求他人进口货物，有义务在其设在加拿大境内的经营地点或由部长指定的设在加拿大境内的其他地点，按规定方式及规定期限制作并保存涉及这些货物的业务账册。遇有海关执法人员提出要求时，应在规定期限内向该海关执法人员出示该业务账册，并如实回答该海关执法人员提出的涉及业务账册的问题。

（2）部长的要求

部长有权要求其认为未按本条（1）规定保存业务账册的人遵守该款①对业务账册的规定。

（3）保存业务账册的要求

下列人应在其经营地点或部长指定的任何其他地点按规定方式制作并按规定期限保存涉及规定货物业务账册，遇有海关执法人员提出要求时，应在该海关执法人员规定的期限内向其出示，并如实回答该海关执法人员提出的涉及业务账册的问题：

（a）按本法第24条规定获得批准证书的人；

（b）接受在本法第32条（2）（b）规定的情况下被准许交付至其经营地点的货物的人；

（c）按本法第32条（6）（a）规定或第32条（7）规定被准许办理货物报关手续的人；

（d）依照《海关税则》第90条规定获得批准证书的人；以及

（e）依照《海关税则》第91条规定获得批准证书的人。

（4）部长的要求

部长可要求其认为不履行本条（3）所规定的关于保存货物业务账册义务的

---

① 指本条（1）规定。——译者注

人遵守该款①对该货物的规定。

第 41 条

（1）扣留货物

按本法第 40 条（2）规定提出的要求所涉及的人，在该要求提出之后本人或委托他人进口的任何货物，如果不遵守该要求，可由海关执法人员予以扣留，由此产生的一切费用由该人负责。

（2）被扣留货物的存放

按本条（1）规定扣留的货物，可作为无主货物按本法第 37 条（1）规定存放至指定地点妥善保管，并可按本法第 37 条至第 39 条规定予以处理。

第 42 条

（1）住宅的定义

本条规定中，"住宅"指某个作为永久或临时住所而被持有或占据的某个建筑物或者建筑体的整体或任何一部分，并且包括：

（a）位于某个住宅院内并且使用一条门道或者一条有盖顶的封闭走廊相连接的某个建筑物；以及

（b）某个设计为用做而且正在被用做某个永久或临时住所的活动单体建筑。

（2）检查

部长为适用本条规定专门指定的某个或某个类别的海关执法人员，在所有合理的时间内，出于与本法的管理及执法相关的目的，有权：

（a）查看、审计或检查某人的任何业务账册，只要该业务账册与该人的业务账册中所记录或应当记录的信息有关或可能有关，或者与任何按本法规定已付或应付的税款有关或可能有关；

（b）核查某人库存中的实物，在某项会有助于该海关执法人员认定某人库存的单货相符或者有助于核实某人业务账册中已记录或应当记录的信息或者某人按本法规定已付或应付的税款的核查中，核查与被检查的人有关的任何实物、业务或事务；

（c）除本款（3）另有规定外，进入任何经营场所或地点，只要这些场所和地点存放与任何业务或者任何被保存或应当被保存的账册相关的任何实物，做过与任何业务或者任何被保存或应当被保存的账册相关的事情；

（d）要求在该场所的该实物的所有人或业务的经营人及任何其他人向该海关执法人员提供所有合理的协助并如实回答任何问题，并且为此要求该所有人或经营人或者该所有人或经营人指定的任何其他人陪同该海关执法人员到达该场所。

---

① 指本条（3）规定。——译者注

（3）事先授权

如果本条（2）（c）规定所指的任何场所是一处住宅，除有本条（4）规定项下的搜查令的授权外，没有居住人的同意任何海关执法人员不得进入。

（4）搜查令

法官有权根据部长单方的申请签发搜查令，授权某个海关执法人员按该搜查令规定的条件进入某处住宅，如果该法官依据经过宣誓的信息认定：

（a）有充分理由相信该住宅是一处本条（2）（c）规定所指的场所；

（b）进入该住宅具有必要性；并且

（c）进入该住宅已经或者有理由相信会遭到拒绝。

（5）查阅其他文件

法官如果没有充分理由相信进入住宅对任何涉及本法的管理及执法的目的是必要的，但有充分理由相信进入该住宅调阅或核查该住宅内保存的某份文件或某件实物是必要的或者可能会被拒绝，有权：

（a）命令该住宅的居住人向海关执法人员提供合理的进入方式调阅或检查任何文件或实物；并且

（b）下达其他任何适合于适用本法规定的情况的命令。

审　查

第42.01条　审查方法

部长为适用本条规定指定的某个或某个类别的海关执法人员，有权按规定方式对进口货物的原产地（本法第42.1条规定所指的原产地核查除外）、税则归类及海关估价进行审查。

某项自由贸易协定项下的审查

进行审查

第42.1条

（1）审查方法

部长为适用本条规定指定的某个或某个类别的海关执法人员或者署长指定代表该海关执法人员的任何人或任何类别的人，在规定条件下，有权：

（a）对申请除CEFTA以外的某项自由贸易协定项下关税优惠待遇的货物的原产地进行审查；

（i）在任何合理的时间进入任何规定的场所；或

（ii）按规定的方式。或者

（b）在任何合理的时间进入任何规定的场所核查下列金额（如果有）：

（i）进口货物因随后向某个 NAFTA 国家出口，按《海关税则》第 89 条规定对应征收的任何关税的一笔免税；或者

（ii）进口货物因随后向某个 NAFTA 国家出口，按《海关税则》第 113 条规定对已缴纳的任何关税的一笔退税。

（1.1）CEFTA 项下的审查方法

部长为适用本条规定指定的某个或某个类别的海关执法人员或者署长指定代表该海关执法人员的任何人或任何类别的人，在规定条件下，有权对享受 CEFTA 项下优惠关税待遇的货物的原产地进行审查，审查方法可以是书面要求 CEFTA 出口国家的海关进行审查并提出关于货物是否是 CEFTA 附件 C 规定所定义的原产货物的意见。

（2）撤销优惠关税待遇

应按本条（1）（a）规定审查原产地的货物，其出口人或生产人如不遵守规定要求，或者在本条（1）（a）（i）项下的原产地审查中拒绝在规定期限内按规定方法接受审查，该项货物在自由贸易协定项下（不包括 CEFTA）的关税优惠待遇应予撤销。

（3）撤销 CEFTA 项下的优惠关税待遇

下列情况下，该项货物的 CEFTA 项下的优惠关税待遇可拒绝给予或撤销：

（a）该 CEFTA 出口国家对该项货物是否是原产货物不进行审查或提出意见；

（b）按本款（1.1）规定指定的海关执法人员或其他人不能确定该项货物是否是原产货物；或者

（c）在任何其他规定情况下。

原产地审查报告

第 42.2 条

（1）原产地审查报告

按本法第 42.1（1）（a）规定进行的原产地审查结束时，按本法第 42.1 条（1）规定指定的海关执法人员应向被审查原产地货物的出口人或生产人提供一份审查报告，明确该项货物按《海关税则》规定是否符合条件享受关税优惠待遇。

（2）审查报告的依据

本条（1）规定所指的审查报告应包括任何对事实的调查结论或其所依据的

法律规定。

原产地重新认定的生效日期

第 42.3 条

（1）海关的定义

本条规定中，"海关"分别按 NAFTA 第 514 条、CCFTA 第 E – 14 条、CCRFTA 第 V. 14 条或 CHFTA 第 5. 1 条（按适用情况选定）规定定义。

（2）货物原产地重新认定或进一步认定的生效日期

除本条（4）另有规定外，如果按本法第 59 条（1）规定对申请享受 NAFTA、CCFTA、CCRFTA 或 CHFTA 项下的关税优惠待遇货物的原产地重新认定或进一步重新认定得出以下结论并且应按本法规定进行原产地审查，在该项货物的进口人或者填制或签署原产地证书的任何人接到该重新认定或进一步重新认定的通知前，不得生效：

（a）根据生产过程中所使用的一项或几项材料的税则归类或价值，该项货物不符合条件享受该项优惠关税待遇；并且

（b）该税则归类或价值不同于出口该项货物的 NAFTA 国家、智利、哥斯达黎加或洪都拉斯对这些材料确定的税则归类或价值。

（3）限制规定

本条（2）规定所指对原产地的某项重新认定或进一步重新认定，如果货物出口的 NAFTA 国家、智利、哥斯达黎加或洪都拉斯的海关（按适用情况选定）在通知发出之日之前做出以下认定，不得适用于该日之前已经进口的货物：

（a）按 NAFTA 第 509 条、CCFTA 第 E – 09 条、CCRFTA 第 V. 9 条或者 CHFTA 第 5. 01 条第 11 款或第 6. 2 条第 12 款规定（按适用情况选定）对本条（2）规定所指的材料做出过一项行政决定，或者按 NAFTA 第 506 条、CCFTA 第 E – 06 条第 12 款、CCRFTA 第 V. 6 条第 15 款或 CHFTA 第 5. 7 条第 15 款规定（按适用情况选定）做出过另一项行政决定；或者

（b）对本条（2）规定所指的材料给予其进口到 NAFTA 国家、智利、哥斯达黎加或洪都拉斯的海关（按适用情况选定）相同的税则归类或估价待遇。

（4）生效日期的改期

如果部长确信，本条（2）规定所指的对原产地的重新认定或进一步重新认定所涉及的货物的进口人或者其他填制或签署该货物原产地证书的任何人证明，

他们诚实地有害信赖①于 NAFTA 国家、智利、哥斯达黎加或洪都拉斯的海关（按适用情况选定）对从其本国出口的本条（2）规定所指的材料确定的税则归类或海关估价，该项重新认定或进一步重新认定可推迟一个最长不超过 90 天的时段生效。

（5）CEFTA 项下的有害信赖

如果部长确信，某个从 CEFTA 国家出口货物的出口人证实，他诚实地有害信赖于某个 CEFTA 国家的机构或海关对货物生产中所使用的某项非原产材料确定的税则归类或海关估价的行政决定，该机构对申请 CEFTA 项下的优惠关税待遇货物做出的原产地重新认定，应仅适用于在该重新认定之日之后的货物进口。

拒绝或撤销某些自由贸易协定项下的优惠关税待遇

第 42.4 条

（1）相同货物的定义

本条规定中，"相同货物"按第 1 栏所列的某项协定的税率表的第 2 部分第 2 栏所列的规定定义。

（2）拒绝或撤销优惠—特定国家

除《海关税则》第 24 条另有规定外，部长有权按任何规定的条件，拒绝或撤销税率表第 2 部分第 1 栏所列的某项协定项下对申请享受该待遇货物的优惠关税待遇，如果该货物的出口人或生产人伪报其出口或生产的并且申请享受该待遇的相同货物符合条件享受该待遇。

第 42.5 条及第 42.6 条　［1997 年废止］

提供文件

第 43 条

（1）提供账册

部长有权出于任何与本法的管理或执法相关的目的，包括为了追缴任何人按本法规定所欠的任何税款，以挂号信函或派专人送达，通知并要求任何人在部长通知指定的某个地点和该通知规定的合理期限内，向海关提供任何账册。

---

① "detrimental reliance"，在合同法上有"不利益的信赖"概念，指的是由于一方当事人对合同另一方的行为或陈述产生信赖，从而导致自己处于不利的地位，则该种信赖即属不利益的信赖。这里指出口人相信了不利于他的税则归类和海关估价。——译者注

（2）服从

作为任何其他法律中相反规定的例外，但除本条（3）另有规定外，任何人按本条（1）规定被要求提供账册、账簿、账户、发票、陈述或其他文件和信息时，有义务服从。

（3）适用《所得税法》第 232 条规定

《所得税法》第 232 条（1）规定中的"律师""及顾客与律师之间通讯特权"的定义，以及该法①第 232 条（2）规定，适用于本条（1）规定项下的某项要求时，该法第 232 条（2）规定所指的该法第 231.2 条规定，应视为指本条规定。

行政决定

第 43.1 条

（1）行政决定

署长为适用本条规定专门指定的某个或某个类别的海关执法人员，应在货物进口前，根据某个规定类别的人在规定期限内按规定方式及载有规定信息的规定格式提出的申请，对下列事项做出一项行政决定：

（a）该货物是否符合条件作为原产货物并且符合条件享受某项自由贸易协定项下的关税优惠待遇；

（b）对于从税率表第 3 部分第 1 栏所列国家和地区出口的货物，任何涉及第 2 栏所列的规定中所列名的货物的问题；以及

（c）该货物的税则归类。

（2）实施细则

总督有权制定关于行政决定的实施细则，包括规定以下事项的实施细则：

（a）行政决定的适用；

（b）行政决定的修改或撤销，包括该修改或撤销的适用是否具有追溯力；

（c）对做出行政决定的申请要求补充信息的授权；以及

（d）在哪些情况下有权婉拒或推迟做出行政决定。

---

① 指《所得税法》。——译者注

第 III 部分
计征关税

按百分比计算的关税

完税价格

第 44 条　关税的从价税率

按某个百分比税率对货物征收的关税（按《2001 年消费税法》或《2007 年消费税法》规定征收的关税或消费税除外），应使用该税率乘以按本法第 45 条至第 55 条规定确定的某个价格计征。

解　释

第 45 条

（1）词语定义

在本条及本法第 46 条至第 55 条规定中：

"计算价格"，涉及货物时，指按本法第 52 条规定确定的该货物的价格。

"出口国家"，涉及货物时，指该货物装运后直接运往加拿大的国家。

"扣减价格"，涉及货物时，指按本法第 51 条（2）规定确定的该货物的价格。

"同一类别的货物"，指与被估价货物有以下可比性的进口货物：

（a）归入进口货物的某一组或某一档的货物，由某个特定的产业或产业部门生产的，包括与被估价货物的相同货物或相似货物。以及

（b）适用下列规定时：

（i）本法第 51 条规定，指任何国家生产并由任何国家出口的货物；以及

（ii）本法第 52 条规定，在与生产及出口被估价货物的国家同一个国家生产

并由该国家出口的货物；

"相同货物"，指符合下列条件的进口货物：

（a）与被估价货物在各个方面，包括物理特性、产品质量和声誉与被估价货物都相同的货物，外形上的细小差别不影响该货物的价格；

（b）与被估价货物在同一国家生产；并且

（c）由与被估价货物的同一生产人生产的。

相同货物不包括其策划、研发工作、艺术工作、设计工作及制图工作是在加拿大境内完成的，并且是由这些进口货物的采购人为了这些进口货物的生产及出口销售而免费或减价提供的进口货物。

"实付或应付价格"，对于向加拿大出口销售的货物，指货物采购人向销售人或为销售人直接或间接已经执行或者应当执行的全部支付。

"生产"，包括种植、工业加工及采掘。

"相似货物"，指下列进口货物：

（a）在组成材料和特性上与被估价货物非常相似的；

（b）具有被估价货物的使用功能并与其在商业上具有互换性；

（c）与被估价货物在同一国家生产的；以及

（d）由生产被估价货物的同一生产人生产的。

相似货物不包括其策划、研发工作、艺术工作、设计工作及制图工作是在加拿大境内完成的，并且是由这些进口货物的采购人为了这些进口货物的生产及出口销售而免费或减价提供的进口货物。

"足够的信息"，指证明金额差价或价格调整的准确性的客观可数的信息，如果涉及各种金额、差价或价格调整的确定。

"成交价格"，指按本法第48条（4）规定确定的货物的价格。

（2）视为相同或相似货物的货物

适用本条及第46条至第55条规定时，如果不存在与被估价货物相同或相似的货物，但存在与被估价货物同一生产人生产的可以作为相同或相似货物的货物，可将该货物视为相同或相似货物。

（3）关联人

适用本法第46条至第55条规定时，下列个人应视为相互有关联：

（a）他们之间存在《所得税法》第251条（6）规定意义上的血亲关系、婚姻关系、事实结合关系或领养关系；

（b）一个人是另一人的领导或管理人；

（c）他们每人都是相同的两个公司、合伙公司或其他组织的领导人或管理人；

（d）他们是合伙人；

（e）一个人是另一人的雇主；

（f）他们直接或间接控制同一人或被该同一人控制；

（g）一个人直接或间接地控制另一人；

（h）任何其他人直接或间接地拥有、持有或控制他们每人5%以上的有表决权的股票或股权；或者

（i）一个人直接或间接地拥有、持有或控制另一人5%以上的有表决权的股票或股权。

确定完税价格

第 46 条　确定完税价格

进口货物的完税价格应按本法第47条至第55条规定确定。

估价方法的选择顺序

第 47 条

（1）主要估价依据

货物的完税价格应当以该货物符合本法第48条规定所列条件的成交价格为基础进行估价。

（2）辅助估价依据

如果货物的完税价格无法按本条（1）规定进行估价，应当按本款规定所列的顺序，以下列第一种能作为按本法第49条至第52条规定确定货物完税价格基础的价格为基础进行估价：

（a）符合本法第49条规定所列条件的相同货物的成交价格；

（b）符合本法第50条规定所列条件的相似货物的成交价格；

（c）该货物的扣减价格；以及

（d）该货物的计算价格。

（3）进口人的申请

作为本条（2）规定的例外，如果任何被估价货物的进口人在对这些货物进行估价前提出书面申请，本条（2）（c）与（d）规定的估价方法的使用顺序可以颠倒。

（4）其他估价依据

如果货物的完税价格无法按本条（2）（a）至（d）规定进行估价，这些货

物的完税价格应按本法第53条规定进行估价。

货物的成交价格

第48条

（1）作为主要估价依据的成交价格

除本条（6）及（7）另有规定外，货物的完税价格应当是该货物的成交价格，但该货物必须是以向加拿大出口为目的销售给某个在加拿大的购买人的，而且该货物的已付或应付价格能够被确定，同时必须符合以下条件：

（a）除下列限制外，该货物的采购人对该货物的使用和处置不受任何限制：

（i）法律规定的限制；

（ii）对货物转售的地域性限制；

（iii）不实质性地影响货物价格的限制。

（b）该货物的销售人向采购人销售该货物时或者该货物的已付或应付价格中未附带其价格无法确定的条件或考虑。

（c）该采购人随后对货物进行的任何转售、处置或使用的所得的任何部分，如果直接或间接地返还给该销售人，应将其价值计入该货物的已付或应付价格之中，或者该价格应按本条（5）（a）规定进行调整。

（d）该货物的采购人或销售人在货物出口销售时互相不关联，或者如果该采购人或销售人当时互相有关联，但：

（i）他们之间的关系不影响该货物的已付或应付价格；或者

（ii）该货物的进口人证明该货物的成交价格符合本条（3）规定所列条件。

（2）适用本条（1）（d）的程序

适用本条（1）（d）规定时，如果被估价货物的采购人或销售人在货物出口销售之时互相有关联，而且对货物的完税价格进行估价的海关执法人员有理由相信其价格不符合本条（1）（d）规定所列条件，该海关执法人员应将这些理由通知该货物的进口人。如果进口人有书面申请，该通知应当是书面的。

（3）采购人与销售人有关联时接受成交价格的条件

适用本条（1）（d）（ii）规定时，被估价货物的成交价格应尽量接近与被估货物同时或基本同时出口的相同货物或相似货物的下列成交价格，但必须在不影响以上原则的普遍适用性前提下，考虑任何相关因素，包括可以规定的因素及差别：

（a）相同货物或相似货物在当时没有关联关系的采购人与销售人之间的一笔以向加拿大出口为目的的销售中签订的成交价格；

（b）相同货物或相似货物的倒扣价格；或者

（c）相同货物或相似货物的计算价格。

（4）成交价格的确定

货物的成交价格，应按该货物在以向加拿大出口为目的的销售之时已付或应付的，并按本条（5）规定进行调整后的价格来确定。

（5）已付或应付价格的调整

以向加拿大出口为目的销售的货物的已付或应付价格应根据下列因素进行调整：

（a）下列各项金额中任何一项如未包括在该货物的已付或应付价格中，应予计入：

（i）由该货物的采购人支付并与该货物相关的佣金及经纪费，但不包括该采购人向其代理人于销售时在境外提供的代理服务已付或应付的代理费。

（ii）由该采购人支付的并与该货物相关的包装成本及费用，包括在海关监管意义上被视为进口货物组成部分的纸板箱、箱子、其他容器及掩盖物的成本，以及为保持货物在装运至加拿大之时的原状所发生的所有包装费用。

（iii）下列货物或服务的价格，由该货物的采购人直接或间接地免费或减价提供的用于该进口货物的生产及出口销售的，以合理的方法并按普遍接受的会计原则按比例摊入进口货物成交价格的：

（A）已固化在该进口货物中的材料、元器件、部件及其他货物的；

（B）该进口货物的生产中所使用的工具、模具及其他货物的；

（C）该进口货物的生产中所消耗的材料的；以及

（D）在加拿大境外进行的并且是该进口货物生产必需的策划、研发工作、艺术工作、设计工作及制图工作的。

（iv）特许权费，涉及货物的专利、商标及版权费，该货物的采购人作为货物以向加拿大出口为目的的销售的一项条件而必须直接或间接支付的，但不包括为获得在加拿大复制该货物的许可而支付的费用。

（v）该货物在进口后转售、处置或使用所得的任何部分的价格，采购人向销售人直接或间接支付或应支付的。

（vi）运输成本，装货、卸货、搬运费用及其他与运输相关的费用，涉及运输的保险成本，在出口国境内运至该货物向加拿大直接发运的地点的。

（b）下列金额中任何一项，只要已包括在该货物的已付或应付价格中，应予扣除：

（i）装货、卸货及搬运费用，以及与运输相关的其他费用的运输成本和涉及运输的保险成本，从出口国境内该货物向加拿大直接发运的地点开始发生的。以及

（ii）下列在对该货物的已付或应付价格中单列的成本、费用或开支：

（A）任何合理的成本或开支，涉及对该货物进口之后提供基建、安装、组装、维修或技术援助的；

（B）任何关税及其他税，该货物进口到加拿大或在加拿大销售所缴纳或应缴纳的，主要有按《海关法》《2001 年消费税法》《消费税法》《特殊进口措施法》或其他涉及海关的法律规定对该货物征收的。

（c）货物进口后对已付或应付价格做出的返款或其他减价一律不予考虑。

（6）没有足够的信息的情况

对于任何应加入任何被估价货物的已付或应付价格的金额，如果没有足够的信息来确定，该货物的完税价格不得按本条规定确定。

（7）信息不准确的情况

海关执法人员确定货物的完税价格时，若有充分理由相信据以按本条（4）规定确定该货物成交价格的信息不准确，则应按规定程序决定该货物完税价格的，不按本条规定确定。

相同货物的成交价格

第 49 条

（1）作为完税价格的相同货物的成交价格

除本条（2）至（5）另有规定外，不按本法第 48 条规定确定货物的完税价格时，应采用可以确定的相同货物在某笔向加拿大出口的销售中的成交价格，如果该成交价格是在下列条件下与该被估货物同时或基本同时销售出口到加拿大的相同货物的完税价格：

（a）与该被估价货物在同一或基本上同一贸易水平上；并且

（b）与该被估价货物的数量相同或基本相同。

（2）如果相同货物在不同条件下销售

被估价货物的完税价格如果由于相同货物的销售不符合本条（1）（a）及（b）规定的条件而不能按本条（1）规定确定，适用本条（1）规定时，应采用在下列条件下销售的相同货物来代替：

（a）与该被估价货物在同一或基本上同一贸易水平上但数量不同；

（b）与该被估价货物在不同贸易水平上但数量相同或基本相同；或者

（c）与该被估价货物在不同的贸易水平上并且数量也不同。

（3）相同货物的成交价格的调整

按本条（1）规定确定被估价货物的完税价格时，相同货物的成交价格可对应地增加或扣减（按适用情况选定）下列金额：

（a）该相同货物按本法第 48 条（5）（a）（vi）规定所指的成本、费用及开支与该被估货物的类似成本、费用及开支之间存在的商业上的明显差价，因运输距离及运输方式的不同造成的；

（b）该相同货物与该被估货物在贸易水平上的差别或该相同货物与该被估货物在销售数量上不同，如果相同货物的成交价格是按本条（2）（a）至（c）中任何一项规定所指的销售条件销售的。

（4）无足够信息的情况

本条（3）规定所指的任何金额或者对相同货物的成交价格的调整，如果没有足够的信息来确定，该被估价货物的完税价格不得按本条规定以该成交价格为基础确定。

（5）选择相同货物的最低成交价格

如果对被估价货物有两种或更多相同货物的成交价格符合本条（1）及（3）规定所列的条件，或者虽没有这些成交价格但有两种或更多相同货物的成交价格是在本条（2）（a）至（c）中任何一项规定所指的条件下销售的，并且符合本条规定所列的所有条件［按本条（2）规定可适用的］，该被估价货物的成交价格应以这些成交价格中最低的成交价格确定。

相似货物的成交价格

第 50 条

（1）作为完税价格的相似货物的成交价格

除本条（2）及本法第 49 条（2）至（5）另有规定外，不按本法第 48 条或第 49 条规定确定货物的完税价格时，应采用可以确定的相似货物在某笔向加拿大出口的销售中的成交价格，如果该成交价格是在下列条件下与该被估货物同时或基本同时销售出口到加拿大的相似货物的成交价格：

（a）与该被估价货物在同一或基本上同一贸易水平上；

（b）与该被估价货物的数量相同或基本上相同。

（2）第 49 条规定的适用

本法第 49 条（2）至（5）规定适用于本条规定时，以上各些款规定所指的"相同货物"，在本条中均应改为"相似货物"。

倒扣价格

第 51 条

（1）倒扣价格作为完税价格

除本条（5）及本法第 47 条（3）另有规定外，不按本法第 48 条至第 50 条规定确定货物的完税价格时，该货物的完税价格应当是可确定的该货物的倒扣价格。

（2）倒扣价格的确定

被估价货物的倒扣价格是：

（a）该被估价货物、相同货物或相似货物以最大数量销售的，按本条（3）规定确定并按本条（4）规定调整后的单位价格，如果该被估价货物、相同货物或相似货物是在与该被估货物同一或基本同一时间进口的条件下在加拿大销售的；

（b）该被估价货物、相同货物或相似货物以最大数量销售的，按本条（3）规定确定并按本条（4）规定调整后的单位价格，如果该被估价货物、相同货物或相似货物在加拿大虽然不是在本款（a）规定所指的情况下销售的，但是在该被估货物进口之后的 90 天内的条件下进口并在加拿大销售的；

（c）该被估价货物以最大数量销售的，按本条（3）规定确定并按本条（4）规定调整后的单位价格，如果该被估价货物、相同货物或相似货物在加拿大虽然不是在本款（a）或（b）规定所指的情况下销售，但是在加拿大组装、包装或进一步加工后在其进口之后 180 天以内在加拿大销售的，并且该被估价货物的进口人要求按本项规定确定这些货物的完税价格。

（3）单位价格

适用本条（2）规定时，被估价货物、相同货物或相似货物的单位价格，应通过确定该货物进口之后在最初贸易水平上以该货物的最大单位数量销售给同时符合以下条件的人的单位价格来确定，如果部长或任何部长授权的人认为此类销售的数量可以用来确定该货物的单位价格：

（a）在该货物向其销售之时与该货物的销售人没有关联关系；并且

（b）未直接或间接地免费或减价提供任何用于该货物的生产和出口销售的本法第 48 条（5）（a）（iii）规定所指的货物或服务。

（4）单位价格的调整

适用本条（2）规定时，被估价货物、相同货物或相似货物的单位价格应进行调整，应扣除相当于下列总金额的金额：

（a）按规定方法确定的相当于以下金额的某笔金额，与相同品级或类别的货物在加拿大销售相关的：

（i）通常以某个单位收取的佣金；或

（ii）利润及一般开支，包括该货物销售的所有成本，作为一个整体考虑的并一般反映在单位价格上的。

（b）与该货物在加拿大境内发生的运输及保险相关的成本、费用及开支，通常与该被估价货物、相同货物或相似货物在加拿大销售相关的，如果这些成本、费用及开支的某笔款项未在本款（a）规定下的一般开支中扣除。

（c）本法第48条（5）（b）（i）规定所指的成本、费用及开支，与该货物有关的，如果这些成本、费用及开支的某笔款项未在本款（a）规定下的一般开支中扣除。

（d）本法48条（5）（b）（ii）（B）规定所指的关税及其他税，如果这些关税及其他税未在本款（a）规定下的一般开支中扣除。

（e）该货物因其在加拿大装配、包装或进一步加工而产生的货物增值，指适用本条（2）（e）规定时。

（5）拒绝采用倒扣价格

如果没有足够的信息认定被估货物的本条（4）（e）规定所指的某笔金额时，该货物的完税价格不得按本条（2）（c）规定进行确定。

（6）进口之时的定义

在本条规定中，"进口之时"指：

（a）对于本法第32条（2）（b）规定适用的货物以外的货物，某个海关执法人员按本法有关规定准许放行该货物之日，或该货物的放行以任何规定手段被准许之日。

（b）对于适用本法第32条（2）（b）规定的货物，货物在进口商、货主或收货人经营场所被接受之日。

计算价格

第52条

（1）作为完税价格的计算价格

除本法第47条（3）另有规定外，货物的完税价格如果无法按本法第48条至第51条规定确定时，该货物的完税价格应当是可确定的该货物的计算价格。

（2）计算价格的确定

被估价货物的计算价格是相当于下列金额的总额：

（a）除本条（3）另有规定外，按规定方法确定的下列成本、费用及开支或价格：

（i）生产该被估货物所使用的材料的；以及

（ii）该被估货物的生产或其他加工的。

（b）利润及一般开支，作为一个整体考虑的并一般反映在货物的生产人在出口国家为向加拿大出口与该被估价货物相同品级或类别的货物中的。

（3）应包括的金额

在不限制本条（2）（a）规定的普遍适用性条件下，该项规定所指的成本、费用、开支及价格，包括：

（a）本法第48条（5）（a）（ii）规定所指的成本、费用及开支；

（b）本法第48条（5）（a）（iii）规定所指的任何货物及服务的价格，按该项规定确定并分摊至该被估价货物的，不论该货物及服务是否无偿或减价提供；以及

（c）在加拿大境内完成的策划、研发工作、艺术工作、设计工作及制图工作的成本、费用及开支，由该被估价货物的购货人直接或间接提供的，用于这些进口货物的生产及出口销售并且分摊到本法第48条（5）（a）（iii）规定所指的被估价货物中的。

（4）一般开支的定义

在本条规定中，"一般开支"指货物的生产和出口销售的直接或间接成本、费用及开支，但不包括本条（2）（a）及本条（3）规定所指的成本、费用及开支。

其他方法

第53条　其他估价依据

货物的完税价格如果无法按本法第48条至第52条规定确定时，应将以下价格或信息作为依据进行估价：

（a）以足以确定该货物完税价格的灵活性，通过采用比其他方法更接近规定要求的本法第48条至第52条规定所列的一项或多项估价方法产生的某个价格；以及

（b）在加拿大可获得的信息。

一般规定

第54条 通过另一个国家出口到加拿大的货物

适用本法第45条至第55条规定时，从任何一个国家通过另一个国家转口出口到加拿大的货物，如果符合规定的限制条件，应视为从上述第一个国家直接发运到加拿大。

第55条 以加拿大货币表示的完税价格

进口货物的完税价格应按根据《货币法》制定的实施细则的规定以加拿大货币计算。

第56条 通知进口人确定价格

任何货物的进口人提出书面申请时，应被书面告知确定该货物完税价格所使用的方法。

基于规定数量或规定价格的关税

第57条 规定数量或规定价格

按规定数量或按规定价格计征关税时，此类关税应按相应的比例适用于多（高）于或少（低）于规定数量或价格的数量或价格。

做出认定

第57.01条

（1）做出认定

署长为适用本条规定专门指定的任何一个或任何类别的海关执法人员，可在货物从某个 NAFTA 国家进口并按本法第32条（1）、（3）或（5）规定以规定的方式及条件办理正式报关手续之时或之前，对货物是否应按本法第35.01条规定的方式加贴了标记做出认定。

（2）视为认定

如果海关执法人员对从某个 NAFTA 国家进口的货物在其按本法第32条（1）、（3）或（5）规定报关之时或之前未按本条（1）规定做出认定，应视为已根据办理该货物正式报关的当事人所做的申报做出了对该货物是否按本法第35.01条规定加贴标记的认定。

进口货物的原产地、税则归类，以及完税价格的认定、重新认定及进一步重新认定

第57.1条 第58条至第70条规定的适用

适用本法第58条至第70条规定时：

（a）进口货物的原产地，应按《海关税则》第16条规定及按该条①规定制定的实施细则的规定认定。

（b）进口货物的税则归类，应按《海关税则》第10条及第11条规定认定，除非本法另有其他规定。

（c）进口货物的完税价格，应按本法第47条至第55条及《海关税则》第87条规定认定。

第57.2条 ［1997年废止］

第58条

（1）由海关执法人员认定

署长为适用本条规定专门指定的任何一个或任何类别的海关执法人员，有权在货物按本法第32条（1）、（3）或（5）规定以规定的方式和条件办理正式报关手续之时或之前，认定进口货物的原产地、税则归类及完税价格。

（2）视为认定

如果进口货物的原产地、税则归类及完税价格未按本条（1）规定做出认定，适用本法规定时，该货物的原产地、税则归类及完税价格应视为已根据按本法第32条（1）（a）规定的格式办理该货物正式报关的人所做的申报做出了认定。该认定应视为是在该货物按本法第32条（1）、（3）或（5）规定办理报关之时做出的。

（3）对认定的审查

除本法第59条至第61条规定的限制条件外，按本条规定做出的认定，不得被限制、被禁止、被撤销、被搁置或被以其他方式处理。

第59条

（1）重新认定或进一步重新认定

署长为适用本条规定专门指定的任何一个或任何类别的海关执法人员，有权：

（a）在下列期限内随时重新认定按本法第57.01条或第58条规定认定的任

---

① 指《关税税则》第16条。——译者注

何进口货物的原产地、税则归类或完税价格：

（i）该项认定做出之日之后4年，基于本法第42条规定项下的审计或检查、本法第42.01条规定项下的检查或者本法第42.1条规定项下的原产地核查的；或者

（ii）该项认定做出之日之后4年，如果部长认为需要进行重新认定的。以及

（b）在该项认定做出之日之后4年内或在规定的期限内，如果部长认为有此需要，根据在按本法第74条（1）（c.1）、（c.11）、（e）、（f）或（g）规定准予退税［被本法第74条（1.1）视为本款（a）规定项下的一项重新认定的］或按本法第32.2条规定作出的改正［被本法第32.2条（3）规定视为本款（a）规定项下的一项重新认定的］后进行的本法第42条规定项下的某项审计或检查、本法第42.01条规定项下的某项检查或者本法第42.1条规定项下的某项原产地核查，进一步重新认定进口货物的原产地、税则归类或完税价格。

（2）通知要求

按本法第57.01条（1）或第58条（1）规定进行认定的海关执法人员或者按本条（1）规定进行重新认定或进一步重新认定的海关关员，应立即将该项认定、重新认定或进一步重新认定的结果及其依据通知规定的人。

（3）缴税及退税

认定、重新认定或进一步重新认定所通知的每个规定的人，应按该项决定的规定：

（a）缴纳对该货物征收的关税应缴或应补缴（按适用情况待定）的税款，或者（指按本法第60条规定提出要求时）交付或提供得到部长认可的对该笔税款及任何应交或可能应交的利息的保证金或担保；或者

（b）被退还已缴纳的超出货物应征税款及其利息的税款及利息，但不包括因未按本法第32条（5）或第33条规定缴纳税款而应支付的利息。

（4）应立即缴纳或退还的税款

按本条（3）或本法第66条（3）规定应向某人征收或退还的货物税款，除已提供担保的外，应立即缴纳或退还，不论是否已按本法第60条规定提出申请。

（5）对本条（3）（a）规定的例外

适用本条（3）（a）规定时，按本法第58条（1）规定认定应按本条（3）规定作为对货物征收的关税应缴的税款，应不包括任何按本法第32条或第33条规定作为对该货物征收的关税应缴的税款。

（6）重新认定或进一步重新认定的审查

按本条规定对原产地、税则归类或完税价格做出的重新认定或进一步重新认

定，除遵守按本法第 59 条（1）、第 60 条及第 61 条规定的限制条件外，不得被限制、被禁止、被撤销、被搁置或被以其他方式处理。

署长重新认定及进一步重新认定

第 60 条

（1）申请重新认定及进一步重新认定

按本法第 59 条（2）规定被通知的人，可在收到通知之后 90 天内，申请重新认定货物的原产地、税则归类、完税价格或货物标示。该申请应在作为对该货物应征收的关税或利息的所有应征税款全部缴清或已向部长提供全部应征税款的担保之后提出。

（2）申请审查

按本法第 43 条（1）规定制发的行政预裁定书，其被通知的人可在收到该裁定书之后 90 天内申请对该裁定书进行审查。

（3）申请方法

按本条规定提出的申请必须按规定格式及方式向署长提出，并提供规定的信息。

（4）署长收到申请后的责任

收到按本条规定项下的申请之时，署长应立即：

（a）对该原产地、税则归类或完税价格进行重新认定或进一步重新认定；

（b）确认、修改或撤销该行政预裁定书；或者

（c）对该行政裁定书进行重新认定或进一步重新认定。

（5）通知要求

署长应立即将按本条（4）规定作出的决定及其依据通知提出该申请的人。

第 60.1 条

（1）申请期限的延期

某人如果在本条规定所列的期限内没有按本法第 60 条规定提出申请，可向署长请求延长可以提出该申请的期限并且署长有权延长提出该申请的期限。

（2）理由

该申请应列明未按时提出申请的理由。

（3）申请方法

该申请必须按规定格式及方式向署长提出，并提供规定的信息。

（4）署长的责任

收到申请时，署长必须立即考虑该申请并将其决定书面通知提出申请的人。

（5）请求日期

如果署长批准该申请，该申请应于署长的决定之日生效。

（6）批准请求的条件

除下列情况，不得批准任何申请：

（a）该申请是在本法第 60 条规定列明的期限期满之后 1 年内提出的。并且

（b）提出请求的人能证明：

（i）在本法第 60 条规定列明的期限内无法亲自或委托他人提出申请或者该人有提出申请的诚意；

（ii）批准该申请是公开并且是公平的；并且

（iii）该申请是在情况一旦允许时就被提出的。

第 60.2 条

（1）由加拿大国际贸易法院延长期限

遇有下列情况之一时，按本法第 60.1 条规定提出申请的人，可向加拿大国际贸易法院请求批准他的申请：

（a）署长不批准他的申请；或者

（b）他的申请提出之后已满 90 天，但署长没有将其决定通知他。

如果适用本款（a）规定，本款规定项下的申请必须在前一项申请被拒绝后 90 天内提出。

（2）申请方法

提出申请时，必须向署长及加拿大国际贸易法院书面提交本法第 60.1 条规定的申请及通知〔如果已按本法第 60.1 条（4）规定接到通知〕。

（3）加拿大国际贸易法院的权力

加拿大国际贸易法院有权对某项申请作出驳回或批准的处理，并且在批准某项申请之时，规定任何其认为恰当的条件，或者命令该申请应被视为于该命令做出之日生效。

（4）应批准的申请

除下列情况外，不得按本条规定批准任何申请：

（a）本法第 60.1 条（1）规定项下的申请是在本法第 60 条规定列明的期限期满之后 1 年内提出的。并且

（b）提出申请的人能证明：

（i）在本法第 60 条规定列明的期限内无法亲自或委托他人提出该申请或者该人有提出该申请的诚意；

（ii）批准该申请是公开并且是公平的；并且

（iii）该申请是在情况一旦允许时就被提出的。

第 61 条

（1）署长的权力

署长有权：

（a）在下列时间节点重新认定或进一步重新认定进口货物的原产地、税则归类或海关估价：

（i）按本法第 60 条（4）（a）规定进行重新认定或进一步重新认定之后至某项上诉按本法第 67 条规定开庭审理之前的任何时间，根据加拿大司法部长的建议，如果该项重新认定和进一步重新认定会减少对货物的应征关税；

（ii）任何时间，如果按本法第 32 条（1）、（3）或（5）规定办理报关手续的人不遵守本法或实施细则的任何规定或者犯有违反本法对货物的规定的违法行为；以及

（iii）任何时间，如果该项重新认定或再进一步认定应适用加拿大国际贸易法院、加拿大联邦上诉法院或加拿大最高法院涉及该货物的一项决定。

（b）在下列时间节点重新认定或进一步重新认定某项对进口货物标示的确定：

（i）按本法第 57.01 条规定做出认定之后 4 年内，如果部长认为有必要重新做出认定；

（ii）任何时间，如果按本法第 57.01 条规定做出的认定或本法第 59 条（1）（a）规定项下的重新认定所通知的人不遵守本法或实施细则的任何规定或者犯有违反本法对货物的规定的违法行为；

（iii）任何时间，如果该项重新认定或进一步重新认定应适用加拿大国际贸易法院、加拿大联邦上诉法院或加拿大最高法院涉及该货物的一项决定；

（iv）在按本法第 60 条（4）（c）规定进行重新认定之后至某项上诉按本法第 67 条规定开庭审理之前任何时间，根据加拿大司法部长的建议的。以及

（c）随时重新认定或进一步重新认定进口货物（本项规定中简称"相关货物"）的原产地、税则归类或完税价格，如果对相关货物的重新认定或进一步重新认定应适用加拿大国际贸易法院、加拿大联邦上诉法院或加拿大最高法院做出的或署长按本款（a）（i）规定做出的以下一项决定：

（i）涉及由相关货物的同一进口人或所有人在该货物进口之日或之前进口的其他同类货物的原产地或税则归类的；或

（ii）涉及认定由同一进口人或所有人在相关货物进口之日或之前进口的其他货物的完税价格方法的。

（2）通知要求

署长按本条规定做出一项重新认定或进一步重新认定时，应立即将该决定连

同理由通知规定的人。

第 62 条　不受审查

本法第 60 条或第 61 条规定项下的重新认定或进一步重新认定，除按本法第 67 条规定的范围和方式，不得被限制、被禁止、被撤销、被搁置或被以其他方式处理。

第 63 条及第 64 条　　[1997 年废止]

第 65 条

（1）缴税或退税

按本法第 60 条（4）（a）或者第 61 条（1）（a）或（c）规定对货物做出的重新认定或进一步重新认定，该决定可以规定的被通知的人，应按该项决定的规定：

（a）缴纳作为货物应征关税的任何应征税款，或者（指按本法第 67 条规定提出上诉时）交付或提供部长认可的相当于该笔税款及任何应交或可能应交的利息的保证金或担保；或者

（b）被退还超出货物应征税款及其利息的已缴纳税款及利息［不包括因未按本法第 32 条（5）或第 33 条规定缴纳税款而应支付的利息］。

（2）应征或应退税款的立即缴退

因按《特别进口措施法》对货物某项认定或重新认定的在本条（1）或本法第 66 条（3）规定项下应缴或应退的税款，除已提供担保的外，应立即缴纳或退还，不论是否按本法第 67 条规定或该法①第 61 条（1）规定提出了上诉。

（3）［1997 年废止］

第 65.1 条

（1）退还给缴纳人以外的人

本法第 59 条（1）、第 60 条（4）（a）或者第 61 条（1）（a）或（c）规定项下的决定所通知的人（本款称为"申请人"），如果是原先缴纳税款的人，按本法第 59 条（3）（b）或第 65 条（1）（b）规定应具有被退还该笔税款的资格，该笔税款可退给该申请人，并且按此退给该申请人的任何税款应被视为已退给该项规定②项下的申请人。

（2）退税的法律效力

货物的某笔税款如果退给本法第 59 条（3）（b）或第 65 条（1）（b）规定项下的某人，任何其他人不得按以上任何一项规定具有被退还该货物税款的资

---

① 指《特别进口措施法》。——译者注
② 指本法第 59 条（1）、第 60 条（4）（a）、第 61 条（1）（a）或（c）规定。——译者注

格。

（3）例外规定 – 标示认定

本条规定不适用于标示认定

第 66 条

（1）已缴税款的利息

某人缴纳的基于预计应按本法第 59 条（3）（a）或第 65 条（1）（a）或《特别进口措施法》规定缴纳的某笔税款，如果由于某项认定、重新认定或进一步重新认定而超过了应缴的税款，该人除应被退还多征的税款外，还应被退还按规定利率以该笔多征的税款为基数计算的利息，计息期从缴税次日开始至做出该认定、重新认定或进一步重新认定之日止，以多征的税款为基数计算。

（2）已提供的担保的利息

某人由于对货物的认定、重新认定或进一步重新认定应按本法第 59 条（3）（a）或第 65 条（1）（a）规定缴纳一笔作为对该货物应征的关税的税款时，如果该人在后来对货物做出某项重新认定或进一步重新认定之前提供了担保，本法第 33.4 条（1）规定项下对因该后来的重新认定或进一步重新认定而产生的任何应征税款所应支付的利息，应按规定利率计算，计息期从该笔保证金提供的次日开始至后来做出该项重新认定或进一步重新认定之日止。

（3）退税的利息

按本法第 59 条（3）（a）或第 65 条（1）（a）规定或按《特别进口措施法》规定应向某人退还一笔税款时，除该笔退税外，还应向其退还按规定利率以退还的税款为基数计算的利息，计息期从缴税的次日开始至该笔税款被退还之日止。

上诉及诉诸

第 67 条

（1）向加拿大国际贸易法院上诉

不服署长按本法第 60 条或第 61 条规定做出的某项决定的人，可以在该决定通知之日后 90 天内，向署长及加拿大国际贸易法院递交一份书面上诉通知，就该决定向加拿大国际贸易法院提出上诉。

（2）上诉通知的公告

加拿大国际贸易法院在按本条规定做出决定之前，应开庭审理并在开庭审理听证会召开至少 21 天之前通过《加拿大政府公报》发布一项公告，在开庭审理之日或之前，任何在加拿大国际贸易法院出庭的人均可为该项上诉做证。

（3） 司法审查

对本条（1） 规定项下的上诉，加拿大国际贸易法院有权按诉讼标的的性质做出命令、调查结论或声明。按本条规定做出的命令、调查结论或声明，除本法第 68 条规定的范围及方式外，不得被审查、被限制、被禁止、被撤销、被搁置或被以其他方式处理。

第 67.1 条

（1） 上诉期限的延期

某人如果在本法第 67 条规定所列的期限内没有递交一份上诉通知，可向加拿大国际贸易法院申请一项延期命令，延长递交上诉通知的期限，加拿大国际贸易法院有权下达命令延长上诉期限，并有权规定其认为恰当的任何条件。

（2） 理由

该申请必须列明未按时递交上诉通知的理由。

（3） 申请方式

该申请必须连同上诉通知按规定格式及方式向署长及向加拿大国际贸易法院递交。

（4） 批准申请的条件

除下列情况外，不得按本条规定做出任何命令：

（a） 该申请是在本法第 67 条规定列明的期限期满之后 1 年内提出的。并且

（b） 提出申请的人能证明：

（i） 在本法第 67 条规定列明的期限内，他无法亲自或要求他人提出申请或者他有提出申请的诚意；

（ii） 批准该申请是公正的并且是公平的；

（iii） 该申请是在情况一旦允许时就被提出的；以及

（iv） 上诉的理由正当。

第 68 条

（1） 向联邦法院申请审查

本法第 67 条规定项下的某项审查的任何一方，即下列人有权在按本法第 67 条规定做出决定之日后 90 天内就任何有关法律问题向联邦上诉法院上诉：

（a） 审查申请人；

（b） 署长；或者

（c） 任何按本法第 67 条规定出庭的人。

（2） 审查的处置

联邦上诉法院对某项上诉有权根据诉讼标的的性质做出命令或调查结论，或将诉讼标的退回加拿大国际贸易法院重新开庭审理。

第 69 条

（1）上诉未决前的退税

按本法第 67 条或第 68 条规定对货物提出上诉时，如果提出上诉的人已经就货物应征的关税缴纳了任何税款或对该税款应计收的利息缴付了任何利息，应在对该货物作为关税及利息的未缴纳部分及已缴纳的税款的全部或部分［不包括因没有缴纳关税按本法第 32 条（5）或第 33 条规定被计收的滞纳利息］提供了部长认可的担保的条件下，被退还已提供担保的已缴纳部分的税款。

（2）利息

按本条（1）规定退税时，被退还税款的人应当：

（a）署长按本法第 61 条（1）（a）（iii）规定做出的一项重新认定或进一步重新认定，如果决定已退还的税款的一部分应作为关税及利息补征，则对该笔退税金额的未清余额按规定利率计算的利息支付利息，计息期从该笔税款被退还次日开始至作为关税及利息的退税足额补缴之日止，但如果应补征的退税税款在该决定做出之日后 30 天内已被缴纳，从该日起至该笔税款被缴纳之日止，不对该笔税款征收利息。

（b）署长按本法第 61 条（1）（a）（iii）规定做出的一项重新认定或进一步重新认定，如果决定已退还的税款的一部分不应作为关税及利息补征，对不应补征的退税按规定利率计算被退还利息，计息期从所退税款原缴税之日起至退税之日止。

第 70 条

（1）诉诸加拿大国际贸易法院

署长有权将涉及任何货物或任何类别的货物的任何原产地、税则归类或海关估价问题诉诸加拿大国际贸易法院。

（2）同上

本法第 67 条及第 68 条规定适用于按本条规定进行的诉诸，该诉诸应被视为按本法第 67 条规定提出的一项上诉。

特别规定

第 71 条

（1）特别规定

如果因货物被认定为归入《海关税则》所附税率表中所列《税则规定表》的税目 9899.00.00 项下的禁限货物而被拒绝放行，可按本法第 60 条规定申请重新认定或进一步重新认定，或按本法第 61 条规定申请重新认定或进一步重新认定，或者按本法第67条及第68条规定对已做出的认定提出上诉，但必须作出如下调整：

（a）本法第61条（1）（a）（iii）及第61条（1）（c）规定应被视为包括向法院征求意见；并且

（b）本法第67条及第68条规定中，"法院"一词应被视为由"加拿大国际贸易法院"一词替代。

（2）词语定义

本条规定中：

"法院书记员"，［2014年废止］。

"法院"，指：

（a）在安太略省，指高等司法法院；

（b）在魁北克省，指高等法院；

（c）在新斯科舍省、不列颠哥伦比亚省及爱德华王子岛省、育空省及西北地区，指最高法院；

（d）在新不伦瑞克省、马尼托巴省、萨斯喀彻温省及艾伯塔省，指皇家高等法院；

（e）［1992年废止］

（f）在纽芬兰省及拉布拉多省，指最高法院审判庭；以及

（g）在努纳武特地区，指努纳武特地区司法法院。

第72条　对担保的限制

对按《海关税则》第53条、第55条、第60条、第63条、第68条或第78条规定征收的附加税或按本法第69条至第76条任何一条规定征收的临时关税应补征的任何税款，可不按本法第59条（3）（a）或第65条（1）（a）或第69条（1）规定提供担保。

第72.1条　限制规定——税率表条目98.26

作为本法第59条（1）、第60条及第61条规定的例外，归入《海关税则》所附税率表中的《税则规定表》条目98.26项下的进口货物，其税则归类不得重新认定或进一步重新认定，除非该重新认定或进一步重新认定是：

（a）将该货物归入该条目下另一个税目；或者

（b）将同一票报关单报关的所有这些货物归入《税则规定表》第1章至第97章任何条目中。

第72.2条　［1997年废止］

第 IV 部分
减免税及退税

第 73 条　减税

除本法第 75 条及按本法第 81 条规定制定的任何实施细则另有规定外，部长有权对下列情况的进口货物减免关税：

（a）在运往加拿大途中至海关放行之前遭受损失、变质或毁坏的；或者

（b）在某个保税仓库中因自然原因体积或重量减少的。

第 74 条

（1）退税

除本条和本法第 75 条及按本法第 81 条规定制定的任何实施细则另有规定外，下列情况下，对已缴纳进口货物的关税，缴税人可按本条（3）规定向部长申请退还全部或部分税款，部长有权批准向其退还全部或部分税款：

（a）进口货物在运往加拿大途中至海关放行前遭受损失、变质或毁坏的；

（b）海关放行的数量少于这些关税所征收的数量；

（c）该货物的质量次于这些关税征收的质量；

（c.1）该货物是从某个 NAFTA 国家或者从智利进口的，但按本法第 32 条（1）、（3）或（5）规定办理这些货物的报关手续时未申请享受 NAFTA 项下的优惠关税待遇或未申请享受 CCFTA 项下的优惠关税待遇（按适用情况选定）；

（c.11）该货物是从以色列或另一个 CIFTA 受惠国家或者税率表第 4 部分第一栏所列某个国家或地区进口的，但按本法第 32 条（1）、（3）或（5）规定办理这些货物的报关手续时未申请享受 CIFTA 项下或第二栏所列某项协定（按适用情况选定）项下的优惠关税待遇；

（c.2）[1997 年废止]

（d）应征关税的计算中出现书写、打字或类似差错；

（e）该笔关税是根据按本法第 58 条（2）规定对货物认定的原产地 [本款（c.1）及（c.11）规定的情况除外]、税则归类或完税价格征收或多征的，并且

该项认定不是本法第 59 条至第 61 条规定项下的某项决定的内容；

（f） 该货物或已包含在这些货物中的其他货物，是在该货物在加拿大进行任何其他使用前，按《海关税则》所附税率表中某个税则条目规定的或者按依照该法制定的任何涉及该税则条目的行政法规规定的条件销售给某人或由某个人以其他方式处置或使用；或者

（g） 该笔关税是因其他任何规定的原因被错误地多征或征收的。

（1.1） 按重新认定对待的退税

按本条（1）（c.1）、（c.11）、（e）或（f）规定批准的退税或者按本条（1）（g）规定批准的退税（如果该退税是由于税则归类、完税价格或原产地造成的），在适用本法（不包括本法第 66 条）时，应视为是按本法第 59 条（1）（a）规定做出的一项重新认定。

（1.2） 关税

可按本条（1）（b）规定退还的关税，不包括按《2001 年消费税法》《消费税法》或《特别进口措施法》规定征收的关税或消费税。

（2） 申请退税

对未在规定时间内向海关执法人员递交其书面通知并提供理由的退税申请，不得按本条（1）（a）至（c）及（d）任何一项规定批准退税。

（3） 同上

除以下情况外，退税申请不得按本条（1）规定批准：

（a） 申请退税的人能向海关执法人员提供合理的机会查验申请退税的货物，或者提供其他方式核实申请退税的理由。并且

（b） 退税申请，包括支持该申请的规定证据，是在以下期限内按含有规定信息的规定格式向海关执法人员递交的：

（i） 货物按本法第 32 条（1）、（3）或（5）规定报关之后 4 年内，如果申请按本条（1）（a）、（b）、（c）、（c.11）、（d）、（e）、（f）或（g）规定退税；以及

（ii） 货物按本法第 32 条（1）、（3）或（5）规定报关之后 1 年内或者在规定的更长期限内，如果申请按本条（1）（c.11）规定退税。

（4） 拒绝退税的法律效力

下列情况下，拒绝批准某项对货物已征收关税的退税，适用本法规定时，应视为按本法第 59 条（1）（a）规定做出的一项重新认定：

（a） 该申请是申请按本条（1）（c.1）或（c.11）规定退税，而且该申请被拒绝是因为该货物按本法第 32 条（1）、（3）或（5）规定报关时不符合条件享受某项自由贸易协定项下的关税优惠待遇；或者

（b）该申请是申请按本条（1）（e）、（f）或（g）规定退税，而且该申请被拒绝是因为该申请中主张的原产地、税则归类或完税价格不正确。

（4.1）［1997 年废止］

（5）拒绝退税的法律效力

为进一步明确，对本条（1）（c.1）、（c.11）、（e）、（f）或（g）规定项下的某项申请的拒绝，如果是因为没有提供完整或准确的文件资料，或者是因为本条（4）规定列明的原因以外的任何其他原因，适用本法时，不得被视为按本法规定做出的一项原产地、税则归类或完税价格的重新认定。

（6）无须申请的退税

货物按本法第 32 条（1）、（3）或（5）规定报关之后 4 年内，部长如果认定该关税是在下列任何一项规定所列情况下因差错而多征或征收的，有权全部或部分退还对进口货物征收的关税，并无须缴纳该关税的人提出申请：

（a）本条（1）（a）至（c）或（d）规定；或

（b）本条（1）（g）规定，但仅限于该笔退税是由于该货物的税则归类、完税价格或原产地产生的。

（7）可以不退还的关税

按本条（6）规定可以退还的关税，不包括按《2001 年消费税法》《消费税法》或《特别进口措施法》规定征收的关税或消费税。

（8）退税的使用

某个规定类别的人，在货物按本法第 32 条（1）、（3）或（5）规定报关之后 4 年内，在规定的情况下并按规定的条件，可使用他们按本条规定有资格退还的任何税款来缴纳他们按本法规定应缴纳或可能应当缴纳的任何税款。

第 74.1 条　［1997 年废止］

第 75 条

（1）减免税或退税金额

除本法第 78 条及第 79 条另有规定外，按本法第 73 条或第 74 条规定批准的任何减免税或退税，其金额应按总督制定的实施细则确定，该实施细则应规定确定该金额的方法及哪一类情况下适用此类确定。

（2）溢征关税的冲抵规则

如果海关放行的进口货物的数量少于对货物征收关税的数量，而且对该少于的数量征收的关税没有退还，海关执法人员在规定情况下并根据缴纳该笔关税的人的请求，使用对该货物该少于的数量征收的税款冲抵同一进口人或所有人以后进口的货物的应征税款。

第 76 条

（1）对残损货物的退税

除按本法第 81 条规定制定的实施细则另有规定外，进口的残损货物、质量低于对其征收关税的质量的货物或与订货不符的货物，如果在进口之后，在对联邦政府不产生费用条件下，以部长认可的某种方式处理或者复运出口，部长有权在规定情况下，向缴纳该货物的关税的人，退还全部或部分其已缴纳的税款。

（2）适用第 74 条（2）、（3）及第 75 条（1）规定

本法第 74 条（2）、（3）及第 75 条（1）规定根据情况需要适用于本条规定项下的退税。

第 77 条　［1997 年废止］

第 78 条　有商业价值的废碎料及副产品

在规定情况下，因货物的销毁、处理或进入其他货物而产生的废碎料或副产品，如有商业价值，按本法规定对这些因销毁、处理或进入其他货物而产生的货物的减免或退还的税款中，应扣除一笔按规定方式确定的金额。

第 79 条　另定退税或减免税税款

遇有难以确定按本法规定对货物应减免或退还的确切税款时，经申请减免税或退税的人同意，应使用部长确定的税款替代应确定的确切税款。

第 79.1 条　未包括的某些关税

适用本法第 78 条及第 79 条规定时，减免税或退税不包括按《消费税法》第 IX 部分规定征收的消费税。

第 80 条　退税利息

按本法第 74 条、第 76 条或第 79 条规定批准向任何人退还一笔关税时，除该笔退税外，应按规定利率向其退还该笔退税所产生的利息，计息期从按本法第 74 条（3）（b）规定提出的退税申请收到之日后第 90 天起至批准退税之日止。

第 80.1 条　已退税款的利息

作为本法第 80 条规定的例外，如果按本法第 74 条（1）（g）规定向任何人退还一笔对进口货物征收的关税时，如果该货物的关税税率根据总督按《海关税则》规定发布或制定的具有溯及力的命令或实施细则规定降低，除该笔退税外，还应按规定的利率向其退还该笔退税的利息，计息期从该笔关税缴纳次日开始至批准退税之日止。

第 80.2 条

（1）补征多减免或多退还的税款

除本条（2）另有规定外，如果按本法第 73 条至第 76 条规定批准的减免税或退税被某个不符合条件全部或部分享受该笔减免税或退税的人享受，该人应向

联邦政府补缴其不符合条件已享受的减免税或退税，并补缴已收取的按本法第80条或第80.1条规定退还的利息。

（2）补征多减免或多退还的税款——第74条（1）（f）规定

如果某笔减免税或退税是按本法第74条（1）（f）规定批准给某人的并且该货物已被出售或被以其他方式处理，或者后来的使用不符合《海关税则》所附税率表中所列《税则规定表》的某个税目规定的或者按根据该法规定制定的涉及该表中某个税目的实施细则规定的某项条件，被批准退税或减免税的人应当在该项不合规行为发生之后90天内：

（a）在某个现场海关向海关执法人员报告不合规情况；并且

（b）向联邦政府补缴任何其符合条件享受的税款，并补缴已按本法第80条或第80.1条规定被退还的该笔税款的利息。

第81条　实施细则

总督有权制定实施细则，规定在哪些情况下不得按本法规定对规定类别的货物予以减免税或退税。

第82条至第87条　［1995年废止］

第88条至第91条　［1997年废止］

第92条　［1995年废止］

第93条及第94条　［1997年废止］

第 V 部分
出　　口

第95条

（1）报关

除本条（2）（a）另有规定外，所有出口货物应在规定时间及规定地点按规定方式办理报关手续。

（2）实施细则

总督有权规定：

（a）哪些类别的货物可免予按本条（1）规定办理报关手续及在哪些情况下这些类别的货物不适合此项免责规定；

（b）哪些类别的人应按本条（1）规定办理报关手续及在哪些情况下他们必须履行此项义务。

（3）回答问题及送交货物的义务

按本条（1）规定办理报关手续的每个人，有义务：

（a）如实回答海关执法人员提出的任何有关该货物的问题；

（b）遇有某个海关执法人员提出要求时，应向该海关执法人员送交该货物，移走该货物的所有遮盖，对任何运输工具进行卸货或打开该运输工具的任何部分，或者打开或拆开任何该海关执法人员要检查的货物包装或容器。

（4）书面报关

如果货物被要求以书面形式报关，应使用载有规定信息的规定格式或载有部长认可的信息的格式办理货物的报关手续。

第95.1条

（1）统计

除本条另有规定外，所有按本法第95条（1）规定办理货物报关手续的人，有义务于报关之时在现场海关向海关执法人员提供依据《统计法》第22.1条规定制定的"编码制度"确定的统计编码。

（2）规定格式

本条（1）规定的统计编码应按规定方式使用载有规定信息的规定格式提供。

（3）实施细则

总督有权制定实施细则，规定某些或某个类别的人或者某些或某个类别的货物在该实施细则规定的条件下可免予履行本条（1）规定的义务。

第96条　未能出口

已按本法第95条规定办理报关手续的货物如未实际出口，报关人有义务立即在现场海关向海关执法人员报告货物未实际出口的情况。

第97条　担保

在规定情况下，已按本法第95条规定办理报关手续的货物，在加拿大境内运输时应遵守规定的条件并提供规定的担保或其他担保。

第97.01条　［1997年废止］

第97.1条

（1）向自由贸易伙伴出口的货物的原产地证书

所有出口人，如果向可以按其法律规定申请享受某项自由贸易协定项下优惠关税待遇的某个自由贸易伙伴出口货物，应提供按规定格式制作的书证，证明已从或将从加拿大向该自由贸易伙伴出口的该项货物符合有关自由贸易协定规定或补充规定的原产地规则，该原产地证书应由出口人（如果出口人不是货物的生产人）按规定标准填制并签名。

（2）提供一份原产地证明

每个货物的出口人或生产人，为使任何人能遵守涉及某个自由贸易伙伴的海关的相关法律，在按本条（1）规定填制原产地证书并签名时，应按海关执法人员的要求，向其提供一份该证书。

（3）告知正确信息

按本条（1）规定填制原产地证书并签名的人，以及有理由相信该原产地证书中含有错误信息的人，应立即将正确的信息告知所有证书被递交的人。

第 97.11 条　［1997 年废止］

第 97.2 条

（1）出口人或生产人的业务账册

本人或者要求他人出口货物用于出售或者用于任何规定的工业、职业、商业或组织机构或者其他相似用途的每个人，以及其他按本法第 97.1 条（1）规定填制原产地证书并签名的每个人，必须在其加拿大境内的经营地点或部长指定的任何其他地点，以规定方式制作并按规定年限保存这些货物的业务账册，并且遇有海关执法人员提出要求时，应在其规定的期限内向其提供并如实回答其提出的与该业务账册有关的任何问题。

（2）同上

本法第 40 条（2）、第 42 条及第 43 条规定按情况需要进行调整后适用于按本条（1）规定应保存业务账册的人。

第 97.201 条

（1）代表某个 CEFTA 国家审查原产地

货物向其出口的某个 CEFTA 国家的海关当局，可书面要求加拿大边境事务署对这些货物是否是 CEFTA 附件 C 规定意义上的原产货物进行审查并提出意见。

（2）审查方法

署长为适用本条规定专门指定的任何海关执法人员或任何类别的海关执法人员，或者署长指定代表这些海关执法人员的任何人或某个类别的任何人，有权在规定条件下采用以下方法对本条（1）规定所指的货物的原产地进行审查：

（a）在任何合理的时间进入任何规定场所或地点；或者

（b）以任何其他规定方式。

（3）原产地申报

本条（1）规定要求的原产地审查结束时，按本条（2）规定被指定的海关执法人员或其他人，应当：

（a）按规定的方式，向本条（1）规定所指的某个 CEFTA 国家的海关当局提供该款规定①要求提出的审查意见及该海关当局可能要求提供的任何相关支持文件；并且

（b）认定该货物是否符合 CEFTA 附件 C 规定的原产定义。

（4）通知要求

按本条（3）（b）规定做出的认定及其依据，署长应立即通报被审查原产地的货物的出口人或生产人（按适用情况选定）。

（5）视为重新认定的认定

按本条（3）（b）规定做出的认定，适用本法规定时，应被视为按本法第 59 条（1）（a）规定做出的重新认定。

第 V.1 部分

征　　税

解　释

第 97.21 条　词语定义

"署长"，指按《加拿大收入署法》第 25 条规定任命的收入署署长。

"债务人"，指某个负有缴纳按本法规定应补征或应征收的某笔税款责任的人。

"法官"，指设在案发地的省有管辖权的高等法院的法官，或者联邦法院法官。

"部长"，指国家收入部部长。

"财产接管人"，指下列某人：

---

① 指本条（1）规定。——译者注

（a）根据某项公司债券、股票或其他债务担保，某项法院命令或某个联邦法院或某个省的立法的授权，有权经营或管理另一人的某项经营或某笔财产的；

（b）被某个受托人按某项涉及某笔债务担保的委托书指定行使该委托人在该债务担保项下的管理或者经营该债务人某项经营或某笔财产的授权的；

（c）被某家银行指定作为代理代表该银行行使该银行在《银行法》第426条（3）规定项下对另一人财产的授权的；

（d）被指定作为清算人清算某个公司的资产或料理某个公司的善后事务的；或者

（e）被指定作为某个拥有管理或料理某个没有能力管理其事务及财产的个人事务及财产的委员会委员、监护人或管理人的。

包括某个被指定行使某个债权人在公司债券、股票或其他债务担保项下经营或管理另一人的某项经营或某笔财产授权的人。但是，某人一旦被指定行使该项授权，便不能再作为债权人。

附属权力

第 97.211 条

（1）附属权力

部长有权为了本部分规定的管理及执法的目的，行使下列任何一项征缴本部分规定项下欠联邦政府的债务所必需的权力：

（a）本法第2条（1）规定中"规定的"一词定义的（a）及（b）所规定的权力，以及本法第3.3条（1）及（2）、第43条（1）及第115条（1）中规定的权力；以及

（b）按本法任何一条规定授予的其他任何权力，总督根据部长和公共安全及应急部部长的建议具体规定的。

（2）对外公布

为适用本条（1）规定做出的命令，必须在做出后尽快通过《加拿大政府公报》第 II 部分对外公布。

一般规定

第 97.22 条

（1）欠联邦政府的债务

除本条（2）及（3）另有规定外，任何按本法规定未缴或应缴的关税、收

费或其他税费，从该笔税款应当缴纳之时或之后起，均为欠加拿大联邦政府的一笔债务，任何未缴纳该笔税款的人，在收到向其最新地址邮寄或递送到该地址的缴款通知后，均应缴纳该缴款通知中所列明的未缴税款或按本法第97.23条规定对该缴款通知提出上诉。

（2）罚款或没收

按本法第109.3条规定送达的任何缴税通知书中作为罚款要求缴纳的现金钱款，任何按本法第109.4条规定应付的利息，或者任何在本法第124条规定项下的通知中要求缴纳的税款，从送达之时及之后起，均为该通知书所送达的人欠加拿大联邦政府的一笔债务，而且应在该通知送达之时后90天内缴纳该笔税款，或者按本法第131条规定申请公共安全及应急部部长做出一项决定。

（3）要求缴纳的税款

按本法第133条（1）（c）或（1.1）（b）规定要求缴纳的任何税款，以及按本法第131条（7）规定应支付的任何利息，从按本法第131条（2）规定送达的通知之时及之后开始，均为申请做出该决定的人欠加拿大联邦政府的一笔债务，而且该人应按要求缴纳该笔税款，或者向公共安全及应急部部长提供其认可的担保，如果该人对该部长的决定提出上诉。

（4）法院费用

某人应向加拿大政府缴纳的某笔税款，如果其依据是法院对涉及本法所适用的与某个诉讼标的相关的诉讼费的命令、判决或判定，本法第97.24条、第97.26条、第97.28条及第97.3条到第97.33条规定适用于该笔税款，如果该笔税款是因为该人按本法规定应缴纳的关税而欠联邦政府的一笔债务。

（5）法院

按本法规定应缴纳的任何税款，可由联邦法院或任何其他有管辖权的法院追缴，或者以任何本法规定的其他方式追缴。

（6）对判决的利息

如果某项判决是针对任何按本法规定应缴纳的税款，包括某份按本法第97.24条规定登记的证明，本法关于因未缴纳税款应支付利息的规定，根据情况需要调整后适用于该笔未支付的判决债项，并且利息也可按与该判决债项相同的方式追缴。

第97.23条 上诉

下列情况下，按本法第97.22条规定邮寄或递送的通知所通知的人，在该通知被递送之后90天内，可向联邦法院对该通知提出上诉。在下列情况下，该人在该诉讼中为原告，公共安全及应急部部长为被告：

（a）该人按本法第67条或第68条规定对同一诉讼要求没有或未能提出上

诉；并且

（b）该通知不涉及按本法第97.44条规定确定的某笔税款。

未缴纳证明、留置权及解除

第97.24条

（1）未缴纳证明

按本法规定项下欠加拿大政府的任何债项或某笔债项的任何部分，可由部长证明为一笔该债务人应缴纳的税款。

（2）在法院登记

上述证明向联邦法院出具时，必须在法院登记。登记后，该证明应被视为一项在法院获得的对一笔该证明所具体规定的税款及本法规定的对该税款利息的债务的判决，并且可以诉诸所有司法程序。诉诸任何司法程序时，该证明应当是法院对该债务人做出的一项可执行的判决。

（3）费用

因该证明登记产生的或者因征缴所证明的税款而诉诸任何司法程序发生的所有合理的费用及收费，均视为已在按本条规定登记的证明中被证明，应予征缴。

（4）受保护的财产性利益

某省建立一项该债务人受保护的或以相同方式持有的财产性利益时，可以记录一份备忘录，作为证明所记录的下列事项符合该省法律规定的书证：

（a）该省高等法院对某人做出的一项涉及该人所欠债项的判决；以及

（b）该人在该省应缴纳的一笔涉及所欠联邦政府在该省的一笔债项的税款。

（5）受保护利益的建立

记录一份备忘录的作用在于，该备忘录应被视为是一份证明本条（4）规定所指的一项判决或一笔税款的书证，以与其相同的限制条件在该省建立一项债务人的保护性财产利益，或者建立一个由该债务人持有或以其他方式与该财产或该财产性利益捆绑的任何财产性利益。所建立的财产性利益附属于任何在该备忘录记录之前采取的使其对其他债权人有效的所有必要措施的受保护利益。

（6）对备忘录采取的措施

如果某份备忘录是在某省记录的，应被视为是一份证明本条（4）规定所指的一项判决或一笔税款的书证，可以按与其相同的限制条件在该省将该备忘录诉诸包括下列司法程序在内的司法程序：

（a）强行支付被该备忘录所证明的税款、利息，以及所有记录该备忘录和采取措施征缴该笔税款所支付或所发生的费用及收费；

（b）续签或以其他方式延长该备忘录记录的法律效力；

（c）取消或撤销该备忘录的全部或由该备忘录影响的任何部分财产或利益；或者

（d）无限期延长该备忘录的记录有利于任何受保护的利益的法律效力，涉及该备忘录所影响的已经被或将被记录的任何财产或利益的。

（7）联邦法院可下达命令等

在本条（6）规定所指的任何司法程序中，如果按某省的法律规定需要（或者作为任何司法程序的前置条件）由该省的高等法院或该法院的法官或官员做出命令、准许或裁定，类似的命令、准许或裁定可由联邦法院或联邦法院的法官或官员做出。按此做出的命令、准许或裁定，对于该司法程序而言，应与由该省高等法院或该法院的法官或官员做出的命令、准许或裁定具有相同的法律效力。

（8）出示文件

备忘录记录时，如果向某省任何主管土地权属、个人财产或其他登记制度的官员出示某份备忘录或某份与其相关的文件，诉诸本条（6）规定所指的任何一项司法程序时，对于某项同类的司法程序而言，该备忘录或文件应被视为一份本条（4）规定所指的证明某项判决或某笔税款的书证，应按与其相同的限制条件被接受用于记录。

（9）为做记录而获得的查看权

如果为了记录备忘录的目的需要在某省约见某人、进入某个地点或查看某个物品，或者需要查阅与其相关的某份文件，对于某项同类的司法程序而言，该备忘录或文件应被视为一份本条（4）规定所指的证明某项判决或某笔税款的书证，该见面或查阅要求应按与其相同的限制条件批准。

（10）视为已经提供的证据

如果某份备忘录或文件是由联邦法院制作的或者是经过该法院的法官或官员证明的，按该省法律规定要求提供的在该项司法程序中随附于该备忘录或文件的任何宣誓书、申明或其他证据，应视为已经按此要求提供或已经随附于该备忘录或文件。

（11）禁止——未经许可的出售等

作为任何加拿大或某省法律规定的例外，未经部长书面批准，任何法警或任何其他人不得根据在任何司法程序（旨在征缴某份证明中所证明的税款，任何对该税款的利息及任何费用的）中已启动的任何程序或已建立的受保护的利益，出售或以其他方式处理任何财产，或者对任何财产的处理发布任何公告或以其他方式广而告之。

（12）后置的准许

作为本条（1）规定的例外，如果部长后来做出的批准可视同是在该司法程序被启动或该受保护的利益被建立之时做出的，任何可能会受到某项司法程序或本条规定所指的受保护的利益影响的财产，按该项批准应是在该项程序启动或者该项受保护的利益被记录（按适用情况选定）之时受到捆绑、扣押、隶属、接管或其他方式的影响。

（13）完成通知等

任何警官或任何其他人被要求在某份因任何目的需要完成的会议记录、通知或文件中列出的信息，如果由于本条（11）的规定，不能被列出，该警官或其他人必须尽可能在没有该信息的条件下完成该会议记录、通知或文件，并且在部长的批准做出时，为同一目的再完成列出所有信息的会议记录、通知或文件。该警官或其他人应被视为已经遵守了任何要求该信息在该会议记录、通知或文件中列出的法律规定或法院规则。

（14）申请下达命令

因本条（11）或（13）的规定无法遵守任何法律规定或法院规则的警官或其他人，必须受联邦法院的法官根据部长的专门申请下达的任何命令的约束，才能启动某项司法程序或建立受保护的利益。

（15）已担保的申请

某项按《破产及无偿付能力法》第87条（1）规定登记的受保护的利益，应被视为以下一项申请：

（a）是由一项担保所担保并且列入该法①规定项下受保护的申请范围的［除该法第87条（2）另有规定外］；并且

（b）是该法第86条（2）（a）规定所指的。

（16）证明及备忘录中的详细程度

作为任何加拿大法律或某省法律规定的例外，在任何涉及某个债务人的证明中，在任何证明该证明的备忘录中或在任何为追缴某笔被证明的税款所制发的法院令状或文件中，只须：

（a）列出该债务人应缴纳的所有笔税款的总额，无须逐笔分别列出；并且

（b）对组成该应缴纳的税款总额的逐笔税款应收取的利息统一列明本法规定的利率，无须对逐笔税款或某一时段具体注明规定利率及应收取的利息。

（17）词语定义

本款规定中的所有词语定义在本条规定中适用。

"备忘录"，指一份文件，由联邦法院出具的用于证明某份按本条（2）规定

---

① 指《破产及无偿付能力法》。——译者注

登记的涉及某个债务人的证明，包括一份法院按该份证明发出的令状或任何该文件或令状的通知。

"受保护的利益"，指一项押记、留置权、优先索偿权、对财产性利益或捆绑财产性利益的优先权。

"记录"，涉及备忘录时，指保存、登记或用其他方法记录该备忘录。

第 97. 25 条

（1）扣留及留置进口或出口货物

任何由某个债务人本人或委托他人按本法第 95 条报关出口的或进口的货物，均可作为对该债务人所欠税款的留置对象，并且可以被海关执法人员扣留，扣留费用由该债务人承担至缴清该笔税款。

（2）运输工具

任何运输工具，用于本法第 109.3 条规定项下某份已送达的通知所涉及的货物进口的，均可作为对该债务人所欠税款的留置对象，并且可以被海关执法人员扣留，扣留费用由该通知所送达的人承担至该通知中所列税款被缴清。

（3）扣留货物的变卖

除实施细则另有规定外，部长在向该债务人已知的最新地址发出为期 30 天的书面通知后，有权指示公开拍卖或公开招标或由公共管理及政府服务部部长按《剩余国家资产法》规定变卖任何被扣留的由该债务人本人或委托进口或报关出口的下列货物或任何运输工具：

（a）酒精或专门变性的酒精，属于某个酒精许可证持有人的；

（b）葡萄酒，属于某个葡萄酒许可证持有人的；

（c）未加工的烟叶或烟草制品，属于某个烟草许可证持有人；

（d）某个管制配方，属于某个被批准的使用人的；

（e）属于其他情况的。

（3.1）消费税印花票不得变卖

作为本条（3）规定的例外，部长不得命令变卖被扣留的消费税印花票。

（4）变卖所得

任何变卖的收入应用于支付该债务人所欠的税款、加拿大政府因变卖该货物所发生的任何费用及该货物的关税，如果有剩余，应返给该债务人。

第 97. 26 条 抵扣

部长有权要求使用部长具体指定的某笔税款扣除或冲抵联邦政府应当或可能应当向某个债务人支付的一笔款项。如果按本法某条规定应向某人支付的一笔款项已在某个时间被扣除或被冲抵，该笔款项应被视为已在当时按该条规定①向该债务人支付并且该债务人在当时已缴清了其所欠联邦政府的税款。

第 97.27 条　可以被用于冲抵债务的退税

如果某人应当或将应当向联邦政府或某省政府进行任何支付，公共安全及应急部部长有权使用该项债务冲抵任何按本法第 74 条或第 76 条或者《海关税则》第 89 条、第 101 条或第 103 条规定批准的退税、不征不退或减免税，并将该项冲抵通知该人。

扣押债权的通知及非常规转让

第 97.28 条

（1）扣押债权的通知——一般规定

部长如果知晓或怀疑某人在一年时间内应当或将应当向某个债务人进行一项支付，有权以书面通知形式要求该人立即或于债期到期之时（如果债期晚于该时间）将应支付给该债务人的款项作为该债务人在本法规定项下的债务全部或部分付给税务局长。

（2）扣押债权的通知——机构

部长如果已经得知或怀疑在 90 天内有以下情况，有权以书面通知形式要求下列机构或人将本应向债务人借贷、预付或已付的款项作为该债务人的债务向税务局长全部或部分支付：

（a）某家银行、信用社、信托公司或其他类似的人（本款规定中统称为"机构"），将向某个欠该机构的债务并且已对其债务提供担保的债务人借贷或预付或为其支付一笔款项，或者兑付由其发行的某个可转让的金融工具。或者

（b）某人（不包括机构），将向某个部长知晓或怀疑有下列行为的债务人借贷或预付或者为其支付款项：

（i）被雇佣或从事向该人提供服务或财产的，或者曾是或将在 90 天内被雇佣或从事提供服务或财产的；或者

（ii）没有与该人进行过非常规交易的，如果该人是家公司。

按上述规定支付任何钱款均应视为已向该债务人借贷、预付或付款。

（3）收据的法律效力

部长为已支付的本条规定所要求支付的钱款所出具的收据，在所支付的金额内，对该项原始债务是一份有效的并且足额的支付凭证。

---

① 指本法某条规定。——译者注

（4）定期支付

如果部长按本条规定要求某人向税务局长缴纳某个债务人按本法规定应缴纳的某笔税款，是该人应向该债务人支付的利息、租金、报酬、分红、年金或其他定期支付，该要求在本法规定项下的纳税义务被履行前，适用于该人向该债务人的所有这些支付。每项支付中所包括的向税务局长缴纳的税款部分，由部长以书面通知确定。

（5）不遵守

每个不遵守本条（1）或（4）规定项下某项要求的人，应向联邦政府缴纳一笔相当于该人按本款规定应向税务局长缴纳的税款。

（6）不遵守——机构

每个不遵守本条（2）规定项下某项要求的机构或人，应向加拿大政府缴纳一笔相当于下列两项金额中较低一项的税款：

（a）借贷、预付或已付给该债务人的总金额；与

（b）本款规定要求该机构或该人向税务局长缴纳的税款金额。

（7）送达

如果某人以本人以外的名称或经营范围开展业务，发给该人的本条（1）或（2）规定项下某项要求的通知，可按该人所开展的业务的名称及经营范围发送，并且在派人送达的情况下，该通知如果在该合伙人的营业地点交给某个成年雇员，应视为有效送达。

（8）送达——伙伴关系

对以伙伴关系经营的人，发给该人的本条（1）或（2）规定项下某项要求的通知应发给该伙伴人，并且在派人送达的情况下，该通知如果送达该伙伴人或在该伙伴人的营业地点交给某个成年雇员，应视为有效送达。

（9）按要求支付的法律效力

某笔本应向某个债务人支付的或替该债务人支付的款项，如果由某人根据按本条规定送达给该人的通知或者按本法第97.44条规定项下的某项估定向税务局长缴纳，该人在所有意义上均应被视为已向该债务人支付了该笔款项，或者替该债务人支付了该笔款项。

（10）适用于某省政府

本部分各条规定，如果规定部长要求缴纳某笔税款的某人应将原本应借贷、预付或支付给某个应按本法规定纳税的债务人的款项缴纳给税务局长，该规定应适用于某省政府。

第97.29条

（1）纳税义务——非常规转让

如果某人通过信托或任何其他金融工具直接或间接地向被让与人的配偶或同居伙伴①，或者某人曾经是该让与人的配偶或同居伙伴、某个 18 周岁以下的个人，或者另外一个让与人向其进行过非常规转让的人转让财产，该转让人及该让与人共同或分别对相当于下列各项金额中较低一项的税款承担纳税义务或负有连带责任：

（a）按"A－B"公式确定的金额，其中：

"A"代表该财产在转让之时的公平市场价格超过该转让人为该财产的转让所付报酬的金额（如果有），以及

"B"代表该让与人按《2001 年消费税法》第 297 条（3）规定、《消费税法》第 325 条（2）规定及《所得税法》第 160 条（2）规定确定的金额超过该转让人应支付的金额或按这些规定所估定的金额。

（b）总金额中各项金额分别为：

（i）该转让人按本法规定应支付的金额；或者

（ii）利息或罚款，该转让人在转让时应支付的。

但是，本款任何一项规定不限制该转让人在本法其他任何规定项下的应支付。

（2）未分割权益的公平市场价格

适用本条规定时，财产中未分割权益的公平市场价格，在任何时候以该财产的比例性权益来表示的，除本条（4）另有规定外，应等于该财产在当时的公平市场价格的相同比例。

（3）适用规则

如果某个转让人和让与人按本条（1）规定对该转让人的全部或部分纳税义务共同及分别或者连带地负有纳税义务，应适用下列规则：

（a）该让与人在其纳税义务项下的支付，在支付额度内，核销共同纳税义务；以及

（b）作为该转让人纳税义务的一笔支付，核销该让与人的纳税义务，但该笔支付必须将该转让人的纳税义务减至低于该让与人与其共同及分别或连带负有纳税义务的某一金额。

（4）向配偶或同居伙伴转让

作为本条（1）规定的例外，如果在任何时间某个债务人根据某个有管辖权的法院的法令、命令或判决或者根据某份分离协议向其配偶或同居伙伴转让财

---

① 加拿大法律中，指和某人的性别相同或者相反，与他存在实际的夫妇关系，并且目前和他同居达一年以上的伙伴。

产，并且在转移时，该债务人及其配偶或同居伙伴因婚姻或同居关系破裂而分离并且分居①，被转让财产的当时公平市场价值应视为零。但是，本款任何规定不限制该债务人在本法其他任何规定项下的应支付。

（5）有关联的人

适用本条规定时：

（a）有关联的人之间的交易不得视为正常交易，在任一时间相互之间进行正常交易时，他们之间是否没有关联，应完全以事实为依据；

（b）符合《所得税法》第251条（2）至（6）规定所定义的有关联的人应为有关联的人，但这些条款规定所指的"公司"一词应被解读为"法人或伙伴关系"，并且这些条款中所指的与伙伴关系有关的"股份"或"股东"应分别被解读为"权利"或"伙伴人"。

（c）某项伙伴关系的伙伴人应被视为与该伙伴关系有关联。

（6）定义

本款规定中的各项定义在本条规定中适用。

"同居伙伴"，按《所得税法》第248条（1）规定定义，但该定义中"纳税人"一词应被解读为"债务人"。

"同居关系"，按《所得税法》第248条（1）规定定义。

"财产"，包括货币财产。

财产获得及扣押

第97.3条　获得债务人的财产

为征收某个债务人所欠税款，部长有权购买或以其他方式获得部长在法律程序中或根据某项法院命令被授权获得的该债务人供出售或赎回的财产的任何权益，并有权按部长认为任何合理的方式处置按此获得的任何权益。

第97.31条

（1）扣押债务人钱款

如果部长知晓或怀疑某人正在持有已被某个法警在加拿大刑事法律的执法过程中扣押并可归还的钱款，部长有权发出书面通知，要求该人将原可归还该债务人的钱款作为该债务人在本法规定项下的应支付全部或部分转交税务局长。

（2）收款凭证

为转交的钱款开具的收款凭证，可以完全充分地核销该笔转交金额内的付款

---

① 按《所得税法》第248条（1）规定定义。

要求。

第 97.32 条

（1）扣押动产

如果某人未能缴纳按本法规定要求缴纳的税款，部长有权按他们最后知道的地址向该人挂号寄送为期30天的纳税通知，并告知其部长有指示没收该人货物或动产的意图。如果该人在该30天的期限内未能缴纳，部长有权出具一份未缴纳证明并指示没收该人的货物或动产。

（2）被扣押财产的变卖

被扣押财产可保管10天，保管费用及风险由财产的所有人负担，并且如果该所有人不缴纳所欠税款及该10天期间的保管费用，该被扣押财产应予公开拍卖。

（3）拍卖公告

除易腐烂货物外，拍卖的时间和地点，应连同对被拍卖财产的一般介绍，在货物拍卖前合理的时间在当地普遍发行的一份或多份报纸上对外公告。

（4）拍卖剩余

在扣除所欠税款及所有费用后，拍卖产生的任何剩余，应归被扣押财产的所有人。

（5）免予扣押

本条规定不适用于可免予根据扣押所在省的高级法院发出的扣押令扣押的货物或不动产。

第 97.33 条

（1）离境人员

部长如果怀疑按本法规定应欠的或者因该笔税款缴纳期限期到期应欠的该笔税款的某人已经或准备离开加拿大，有权在以其他方式规定的缴纳之日之前，以书面通知要求缴纳该笔税款。不论本法有任何其他规定，该人应立即缴纳税款。

（2）未缴纳

如果某人未缴纳要求缴纳的税款，部长有权指示扣押该人的货物及动产，并且适用本法第97.32条（2）至（5）的规定。

限制规定

第 97.34 条

（1）暂缓征收

如果某人按本法规定应缴纳一笔税款，如果该笔税款在按本法第109.3条或

第 124 条规定送达的通知中被要求缴纳，或者如果该笔税款应按本法第 133 条
（1）（c）规定或第 133 条（1.1）规定或在按本法第 131 条（2）规定送达的通
知中被要求缴纳，署长为征收该笔税款，在向该债务人发送缴税通知之日后 90
天内，不得：

（a）在法院启动法律程序；

（b）按本法第 97.24 条规定证明该笔税款缴纳；

（c）要求按本法第 97.26 条规定以扣减或冲抵方式扣留该笔税款；

（d）要求某人或某个机构按本法第 97.28 条规定缴纳该笔税款；或者

（e）要求某人按本法第 97.32 条（1）规定转交钱款。

（2）向联邦法院上诉

如果某人已就公共安全及应急部部长的某项决定按本法第 97.23 条或第 135
条规定向联邦法院提出上诉，在法院对该上诉做出决定之日之前，部长不得采取
本条（1）规定所指的任何一项措施来征收有争议的税款。

（3）诉诸加拿大国际贸易法院

如果署长按本法第 70 条规定将某个问题诉诸加拿大国际贸易法院，部长必
须在法院对该问题做出决定之日之前采取本条（1）规定所指的任何措施征收该
笔有争议的税款。

（4）上诉的法律效力

如果某人已按本法第 60 条或第 129 条规定提出申请或者按本法第 67 条或第
68 条规定提出上诉，而且该人书面同意公共安全及应急部部长对该申请或上诉
（按适用情况选定）推迟法律程序直到联邦法院受理另一项与该提出的申请或上
诉相同或基本相同的诉讼之时，加拿大国际贸易法院或加拿大最高法院可在公共
安全及应急部部长书面通知该人下列事项后，采取本条（1）规定所指的任何一
项措施以征收按符合其他措施中的决定或判决规定的方式确定的应缴纳的税款，
或者部分应缴纳的税款：

（a）加拿大国际贸易法院或联邦法院在该措施中的决定已经寄往公共安全及
应急部部长；

（b）联邦上诉法院在该措施中已经做出判决；或者

（c）加拿大最高法院在该措施中的判决已经送出。

（5）提供担保的法律效力

部长为按本法规定征收一笔应缴纳的税款或一部分应缴纳的税款时，如果某
人在对部长或署长的某项决定提出要求或上诉时已向公共安全及应急部部长提供
了担保，不得采取本条（1）规定所指的任何一项措施。

第 97.35 条

（1）准许立即征税

作为本法第 97.34 条规定的例外，经部长专门申请，法官认为有理由相信一笔按本法规定估定或要求征收的税款的全部或任何一部分会因延误征收而无法征收时，应按其在当时情况下合理的任何条件，准许部长立即采取该条规定所指的任何一项措施征收该笔税款。

（2）通知未发送

即使在该申请提出之日或之前对该笔税款的缴税通知未发送给该债务人，如法官相信该债务人收到征税通知后很可能进一步影响该笔税款的征收并且在适用本法第 97.22 条、第 97.24 条、第 97.26 条、第 97.28 条、第 97.31 条及第 97.32 条规定条件下，仍可发出征税准许，该征收准许所针对的税款被视为一笔按本法规定应征收的税款。

（3）书面陈述（经陈述者宣誓在法律上可采作证据的）

按本条规定提出申请时，所递交的书面陈述可依据某个看法，但必须包括支持该看法的理由。

（4）准许的送达

部长发出征税准许后，该准许必须在 72 小时内送达债务人，除非法官命令该征税准许应在其规定的某个其他时限内送达。而且如果某份缴税通知在该申请提出之日或之前已经发送给该债务人，该通知应与该准许一并送达。

（5）送达方式

征税准许必须送达债务人本人或按某个法官的指示送达。

（6）请示法官

如果无法以其他符合本条规定的合理方式送达债务人，部长在可行条件下可立即向法官申请做进一步指示。

（7）征收准许的审查

如果某个法院的法官发出了一项征税准许，债务人有权在 6 个净工作日内通知加拿大司法部副部长，向该法院的某位法官申请对该征税准许进行审查。

（8）申请审查的时间限制

按本条（7）规定提出的审查申请，必须在以下期限内提出：

（a）在该征税准许按本条规定送达债务人之日后 30 天内；或者

（b）在某位法官可能允许的补充期限内，如果该法官相信该债务人在可行条件下立即提出了审查申请。

（9）秘密庭审

根据债务人要求，某项审查申请可不公开庭审，如果该债务人能向法官证明该情况有必要。

（10）审查申请的处置

法官对审查申请应做出初步认定并有权维持、暂缓执行或修改该征税准许，并且做出其认为合适的任何其他决定。

（11）指示

对任何按本条规定已经结束或正在结束的事项中存在的需要解决的问题，如果本条规定对该问题没有做出规定，法官有权对该问题做出他认为适当的指示。

（12）审查命令不得上诉

按本条（10）规定做出的审查命令不得上诉。

受托人、资产管理人及本人代表

第97.36条

（1）破产

下列规则适用于下列破产人：

（a）作为该笔破产的破产受托人，并且该受托人在该笔破产的资产管理中或在处理该笔破产的任务事务中作为破产受托人做出的行为，应被视为由该受托人作为破产人的代理人做出的。

（b）该破产人的资产不是一项信托或一笔资产。

（c）该破产人在破产之日的财产及钱款在做出破产令之时或递交破产转让书之时未转交或归属破产受托人，仍为破产人的资产。

（d）破产受托人而不是破产人，有义务缴纳在成为破产受托人之日开始至该破产受托人按《破产及清偿法》规定被解除之日结束的时段内因这笔破产按本法规定应缴纳的所有税款（不包括仅涉及破产人从破产之日或之后开始从事的并且与该笔破产没有关系的活动的税款），除非：

（i）该受托人只是在其掌握的该破产人的财产及钱款可以缴纳的情况下有义务缴纳在该笔破产发生之日后应缴纳的该笔破产产生的税款，并且

（ii）该受托人没有义务缴纳某个接受人按本法第97.37条规定有义务缴纳的任何税款。

（e）如果在破产之日或之后，该破产人开始从事与该笔破产没有关系的特定活动，该特定活动应被视为是另外一个人的活动，与该笔破产所涉及的人的活动相分离。

（f）除本条（h）另有规定外，破产受托人应在从破产次日开始至该受托人责任按《破产及清偿法》规定被解除之日结束的时段内履行涉及与该破产有关系

的破产活动在本法项下的所有义务。

（g）除本条（h）另有规定外，如果该破产人没有在破产之日或之前履行其所有涉及破产之日或之前该破产人在本法规定项下的任何活动的义务，破产受托人应履行这些义务，除非部长书面免除对该受托人履行义务的要求。

（h）如果某个接受人对该破产人某项经营、某笔财产、事务或资产有授权，不得要求该破产受托人履行该破产人在本法规定项下的义务，只要该接受人按本法第97.37条规定履行了这些义务；以及

（i）该破产受托人持有（在按《破产及清偿法》规定绝对解除该破产人责任的命令做出之日）的破产财产及钱款，不得按该命令规定转交给破产人，但应自该破产人或该受托人（按适用情况选定）获得之日以来持续持有。

（2）破产定义

本条规定中，"破产"一词按《破产及清偿法》第2条（1）规定定义。

第97.37条

（1）词语定义

本款中各项词语定义在本条规定中适用。

"经营"，包括某项经营的一部分。

"相关资产"，指某个破产管理人的下列资产：

（a）与破产管理人的授权涉及某人的所有产权、企业、物品及资产，指所有这些产权、企业、物品及资产；以及

（b）如果破产管理人的授权仅涉及某人的一部分产权、企业、物品及资产，则指这部分产权、企业、物品及资产。

（2）破产管理人

下列规则适用于某个被授权管理、经营、清算或清理某人的任何企业或产权，或者管理及看管其物品及资产的破产管理人：

（a）该破产管理人就是该人代理人，并且该破产管理人对其相关资产所办理的任何事务均被视为该破产管理人作为代理人代表该人办理的事务；

（b）该破产管理人不是该人的资产或该人资产的任何部分的受托人；

（c）如果该破产管理人的相关资产是该人的企业、产权、物品或资产的一部分而不是全部，该破产管理人的相关资产，在其担任该人的破产管理人期间，应被视为该相关资产是另外一人的企业、产权、物品或资产，与该人的企业、产权、物品或资产的剩余物相分离。

（d）该人及该破产管理人共同及分别或连带地有义务缴纳所有该人在该破产管理人担任该人的破产管理人之前或期间在本法规定项下应缴纳的税款，只要该笔税款可合理地被视为与该破产管理人的相关资产或与该人的企业、产权、物

品或资产有关，但在该税款应缴纳之时该破产管理人已经担任了该人的破产管理人，除非：

（i）该破产管理人只对该人或该破产管理人在下列情况下拥有或控制或管理的产权或钱款有义务缴纳在该时段之前应缴纳的税款：

（A）满足在特定之日对该笔税款的联邦政府索偿的优先债权人的索偿以后；以及

（B）支付该破产管理人被要求向该人的某个破产受托人支付任何款项以后。

（ii）该人或该破产管理人缴纳应缴纳的税款应解除该笔税款的共同缴纳义务。

（e）该破产管理人应履行其担任破产管理人期间所有按本法规定应由该人履行的涉及该破产管理人相关资产的义务，该相关资产应视同该人的唯一产权、企业、物品及资产。以及

（f）如果该人在某一日当日或之前没有履行其在该破产管理人担任破产管理人之前在本法规定项下的义务，该破产管理人应履行其担任破产管理人期间涉及的作为破产管理人相关资产的该人的产权、企业、物品及资产的义务，除非部长书面免除该破产管理人的该项义务。

第 97.38 条

（1）词语定义

本款规定中的各项定义适用于本条及本法第 97.39 条规定。

"信托"，包括某个已故个人的资产。

"受托人"，包括某个已故个人的个人代表，但不包括破产代理人。

（2）破产代理人的义务

除本条（3）另有规定外，一项信托的每个受托人有义务履行本法对该项受托规定的每项义务，无论该项义务是否是在该受托人担任信托受托人期间或之前规定的。但是，该项信托的某个受托人履行某项信托的义务，应解除该项信托的其他所有受托人履行该项义务的义务。

（3）共同及分别或连带纳税义务

某项信托的某个受托人，对该项信托在该受托人担任该项信托的受托人之前或期间在本法规定项下应缴纳的所有税款，负有共同及分别或连带的纳税义务，但是：

（a）该受托人只在其控制的该项信托的产权及钱款的范围内对在该期间之前应缴纳的税款负有纳税义务；并且

（b）该项信托或该受托人缴纳的该纳税义务项下的一笔税款应解除该笔税款金额内的共同纳税义务。

（4）免责

部长有权书面免除某个已故个人的个人代表履行本法规定项下涉及在该个人去世之日或之前发生的该个人的活动的义务。

（5）受托人的活动

适用本法规定时，如果某人担任某项信托的受托人，该人以该项信托的受托人身份所办理的任何事务应被视为由该项信托而不是该人本人所办理的事务。

第 97.39 条

（1）代表的定义

在本条规定中，"代表"，指管理、清理、控制或以其他方式处置其他人的任何产权、企业、商业活动或资产的人，不包括破产受托人或破产管理人。

（2）破产管理人的证明

每个破产管理人应在以破产管理人身份向任何人分配其控制的任何产权或钱款之前，向部长申领一份证明下列税款已经缴纳或部长已经接受所提供的缴纳该笔税款担保的证明：

（a）该人被预期或被合理地预期在进行该项分配之时或之前按本法规定负有缴纳义务的税款；并且

（b）该代表被预期或被合理地预期以代表的身份负有缴纳义务的税款。

（3）承担无法获得证明的义务

任何分配产权或钱款的破产管理人或代表，如果对本条（2）或（3）规定所指的税款无法获得证明，其本人应在其分配的产权或钱款价值以内承担这些税款的纳税义务。

合并及清理

第 97.4 条

（1）合并

如果两家或更多家公司（本条规定以下称"前公司"）兼并或合并组成一家公司（本条规定以下称"新公司"），适用本法规定时，"新公司"应被视为与每家"前公司"之间没有关联，也与每家"前公司"的同一公司及每家"前公司"的延续没有关联。

（2）例外

本条（1）规定不适用于因一家公司购买另外一家公司的产权而获得该公司的产权所形成的兼并或合并，也不适用于在该清理过程中因另一家公司的产权分配所造成的两家或更多家公司的兼并或合并。

第 97.41 条　清理

适用本法规定时，如果在任何时间某一家公司被清理并且在该时间当时该公司资本存量的各类履行股份不低于 90% 被另一家公司拥有，该另一家公司被视为该公司的同一公司并作为该公司的延续。

伙伴关系

第 97.42 条

（1）伙伴关系

适用本法规定时，某人作为某个伙伴关系的伙伴人的任何所为，应被视为该伙伴关系在伙伴关系活动过程中的所为而不是该人所为。

（2）共同及分别或连带义务

某个伙伴关系及该伙伴关系的每个伙伴人或前伙伴人（本款以下均称"伙伴人"，但不包括某个作为有限责任合伙人而不是一般合伙人），对以下责任负有共同及分别或连带的义务：

（a）该伙伴关系在该伙伴人作为该伙伴关系的伙伴人期间或（如果他在该伙伴关系被解除之时曾是该伙伴关系的伙伴人）在该伙伴关系解除之后，按本法规定应缴纳所有税款的责任，但是：

（i）该伙伴关系只在产权及钱款按管理该伙伴关系的省的法律规定被视为该伙伴关系的产权或钱款范围内负有缴纳在该期间应缴纳的税款的义务；并且

（ii）该伙伴关系或该伙伴关系的任何伙伴人所缴纳的涉及该纳税义务的一笔税款，应在该税款金额内解除该共同责任。以及

（b）本法规定项下所有其他义务，因为该伙伴关系或在该伙伴关系有义务期间发生的，或者（如果他在该伙伴关系被解除之时过去是该伙伴关系的伙伴人）因为该伙伴关系的解除而发生的义务。

非法人实体

第 97.43 条　非法人实体满足要求

如果按本法规定要求不是个人、公司、合伙公司、受托或资产的某人（本条规定以下称"实体"）缴纳任何税款或办理任何事务，以下人共同及分别地或连带地负有缴纳该笔税款或满足以下要求的义务：

（a）每个担任该实体的董事长、董事、财务主管、秘书或类似成员；

（b）任何管理该实体的委员会的每个成员，如果没有本款（a）规定所指的

成员；以及

（c）该实体的每个成员，如果没有本款（a）或（b）规定所指的成员。

某一成员缴纳该笔税款或者满足该要求，应被视为所有人都满足了该要求。

确定、异议及上诉

确　定

第97.44条

（1）确定——债权扣押通知及事后交易

部长有权确定某人按以下规定有义务缴纳的任何税款：

（a）本法第97.28条规定，在部长要求缴纳税款的通知发送给该人4年期限到期之前；以及

（b）本法第97.29条规定，任何时间。

（2）利息

如果某人已按本条（1）规定被确定，该人应在缴纳该笔税款之外，另支付按规定利率计征的利息，计息期从该笔税款被确定之日的次日开始至该笔税款被缴纳之日结束。

（3）例外规定

本条（1）（a）规定不适用于对某人所做的下列重新确定：

（a）根据某项对某项异议或上诉的决定做出的；或者

（b）有处置某项上诉的人书面同意的。

（4）可以做出确定的时间

本条（1）（a）规定项下的确定可在任何时间做出，如果被确定的人已经：

（a）因其疏忽、大意或故意做出不实陈述；

（b）以瞒骗手段提供或不提供本法规定项下的任何信息；或者

（c）递交了一份项当时有效的本条（5）规定项下的免责文件。

（5）免责

任何人有权在本条（1）（a）为确定该人而规定的期限内，按规定格式向部长申领一份免责文件免予适用该款规定，该免责文件必须列明该人免予适用该款规定的事项。

（6）收回免责

申领免责文件的任何人，可按规定格式向部长递交一份收回免责的通知，以收回为期6个月的免责通知。

第 97.45 条

（1）缴纳义务不受影响

不准确或不完整的确定或者没有确定，这些事实本身不影响本部分规定项下缴纳任何税款的义务。

（2）视为有效的确定

除因本部分规定项下的异议或上诉进行的重新确定或撤销确定外，任何一项确定，尽管在其确定之时或在本部分规定项下的司法程序中有差错、缺失或遗漏，仍是有效的并且具有约束力。

（3）不合规

不允许仅以任何人在遵守本部分的目录规定方面的某个不合规、不正式、遗漏或差错为由，对某项确定而提出上诉。

第 97.46 条　确定通知

确定做出后，部长必须发给被确定人一份确定通知。

第 97.47 条

（1）征税前确定

对未经确定的税款，部长有权不按本法第 97.44 条规定征收。

（2）缴纳剩余税款

某人未缴纳并且是某人确定通知所针对的税款，应由该人立即向税务局长缴纳。

（3）提出异议或上诉时的担保

如果某人对本部分规定项下的某项确定提出异议或上诉，部长应接受该人或以该人名义提供的其金额和形式得到部长认可的任何争议税款的担保。

异议及上诉

第 97.48 条

（1）对确定提出异议

按本法第 97.44 条（1）规定被确定的任何人，如果对该项确定持有异议，可在接到该项确定的通知之日 90 天内，按规定格式及方式向部长递交一份异议通知并列明异议的理由及所有相关事实。

（2）应做出决定的问题

如果某人对某项确定提出异议，该异议通知必须：

（a）合理地描述每个应决定的问题；

（b）明确每个问题所涉及的诉求，表示为任何与确定目的相关的税款的变化；

（c）提供该人对每个问题的事实及依据。

（3）事后遵守

如果本条（2）规定所适用的某人递交了一份异议通知未包含本条（2）（b）或（c）关于该通知中所列的某个应决定的问题的信息，部长有权书面要求该人提供该信息，并且如果该人在该要求提出之后60天向部长书面提供了该信息，那些项规定①应被视为对该问题得到了遵守。

（4）对异议的限制规定

如果某人已提交一份对某项确定的异议通知并且部长已按本条（8）规定根据该异议通知或根据法院某项撤销、修改或重新确定或者退回部长重新审查或重新确定的命令，做出一项特定的确定，该人只能在下列情况下对该特定的确定就某个问题提出异议：

（a）如果该人在涉及该问题的通知中遵守了本条（2）规定；并且

（b）对该问题的诉求在该通知中已列明。

（5）本条（4）规定的适用

如果某人已提交一份对某项确定（本款规定以下称"较早的确定"）的异议通知并且部长已按本条（8）规定对该异议通知做出某项特定的确定，本条（4）规定不得限制该人就某个作为该特定的确定而不是"较早的确定"的一部分的问题对该特定的确定提出异议的权利。

（6）对异议的限制规定

作为本条（1）规定的例外，任何人不得对某个已书面放弃提出异议的权利的问题提出异议。

（7）受理异议

部长有权受理某份即使未按规定方式递交的异议通知。

（8）审议异议

部长受理某项异议通知后必须立即审议该项确定，并且撤销或维持该项确定，或者做出一项重新确定。

（9）免予重新审议

如果某人在某份异议通知中希望直接向加拿大税务法院提出上诉而要求部长不审议提出异议的确定，部长有权不经审议直接维持该确定。

（10）决定通知

部长在审议或维持某项确定之后，必须使用挂号信函向对提出异议的人寄送

---

① 指本条（2）（b）或（c）规定。——译者注

一份部长决定的通知。

第97.49条　向加拿大税务法院提出上诉

如果某人对某项确定递交了一份异议通知并且部长已对该异议通知中涉及的任一事项发送了一份重新确定或补充确定的通知，该人可在部长发送该份重新确定或补充确定通知之日后90天内：

（a）向加拿大税务法院提出上诉；或者

（b）如果已经针对某一事项提出上诉，则修改该上诉，按法院指示的任何方式或条件将其与对重新确定或补充确定的上诉合并。

第97.5条

（1）部长延期

如果对某项确定在原规定的期限内没有按本法第97.48条规定提出异议，某人可向部长提出一项申请，延长递交异议通知的期限，部长有权批准该申请。

（2）申请的内容

该申请应当说明没有在本部分规定的期限内递交异议通知的原因。

（3）申请方法

该申请应送交或邮寄给加拿大国税局税务办公室或税务中心的上诉主管，申请应随附该异议通知的副本。

（4）例外规定

部长有权受理未送交或邮寄至本条（3）规定所指的人或地点的申请。

（5）部长的职责

部长受理该申请后，必须立即对其进行审议，并将他（她）的决定通过挂号信函邮寄给该人。

（6）批准申请后提出异议的期限

如果该申请被批准，该异议通知应被视为是在部长决定邮寄给该人之日递交的。

（7）做出决定的时间

除下列情况外，不得按本条规定批准任何申请：

（a）该申请是在本部分对提出异议原规定的期限到期之后1年内提出的。并且

（b）该人能证明：

（i）在本部分对提出异议原规定的期限内，该人无法亲自或指使他人以他的名义办理事务，或者该人有对该确定提出异议的诚意；并且

（ii）批准该申请是公正的；

（iii）该申请是在情况允许后立即提出的。

第 97.51 条

(1) 加拿大税务法院批准延期

有下列情况之一，按本法第 97.5 条规定提出申请的人，可向加拿大税务法院请求批准该申请：

(a) 部长未批准该申请；或者

(b) 该申请递交后 90 天期限已经超过并且部长没有将其决定通知该人。

适用本款（a）规定时，本款规定项下的申请应在该申请未被批准之后 30 天内提出。

(2) 申请方式

提出该申请时，必须按《加拿大税务法院法》规定向加拿大税务法院书记处递交 3 份按本法第 97.5 条（3）规定递交的文件。

(3) 抄送庭长

收到该申请后，加拿大税务法院必须向庭长办公室报送一份该文件。

(4) 法院的权力

加拿大税务法院有权驳回或者批准该申请。法院批准该申请时，有权规定任何其认为恰当的条件或者做出命令，判决该异议通知应被视为一项于该命令做出之日有效的异议。

(5) 申请待批准期间

除下列情况外，不得按本条规定做出任何命令：

(a) 该申请是在本部分对上诉规定的期限到期之后 1 年内提出的。并且

(b) 该人能证明：

(i) 在本部分对提出上诉原来规定的期限内，该人无法亲自作为或指使他人以他的名义作为，或者该人有对该确定提出上诉的诚意；

(ii) 批准该申请符合公平公正原则；并且

(iii) 该申请是在情况允许后立即按本条第 95.5 条（1）规定提出的。

第 97.52 条

(1) 上诉期限的延期

如果没有在本法第 97.53 条规定的期限内按该条向加拿大税务法院提出上诉，某人可向该法院申请做出一项命令，延长提出上诉的期限，法院有权做出一项延长上诉期限的命令并有权规定任何其认为恰当的期限。

(2) 申请内容

该申请必须列明该上诉没有及时提出的原因。

(3) 申请方式

该申请必须按《加拿大税务法院法》规定提交到加拿大税务法院的书记处，

申请一式三份附在上诉通知之后。

（4）抄送加拿大副总检察长

加拿大税务法院收到该申请后，必须将一份申请送交加拿大副总检察长。

（5）命令下达时间

除下列情况外，不得按本条规定做出任何命令：

（a）该申请是在本部分对上诉原来规定的期限期满之后1年内提出的。并且

（b）该人能证明：

（i）在本部分对上诉原来规定的期限内，该人无法亲自作为或指使他人以他的名义作为，或者该人确实有上诉的诚意；并且

（ii）该命令符合公平公正原则；

（iii）该申请是在情况允许后立即提出的；

（iv）对某项确定提出上诉有充分的理由。

第 97.53 条　上诉

有下列情况之一，已按本部分规定对某项认定递交异议通知的人，可向加拿大税务法院提出上诉，要求法院撤销或做出重新确定：

（a）部长已维持该项确定或做出重新确定；或者

（b）该异议通知递交之后180天期限已经超过并且部长没有通知该人他已撤销或维持该确定或者做出了重新确定。

适用本款（a）规定时，本款规定项下的上诉申请必须在该通知按本法第97.48条（10）规定发送给该人之日后90天内提出。

第 97.54 条

（1）对上诉加拿大税务法院的限制规定

作为本法第97.49条及第97.53条规定的例外，某人可仅对以下某个问题向加拿大税务法院提出上诉：

（a）该人在该异议通知中已遵守了本法第97.48条（2）规定的问题；

（b）本法第97.48条（5）规定所指的问题，如果该人没有被要求递交对导致提出该问题的确定递交一份异议通知。

如果适用本款（a）规定，该人可仅对其在该通知中具体列明的问题寻求的法律救济提出上诉。

（2）无权上诉

作为本法第97.49条及第97.53条规定的例外，某人可不向加拿大税务法院提出要求法院撤销或更改对该人已经书面放弃的提出异议或提出上诉权利问题的上诉。

第 97.55 条　上诉规定

按本部分规定向加拿大税务法院提出的上诉，除《加拿大税务法院法》第18.3001 条规定所指的上诉外，必须按该法①规定的方式或按依照该法制定的规则规定提出。

第 97.56 条

（1）通知庭长

如果某项《加拿大税务法院法》第18.3001 条规定所指的上诉是向加拿大税务法院提出的，该法院必须立即向庭长办公室报送一份该上诉书。

（2）上诉书等，送交加拿大税务法院

庭长收到某项上诉的上诉书后，必须立即将与该上诉有关的所有申请、认定书、异议书及通知（如果有）批转加拿大税务法院及上诉人。这些文件一旦批转，应构成加拿大税务法院的记录的组成部分，并且是这些文件及其所载陈述存在的证据。

第 97.57 条　上诉的处置

加拿大税务法院有权以驳回或受理的方式处置对某项确定提出的上诉。如果上诉被受理，法院有权撤销该项确定或发回部长重新审议并重新做出确定。

第 97.58 条

（1）诉诸加拿大税务法院

如果部长及另一人书面同意按本章规定提出的涉及任何确定或拟做出确定的问题应由加拿大税务法院决定，该问题应由加拿大国际贸易法院决定。

（2）不计入审理期限的时间

加拿大税务法院启动决定某个问题的司法程序之日至该问题被最终决定之日之间的时间不得计入下列期限：

（a）本法第97.44 条（1）（a）规定所指的 4 年期限；

（b）本法第97.48 条规定所指的发送对某项确定的异议书的期限；或者

（c）某项上诉可按本法第97.53 条规定提出的期限。

---

① 指《加拿大税务法院法》。——译者注

第 VI 部分

执　法

海关执法人员的权力

第 98 条

（1）人身搜查权

海关执法人员如果有合理的理由怀疑下列人随身或者在其身边藏匿已经或可能违反本法及其实施细则规定的物品，任何可以作为违反本法行为证据的物品或者任何其进出口应按本法及其实施细则或者其他各项联邦法律规定被禁止、限制或管理的货物，则有权搜查：

（a）任何抵达加拿大的人，在其进入加拿大境内后合理时间内；

（b）任何即将离开加拿大的人，在其离境前任何时间内；或者

（c）任何有权进出某个离境人员隔离区但不离境的人，在离开该隔离区之后合理时间内。

（2）将人带至海关主管官员

海关执法人员按本条规定对人进行搜查前，如果该人提出要求，应将其带至要进行搜查所在地点的主管官员。

（3）主管官员的权限

某人按本条（2）规定被带至的主管官员，应根据搜查理由是否充分，决定是否对该人进行搜查。

（4）同性别搜查

搜查人与被搜查人必须同一性别，搜查地点没有同一性别关员时，海关执法人员可授权合适的同一性别的人代其搜查。

第 99 条

（1）货物查验权

海关关员有权：

（a）在海关放行货物之前任何时间，查验任何已进口的货物，并且打开或要求打开进口货物的任何包装或容器，以及对进口货物提取合理数量的样品；

（b）在海关放行货物之前任何时间，检查任何已进口的邮件，并且除本条另有规定外，打开或要求打开海关执法人员有理由怀疑装有列入《海关税则》的货物或依照其他联邦法律规定禁止、限制或控制进口的货物，以及对些邮件内的任何物品提取合理数量的样品；

（c）在货物出口之前任何时间，查验已按本法第 95 条规定报关出口的货物，并且打开或要求打开这些货物的包装或容器，以及对这些货物提取合理数量的样品；

（c.1）在邮件出口之前任何时间，查验任何准备出口的邮件，并且除本法第 95 条另有规定外，打开或要求打开海关执法人员有理由怀疑装有列入《海关税则》的货物或依照其他联邦法律规定禁止、限制或控制进口的货物，并对些邮件内的任何物品提取合理数量的样品；

（d）该海关执法人员如果有合理的理由怀疑按本法第 32 条规定报关的任何货物有税则归类、完税价格或数量上的差错时，或者如果任何货物按本法或《海关税则》规定申请退税，则有权查验该货物并提取合理数量的样品；

（d.1）该海关执法人员如果有合理的理由怀疑按本法第 32 条规定报关的任何货物在原产地申报或认定方面有差错，有权查验该货物并提取合理数量的样品；

（e）该海关执法人员如果有合理的理由怀疑本法及其实施细则或其他由其管理或负责执法的联邦法律及其实施细则已经或可能被违反，有权查验所涉及的任何货物，并且打开或要求打开该货物的包装或容器；或者

（f）该海关执法人员如果有合理的理由怀疑本法及其实施细则或其他由其管理或负责执法的联邦法律及其实施细则已经或可能被违反，有权截停、登临并搜查所涉及的任何运输工具，查验任何所载货物，并且打开或要求打开货物的包装或容器，以及要求该运输工具驶往某一现场海关或其他适合搜查、检查或开箱的地点。

（2）对邮件的例外规定

海关执法人员不得打开或要求打开任何已进口或准备出口的重量在 30 克或 30 克以下的邮件，除非邮件的收件人或发件人同意，并且已按《万国邮政公约》的《邮件条例》第 RE601 条规定填写专门的标签并在邮件上粘贴。

（3）对邮件的例外规定

海关执法人员可要求邮件的收件人或者海关或收件人授权的某人当场打开重

量在 30 克或 30 克以下已进口的邮件或准备出口的邮件。

（4）取样

按本条（1）规定提取的货样应按部长规定的方法处置。

第 99.1 条

（1）阻止权

海关执法人员如果有合理的理由怀疑某人本人未按本法第 11 条（1）规定经由海关进入加拿大，有权在该人进入加拿大之后合理的时间内截住该人。

（2）海关执法人员的权力

截住本条（1）规定所指的某人的海关执法人员，有权：

（a）对该人进行盘问；并且

（b）查验该人进口的货物，打开或要求打开该进口货物的任何包装或容器，并对该进口货物提取合理数量的样品。

第 99.2 条

（1）人员搜查

海关执法人员有权搜查任何正在进出某个海关监管区域的人〔不包括可按本条（2）规定进行搜查的规定人员或属于规定类别的人员〕，如果该海关执法人员有合理的理由怀疑该人随身或在其身边藏匿已经或可能违反本法及其实施细则规定的物品，任何可以作为违反本法行为证据的物品或者任何按本法及其实施细则或者其他各项联邦法律规定禁止、限制或管理的进出口货物。

（2）搜查规定人员

海关执法人员可以按实施细则规定，搜查任何正在进出某个海关监管区域的规定人员或某个规定类别人员。

（3）将人带至海关主管官员

海关执法人员按本条规定对人进行搜查前，应根据该当事人要求，立即将其带至将进行搜查所在地点的主管官员。

（4）主管官员的审查

某人按本条（2）规定被带至的主管官员，应根据搜查理由是否充分，决定是否按本条（1）或（2）规定同意该海关执法人员对该人进行搜查。

（5）对人员搜查的限制规定

搜查人与被搜查人必须同一性别，如果搜查地点没有同一性别关员，海关执法人员可授权合适的同一性别的人员代其搜查。

第 99.3 条

（1）非侵入式货物查验

海关执法人员有权按实施细则的规定，在没有确切怀疑的情况下，对正在进出某个海关监管区域的人员所看管或持有的货物进行非侵入式查验。

（2）其他方式的货物查验

海关执法人员有权查验正在进出某个海关监管区域的人员所看管或持有的货物，并打开或要求打开该进口货物的任何包装或容器，以及对该进口货物提取合理数量的样品，如果该海关执法人员有合理的理由怀疑该货物已经或可能违反本法或其他由海关负责管理或执法的各项联邦法律或实施细则的规定。

（3）查验放弃货物

海关执法人员有权在任何时间，打开或要求打开、查验并扣留任何在某个海关监管区域内被放弃或无人认领的货物、行李、包装或容器。

第 99.4 条　实施细则

总督有权制定实施细则：

（a）规定海关有权按本法第 99.2 条（2）规定进行搜查的人员或人员类别；

（b）规定适用本法第 99.2 条（2）规定时应进行搜查的情况及方式，以及可以进行搜查的类别；以及

（c）规定适用本法第 99.3 条（1）规定时应进行查验的情况及方式，以及查验可以使用的机器、器械、装置或其他器具，或者机器、器械、装置或器具的类别。

第 99.5 条　海关执法人员的权力——混合交通通道

海关执法人员如果有合理的理由怀疑某人按本法第 11.7 条规定申报是从加拿大境内某一地点到达的，但实际上却来自加拿大境外某一地点，该海关执法人员有权：

（a）对该人进行盘问；并且

（b）查验该人进口的货物，并打开或要求打开该进口货物的任何包装或容器，以及对该进口货物提取合理数量的样品。

第 100 条

（1）运输工具随机（船）驻留的海关执法人员

为了办理以本法或任何其他联邦法律的管理或执法为目的的被要求或被授权的任何公务，海关执法人员有权随机（船）驻留从加拿大境外某一地点驶抵加拿大的运输工具。

（2）提供运输工具和食宿

按本条（1）规定随机（船）驻留运输工具的海关执法人员可免费乘坐该运输工具，运输工具负责人应保证向该海关执法人员提供适当的食宿。

第 101 条　扣留控制货物权

海关执法人员有权扣留已进口或准备出口的货物，直至其相信对货物的处理

符合本法及其他任何联邦法律和实施细则关于货物进出口的禁止、控制和管理的规定。

第 102 条

（1）非法进口货物的处置权

违反本法或其他任何联邦法律或实施细则规定已进口并已按本法第 101 条规定被扣留的货物，应按本法或实施细则规定处置；本法或实施细则无适用的处置规定时，进口人可按本法第 36 条规定放弃货物上交联邦政府，或者将货物运出境外。

（2）同上

本条（1）规定所指的货物在规定期限内如未按该款规定予以处置、放弃或运出境外，可存放在本法第 37 条规定所指的看管场所，按此规定存放的货物，应视为已按本法第 37 条规定处置，适用本法第 37 条至第 39 条规定。

（3）免征关税

货物按本条（1）规定处置或运出境外时，可不再征收应对其征收的关税。

第 103 条

（1）责成他人看管可扣押但不扣押的货物权

海关执法人员对按授权或按本法规定应扣押的货物或运输工具，可责成本应从该人处扣押这些货物或运输工具的人或其他该海关执法人员认可的人看管。

（2）告知

海关执法人员按本条（1）规定将货物或运输工具责成某人看管时，应告知其应看管该货物或运输工具，并且该货物或运输工具适用本法规定时应视为在告知之日被扣押。

（3）看管条件

按本条（1）规定被责成看管货物或运输工具的人，应保证货物或运输工具安全存放，并承担所有费用，直至货物或运输工具最终被没收或对是否没收该货物或运输工具的决定最终做出；遇有海关执法人员提出要求，该人应立即让其查看货物或运输工具。该人在看管该货物或运输工具期间，未经海关关员同意不得对货物或运输工具进行任何处置或运离加拿大。

（4）海关执法人员接管货物时

海关执法人员可在任何时候接管按本条（1）规定责成任何人看管的货物或运输工具，并且在该货物或运输工具被最终没收时接管该货物或运输工具。

第 104 条　召唤他人协助权

海关执法人员可召唤其他人协助其行使按本法规定有权行使的搜查权、扣押权或扣留权，被召唤协助的任何人也被授权行使这些权力。

第 105 条　协定执法权

如果加拿大政府与另一个国家的政府签订协定，规定涉及向加拿大进口的权力、责任或职能可在该国行使或履行并且涉及向该国家进口的权力、责任或职能可在加拿大行使或履行，部长为此专门指定的海关执法人员或治安警察，有权在加拿大境内代表该国家行使该国与加拿大签订的协定中具体规定的监管、查验、搜查或扣留的权力。

对诉讼或司法程序的限制规定

第 106 条

（1）对针对海关执法人员或协助人员的诉讼的限制规定

对海关执法人员为履行其在本法或任何其他联邦法律规定项下职责的任何所为，如果诉因或司法程序的诉讼标的从发生之日起已超过 3 个月，不得提起任何诉讼或启动任何司法程序。

（2）对赎回货物的诉讼的限制规定

对联邦政府、海关执法人员或任何经海关执法人员授权占有货物的人，如果从下列两个时间中较迟的一个时间起超过 3 个月，不得就赎回任何按本法规定被扣押、扣留或看管的货物提起诉讼或启动司法程序。

（a）诉因或司法程序的诉讼标发生的时间；与

（b）对按本法规定被扣押、扣留或看管的货物提起的任何诉讼或启动的任何司法程序的任何结果做出最终决定的时间。

（3）暂缓诉讼或司法程序

按本法以外的其他法律规定提起的诉讼或启动的司法程序，如果与按本法规定提起的诉讼或启动的司法程序的争议事实相同，部长有权向受理该诉讼或启动该司法程序的司法机关请求暂缓诉讼程序，直至对按本法规定提起的诉讼或启动的司法程序的结果做出最终决定。

信息披露权

第 107 条

（1）词语定义

本款规定中各项词语定义在本条规定中适用。

"海关信息"，指下列任何类别及任何形式的信息：

（a）涉及某个或某些人的并且由下列人或以其名义获得的：

（i）部长，为实施本法或《海关税则》而获得的；

（ii）国家收入部部长，为征缴本法第 V.1 部分规定项下的联邦债而获得的。

（b）从本款（a）规定所指的信息中整理出来的。

"官员"，指下列人：

（a）联邦政府或某个省政府机构雇用的；

（b）在联邦政府或某个省政府机构担任或担任过主管职务；或者

（c）被联邦政府聘用或代表联邦政府。

"特定人员"，指联邦政府或某个省政府机构雇用的，在联邦政府或某个省政府机构担任或担任过负责职位的，或者被联邦政府聘用或代表联邦政府执行本法、《海关税则》或《特别进口措施法》的人，包括曾被雇用或聘用的人或曾担任过此类职务的人。

（2）禁止——提供或利用海关信息

除按本法第 108 条规定授权外，严禁任何人：

（a）有意向任何人或允许提供任何海关信息；

（b）有意允许任何人查阅任何海关信息；或者

（c）有意利用海关信息。

（3）官员授权使用海关信息

官员可在下列情况下使用海关信息：

（a）用于本法、《海关税则》、《2001 年消费税法》、《特别进口措施法》或《犯罪所得（洗钱）及资助恐怖法》第 2 部分规定的管理或执法，或者用于本条（4）、（5）或（7）规定所列的任何目的；

（b）用于行使公共安全及应急部部长在《移民及难民保护法》规定项下的权力（包括确定某人的身份或决定是否接受他们的权力）或履行职责的目的；或者

（c）用于部长、事务署、署长或事务署的某个雇员经议会或总督授权实施的任何法律或实施细则的全部或部分规定的目的，包括《农业及农业食品行政处罚法》《加拿大农业产品法》《种子法》《饲料法》《渔业监管法》《动物健康法》《肉类监管法》《植物保护法》及《种子法》。

（4）准许的信息提供

海关执法人员有权提供下列海关信息，准许被提供或者提供下列海关信息的查阅权：

（a）仅在按联邦法律规定启动的刑事司法程序中使用或为该司法程序准备的。

（b）向以下机构提供的，仅用于任何涉及某项国际贸易协定、本法、《海关税则》、《特别进口措施法》、《移民及难民保护法》、任何其他规定征收关税或其他税的联邦或省法律，或者《犯罪所得（洗钱）及资助恐怖法》第 2 部分的管理或执法的司法程序的，或者为该司法程序准备的：

（i）某个记录法庭，包括在加拿大境外司法机构的某个记录法庭；

（ii）某个国际组织；或者

（iii）某个争端裁决工作组或某个裁决机构，根据某项国际贸易协定设立的。

（c）可合理地被视为加拿大边境事务署的官员提供的仅为了本法、《海关税则》、《消费税法》、《2001 年消费税法》、《进出口许可法》、《移民及难民保护法》、《特别进口措施法》或《犯罪所得（洗钱）及资助恐怖法》第 2 部分规定的管理或实施的某个目的所必要的。

（c.1）可合理地被视为加拿大边境事务署的官员提供的仅为了《农业及农业食品行政处罚法》《加拿大农业产品法》《种子法》《饲料法》《渔业监管法》《动物健康法》《肉类监管法》《植物保护法》及《种子法》的执法的某个目的所必要的。

（c.2）可合理地被视为加拿大收入部部长指定的某个或某一级别的加拿大收入署官员提供的仅为了本法第 V.1 部分的管理或执法的某个目的所必要的。

（d）可合理地被视为加拿大皇家骑警某个成员提供的仅为了本法、《消费税法》、《2001 年消费税法》或《进出口许可法》的管理或执法的某个目的所必要的。

（e）可合理地被视为仅为了加拿大或任何其他国家保护个人生命、健康或安全或者环境的某个目的所必要的。

（f）被联邦政府仅用于与监督、评价或约束某个特定人员在其被启用或聘用或担任某个主管职务期间，联邦政府对本法、《海关税则》、《消费税法》、《特别进口措施法》或《犯罪所得（洗钱）及资助恐怖法》第 2 部分规定的管理或执法方面的某个目的的，只要该信息与该目的有关。

（g）被该官员合理地视为不直接或间接涉及任何人的信息的。

（h）被该官员合理地视为是与加拿大国家安全或国防有关的信息的。或者

（i）可按《加拿大信息共享安全法》规定披露的。

（5）向某些人提供信息

海关执法人员有权向下列人提供海关信息，准许被提供或者提供下列海关信息的查阅权：

（a）某个治安警察，有权按任何在某项起诉书、加拿大总检察长及某省检察长的起诉中被指控有触犯任何联邦法律或某省立法犯罪行为的司法程序中调查该被控犯罪行为的，如果该治安警察有合理的理由相信该信息与该被控犯罪行为有

关并将用于该被控犯罪行为的调查或起诉的，并且仅用于这些目的。

（b）某人，按某项联邦法律规定本应有资格获得信息的，仅用于该人有资格获得该信息的目的的。

（c）某个官员，仅用于某项联邦法律的制定、管理或执法的目的的，或仅用于某项与某项联邦法律有关的政策的制定或实施的目的的，如果该信息涉及：

（i）其进口、出口或转口按该法规定应当或者可能被禁止、控制或管理的货物；

（ii）该官员有合理的理由相信其进口或出口可能违反了该法①规定的人；或者

（iii）可能是违反该法规定的某项违法的证据的货物。

（d）某个官员，仅用于某省的一项立法的管理或执法目的，如果该信息涉及其按该法（指某省的一项立法）规定进口到该省应受进口、转口或出口控制或征税的货物。

（e）某个参加省［按《消费税法》第123条（1）规定定义］的某个官员，或魁北克省的某个官员，如果该信息涉及该法②第 IX 部分规定在该省的管理或执法并且仅用于该目的。

（f）某个官员，仅用于税收或贸易政策的制定或评估，或者用于制定某项联邦法律规定项下的某项退税命令的目的的。

（g）某个官员，仅用于以补偿方式上交联邦政府的或其应缴纳的任何一笔债权人为下列人员的钱款目的的：

（i）联邦政府；或者

（ii）某省主官，如果涉及根据加拿大联邦与该省之间某项协议规定允许加拿大联邦代表该省征收的应向该省缴纳的税收。

（g.1）加拿大收入署某个官员，仅用于与《加拿大退休金计划》《就业保险法》《消费税法》《2001 年消费税法》或《所得税法》的管理或执法有关的目的的。

（h）律师［按《特别进口措施法》第84条（4）规定定义］，符合该法③第84条（3）规定并且除该法第84条（3.1）另有规定外，但是，这些条款规定所指的"信息"应被解读为"海关信息"。

（i）就业及社会发展部某个官员，仅用于《就业保险法》的管理或执法的目

---

① 指某项联邦法律。——译者注

② 指《消费税法》。——译者注

③ 指《特别进口措施法》。——译者注

的的，如果该信息涉及出入加拿大的人员。

（j）公民及移民部某个官员，仅用于下列法律的管理或执法的目的的：

（i）《公民法》或《移民及难民保护法》，如果该信息涉及出入加拿大的人员的活动的；或者

（ii）关于护照或其他旅行证件的加拿大法律。

（j.1）加拿大食品监管署某个官员，仅用于《加拿大食品管理法》第11条规定所指的任何法律的管理或执法的，如果该信息涉及进出加拿大的货物的进口、出口或转口货流的。

（k）加拿大金融交易及报告分析中心的某个官员，仅用于《犯罪所得（洗钱）及资助恐怖法》的管理或执法目的的。

（l）某人，仅用于认定某人在本法或《海关税则》规定项下的任何资格条件、缴纳义务或义务，包括该人享受这些法律①规定项下任何退税或减免税的资格条件的目的的。

（l.1）任何人，按《版权法》第44.03条或第44.04条（1）规定可以接受信息的，仅用于该人有资格获得该信息的目的的。

（l.2）任何人，按《商标法》第51.05条或第51.06条（1）规定可以接受信息的，仅用于该人有资格获得该信息的目的的。

（m）任何人，如果该信息是为遵守加拿大某个记录法庭发出的某份传票或权证或某项命令所要求提供的。

（n）任何人，如果该信息是为遵守加拿大境外某个记录法庭发出的某份传票或权证或某项命令所要求提供的，仅用于刑事司法程序的目的的。以及

（o）规定人员或规定级别的人员，在规定目的的规定条件下，仅用于这些目的的。

（6）部长提供海关信息

下列情况下，部长有权向任何人提供海关信息，允许被提供或提供海关信息的查阅权：

（a）按本条规定不得被提供的信息、允许被提供或提供信息的查阅权，部长认为提供该信息的公共利益明显大于提供该信息所导致的对隐私权的侵犯或任何重大经济损失或者对该信息所涉及的某人的竞争地位的损害的；或者

（b）部长认为提供该信息明显有利于该信息所涉及的人的。

（7）隐私权保护专员的通知

如果按本条（6）规定提供的海关信息是按《隐私权保护法》第3条规定定

---

① 指本法或《海关税则》。——译者注

义的个人信息，在按该款规定①提供任何个人信息之前（如果可行），或者立即在提供之后（指其他情况下），部长必须书面通知按该法②第53条规定指定隐私权保护专员。隐私权保护专员认为合适的，应通知该信息所涉及的个人他的信息将被提供。

（8）向其他国家政府提供海关信息

海关信息可根据加拿大政府或加拿大政府某个机构与某个外国、某个由国家政府组成的国际组织、某个国家共同体或者任何这些政府或组织的某个机构之间的某项国际公约、协定或其他书面安排规定，由任何人提供给受雇于或代表该外国、该组织、该国家共同体或者该机构的某个官员或任何其他人，但必须仅用于该协定规定的目的。

（9）向某些人披露海关信息

某个官员可向以下人提供涉及某个特定人的海关信息，允许被提供或提供对这些信息的查阅权：

（a）该人；

（b）被授权应该人的要求并且收取规定费用（如果有）作为该人的代理按本法或《海关税则》进行交易的人；以及

（c）其他任何人，经该人同意的。

（10）证据

作为任何其他联邦法律或其他法律规定的例外，在任何司法程序中，不得要求任何官员提供或出具涉及任何海关信息的证据。

（11）海关信息保护措施

主持某个涉及监督、评估或约束某个特定人的法律程序的人，有权命令采取任何必要的措施确保海关信息不被用于或被提供给任何人用于任何与该法律程序不相关的目的，包括：

（a）进行秘密审讯；

（b）禁止公开该信息；

（c）撤销该信息所涉及的人的特定人的身份；以及

（d）封存该法律程序的记录。

（12）对披露海关信息的命令提出上诉

对在任何司法程序中做出的命令或指示或与任何司法程序相关的命令或指示，如果要求海关执法人员提供或出示涉及海关信息的证据，部长或者国家收入

① 指本条（6）规定。——译者注
② 指《隐私权保护法》。——译者注

部部长（按适用情况选定）或该命令或指示所针对的人，可在通知所有利益相关方之后立即向下列法院提出上诉：

（a）做出该命令或指示的法院所在省的上诉法院，如果涉及依照该省的法律规定设立的某个法院或其他法院做出的命令或指示，不论该法院或法院是否正在行使加拿大法律所赋予的管辖权；或者

（b）联邦上诉法院，如果涉及依照加拿大法律设立的某个法院或其他法院做出的命令或指示。

（13）上诉的处置

该上诉提向的法院有权受理该上诉并撤销被上诉的命令或指示，或者驳回上诉。向该法院上诉的常用实践及程序规则，应根据实际情况需要适当调整后适用于该上诉。

（14）停止

上诉在其判决做出前，应停止被上诉的命令或指示的执行。

（15）实施细则

总督有权制定实施细则，规定为提供海关信息或提供海关信息查阅权或者为海关信息的复印件提供证明可以收取的费用及收费金额。

第 107.1 条

（1）旅客信息

部长有权在规定情况及条件下，要求任何规定的人或规定类别的人，在规定时间内并以规定的方式，提供关于已登上或准备登上某个运输工具的任何人规定的信息或者提供该信息的查阅权。

（2）信息披露

按本条（1）规定被要求提供规定信息或提供规定信息查阅权的任何人，对这些信息的提供不受《航空管理法》规定的任何限制。

第 108 条　　［2001 年废止］

调查权

第 109 条

（1）调查

部长为了本法的管理及执法，有权准许任何人对部长具体指定的情事进行调查。

（2）被授权人的权力

按本条（1）规定被授权的人享有按《调查法》第 I 部分规定被指定为调查

员所享有的所有权力。

（3）差旅费

按本条（1）规定被授权的调查员传唤任何人时，应向该人支付合理的差旅费。

罚款及利息

第 109.1 条

（1）指定规定

任何人不遵守按本条（3）规定制定的实施细则所列名的法律或实施细则的任何规定，应按部长的指示处 25000 加元以上罚款。

（2）不遵守

任何人不遵守按本法及《海关税则》规定发放的某项许可的任何限制条件或者按本法第 4.1 条规定做出的任何承诺，应按部长的指示处 25000 加元以上罚款。

（3）由实施细则列名

总督有权制定实施细则：

（a）列名本法、《海关税则》或《特别进口措施法》或任何按这些法律制定的任何实施细则的任何条款；并且

（b）规定按本款（a）规定列名的条款的简称并规定这些简称的用途。

第 109.11 条   ［2001 年废止］

第 109.2 条

（1）"指定货物"的定义

在本条规定中，"指定货物"，包括归入《海关税则》税率表中所列的《税则规定表》第 93 章或《税则规定表》细目 9898.00.00 项下的火器、武器、弹药及任何其他货物。

（2）涉及烟草制品及指定货物的违法

任何人如果有下列情事，处相当于海关对在同一类条件下所放行的同类烟草制品或指定货物按确定该罚款之时适用于同类烟草制品或指定货物税率应征收的关税税款两倍的罚款，或者部长指示的低于该税款的罚款。

（a）违反本法或《海关税则》或按这些法律①制定的实施细则规定将烟草制品或指定货物提离或导致提离某个现场海关、海关监管仓库或海关保税仓库或者

---

① 指本法或《海关税则》。——译者注

免税商店；或者

（b）违反本法或《海关税则》或按这些法律①制定的实施细则规定出售或使用烟草制品或被指定为机（船）用供给品的货物。

第109.3条

（1）确定罚款

按本法第109.1条或第109.2条规定应处的罚款，其金额由海关执法人员确定，海关执法人员确定的罚款金额应书面通知该人，该书面通知应使用挂号邮件邮递。

（2）对确定罚款的限制规定

对任何人不得同时按本法第109.1条及第109.2条规定对相同的违反本法、《海关税则》或《特别进口措施法》或任何按这些法律②规定制定的实施细则的违反情事确定罚款。

（3）附加于其他处罚的附加处罚

按本条（1）规定确定的处罚，可作为本法规定项下某项没收处罚的附加处罚或作为对违反本法或实施细则规定按本法第124条规定提出的一项缴税要求。

（4）使用简称

在某项罚款确定通知中使用某个按本法第109.1条（3）（b）规定确定的简称或者从该简称中派生出来的名称，如果不影响其实质，应足以用于所有描述该违法情事的目的。

第109.4条　罚款缴纳时间

按本法第109.3条规定对某人所处的罚款应于向该人发出通知之日起缴纳。

第109.5条

（1）罚款利息

除本条（2）另有规定外，某人接到按本法第109.3条规定发出的通知后，除缴纳罚款外，应支付按规定利率计算的对罚款余额加征的罚款利息。计息期从罚款通知发出之日开始至罚款全部缴清之日结束。

（2）例外规定

如果该人在确定通知之日后30天内缴清了全部罚款，应不加征罚款利息。

---

① 指本法或《海关税则》。——译者注
② 指本法、《海关税则》或《特别进口措施法》。——译者注

扣押权

第 110 条

（1）扣押

海关执法人员如果有合理的理由相信有关货物已违反本法或其实施细则的规定，有权作为没收扣押：

（a）该货物；或者

（b）该海关执法人员有合理的理由相信是运输该货物的运输工具，不论是否在违法之时或违法之后使用的。

（2）扣押运输工具

海关执法人员如果有合理的理由认为某运输工具或者乘坐运输工具的乘客违反本法或其实施细则规定，有权作为没收扣押该运输工具。

（3）扣押证据

海关执法人员如果有合理的理由相信有违反本法或其实施细则规定的情事，有权扣押其有合理的理由相信可以证明违法的任何物品。

（4）扣押通知

海关执法人员按本条（1）或（2）规定扣押货物或运输工具时，应采取在当时情况下合理的措施，通知任何其有合理的理由相信符合条件对该货物或运输工具按本法第 138 条规定提出申请的人。

第 111 条

（1）搜查令信息

治安法官根据《刑法典》第 XXVIII 部分规定的格式 1 所列的格式（按适用情况选定）中经过宣誓的信息，如果相信在某建筑物、某场所或某地点可以发现下列货物、物品或运输工具，有权随时签发授权海关执法人员搜查该建筑物、场所或地点的搜查令，并扣押该货物、运输工具或物品：

（a）任何货物或运输工具，已违反或涉嫌违反本法或其实施细则规定的；

（b）任何用于运输这些货物的运输工具，不论是否在违法之时或违法之后使用的；或者

（c）任何其他物品，有合理的理由相信可证明违反本法或其实施细则情事的。

（2）在其他辖区执行

如果本条（1）规定所指的建筑物、场所或地点，地处该治安法官管辖权区以外的地区，治安法官有权签发与本条（1）规定的格式相同的（根据情况适当

修改的）搜查令。该搜查令经对该地区有管辖权的治安法官按《刑法典》第 XX-VIII 规定的格式 28 中规定的方式背书后，可在该地区执行。

（3）扣押未列名的物品

海关执法人员执行按本条（1）规定签发的搜查令时，除扣押搜查令上列名的物品外，还可以扣押：

（a）任何货物或运输工具，已违反或涉嫌违反本法或其实施细则规定的；

（b）任何用于运输这些物品的运输工具，不论是否在违法之时或违法之后使用的；或者

（c）任何其他物品，有合理的理由相信可证明违反本法或实施细则情事的。

（4）搜查令的执行

按本条（1）规定签发的搜查令，除治安法官允许夜间执行外，应在白天执行。

（5）搜查令格式

按本条（1）规定签发的搜查令，应使用《刑法典》第 XXVIII 部分规定的格式 5 所列的格式。

（6）不需要搜查令的情况

如果符合获得搜查令的条件但由于紧急情况无法获得该搜查令，海关执法人员有权在无搜查令的情况下行使任何本条（1）规定所指的搜查权。

（7）紧急情况

适用本条（6）规定时，"紧急情况"，包括如无法按本条（1）规定获得搜查令造成延误，会对人的生命或安全造成危胁，或者有可能使应扣押的物品灭失的情况。

第 112 条　进入权

海关执法人员按本法第 111 条规定行使其搜查的授权时，在其认为必要的协助下，有权强行打开任何门、窗、锁、地板、墙壁、天花板、隔层和箱盒、容器或其他任何物品。

第 113 条　对扣押及不确定的没收的限制规定

违法情事发生或有关的扣押权行使或者扣押通知发出超过 6 年时，不得再按本法规定进行扣押或按本法第 124 条规定发出扣押通知。

第 114 条

（1）被扣押物品的看管

按本法规定扣押的任何物品应立即置于海关执法人员看管之下。

（2）报告扣押证据

海关执法人员按本法规定扣押作为证据的任何物品时，应立即向署长报告案情。

（3）归还证据

按本法规定仅作为证据使用的被扣押物品，应在要求扣押该物品的所有司法程序结束时立即归返。

第 115 条

（1）账册的复印件

按本法规定检查或扣押任何账册时，部长或者检查或扣押该账册的海关执法人员，有权复制或要求复制该账册一至数份，并且其中一份复印件经部长或有部长授权的人认可作为证据使用时，应视一般情况下的证据，与账册的原件具有相同的证据力。

（2）已扣押的账册的持有

按本法规定作为证据扣押的账册，持有时间不得超过 3 个月，除非在该 3 个月期限到期前：

（a）被扣押账册的人同意继续持有一段时间；

（b）治安法官根据申请，对情况进行考虑后，相信需要继续持有一段时间并且据此做出命令；或者

（c）需要被扣押的账册的司法程序已启动。

第 116 条　治安警官截下或扣留的货物

治安官员扣留或扣押其认为应按本法规定扣押的物品时，应立即通知海关执法人员物品已扣押，并向该海关执法人员描述已扣留或扣押的物品情况。

被扣押货物的归还

第 117 条

（1）被扣押货物的归还

除本法或其他联邦法律另有规定外，海关执法人员可在收取下列款项或担保后，将按本法规定扣押的任何货物归还给从其手中扣押该货物的人或该人授权的任何人：

（a）相当于下列价值的一笔钱款：

（i）货物完税价格及应征关税税额（如果有）两项的累计价值，按在以下时间节点适用税率计算的：

（A）扣押之时，如果该货物未按本法第 32 条（1）、（2）或（5）规定报关或者在本法第 32.2 条（6）规定所适用的情况下按本法第 32.2 条（2）（b）规定应征收关税或附加税之时；或者

（B）货物按本法第 32 条（1）、（2）或（5）规定报关之时，指在其他任何

情况下。或者

（ii）部长规定的更低的价值。或者

（b）部长认可的担保，如果部长允许。

（2）某些货物不予归还

作为本条（1）规定的例外，按本法规定扣押的酒精、葡萄酒、特异变性乙醇、限制性配方、未加工烟叶、消费税税票或烟草制品，除扣押有误外，不得归还给从其手中扣押该货物的人或任何其他人。

第118条　归还被扣押的运输工具

除本法和联邦法律另有规定外，海关执法人员可在收取下列款项或担保后，将按本法规定扣押的任何运输工具归还给从其手中扣押该运输工具的人或该人授权的任何人：

（a）相当于下列价值的一笔钱款：

（i）运输工具被扣押之时的价值，经部长确定的；或者

（ii）部长规定的更低的价值。或者

（b）部长认可的担保，如果部长允许。

第119条

（1）归还被扣押的牲畜或易腐货物

除本法或联邦其他法律另有规定外，海关执法人员可在收取以下钱款或担保后，将按本法规定扣押但尚未按本条（2）规定变卖的牲畜或易腐货物归还给从其手中扣押该牲畜或货物的人或该人授权的任何人：

（a）相当于下列价值的一笔钱款：

（i）该牲畜或货物的完税价格及应征关税税额（如果有）两项的累计价值，按在以下时间节点适用税率计算的：

（A）扣押之时，如果该牲畜或货物未按本法第32条（1）、（2）或（5）规定报关或者在本法第32.2条（6）规定所适用的情况下按本法第32.2条（2）（b）规定应征收关税或附加税之时；或者

（B）该牲畜或货物按本法第32条（1）、（2）或（5）规定报关之时，指在其他任何情况下。或者

（ii）部长规定的更低的价值。或者

（b）部长认可的担保，如果部长允许。

（2）已扣押货物的变卖

为避免发生看管牲畜的费用或为避免易腐烂货物腐坏变质，海关执法人员有权在给从其手中扣押该牲畜或货物的所有人适当机会按本条（1）规定获得该牲畜或货物之后，随时变卖按本法规定扣押的牲畜和易腐货物，变卖所得应代替货

物没收。

第 119.1 条

(1) 处理被扣押的货物

依照本法规定扣押的任何货物，部长可授权海关执法人员变卖、销毁或以其他方法处理。

(1.01) 不得变卖消费税税票

作为本条 (1) 规定的例外，部长不得授权海关执法人员变卖按本法规定扣押的消费税税票。

(1.1) 限制规定

除实施细则另有规定外，本条 (1) 规定项下的下列货物的变卖：

(a) 酒精或特异变性乙醇只限于变卖给某个酒精许可证持有人；

(b) 葡萄酒只限于变卖给某个葡萄酒许可证持有人；

(c) 未加工烟叶或烟草制品只限于变卖给某个烟草许可证持有人；以及

(d) 限制性配方只限于变卖给某个许可使用人。

(2) 变卖所得

本条 (1) 规定项下的货物的变卖所得，应交由部长保管代替对已变卖货物的没收。

(3) 支付补偿

有人符合条件要求归还货物时，如果该货物无法归还，应向该人支付：

(a) 变卖货物所得，指货物已变卖情况下；以及

(b) 货物的价值，指其他任何情况下。

第 120 条　替代完税价格的价值

计算本法第 117 条 (a) 或第 119 条 (1) (a) 规定的钱款金额时，如果货物的完税价格无法确定，应使用部长确定的该货物被扣押之时的价值。

第 121 条　不再没收的货物

按本法第 117 条、第 118 条或第 119 条规定收取钱款或担保后，应不再没收货物或运输工具，收取的钱款可被保管代替对货物的没收。

没　收

一般规定

第 122 条　从违法之时起自动没收

除本法规定的复议或上诉外，作为没收扣押的货物或运输工具应在本法第

113 条规定的期限内予以没收，该期限从以下时间节点开始计算：

（a） 从被扣押货物或运输工具违反本法或其实施细则之时；

（b） 使用运输工具之时，如果该运输工具被用于违反本法或其实施细则的货物。

没收于上述时间开始自动生效，无须任何诉讼或司法程序。

第 123 条　没收复议

按本法规定扣押的货物和运输工具或者代替没收货物所保管的任何钱款或担保，其没收决定均为最后决定。除本法第 129 条规定的范围及其方式外，不得申请复议或被限制、被禁止、被撤销、被驳回或被以其他方式处理。

确定的没收

第 124 条

（1） 确定的没收

海关执法人员有合理的理由相信某人已违反本法或其实施细则任何规定时，如果未能发现或者无法扣押涉嫌违法的货物或运输工具，有权书面通知该人，要求其缴付：

（a） 金额按本条（2）或（3）规定（按适用情况选定）确定的钱款；或者

（b） 部长规定的更低金额的钱款。

（2） 确定应缴付的涉及货物的钱款金额

适用本条（1）（a）规定时，海关执法人员有权要求缴付一笔涉及该货物的钱款，其金额应相当于货物的完税价格及应征关税税额（如果有）两项的累计价值，按在以下时间节点适用的税率计算的：

（a） 通知发送之时，如果该货物未按本法第 32 条（1）、（2）或（5）规定报关或者在本法第 32.2 条（6）规定所适用的情况下按本法第 32.2 条（2）（b）规定应征收关税或附加税之时；或者

（b） 该货物按本法第 32 条（1）、（2）或（5）规定报关之时，指在其他任何情况下。

（3） 确定应缴付的涉及运输工具的钱款金额

适用本条（1）（a）规定时，海关执法人员有权要求缴付一笔涉及某运输工具的钱款，其金额应相当于部长确定的该运输工具在该通知发送之时的价值。

（4） 替代完税价格的价值

计算本条（2）规定所指的钱款金额时，如果货物的完税价格无法确定，可使用部长确定的按本条（1）规定发出通知之时货物的价值替代该货物的完税价

格。

（4.1）出口货物的价值

本法第 117 条及第 119 条及本条（2）规定适用于已出口或准备出口的货物违反本法或其实施细则的情事。但是，这些条款规定中"货物的完税价格"一词，应被解读为"货物的价值"。

（4.2）货物的价值

适用本条（4.1）规定时，"货物的价值"一词，指该货物的买方已经或应当向卖方支付的或使卖方受益而支付的全部费用。

（4.3）部长确定货物的价值

如果该货物的价值无法按本条（4.2）规定确定，部长有权确定该价值。

（5）通知的送达

本条（1）规定所指的通知，只要使用挂号邮件寄送被通知人的最新地址即可视为已送达。

（6）利息

确定的没收的通知所送达的人，除缴付该通知中列明的钱款外，应缴付对缴款余额按规定利率计算的利息，计息期从该通知被发送之日开始至该笔钱款被完全缴清之日结束。但是，如果该笔钱款在通知之日后 30 天内已缴清，可不缴付利息。

第 125 条　扣押取消通知

本法规定项下对按本法第 124 条规定送达的通知所涉及的任何物品的扣押，如果该通知及扣押针对同一项违法，除仅作为证据的扣押外，应构成对该通知的取消。

第 126 条　对扣押的限制规定

按本法第 124 条规定送达的通知，其所涉及的任何物品，除仅作为证据的扣押外，自该通知所要求的钱款被缴付之时或者自按本法第 131 条规定申请部长做出决定之时起，不得在同一违法中再按本法规定执行扣押。

对扣押、确定的没收或处罚确定的复议

第 126.1 条　不得复议或上诉

本法第 127 条至第 133 条规定不适用于本法第 40 条（3）（c）规定所指的某人所违反的该条（3）规定的情事，在本法第 32.2 条（6）规定适用的情况下违反本法第 32.2 条规定的情事，或者违反《海关税则》第 95 条（1）、第 118 条（1）或（2）、第 121 条（1）或者第 122 条（1）规定的情事。

第 127 条 对确定的没收或处罚确定的复议

因按本法第 109.3 条规定发送的通知或本法第 124 条规定项下某项要求而发生的欠联邦政府的债务，是最终决定，除按本法第 127.1 条及第 129 条规定的限制条件做其他处理外，不得申请复议或被限制、被禁止、被撤销、被驳回或作其他处理。

第 127.1 条

（1）纠错措施

部长或署长为执行本条规定指定的任何海关执法人员，有权撤销某项按本法第 110 条规定执行的扣押，撤销或减低按本法第 109.3 条规定确定的罚款或按本法第 124 条规定要求缴付的钱款，或者退还按本法第 117 条至第 119 条规定收缴的钱款，如果在该扣押、确定或要求之后 90 天内：

（a）部长相信没有发生过违法情事；或者

（b）发生了违法情事，但部长认为已确定、收缴或者要求缴付或提供担保的钱款有差错，其金额应当减低。

（2）利息

按本条（1）（a）规定向某人退还一笔钱款时，应按规定利率向该人支付该笔钱款的利息，计息期从该人最初缴付该笔钱款次日开始至该笔钱款被退还之日结束。

第 128 条 向署长报告

按本法规定扣押货物或运输工具时，或者按本法第 124 条规定送达通知时，执行扣押该货物或该运输工具或者送达或要求他人送达该通知的海关执法人员，应立即将案件情况报告署长。

第 129 条

（1）申请部长做出决定

下列人，可在某项扣押发生或某项通知发送之日后 90 天内，按本法第 131 条规定，书面通知或者以部长认可的任何其他方式申请部长做出决定：

（a）任何从其手中按本法规定扣押货物或运输工具的人；

（b）任何对按本法规定扣押的货物或运输工具共享有所有权的人；

（c）任何按本法第 117 条、第 118 条或第 119 条规定对按本法规定扣押的货物或运输工具缴付钱款或提供担保的人；或者

（d）任何按本法第 109.3 条或第 124 条规定送达的通知的收件人。

（2）举证责任

按本条（1）规定送达的通知，对送达事实的举证责任由声明该通知已送达的人承担。

第 129.1 条

（1）部长批准延期

如果在本法第 129 条规定的期限内没有按该条规定①提出申请部长做出决定，某人可向部长书面申请延长提出该申请的期限并且部长有权批准该申请。

（2）原因

延期申请必须列出为什么没有及时提出申请的原因。

（3）举证责任

按本条（1）规定提出申请的举证责任由声明该申请已经提出的人承担。

（4）决定通知

部长必须立即对申请做出决定并将做出的决定书面通知申请人。

（5）申请批准条件

除下列情况外，不得批准该申请：

（a）该申请是在本法第 129 条规定的期限到期之后 1 年内提出的。并且

（b）该申请人应证明：

（i）在本法第 129 条规定的期限内，该申请人无法请求做出决定或无法指示另一人代表其请求做出决定，或者该申请人有申请做出决定的诚意；

（ii）批准该申请符合公平公正原则；并且

（iii）该申请是在情况允许后立即提出的。

第 129.2 条

（1）联邦法院批准延期

下列情况下，某人可向联邦法院申请批准其按本法第 129.1 条规定提出的申请：

（a）部长不批准该申请；或者

（b）该申请提出之后已超过 90 天，但部长没有通知该人对该申请已经做出决定。

适用本款（a）规定时，按本款规定提出的申请必须在按本法第 129.1 条规定提出的申请未被批准之后 90 天内提出。

（2）申请程序

该申请提出时必须向部长及联邦法院庭长提交一份按本法第 129.1 条规定提出的申请及任何与该申请相关的通知。

（3）法院的权力

联邦法院有权批准或不批准该申请，并且如果批准该申请，有权规定任何其

---

① 指本法第 129 条规定。——译者注

认为适当的条件，或做出命令规定本法第 129 条规定项下的申请应被视为是于该命令做出之日提出的。

（4）申请批准条件

除下列情况外，不得批准该申请：

（a）本法第 129.1 条规定项下的申请是在本法第 129 条规定的期限到期之后 1 年内提出的。并且

（b）提出该申请的人能证明：

（i）在本法第 129 条规定的期限内，该申请人无法请求做出决定或无法指示他人代表其请求部长做出决定，或者该申请人有请求做出决定的诚意；

（ii）批准该申请符合公平公正原则；并且

（iii）该申请是在情况允许后立即提出的。

第 130 条

（1）通报采取措施的理由

按本法第 129 条规定申请部长做出本法第 131 条规定项下的决定时，署长应将该项扣押的理由或按本法第 109.3 条或第 124 条规定送达该通知的理由，立即书面通知向部长申请做出决定的人。

（2）提供证据

按本条（1）规定送达的通知的收件人，可在被通知后 30 天内提供其中希望提供的案件证据。

（3）证据提供方式

本条（2）规定所指的证据，可以是经过宣誓的证词，证词必须经过由某项联邦法律或某项省立法规定授权的任何人主持宣誓并接受。

第 131 条

（1）部长的决定

本法第 130 条（2）规定所指的 30 天期限期满之后，部长应视情况合理地尽快考虑并评估案件情况，并决定：

（a）依据货物或运输工具违反本法或其实施细则规定而对该货物或运输工具进行扣押或者按本法第 124 条规定送达通知是否合理；

（b）依据运输工具用于运输违反本法或其实施细则规定的货物而对该运输工具进行扣押或者按本法第 124 条规定送达通知是否合理；或者

（c）依据不遵守本法第 109.1 条（1）或（2）规定或其按本法第 109.1 条（3）规定指定的某条规定而对某人按本法第 109.3 条确定一项处罚是否合理，不论这些规定是否被不遵守。

（d）［2001 年废止］

（1.1）例外规定

按本法第 130 条规定送达的通知的收件人，可书面通知部长其不会按该条规定①提供证据，并允许部长立即对此做出决定。

（2）通知决定

部长应立即将按本条（1）规定做出的决定书面详细告知要求做出该决定的人。

（3）司法审查

按本条（1）规定做出的部长决定，除按本法第 135 条（1）规定的范围或方式另行处理外，不受司法审查，或者被限制、被禁止、被撤销、被驳回或被以其他方式处理。

第 132 条

（1）如果没有违法

除本法或其他联邦法律另有规定外：

（a）如果部长按本法第 131 条（a）或（b）规定认定，该款规定②所指的货物或运输工具没有违反本法或其实施细则，或者［指本法第 131 条（1）（b）规定所指的运输工具］没有用于该款规定③所指的用途，部长应立即批准放行货物或运输工具，或者退还有关货物或运输工具的任何钱款或担保。

（b）部长如果在按本法第 131 条（1）（c）规定做出决定之后，认定按本法第 109.3 条规定确定的某笔罚款不符合事实或法律规定，应立即撤销该笔罚款的确定并准许退还作为罚款缴付的任何钱款及按本法第 109.5 条规定缴付的任何罚款利息。

（2）退款利息

按本条（1）规定准许向任何人退还任何钱款时，除向该人退款外，还应支付按规定利率计算的退款利息，计息期从该笔钱款缴付海关之日起至退款之日结束。

（3）［1992 年废止］

第 133 条

（1）如果发生违法

部长如果按本法第 131 条（1）（a）或（b）规定认定，该款规定④所指的货

---

① 指本法第 130 条规定。——译者注
② 指本法第 131 条（a）或（b）规定。——译者注
③ 指本法第 131 条（b）规定。——译者注
④ 指本法第 131 条（1）（a）或（b）规定。——译者注

物或运输工具违反了本法或其实施细则规定，或者［指本法第131条（1）（b）规定所指的运输工具］已用于该款规定①所指的用途，部长有权按其可以规定的限制条件，决定：

（a）在收取金额相当于按本条（2）或（3）规定（按适用情况选定）确定的金额的钱款后退还该货物或运输工具；

（b）退还一部分钱款或担保；以及

（c）补缴不足部分但不超过按本条（4）或（5）规定（按适用情况选定）确定的金额的钱款，如果部长认为所缴付的钱款或担保不足或者未收到任何钱款或担保。

（1.1）部长的权力

部长如果按本法第131条（1）（c）规定认定该人未能遵守，有权按其可以规定的限制条件决定：

（a）退还任何一部分按本法第109.3条规定确定的罚款；或者

（b）要求补缴一笔钱款。

要求补缴钱款时，所确定的金额及补缴的金额，其总额不得超过可按本法第109.3条规定确定的最高罚款金额。

（2）按本条（1）（a）规定退还货物

收到相当于以下金额的钱款后，可按本条（1）（a）规定退还货物：

（a）该货物的完税价格及应征关税税额（如果有）两项的累计价值，按在以下时间节点适用的税率计算的：

（i）扣押之时，如果该货物未按本法第32条（1）、（2）或（5）规定报关或者在本法第32.2条（6）规定所适用的情况下按本法第32.2条（2）（b）规定应征收关税或附加税之时；或者

（ii）该货物按本法第32条（1）、（2）或（5）规定报关之时，指在其他任何情况下。或者

（b）部长直接确定的更低的价值。

（3）按本条（1）（a）规定退还运输工具

收到相当于以下金额的钱款后，可按本条（1）（a）规定退还运输工具：

（a）部长确定的该运输工具被扣押之时的价值；或者

（b）部长直接确定的更低的价值。

（4）按本条（1）（c）规定对货物要求补缴的金额

部长可按本条（1）（c）规定对货物要求补缴的钱款，其金额不得超过该货

---

① 指本法第131条（b）规定。——译者注

物的完税价格及应征关税税额（如果有）两项的累计价值，按在以下时间节点适用的税率计算的：

（a）扣押之时或按本法第 124 条规定发送通知之时，如果该货物未按本法第 32 条（1）、（2）或（5）规定报关或者在本法第 32.2 条（6）规定所适用的情况下按本法第 32.2 条（2）（b）规定应征收关税或附加税之时；或者

（b）该货物按本法第 32 条（1）、（2）或（5）规定报关之时，指在其他任何情况下。

（5）按本条（1）（c）规定对运输工具要求补缴的金额

部长可按本条（1）（c）规定对运输工具要求补缴的钱款，其金额不得超过部长确定的该运输工具被扣押之时或者按本法第 124 条规定送达通知之时的价值。

（6）替代完税价格的价值

计算本条（2）或（4）规定所指的钱款金额时，如果货物的完税价格无法确定，可使用部长确定的该货物在被扣押之时或者在按本法第 124 条规定送达通知之日的价值替代其该完税价格。

（7）利息

按本条（1）（c）或（1.1）（b）规定要求补缴一笔钱款时，被要求补缴钱款的人缴付所要求补缴的钱款的同时，应缴付对欠款余额按规定利率计算的利息，计息期从按本法第 131 条（2）规定发送通知之日开始至缴清该钱款之日结束。但是，如果所要求补缴的钱款在该通知发送之后 30 天内已全部缴清，可不缴付利息。

（8）［1992 年废止］

第 134 条　［1998 年废止］

第 135 条

（1）联邦法院

按本法第 131 条规定请求部长做出决定的人，可在决定被通知之后 90 天内，向联邦法院对该决定提出上诉。在该项诉讼中，该人为原告，部长为被告。

（2）一般诉讼

适用于一般诉讼的《联邦法院法》及按该法①规定制定的规则，除针对这些诉讼制定的特殊规则外，适用于按本条（1）规定提起的诉讼。

第 136 条　等待上诉判决时归还货物

如果联邦法院受理了对命令联邦法院将按本法规定已扣押的任何物品给予或

---

① 指《联邦法院法》。——译者注

归还给任何人的任何判决提出的上诉，在货物被命令给予或归还给的该人向做出该判决的联邦法院或该法院的法官提供其认为如果原判被撤销情况下足以保证向联邦法院交付该货物或该货值的全部价值之前，原判决不得停止执行。

第 137 条　送达通知

署长按本法第 130 条规定或部长按本法第 131 条规定送达的通知，可通过挂号邮件邮寄到被通知人的最新地址。

第三方诉求

第 138 条

（1）第三方诉求

对按本法规定作为没收扣押的任何物品或运输工具或者按本法第 97.25 条
（2）规定扣留的运输工具，除该货物或运输工作被扣押之时的占有人外，任何人，如果作为其所有人、抵押权人、抵押权债权人、留置权持有人或任何其他同类权益的持有人，可在该扣押或该扣留之后 90 日内，申请部长按本法第 139 条规定做出决定。

（2）申请程序

某人可通过向部长发送书面通知或通过任何其他部长认可的方式申请部长做出决定。

（3）申请的举证责任

按本条（1）规定提出的申请，其举证责任由申请人承担。

（4）提供证据

按本条（1）规定提出申请的人必须提供他们对被扣押或被扣留的货物或运输工具拥有权益的证据或其他部长针对该权益要求提供的证据。

（5）证据提供方式

本条（4）规定所指的证据，可以是经过宣誓的证词，证词必须经过由某项联邦法律或某项省立法规定授权的任何人主持宣誓并接受。

（6）事后申请

部长有权在本条（1）规定所指的 90 天期限期满之后 1 年内接受某个在该 90 天期限之内没有对被扣押或被扣留物品或运输工具声明权益的人提出的申请。

（7）事后申请的条件

按本条（6）规定提出申请的人，必须能向部长证明：

（a）在本条（1）规定的提出申请的期限内，他：

（i）没有能力亲自或指示他人以他的名义提出；或者

（ⅱ）有按该款规定提出申请的诚意。

（b）批准该申请符合公平公正原则。

（c）该申请是在条件允许后立即提出的。

第 139 条　部长的决定

按本法第 138 条规定提出的申请，部长必须立即做出决定，并且部长如果相信下列条件已符合，必须认定该申请人对货物或运输工具的权益不受扣押影响，同时明确该权益在该货物违法之时或该运输工具违法使用之时的性质及范围：

（a）该申请人在该货物违法或该运输工具违法使用之前已正当地获得对货物的权益；

（b）该申请人与货物违法或该运输工具违法使用无任何同谋关系；

（c）该申请人已对任何被按此方式占有被扣押货物或运输工具的人保持了充分的警惕，以相信该占有不会被用于违法，或者（如果申请人是抵押权人、抵押权债权人、留置权持有人）对抵押人、抵押债务人或留置权出让人保持了这样的警惕。

第 139.1 条

（1）命令

按本法第 138 条规定提出申请的人，在该决定被通知之后 90 天内，可以书面通知法院按本条规定申请一项命令。

（2）法院的含义

本条规定中，"法院"指：

（a）在安大略省，指高等司法法院；

（b）在魁北克省，指高等法院；

（c）在新斯科舍省和不列颠哥伦比亚省及爱德华王子岛省、育空省和西北地区行政区，指最高法院；

（d）在新不伦瑞克、曼尼托巴、萨斯喀彻温及艾伯塔省，指联邦高等法院；

（e）在纽芬兰及拉布拉多省，指最高法院审判庭；以及

（f）在努纳武特地区，指努纳武特地区司法法院。

（3）开庭审理日期

法院的法官必须在该申请提出之后 30 天内确定一个开庭审理该申请的日期。

（4）通知部长

申请人必须在开庭日期确定之日前 15 天内，将该申请及开庭的通知发送给部长或部长为本条规定专门指定的某个海关执法人员。

（5）通过挂号邮件送达

该通知如果使用挂号信函并且收件人为部长，即应被视为送达。

（6）命令

如果法院根据该申请的开庭审理相信该申请人符合下列条件，则申请人应符合条件获得一项命令，同时宣布该申请人的权益不受扣押或扣留的影响，并且宣布该申请人在违法或使用之时的权益的性质及范围：

（a）在该违法或使用之前已正当地获得了权益；

（b）在该违法或使用中没有任何共谋或勾结；并且

（c）已对任何被允许占有该货物或运输工具的人保持了充分的警惕，以相信该占有不太可能被用于违法，或者（如果申请人是抵押权人、抵押权债权人、留置权持有人）已对抵押人、抵押债务人或留置权出让人保持了这样的警惕。

第 140 条

（1）上诉

对按本法第 139.1 条规定做出的命令，按该条规定①提出申请的人或联邦法院可向上诉法院提出上诉，并且该上诉应按上诉法院命令或判决的一般程序主张、开庭审理及判决。

（2）上诉法院的定义

本条规定中，"上诉法院"，在按本条规定做出命令的地点所在省，指按《刑法典》第二条规定定义的该省的上诉法院。

第 141 条

（1）货物或运输工具交给申请人

按本法第 139 条或第 140 条规定被确认的对按本法第 97.25 条（2）规定扣留的运输工具或按本法作为没收扣押的货物或运输工具，如果某人对该运输工具或货物的权益因该扣押或扣留受到影响，署长有权根据该人的申请做出指示：

（a）将已最终决定没收的货物或运输工具（按适用情况选定）交给该申请人；或者

（b）将按本法第 97.25 条（2）规定扣留的运输工具交给该申请人。

（1.1）货物或运输工具已被变卖情况下支付钱款

如果应交给申请人的货物或运输工具已被变卖或处理，应向该申请人支付一笔钱款，该钱款的金额应根据按本法第 139 条规定确定的或按本法第 139.1 条或第 140 条规定要求的货物或运输工具在违法或使用之日的权益计算。

（2）对支付金额的限制规定

按本条（1.1）规定支付的货物或运输工具的钱款，如果该货物或运输工具已按本法规定被变卖或以其他方式处理，其总金额不得超过该变卖或处理所得的

---

① 指本法第 139.1 条规定。——译者注

总金额减去联邦政府所发生的涉及该货物或运输工具费用（如果有）后的金额，并且如果对货物进行处理后没有收入，不得按本条（1.1）规定支付任何钱款。

放弃或没收物品的处理

第 142 条

（1）放弃或没收物品的处理

除酒精、特殊变性乙醇、限制配方、葡萄酒、未加工烟叶、消费税税票或烟草制品外，按本法规定被放弃在联邦政府的任何物品及最终决定没收的任何物品，必须：

（a）出口，如果部长认为合适；

（b）按部长规定的出售以外的其他方式处理，如果该物品属于禁止进口或者部长认为不宜出售或无出售价值；以及

（c）在任何其他情况下，公开拍卖或招标，或者由公共工程及政府服务部部长按制定的实施细则依照《联邦法院剩余财产法》变卖。

（2）免征关税

按本条（1）规定处理的任何物品，从处理之时起，不再征收任何税。

第 142.1 条

（1）处理放弃或没收的乙醇等

如果酒精、特殊变性乙醇、限制配方、葡萄酒、未加工烟叶、消费税税票或烟草制品按本法被放弃或被最终没收，部长有权将其变卖、销毁或按其他方法处理。

（1.1）处理放弃或没收的消费税税票

如果消费税税票按本法规定被放弃或被最终没收，部长有权将税票销毁或按其他方法处理。

（2）限制规定

除实施细则另有规定外，按本条（1）规定变卖以下物品时：

（a）酒精或特殊变性乙醇必须变卖给酒精许可证持证人；

（b）葡萄酒必须变卖给葡萄酒许可证持证人；

（c）未加工烟叶或烟草制品必须变卖给烟草许可证持证人；以及

（d）限制配方必须变卖给某个经许可的使用人。

第 143 条至第 147 条　[2001 年废止]

对邮件征收关税权

第 147.1 条

（1）词语定义

本条规定中，"公司"，指加拿大邮政公司。

（2）适用

除按本条（14）（e）规定制定的实施细则另有规定外，本条（3）至（13）规定适用于邮件。

（3）征税协议

部长有权与公司签订书面协议，授权公司作为部长的代理对邮件代为征收关税，并且公司同意作为部长的代理代征关税。

（4）限制条件

按本条（3）规定签订的对邮件征收关税的协议，可规定授权公司代征关税的限制条件及期限，以及与本法的管理相关的涉及这些邮件的其他事项。

（5）公司授权

公司可书面授权任何人作为其代理人，按符合依照本条（3）规定签订的协议规定的限制条件，在该协议规定的期限内代征关税。

（6）关税缴纳义务

公司按本条（3）规定签订协议后，应在规定期内按规定方式向税务局长缴纳适用该协议的邮件应向联邦政府缴纳的税款、公司对邮件多征的关税以及公司按该协议规定应对该邮件征收的关税，除非：

（a）公司向部长证实并使部长相信该邮件没有被交付并且该邮件：

（i）已不在加拿大境内；或者

（ii）已被销毁。

（b）公司对该邮件没有征收关税，该邮件没有交付并且已按本法第 60 条（1）规定申请对该邮件进行重新认定或进一步重新认定。

（c）（在任何其他情况下）公司对该邮件没有征收关税，该邮件没有交付并且按本法第 60 条（1）规定申请对该邮件进行重新认定或进一步重新认定的期限尚未到期。

（7）非公款

按本条（6）规定应向税务局长缴纳的税款，未按该规定缴纳前，不得视为《财政管理法》意义上的公款。

（8）利息

公司需按本条（6）规定缴纳的税款，如果未在按该条规定①规定的期限内缴纳，公司应向税务局长对未缴税款余额支付按规定利率计算的可能发生的滞纳利息。计息期从公司应上缴该笔税款次日开始至缴清全部税款之日结束。

（9）扣留邮件

经授权代征邮件关税的任何人，可暂时扣留该邮件直到向公司缴纳了该邮件的关税。

（10）费

除按本条（14）规定制定的实施细则另有规定外，应对邮件收取规定的费用，收费期从该邮件进口之时开始至该收费已被缴纳或以其他方法被免除之时结束。

（11）缴费

应按本条（10）规定收费的邮件，其进口人或所有人应于缴纳邮件的关税之日缴付该收费。

（12）收费

经授权对邮件征收关税的公司或公司代理人，有权按本条（10）规定对该邮件收费并且有权在该费用未收到之前扣留该邮件。

（13）收费归公司所有

按本条（12）规定收取的费是公司的财产，不得视为《财政管理法》意义上的公款。

（14）实施细则

总督有权制定实施细则：

（a）规定适用本条（6）规定时的征税期限；

（b）规定适用本条（6）规定时的征税方式；

（c）规定本条（10）规定意义上的收费；

（d）规定按本条（10）规定可以免收费的邮件或者规定在哪些条件下邮件可按该款规定免收费；以及

（e）规定哪些邮件不适用本条（3）至（13）规定或者规定在哪些条件下这些条款不适用于邮件。

证　据

第 148 条

（1）挂号信的送达证据

---

① 指本条（6）规定。——译者注

本法规定或其实施细则规定要求发送的通知如果用挂号邮件发送时，海关执法人员在监誓人或其他有授权监誓的人面前所做的以下宣誓，在无反证情况下，可作为发送及通知的证据：

（a）该海关执法人员负责相关的记录；

（b）他了解具体案件中的事实；

（c）该通知于某日通过挂号邮件发送给发送地址上的收件人（注明该地址）；并且

（d）他确认该宣誓记录随附有该封信的邮局挂号回执或该封信相关部分的真实复印件及该通知的真实复印件。

（2）专人送达的证据

本法或其实施细则规定要求发送的通知如果由专人发送，海关执法人员在监誓人或其他有授权监誓的人面前所做的以下宣誓，在无反证情况下，可作为专人发送及通知的证据：

（a）该海关执法人员负责相关的记录负责；

（b）他了解具体案件中的事实；

（c）该通知于某日由专人发送给被指示发送的人；并且

（d）他确认该宣誓记录随附有该通知的真实复印件。

第 148.1 条

（1）合伙公司的合伙人

适用本法规定时：

（a）任何通知或其他文件中所指的某个合伙公司的公司名称，应被解读为该合伙公司的所有合伙人。以及

（b）任何通知或其他文件如果按以下地址邮递、发送或以其他方式发送给某个合伙公司，应被视为该通知或其他文件已经向该合伙公司的每个合伙人提供：

（i）该公司的最新地址或营业地点；或者

（ii）所了解的下列最新地址：

（A）任何其责任不受限制的该有限合伙公司的合伙人的，如果涉及某个有限的合伙公司；或者

（B）该合伙公司的任何合伙人的，在任何其他情况下。

（2）非法人机构的成员

适用本法规定时：

（a）任何通知或其他文件中所指的某个非法人机构的机构名称，应被解读为该非法人机构的所有成员；以及

（b）任何通知或其他文件如果按其最新地址或营业地点邮递、发送或以其他方式发送给某个非法人机构，应被视为该通知或其他文件已经向该非法人机构的每个成员提供。

第 149 条　邮寄的通知的日期

适用本法规定时，按本法或其实施细则规定在通知上填写的日期，在邮递情况下，应为通知的邮递之日。该日期在无反证情况下，除部长或者代表他或加拿大联邦的某人提出异议外，具有证据效力。

第 149.1 条　不得上诉的证据

海关执法人员在监誓人或其他有授权监誓的人监誓下所做的宣誓，如果列明该执法人员对相关记录负责而且他已经了解加拿大边境事务署或加拿大收入署（按适用情况选定）的做法，并且对该证明的检验表明本法第 V.1 部分规定项下的确定通知已按本法规定邮寄或以其他方式发送给某人，而且对该记录的查找显示该海关执法人员已无法发现在该通知允许的期限内对该通知的异议通知或上诉通知，应作为该宣誓中所载陈述的证据。

第 149.2 条　异议或上诉

如果按本法规定被要求保存记录的某人送达异议通知，或者是本法第 V.1 部分规定项下某项上诉或诉诸的一方，该人应在该异议、上诉或诉诸及其上诉被最终处理前，保存与该异议、上诉或诉诸的诉讼标的相关的所有记录。

第 150 条　文件复印件

按本法或者其他任何禁止、限制或管理货物进口或出口的联邦法律的规定或按依据这些法律制定的实施细则制作的文件复印件，经海关执法人员正式证明后，在任何按本法规定进行的司法程序中，与原件具有相同的证明效力。

第 151 条　文件中的虚假信息

在任何按本法规定进行的司法程序中，由同一人本人或委托他人制作或发送的文件，如果提供了或有证据证明存在不止一份并且这些文件中的同一商品的价格或名称不相同，在没有反证情况下，应作为该文件已被有意用于规避本法规定或偷逃按本法规定项下的关税的证据。

第 152 条

（1）联邦政府对进口或出口的举证责任

在按本法规定进行的涉及货物进口或出口的任何司法程序中，货物进口或出口的举证责任应由联邦政府承担。

（2）进口证据

适用本条（1）规定时，货物原产地为外国货物的证据，在没有反证的情况下，就可以作为该货物的进口证据。

（3）第三方的举证责任

除本条（4）另有规定外，在按本法规定进行的任何司法程序中，在涉及以下事项的问题中，举证责任应由该司法程序一方的人或者某项违法的被告的人（不包括联邦政府）承担，联邦政府不承担举证责任：

（a）任何货物的识别或原产地；

（b）任何货物进口的方式、时间或地点；

（c）任何货物的关税缴纳情况；或者

（d）任何货物遵守本法或其实施细则的任何规定的情况。

（4）对起诉情况的例外规定

在本法项下的任何起诉中，对所有涉及本条（3）（a）至（d）规定所指的事项的问题，只有在联邦法院已证实有关事实或情节属于被告人应知或者现在或过去能够知道的范围的情况下，其举证责任由某项违法的被告人而不是联邦政府承担。

禁止、违规及处罚

一般规定

第 153 条　伪报、逃税

严禁任何人：

（a）在按本法或其实施细则规定所做的口头或书面陈述或答问中，提供、参与提供或允许提供虚假或欺骗性陈述。

（a.1）在申请本法第 43.1 条规定项下的行政决定书或本法第 97.1 条规定所指的证明时，提供、参与提供或允许提供虚假或欺骗性陈述。

（b）为规避本法或其实施细则规定：

（i）销毁、损坏、篡改、掩藏或丢弃业务账册或财务账册；

（ii）制作、参与制作或允许制作业务账册或财务账册中的虚假或欺骗性数据；

（iii）遗漏、参与遗漏或允许遗漏业务账册或财务账册中的某项重要信息。

（c）以任何方式，故意规避或试图规避本法或其实施细则的任何规定，或者试图逃漏应按本法规定缴纳的关税。

第 153.1 条　妨碍海关执法人员

严禁任何人实际地或以其他方式实施或试图实施任何下列行为：

（a）干扰海关执法人员执行其按本法规定授权执行的任何公务；或者

（b）阻碍海关执法人员执行其按本法规定授权执行的任何公务。

第 154 条　在报关单证中错填货物的商品名称

禁止任何人在用于本法第 32 条规定项下报关目的的单证中填入与报关货物不符的货物的商品名称。

第 155 条　持有、获得、处理非法进口货物

禁止任何人没有合法授权或理由（由其承担举证责任），占有、购买、出售、交换或以其他方式获得或处理任何违反本法或其他联邦法律对其进口的禁止、限制或管理规定的任何进口货物。

第 156 条　持有空白单证

禁止任何人没有合法授权或理由（由其承担举证责任），占有任何全部或部分空白的并能够填写且用于进口货物按本法规定办理报关手续的表格、单证或其他书面材料，或者将其携带进入加拿大，如果该表格、单证或其他书面材料载有任何用来表示其正确性或真实性的证明、签字或其他标示。

第 157 条　打开并拆开货物，损坏封记

禁止任何人没有合法授权或理由（由其承担举证责任）：

（a）打开或造成打开、拆开或造成拆开任何海关未放行的进口货物的包装；

（b）损坏或造成损坏货物、运输工具及保税仓库或免税商店按本法或其实施细则规定所做的加封、加锁或加固。

第 158 条　公司主管等

如果某公司犯有违反本法规定的违规行为，公司的任何主管、经理或代理，只要被指示、被授权、被准许参与该违规行为，应负相关法律责任并应受到规定处罚，不论该公司是否被起诉或被判有罪。

第 159 条　走私

任何人，将任何应征关税的货物或任何依照本法或其他法律规定应禁止、限制或管理进口的货物走私或企图走私到加拿大，应犯有走私罪。

第 159.1 条　货物标示违规

禁止任何人：

（a）不按本法第 35.01 条规定所指的方法标示进口货物；

（b）使用欺骗方法标示进口货物，在该货物的原产国家或原产地方面误导他人；或者

（c）故意隐瞒进口货物标示所显示的信息，损毁按《海关税则》第 19 条（2）制定的实施细则规定对进口货物加贴的标示。

第 160 条

（1）一般违规及处罚

任何人，违反本法第 11 条、第 12 条、第 13 条、第 15 条、第 16 条、第 20 条（1）、第 31 条、第 40 条、第 43 条（2）、第 95 条（1）或（3）、第 103 条（3）、第 107 条（2）、第 153 条、第 155 条、第 156 条或第 159.1 条规定，或者犯有本法第 159 条规定项下的违规行为，或者故意违反本法第 107 条（11）规定所指的命令的规定：

（a）属于可按简易程序判罚的违规，处 5000 加元以下罚款或处 6 个月以下拘役，或两罚并处；或者

（b）属于应起诉的犯罪，处 500000 加元以下罚款或处 5 年以下拘役，或者两罚并处。

（2）法院命令——第 43 条（2）规定

如果某人被法院按本条（1）规定判决犯有一项违反本法第 43 条（2）规定的违规行为，该法院有权做出任何其认定合适的决定以使用执法手段保证该款规定得以遵守。

第 160.1 条　对妨碍海关执法人员的处罚

任何人违反本法第 153.1 条规定，属于违规行为，除按其他规定处罚外，按简易程序判罚处以：

（a）1000 加元以上 25000 加元以下罚款；或者

（b）本款（a）规定指罚款并处不超过 12 个月的拘役。

第 161 条　可按简易程序判罚的违规及处罚

任何人，违反本法第 160 条规定列名以外的本法任何规定，属于可按简易程序判罚的违规行为，处 1000 加元以上 25000 加元以下罚款或处 6 个月以下拘役，或者两罚并处。

程　序

第 162 条　属地管辖

对本法规定项下违法犯罪案件的起诉，可在违法行为发生地点，或在该起诉标的所发生或者犯罪人被抓获或被发现的任何地点提出、听证、判决或认定。

第 163 条　按简易程序判罚的时限

本法规定项下的违法可在司法程序的标的发生之后 3 年内任何时间，按简易程序启动司法程序。

第 163.1 条至第 163.3 条　［2001 年废止］

第 VI.1 部分
本法项下违法行为以外的刑事犯罪行为的执法

指定海关执法人员的权力

第 163.4 条

（1）署长指定的权力

署长有权按本部分规定指定任何海关执法人员并应向该海关执法人员出具一份指定证明。

（2）证明的效力

海关执法人员的指定证明可作为证据被接受，无须再提供该证明上的签名的真实性或签名人官方身份的证据。

第 163.5 条

（1）被指定的海关执法人员的权力

被指定的海关执法人员，除拥有为本法的执法所被赋予的权力外，在现场海关或正在履行海关执法人员的正常职责时或者正在按本法第 99.1 条规定作为时，对其他任何联邦法律项下的违法犯罪行为，应被视为是治安警察，可履行《刑法典》第 495 条至第 497 条规定，以及该法①规定适用于该被指定的海关执法人员的治安警察的权力和义务。

（2）酒驾违法犯罪行为

被指定的海关执法人员，在现场海关或正在履行海关执法人员的正常职责时或者正在按本法第 99.1 条规定作为时，可履行《刑法典》第 254 条至第 256 条规定项下治安警察的权力和义务。海关执法人员如果按该法②第 254 条（3）规

---

① 指《刑法典》。——译者注

② 指《刑法典》。——译者注

定要求对某人进行血液或吹气检查时，或按该本法第254条（3.1）规定做出确定时，也有权将其交给《刑法典》第2条规定中治安警察定义项下（c）项规定所指的治安警察。

（3）扣留的权力

被指定的海关执法人员，按本条（1）规定所赋予的权力抓捕某人时，有权扣留该人直到其被置于《刑法典》第2条规定中治安警察定义项下（c）项规定所指的治安警察看管为止。

（4）对权力限制规定

被指定的海关执法人员行使的任何该海关执法人员为本法的执法所拥有的权力，必须仅限于为了查找违反任何其他联邦法律违法犯罪行为的证据。

第 VII 部分
实施细则

第 164 条

（1）实施细则

总督有权制定实施细则：

（a）［1998年废止］

（b）［2009年废止］

（c）要求支付因在加拿大境外进行业务账册检查而发生的费用，并且规定确定这些费用的方法，以及该费用必须被支付的期限及方式；

（d）准许收集信息或证据以便于确定对进口货物是否应缴纳或者可能应缴纳的任何关税及这些关税的税额；

（e）规定非加拿大居民可以进口货物的条件，包括需要提供的担保及其他保证，对本款规定意义上的"非居民"一词做出定义，并且规定不适用这些条件的任何人或任何类别的人或者任何货物或任何类别的货物；

（f）规定确定糖、糖蜜和糖浆的税则归类的方法，并且规定确定此类税则归类应使用的仪器、标准及装置；

（g）规定确定葡萄酒、酒精的税则归类时酒精含量计算方法；

（h）规定在任何情况下或任何类别的情况下如何管理沿海贸易，并在规定的任何情况或任何类别的情况下，在总督认为适当的任何条件下可以不需要符合总督认为不利于从事沿海贸易运输船舶执法的本法的任何要求；

（h.1）对本法任何规定中使用的任何词语做出定义，使其具有实施细则所赋予的含义；

（h.2）规定按本法规定被扣留、扣押、放弃或没收的乙醇、烟草制品、未加工烟叶，特别变性酒精或限制配方的变卖；

（i）对本法中应由总督规定的任何事项做出规定；以及

（j）从整体上实现本法的各项目标并执行本法的规定。

（1.1）实施细则

总督有权根据部长的建议制定实施细则，保证税率表第5部分第二栏所列的某章或某条规定、第一栏所列的某项协定及签署该协定的各方不时商定的其他任何事项的统一解释、适用及管理。

（1.2）至（1.5）［2012年废止］

（2）规定利率的实施细则

总督有权根据财政部长的建议制定实施细则，规定本法任何规定意义上的某个利率及其确定方法。

（3）至（4）［2001年废止］

第164.1条　参考的采用

按本法规定制定的实施细则可采用引用方法将在某个特定日期存在的或不时修改的任何材料（无论其来源）包括在内。

第165条　禁止或管制进口

总督如果根据部长的报告相信从任何国家出口应按加拿大政府与该国政府之间某项安排或承诺管理的货物，正在以某种违反该项安排或承诺的方式进口，有权随时制定实施细则禁止或以其他方式控制该安排或承诺项下货物的进口。

第166条

（1）保证金及担保

总督有权制定实施细则：

（a）规定或授权部长确定按本法或其实施细则规定要求提供的任何保证金、担保或押金的金额；

（b）规定任何保证金、担保或押金的性质、范围及条件。

（2）担保形式

本法规定要求提供的任何担保必须使用部长认可的形式。

第 167 条

（1）特殊公务

总督有权制定实施细则规定：

（a）海关执法人员应某个负责已进口或准备出口货物的人或出口人要求而履行的公务哪些属于特殊公务；

（b）可向提出要求的人收取的特殊公务的费用（如果有）；

（c）应履行特殊公务的范围及条件，包括要求提供可能规定的保证金或担保。

（2）视为规定

在现场海关、监管仓库、保税仓库或免税商店以外任何地点办理本法或其实施细则规定作为特殊公务办理的任何公务，应视为在现场海关、监管仓库、保税仓库或免税商店内办理的公务，适用本法或其实施细则规定。

第 167.1 条　追溯效力

按本法制定的实施细则，如果规定的生效日期前于按《立法法》第 6 条规定办理备案手续的日期，在下列情况下，应于该较前的日期生效：

（a）只具有放宽性质的；

（b）使在该较早之日或之前发布的某项公告开始实施的；

（c）纠正不符合本法或总督按本法规定制定的实施细则的原意模糊或不足的；

（d）因本法某项修改在按《立法法》第 6 条规定办理备案手续之日前生效所必需的。

议会审查

第 168 条

（1）议会委员会定期审查

本法的管理必须永久性地由参议院、众议院或参众两院为此专门设立的委员会定期审查。

（2）5 年后审查与报告

为本条（1）规定的目的指定的委员会，应在本法生效后 5 年内对本法的规定及实施进行一次全面的审查，并应在此后适当的期限内，向参众两院各院分别提交一份审查报告。

过渡条款

第 169 条

（1） 前本法的定义

本条规定中，"前本法"，指《1970 年加拿大法律汇编（修订）》第 C – 40 章《海关法》。

（2） 前本法规定项下未决司法程序

本法实施前按前本法规定启动的司法程序，应视同本法及任何按本法制定的实施细则尚未生效继续进行并完成。

（3） 前本法规定项下的欠税

本法第 143 条及第 147 条规定适用于任何在前本法规定项下欠联邦政府的税款，除非已按前本法第 102 条规定对该所欠税款启动了司法程序。

（4） 按前本法扣留的货物

本法第 102 条规定适用于按前本法第 22 条（2）规定扣留的货物，如果这些货物在本法生效之时在海关执法人员的看管之下。

相应修改

第 170 条至第 182 条　　［修改］

第 183 条　　［1985 年废止］

第 184 条至第 194 条　　［修改］

第 195 条　　［1985 年废止］

第 196 条至第 213 条　　［修改］

生　效[①]

第 214 条　开始生效

本法或其任何规定应与总统对外公告确定的日期当日生效。

---

① 本法第 99 条（1）（b）、第 99 条（2）至（4）及第 170 条至第 172 条应于 1986 年 3 月 3 日生效。

税率表①

第 1 部分

第一栏 国家或地区	第二栏 协定名称	第三栏 协定税率
智利	CCFTA	《海关税则》项下的智利海关关税税率
哥伦比亚	CCOFTA	《海关税则》项下的哥伦比亚海关关税税率
哥斯达黎加	CCRFTA	《海关税则》项下的哥斯达黎加海关关税税率
EFTA 国家	CEFTA	《海关税则》项下的冰岛、挪威或瑞士—列支敦士登海关关税税率
洪都拉斯	CIFTA	《海关税则》项下的洪都拉斯海关关税税率
以色列或另一个 CIFTA 受惠国家	CIFTA	《海关税则》项下的加拿大—以色列协定海关关税税率
约旦	CJFTA	《海关税则》项下的约旦海关关税税率
韩国	CKFTA	《海关税则》项下的韩国海关关税税率
NAFTA 国家	NAFTA	《海关税则》项下的美国海关关税税率、墨西哥海关关税税率或者墨西哥—美国海关关税税率
巴拿马	CPAFTA	《海关税则》项下的巴拿马海关关税税率
秘鲁	CPFTA	《海关税则》项下的秘鲁海关关税税率

第 2 部分

第一栏 协定名称	第二栏 协定规定条款
CCFTA	第 E–14 条
CCOFTA	第 423 条
CCRFTA	第 V.14 条
CHFTA	第 4.1 条

① 适用本法第2条（1）、第42.4条、第43.1条（1）（b）、第74条（1）（c.11）及第164条（1.1）规定。

续表

第一栏 协定名称	第二栏 协定规定条款
CJFTA	第 5 – 11 条
CKFTA	第 4.21 条
CPAFTA	第 4.01 条
CPFTA	第 423 条
NAFTA	第 514 条

第 3 部分

第一栏 国家或地区	第二栏 规定条款
智利	CCFTA 第 E – 09 条（1）
哥伦比亚	CCOFTA 第 419 条
哥斯达黎加	CCRFTA 第 V.9 条（1）或 IX.2 条（10）
EFTA 国家	CEFTA 附件 C 第 28 条（2）
洪都拉斯	CHFTA 第 5.0 条（1）或第 6.2 条（11）
约旦	CJFTA 第 6 – 2 条（10）
韩国	CKFTA 第 4.10 条（1）
NAFTA 国家	NAFTA 第 509 条（1）
巴拿马	CPAFTA 第 5.02 条（10）
秘鲁	CPFTA 第 419 条（1）

第 4 部分

第一栏 国家或地区	第二栏 协定名称
EFTA 国家	CEFTA
洪都拉斯	CHFTA
韩国	CJFTA
约旦	CKFTA
巴拿马	CPAFTA
秘鲁	CPFTA

第 5 部分

第一栏 协定名称	第二栏 协定章
CCFTA	第 C 章或第 D 章
CCOFTA	第四章
CCRFTA	第 III 章或第 V 章
CEFTA	第 II 章或附件 C
CHFTA	第五章
CJFTA	第五章
CKFTA	第四章
CPAFTA	第四章
CPFTA	第四章
NAFTA	第三章及第五章

相关规定[①]

— 1990，c. 16，s. 24（1）

（1）过渡条款：司法程序

在本款规定生效之前启动的并且由本法修改的任何规定所适用的每项司法程序，应按修改后的该项规定受理并继续，无须其他任何手续。

— 1990，c. 17，s. 45（1）

（1）过渡条款：司法程序

在本款规定生效之前启动的并且由本法修改的任何规定所适用的每项司法程序，应按修改后的该项规定受理并继续，无须其他任何手续。

— 1992，c. 28，ss. 2（2），（3）

（2）本条（1）规定批准生效的该法第 3.1 条及第 3.2 条规定，应被视为于 1992 年 5 月 30 日生效，但按本条（1）规定批准生效的该法第 3.1 条规定不适

---

① 以下各条规定中，c 指《加拿大法律汇编》的"章"，s 指该章下的"条"。——译者注

用于按以下要求计算的利息：

（a）该法第34条（3）规定，涉及在总督的命令确定的某日之前发生的不遵守条件而应按该法第34条（2）规定征收的税款的；

（b）该法第66条（1）、（2）或（3）或者第69条（2）规定，涉及在总督的命令确定的某日之前按该法第 II 部分规定放行的货物的；

（c）该法第80条（1）或第80.1条规定，涉及总督的命令确定的某日之前其申请被接受的退税的；

（d）该法第84条（2）规定，涉及在总督的命令确定的某日之前发生的转移或出口的；

（e）该法第87条（1）规定，涉及在总督的命令确定的某日之前其申请已被接受的退税的；

（f）该法第93条（1）规定，涉及在总督的命令确定的某日之前按该法第88条、第89条、第91条或第92条规定应征收的税款的；

（g）该法第132条（2）规定，涉及在总督的命令确定的某日之前按该法第117条、第118条或第119条规定收到的钱款的；或者

（h）该法第137条规定，涉及在总督的命令确定的某日之前要求缴付的与按该法第131条（1）规定做出的规定有关的钱款的。

— **1992，c. 28，ss. 2（2），（3）**

（3）本条（1）规定批准生效的该法第3.3条规定适用于1992年5月30日当日或之后应支付的利息及本法被通过之日或之后应缴付的罚款。

— **1992，c. 28，s. 3（2）**

（2）本条（1）规定应于总督的命令确定的某个日期对按该法第 II 部分规定在该日或以后放行的货物生效。

— **1992，c. 28，s. 4（2）**

（2）本条（1）规定应于总督的命令确定的某个日期对按该法第 II 部分规定在该日或以后放行的货物生效。

— **1992，c. 28，s. 5（2）**

（2）本条（1）规定应于总督的命令确定的某个日期对按该法第 II 部分规定在该日或以后放行的货物生效。

— **1992，c. 28，s. 7（2）**

（2）按本条（1）规定生效的该法第33.4条（1）规定，应被视为已于1992年5月30日生效，但该条规定不适用于：

（a）因为按该法第 III 部分规定在总督的命令确定的某个日期之前对按该法

第 II 部分规定放行的货物所做的认定、估价、重新认定及重新估价而作为关税的未缴税款或补税税款；或者

（b）因在总督的命令确定的某个日期之前发生的不遵守条件而按该法第 34 条（2）规定缴纳的关税。

—1992，c. 28，s. 7（4）

（4）按本条（1）规定生效的该法第 33.7 条规定，应被视为已于 1992 年 5 月 30 日生效，但是，对于该法被通过之日之前的时段，该条应被解读为包括该条（2）（b）及（3）（b）（ii）规定。

—1992，c. 28，s. 8（3）

（3）本条（1）规定适用于在总督的命令确定的某个日期之前发生的不遵守条件的情况。

—1992，c. 28，s. 9（2）

（2）本条（1）规定适用于总督的命令确定的某个日期适用于在该日或该日之后按该法第 II 部分规定放行的货物。

—1992，c. 28，s. 10（2）

（2）本条（1）规定适用于在总督的命令确定的某个日期当日或之后按该法第 II 部分规定放行的货物。

—1992，c. 28，s. 11（2）

（2）本条（1）规定适用于在总督的命令确定的某个日期当日或之后按该法第 II 部分规定放行的货物。

—1992，c. 28，s. 12（2）

（2）本条（1）规定适用于在总督的命令确定的某个日期当日或之后按该法第 II 部分规定放行的货物。

—1992，c. 28，s. 13（2）

（2）本条（1）规定适用于在总督的命令确定的某个日期当日或之后按该法第 II 部分规定放行的货物。

—1992，c. 28，s. 14（3）

（3）本条（1）及（2）规定适用于在总督的命令确定的某个日期当日或之后按该法第 II 部分规定放行的货物。

—1992，c. 28，s. 15（2）

（2）本条（1）规定适用于在总督的命令确定的某个日期当日或之后按该法第 II 部分规定放行的货物。

— **1992，c. 28，s. 16（3）**

（3）本条（1）及（2）规定适用于在总督的命令确定的某个日期当日或之后按该法第Ⅱ部分规定放行的货物。

— **1992，c. 28，s. 17（2）**

（2）本条（1）规定适用于在总督的命令确定的某个日期当日或之后按该法第Ⅱ部分规定放行的货物。

— **1992，c. 28，s. 18（2）**

（2）本条（1）规定适用于在总督的命令确定的某个日期当日或之后按该法第Ⅱ部分规定放行的货物。

— **1992，c. 28，s. 19（2）**

（2）本条（1）规定适用于在总督的命令确定的某个日期当日或之后按该法第Ⅱ部分规定放行的货物。

— **1992，c. 28，s. 20（2）**

（2）本条（1）规定适用于在总督的命令确定的某个日期当日或之后按该法第Ⅱ部分规定放行的货物。

— **1992，c. 28，s. 21（2）**

（2）本条（1）规定适用于在总督的命令确定的某个日期当日或之后按该法第Ⅱ部分规定放行的货物。

— **1992，c. 28，s. 22（4）**

（4）本条（1）至（3）规定适用于在总督的命令确定的某个日期当日或之后按该法第Ⅱ部分规定放行的货物。

— **1992，c. 28，s. 23（2）**

（2）本条（1）规定适用于在总督的命令确定的某个日期当日或之后按该法第Ⅱ部分规定放行的货物。

— **1992，c. 28，ss. 24（2），（3）**

（2）按本条（1）规定生效的该法第93条（1）、（2）、（4）及（5）规定适用于在总督的命令确定的某个日期当日或之后按该法第88条、第89条、第91条或第92条规定应缴纳的税款。

— **1992，c. 28，ss. 24（2），（3）**

（3）按本条（1）规定生效的该法第93条（3）规定适用于在总督的命令确定的某日当日或之前发生的不报告中止、移作他用或不遵守条件的情事。

— **1992，c. 28，s. 26（2）**

（2）本条（1）规定适用于在总督的命令确定的某个日期当日或之后按该法

第 117 条、第 118 条或第 119 条规定收取的钱款。

—— **1992, c. 28, s. 27（2）**

（2）本条（1）规定适用于在总督的命令确定的某个日期当日或之后按该法第 131 条（1）规定做出的决定所涉及的钱款。

—— **1992, c. 28, s. 29（2）**

（2）本条（1）规定应于总督的命令确定的某个日期对在该日当日或之后按该法第 II 部分规定放行的货物生效。

—— **1992, c. 28, s. 30（5）**

（5）本条（2）及（3）规定适用于本法被通过之日或之后制定的实施细则。

—— **1992, c. 28, s. 31（2）**

（2）本条（1）规定适用于本法被通过之日或之后制定的实施细则。

—— **1993, c. 25, ss. 90, 91（1）**

第 90 条　利息

适用《海关法》关于任何利息的支付或支付义务的规定时，本法第 68 条、第 69 条（2）及第 72 条规定应被视为本法已经于 1992 年 2 月 13 日被通过而生效。

—— **1993, c. 25, ss. 90, 91（1）**

第 91 条

（1）可具有追溯效力的实施细则

任何实施细则或任何实施细则的任何规定，在本法被通过之后 18 个月内按本法第 73 条（3）规定生效的《海关法》第 30 条（1）、（m）或（n）规定制定的，如果该实施细则有此规定，可具有追溯效力并对 1992 年 2 月以后开始的制定之日之前的任何时段有追溯效力。

—— **1997, c. 26, s. 74（6）**

（6）适用《海关法》及《消费税法》关于任何利息的支付或支付责任的规定时，本条（1）至（4）规定被视为本法于 1996 年 11 月 26 日已被通过而生效。

—— **1997, c. 26, s. 75（3）**

（3）适用《海关法》及《消费税法》关于任何利息的支付或支付责任的规定时，本条（1）规定被视为本法于 1996 年 11 月 26 日已被通过而生效。

—— **1997, c. 26, s. 76（3）**

（3）适用《海关法》及《消费税法》关于任何利息的支付或支付责任的规定时，本条（1）规定被视为本法于 1996 年 11 月 26 日已被通过而生效。

—— **1997, c. 26, s. 87（3）**

（3）适用《海关法》及《消费税法》关于任何利息的支付或支付责任的规

定时，本条（1）规定被视为本法于 1996 年 11 月 26 日已被通过而生效。

— **1998，c. 19，s. 262（2）**

（2）国家收入部部长通过以该法第 164 条（1）（a）规定或按该法第 164 条（1）（a）规定制定的实施细则规定做出的命令授予某个或某一类别的海关执法人员的任何权力或职责，在本法生效之日之前，应继续被授予该个或该类别的海关执法人员，直至部长按本条（1）规定生效的该法第 2 条（4）规定做出的准许改变该项权力或职责。

— **1998，c. 30，s. 10**

第 10 条　过渡条款——司法程序

本条规定生效前启动并且涉及按本法第 12 条至第 16 条规定修改的任何规定所适用的所有司法程序，应按该修改后的规定继续进行，无须再履行任何手续。

— **2000，c. 30，s. 161（2）**

（2）本条（1）规定适用于本法被通过后应征收的税款，无论该税款的应税时间。

— **2001，c. 16，s. 44**

为执行《海关法》《消费税法》及关于任何税款的利息的支付或应支付的规定，确定该税款及计算该利息时，应视为本法已于 2001 年 4 月 6 日被通过。

— **2001，c. 25，s. 58（2）**

（2）按本条（1）规定生效的该法第 97.21 条至第 97.58 条规定，适用于本法被通过之后的应征税款，不考虑该税款的应税时间。

— **2002，c. 22，ss. 305 to 308**

第 305 条　实施日期的含义

本法第 306 条至第 320 条规定中，"实施日期"，指本法第 3 部分及第 4 部分规定的生效之日。

— **2002，c. 22，ss. 305 to 308**

第 306 条　对已包装酒精的过渡性处理

下列规则适用于已包装的酒精，如果对该酒精应按《消费税法》的税率表第 I 部分第 1 条规定确定的税率，按该法[①]或按《海关法》规定征收关税（但在该实施日期之前尚未应税的）：

（a）该关税于该实施日期之日免除。

（b）《消费税法》于该实施日期之日停止对该酒精适用。

---

① 指《消费税法》。——译者注

（c）对已进口但未按《海关法》、本法及《关税税则》涉及其规定放行的已包装酒精，该实施日期适用于该酒精之时视同该酒精在该日进口。以及

（d）对其他任何已包装的酒精，本法对其适用之时，视同：

（i）是在拥有该酒精的人及按本法规定被准许生产并包装该酒精的人在该日之前最近一天拥有该酒精的日期在加拿大生产并包装的；以及

（ii）于该日按本法第147条（1）（a）规定被存入消费税保税仓库后提离该保税仓库，如果该酒精是由某个免税商店或某个授权代表拥有或者作为船上免税品按《船上供给品条例》规定交付的。

— 2002，c. 22，ss. 305 to 308

第307条

（1）对散装酒精的关税的过渡性处理

下列规则适用于散装酒精，如果对该酒精应按《消费税法》的税率表第 I 部分第 1 条规定确定的税率，按该法①或按《海关法》规定征收关税（但在该实施日期之前尚未应税的）：

（a）该关税于实施日期之日免除；

（b）《消费税法》于该实施日期之日停止对该酒精适用；

（c）对已进口但未按《海关法》、本法及《海关税则》涉及其规定放行的散装酒精，该实施日期适用于该酒精时视同该酒精在该日进口；并且

（d）对其他任何散装酒精，本法对其适用时，应视为是在拥有该酒精的人在该日之前最近一天拥有该酒精的日期在加拿大生产的。

（2）对进口用于装瓶或勾兑的散装酒精关税的过渡性处理

下列规则适用于散装酒精，如果对该酒精应按《消费税法》的税率表第 I 部分第 1 条规定确定的税率，按《海关法》规定征收关税并在该实施日期之前已按《保税装瓶蒸馏酒精退税命令》或《进口勾兑用酒精退税命令》规定退税的：

（a）在进入某蒸馏工厂时该酒精应按《消费税法》第135条（1）规定征收的关税于实施日期之日免除；

（b）《消费税法》于实施日期之日停止对该酒精适用；并且

（c）本法对其适用时，应视为是在拥有该酒精的人在该日之前最近一天拥有该酒精的日期在加拿大生产的。

— 2002，c. 22，ss. 305 to 308

第308条　对葡萄酒消费税的过渡性处理

下列规则适用于应按《消费税法》第27条规定征收消费税但在实施日期之

---

① 指《消费税法》。——译者注

前尚未应税的葡萄酒：

（a）该消费税于该实施日期之日免除。

（b）《消费税法》第 III 部分、第 VI 部分及第 VII 部分规定于实施日期之日停止对该葡萄酒适用。

（c）对已进口但未按《海关法》、本法及《海关税则》涉及其规定放行的葡萄酒，该实施日期适用于该酒精时视同该酒精在该日进口。并且

（d）对本条（c）规定不适用的散装葡萄酒，本法对其适用时，下列情况下，应视为其于该日在加拿大生产：

（i）某个个人在该日前最近一天拥有该葡萄酒的当日，如果该葡萄酒位于某个室内发酵设施或位于某个个人的住所内；

（ii）该人于该日前最近一天拥有该葡萄酒的当日，在任何其他情况下。

（e）对本法（c）及（d）均不适用的葡萄酒，本法对其适用时，应视为：

（i）是在拥有该葡萄酒的人及按本法规定被准许生产并包装该酒精的人在该日之前最近一天拥有该酒精的日期在加拿大生产并包装的；以及

（ii）于该日按本法第 147 条（1）（a）规定被存入消费税保税仓库后提离保税仓库，如果该葡萄酒是由某个免税商店或某个授权代表拥有或者作为船上免税品按《船上供给品条例》规定交付的。

— 2002，c. 22，s. 317

第 317 条　对已进口的烟草制品的过渡性处理

下列规则适用于已进口的烟草制品：

（a）如果按《海关法》第 21 条规定应征收的关税及按《消费税法》第 23 条规定应征收的消费税在实施日期之前尚未应税：

（i）该关税及消费税应于实施日期之日免除；并且

（ii）对该产品适用本法及《海关法》时，该产品应视为由该进口人在该国进口。

（b）如果该产品已按《消费税法》加盖缴税印记，该产品应被视为按本法规定加盖了缴税印记。以及

（c）《消费税法》及《消费税法》第 III 部分、第 VI 部分及第 VII 部分停止适用于该产品。

— 2003，c. 15，s. 59

第 59 条

适用《海关法》及《消费税法》关于任何税款利息的支付或支付义务的规定时，确定该笔税款及计算其利息时，本法应被视为已经于 2002 年 1 月 18 日被

通过。

— **2006，c. 4，s. 42**

第 42 条

适用《海关法》及《消费税法》关于任何税款利息的支付或支付义务的规定时，确定该笔税款及计算其利息时，本法第 37 条至第 41 条应被视为已经于2006 年 7 月 1 日被通过。

— **2006，c. 4，s. 50**

第 50 条

适用《海关法》及《消费税法》关于任何税款利息的支付或支付义务的规定时，确定该笔税款及计算其利息时，本法第 43 条、第 48 条及第 49 条应被视为已经于 2006 年 7 月 1 日被通过。

— **2007，c. 35，s. 209**

第 209 条

适用《海关法》关于任何税款利息的支付或支付义务的规定时，确定该笔税款及计算其利息时，本法第 204 条至第 208 条应被视为已经于 2008 年 1 月 1 日被通过。

— **2008，c. 28，s. 49（3）**

（3）适用《消费税法》及《海关法》关于任何税款利息的支付或支付义务的规定时，确定该笔税款及计算其利息时，本法应被视为已经于 2008 年 2 月 27日被通过。

— **2008，c. 28，s. 69**

第 69 条

适用《海关法》关于任何税款利息的支付或支付义务的规定时，确定该笔税款及计算其利息时：

（a）该法第 63 条、该法税率表 3 第 1 条（b）［按该法第 65 条（1）生效的］、该法税率表 3 第 2 条（b）［按该法第 66 条（1）规定生效的］、该法第 67条及税率表 3 第 4 条（b）［按该法第 68 条（1）规定生效的］规定，已于 2008年 2 月 27 日生效；并且

（b）该法第 64 条、该法税率表 3 第 1 条（c）［按该法第 65 条（1）规定生效的］、该法税率表 3 第 2 条（c）［按该法第 66 条（1）规定生效的］及该法税率表 3 第 4 条（c）［按该法第 68 条（1）规定生效的］规定，已于 2008 年 7 月1 日生效。

— **2008，c. 28，s. 70（2）**

（2）适用《2001 年消费税法》及《海关法》关于任何税款利息的支付或支

付义务的规定时，确定该笔税款及计算其利息时，本条规定应被视为已经于2008年2月27日被通过。

—2010，c. 12，s. 54

（1）实施日期的含义

本条规定中，"实施日期"，指本法收到王室批准书之日后第13天的次月1日。

（2）适用

本法第38条至第46条、第47条（1）和（3）及第48条至第53条规定于实施日期之日适用，但是，适用《2001年消费税法》第34条或第35条规定时，烟草制品可于实施日期之日或之后（但必须在2011年4月之前）进入关税已付市场或按《海关法》规定放行进入关税已付市场（按适用情况选定），如果该烟草品按以下方式之一加盖缴税印记：

（a）按《2001年消费税法》规定的适用规则，指本法收到王室批准书之日或之前的规则；

（b）按《2001年消费税法》规定的适用规则，指实施日期之日或该日期之后随时修改的规则；或者

（c）按本条（a）及（b）规定所指的方式。

（3）法律效力——本条（2）（a）规定

如果某项烟草制品按本条（2）（a）规定所指的方式加盖缴税印记，按《2001年消费税法》规定的适用规则应当是该实施日期之日或该日之后随时修改的适用于该烟草制品的规则。

（4）法律效力——本条（2）（b）或（c）规定

如果某项烟草制品按本条（2）（b）或（c）规定所指的方式加盖缴税印记，按《2001年消费税法》规定的适用规则应当是该实施日期之日或该日之后随时修改的适用于该烟草制品的规则。

未生效的修改

—2009，c. 10，s. 5

1992，c. 28，s. 3（1）

第5条

本法第12条（3）（b）修改为：

（b）在货物的情况下，不包括本款（a）规定所指的货物或作为邮件进口的货物，在某艘抵达加拿大的运输工具上的，由规定人进口的；以及

— 2012，c. 24，s. 92

2005，c. 38，s. 80（2）

第 92 条

（1）《海关法》第 107 条（3）（c）修改为：

（c）适用任何法律或按该法律制定的规定，或者该法律或法律规定的任何部分，总督授权部长、事务署、署长或事务署某个雇员实施的，包括《农业及农业食品行政罚款处罚法》《饲料法》《肥料法》《动物健康法》《种子保护法》《加拿大人安全食品法》及《种子法》。

2005，c. 38，s. 80（3）

（2）本法第 107 条（4）（c.1）修改为：

（c.1）只有为了某个涉及《农业及农业食品行政罚款处罚法》《饲料法》《肥料法》《植物保护法》《加拿大人安全食品法》及《种子法》的执法目的，才能被合理地视为必要的。

— 2014，c. 20，s. 366（1）

（1）其他法律中"trade-mark"的替换

除非规定的上下文另有要求，任何联邦法律（不包括本法及《商标法》）的英文版中"trade-mark""trade-marks""Trade-mark""Trade-marks""trade mark"及"trade marks"，均替换为"trademark""trademarks""Trademark"或"Trademarks"（按适用情况选定）。

— 2015，c. 27，s. 35

《海关法》第 107 条（5）在（k）项后增加以下一项：

（k.1）某个海关执法人员，仅限于为了《武器法》的管理及执法目的。

海关税则[①]

简　称

第 1 条　简称

本法可简称为《海关税则》。

第 1 部分

注释及总则

注　释

第 2 条

（1）词语定义

本款规定中下列词语定义适用于本法：

"加拿大—智利自由贸易协定"，按《加拿大—智利自由贸易协定实施法》第 2 条（1）规定定义。

---

① 本统一法律文本最新一次修订于 2015 年 2 月 26 日生效。

"加拿大—哥伦比亚自由贸易协定"，按《加拿大—哥伦比亚自由贸易协定实施法》第 2 条规定定义。

"加拿大—哥斯达黎加自由贸易协定"，按《加拿大—哥斯达黎加自由贸易协定实施法》第 2 条（1）规定定义。

"加拿大—EFTA 自由贸易协定"，按《加拿大—EFTA 自由贸易协定实施法》第 2 条（1）规定定义。

"加拿大—洪都拉斯自由贸易协定"，按《加拿大—洪都拉斯自由贸易协定实施法》第 2 条规定定义。

"加拿大—以色列自由贸易协定"，按《加拿大—以色列自由贸易协定实施法》第 2 条（1）规定定义。

"加拿大—约旦自由贸易协定"，按《加拿大—约旦经济增长与繁荣法》第 2 条规定定义。

"加拿大—韩国自由贸易协定"，按《加拿大—韩国经济增长与繁荣法》第 2 条规定定义。

"加拿大—巴拿马自由贸易协定"，按《加拿大—巴拿马经济增长与繁荣法》第 2 条规定定义。

"加拿大—秘鲁自由贸易协定"，按《加拿大—秘鲁自由贸易协定实施法》第 2 条规定定义。

"加拿大—美国自由贸易协定"，按《加拿大—美国自由贸易协定实施法》第 2 条（1）规定定义。

"智利"，指智利主权项下的陆地、海洋及空间，以及智利依照其国内法律及国际法规定行使主权或管辖权的专属经济区和陆架区。

"哥伦比亚"，指哥伦比亚共和国依照其国内法律及国际法规定行使主权，或者行使主权或管辖权的陆地领土（大陆及岛屿）、空间及海洋。

"哥斯达黎加"，指哥斯达黎加依照其国内法律及国际法规定对其自然资源行使主权或管辖权的领土及空间和海洋，包括与领海外部界线相连的海床及底土。

"国家"，除上下文另有要求外，包括一个国家的外部或所属领土及任何其他规定领土。

"海关关税"，除用于本法第 3 部分（不包括第 82 条及第 122 条）规定的目的外，指按本法第 20 条规定征收的关税。

"最终税率"，指在执行完本法规定的全部降税（不包括涉及 2 个百分点以下的四舍五入的降税）后适用的关税税率。

"在……中所使用的"，任何时候出现在税目中，涉及归入该税目项下的货物时，指该货物必须被加入或被附加于该税目所指的其他货物中。

"自由贸易伙伴",指:

(a) 某个 NAFTA 国家;

(b) 智利;或者

(c) 以色列或另一个 CIFTA 受惠国家。

"'F'分期清单",指税率表中列出的"F"类税目的《中间及最终税率清单》。

"税目",指某个《税则规定表》的 4 位数的商品名称,包括与其相对应的所有子目或税目的前 4 位数。

"洪都拉斯",指洪都拉斯共和国主权项下的土地、海洋及空间,以及依照其国内法律及国际法行使主权或管辖权的专属经济区和陆架区。

"冰岛",指:

(a) 冰岛的陆地领土、空间、内水及领海;以及

(b) 冰岛的专属经济区和陆架区。

"从以色列或另一个 CIFTA 受惠国家进口",按实施细则定义。

"最初税率",指在按本法规定进行的降税以前的关税税率。

"以色列或另一个 CIFTA 受惠国家",按实施细则定义。

"约旦",指约旦哈希姆王国行使主权的陆地领土、空间及内水和领海。

"韩国",指大韩民国主权项下的陆地、海洋及空间,以及大韩民国依照其国内法律及国际法对其自然资源行使主权或管辖权的海域,包括与领海外部界线相连及在其之外的海床及底土。

"列支敦士登",指列支敦士登的陆地领土及空间。

"国家名单",指《税率表》列出的"国家及适用关税待遇"的清单。

"税则规定表",指《税率表》中所列的《税则规定表》。

"墨西哥",指:

(a) 联邦的州及联邦特区;

(b) 毗邻的岛屿,包括礁岛及礁岛群;

(c) 位于太平洋的瓜达卢佩岛及雷维亚希赫多群岛;

(d) 上述岛屿、礁岛群及礁岛的大陆架区和海底架;

(e) 领海的水域,符合国际法的,以及其内陆水域;

(f) 本国领土上方的空间,符合国际法的;以及

(g) 领海以外的任何区域,墨西哥可以依照国际法包括《联合国海洋法公约》及其国内法律对其海床及底土和自然资源行使主权或管辖权的。

"部长",指财政部部长。

"NAFTA 国家",指签署《北美自由贸易协定》的某个国家。

"北美自由贸易协定"，按《北美自由贸易协定实施法》第2条（1）规定定义。

"挪威"，指：

（a）挪威的陆地领土、空间、内水及领海；

（b）挪威的专属经济区及大陆架。

"巴拿马"，指巴拿马共和国主权项下的陆地、海域及空间，以及巴拿马依照其国内法律及国际法行使主权及管辖权利的专属经济区及大陆架。

"秘鲁"一词，指秘鲁共和国依照其国内法律及国际法行使主权或者独立权及管辖权的大陆领土、岛屿海域及空间。

"规定的"，指：

（a）涉及某个表格时，指公共安全及应急部部长规定应在某个表格上或使用某个表格提供的信息，或者填制某个格式的方式；以及

（b）涉及其他任何情况时，指实施细则规定的或按实施细则规定的规则确定的。

"实施细则"，指按本法规定制定的某项实施细则。

"严重损害"，涉及同类或直接竞争货物的国内生产人时，指对该国内生产人的地位产生重大的全面影响。

"从量税率"，指以一个度量衡单位为基础用加拿大元或分表示的税率。

"特定利率"，指以百分比表示的年利率，相当于每年6%加上规定利率。

"子目"，涉及货物时，指《税则规定表》中伴有一个6位数编码的商品名称，包括与该编码相对应的前6位数所有税目。

"瑞士"，指瑞士的领土及空间。

"税目"，指《税则规定表》中的货物的商品名称及其清单，以及在《"F"分期清单》（如果适用）上的关税税率和伴有的8位数编码。

"关税配额"，指对货物在某个特定的期限内可享受某个特定税率待遇的数量限制。

"严重损害威协"，指其依据是事实而不仅仅是指控、推测或远期可能性的威胁明显迫近。

"美国"，指：

（a）美国的海关关境，包括美国的50个州、哥伦比亚特区及波多黎各；

（b）位于美国及波多黎各的各对外贸易区；以及

（c）美国依照其国内法律及国际法可以对其海床、底土及自然资源行使权利的美国领海以外的任何区域。

"世界贸易组织协定"，按《世界贸易组织协定实施法》第2条（1）规定中"协定"一词定义。

（2）境

实施细则规定所指的某个境，适用本条（1）规定所指"国家"一词的定义时，只能被认为是本法意义上的国家。

第3条　《税则规定表》的组成

《税则规定表》下分部分、章及分章。

第4条　本法中的词语

除非另有规定，本法中所使用的及《海关法》第2条（1）规定所定义的词语，按该款规定①定义。

第5条　从某些国家进口的货物

适用本法规定时，如果从以下某个国家直接发货运输到加拿大，货物即为从该国家进口：

某个 NAFTA 国家；

智利；

哥伦比亚；

哥斯达黎加；

冰岛；

约旦；

韩国；

列支敦士登；

挪威；

巴拿马；

秘鲁；

瑞士。

第6条　从价税率

适用本法规定时，如果某项海关关税的税率是用某个百分比表示的或包括某个百分比，该项海关关税应按《海关法》第44条规定计征。

第7条　货物重量

适用本法规定时，如果某项海关关税的税率是全部或部分以货物的重量为基础，除非另有规定，该项海关关税应根据货物的净重计征。

---

① 指《海关法》第2条（1）规定。——译者注

总　则

第 8 条　加拿大领水的界线

依照《海关法》第 2 条（2）规定制定的实施细则，作为临时界定加拿大领水（包括内水）范围适用本法规定。

第 9 条　授权

公共安全及应急部部长有权授权某个海关执法人员或关员或者某一类别的海关执法人员或关员行使部长在本法规定项下的权力或履行部长在本法规定项下的职责。

第 10 条

（1）《税则规定表》中货物的归类

除本条（2）另有规定外，某一税目项下的进口货物的归类，除非有其他规定，应按《协调制度注释总规则》及税率表中所列的加拿大规则确定。

（2）"准入承诺范围内"的货物归类

标有"准入承诺范围内"的货物，除非持有按《出口及进口许可法》第 8.3 条规定发放的许可证并符合该许可证的条件下进口，不得归入某个税目项下。

第 11 条　注释

注释条目或子目时，应考虑海关合作理事会（亦称世界海关组织）出版并随时修改的《商品名称及编码协调制度归类意见汇编》及《商品名称及编码协调制度注释》。

第 12 条　管理及执法

《海关法》各条规定及情况需要时进行的修改，适用于本法及实施细则的管理及执法，并从本法及实施细则的管理及执法意义上讲，适用于任何违反本法及实施细则的情事，或者适用于不遵守本法第 3 部分规定项下的减免税或退税或者归入某个税目的条件被视为违反《海关法》的情事。

税率表修改

第 13 条　修改——税则规定表

部长有权发布部长令修改《税则规定表》，改变某个税目的编码或某个税目中的货物名称，或者添加、删除或替换某个税目，只要该修改不影响对这些货物施行的关税税率。

第 14 条

（1）税则规定表的修改

总督有权根据部长的建议发布总督令，修改税率表（税号 9898.00.00 或 9899.00.00 除外）以使下列修改生效：

（a）海关合作理事会（亦称世界海关组织）通过的对《商品名称及编码协调制度》的一项修改或任何对该制度的解释的意见；

（b）加拿大政府签署的某项涉及国际贸易的协定或安排；或者

（c）加拿大政府签署的某项给予国际贸易协定的优惠的安排或承诺。

（2）互相减让

总督有权根据部长的建议发布总督令，修改税率表以降低某项对从某个国家进口的下列货物施行的关税税率，并进行相应的修改：

（a）补偿该国家或任何其他国家给予的减让的，符合总督令所列的任何条件的。

（b）加拿大国际义务要求的，符合总督令所列的任何条件的。以及

（c）补偿按以下任何规定采取的任何措施：

（i）本法第 55 条（1）；

（ii）本法第 60 条；

（iii）本法第 63 条（1）；

（iv）本法第 69 条（2）；

（v）本法第 70 条（2）；

（vi）本法第 71 条（2）；

（vii）本法第 71.01 条（1）；

（viii）本法第 71.1 条（2）；

（ix）本法第 71.41 条（1）；

（x）本法第 71.5 条（1）；

（xi）本法第 71.6 条（1）；

（xii）本法第 72 条（2）；

（xiii）本法第 73 条（1）；

（xiv）本法第 74 条（1）；

（xv）本法第 74 条（2）；

（xvi）《出口及进口许可法》第 5 条（3）、（3.2）或（4.1）。

（3）可具有溯及力的命令

按本条（2）规定发布的总督令，如果有此规定，可具有溯及力并对总督令发布之前从本条规定生效之后开始的某个时段有效。

第 15 条

（1）国家名单

部长有权发布部长令，修改《国家名单》以反映该名单中所列的某个国家名称的变化。

（2）法律效力

本条（1）规定项下的修改，不影响对被修改国家所标明的关税待遇。

第 2 部分

海关关税

第 1 节　货物的原产地

原产地规则

第 16 条

（1）"原产"的含义

除按本条（2）规定制定的实施细则另有规定外，适用本法规定时，原产于某个国家的货物，指该货物的价值全部在该国家产生。

（2）原产地规则实施细则

总督有权根据部长的建议制定下列实施细则：

（a）关于货物的原产地的，包括下列实施细则：

（i）全部或部分在某个国家境外生产的货物，在该实施细则规定的条件下可被视为本法或任何其他联邦法律意义上的原产于该国家；

（ii）全部或部分在某个国家境内某个地理区域生产的货物，在该实施细则规定的条件下不被视为本法或任何其他联邦法律意义上的原产于该国家的货物，并且不享受本应适用的本法规定项下的优惠关税待遇；以及

（iii）认定货物在本法或任何其他联邦法律意义上的原产地。以及

（b）认定货物符合条件享受本法规定项下的某项关税待遇。

（2.1）"地理区域"的定义

在本条（2）及本法第49.1条（4）规定中，"地理区域"，指公共安全及应急部部长会同国际贸易部部长具体确定的任何地区。

（3）原产地规则实施细则的适用

为实施《世界贸易组织协定》附件1A《原产地规则协定》及按该协定第9条规定增加的任何附件，按本条（2）规定制定的实施细则，如果有此规定，在有任何抵触时可优先于任何其他实施细则。

（4）统一的实施细则

总督有权根据部长的建议，制定实施细则统一下列规定的解释、适用及管理：

（a）《北美自由贸易协定》第三章、第四章及签署该协定的国家为适用该协定随时同意的任何其他事项；

（b）《加拿大—智利自由贸易协定》第三章、第四章及签署该协定的国家为适用该协定随时同意的任何其他事项；以及

（c）《加拿大—哥斯达黎加自由贸易协定》第三章、第四章及签署该协定的国家为适用该协定随时同意的任何其他事项。

直接运输及转口运输

第 17 条

（1）直接运输

适用本法规定时，从另外一个国家发货运输的货物，如果是使用抬头为在加拿大的收货人的提单的，应视为直接发货运输到加拿大。

（2）实施细则

总督有权根据部长的建议制定实施细则，规定从另外一个国家发货运输的货物，在实施细则所列的某些条件下，即使没有使用抬头为在加拿大的收货人的提单，也视为直接发货运输到加拿大。

第 18 条

（1）转口运输

作为本法第17条规定的例外，适用本法规定时，从某个国家发货运输途经某个中间国家向加拿大出口的货物，在下列情况下，不得被视为从第一个国家直接发货运输到加拿大：

（a）该货物在该中间国家境内脱离过海关监管；

（b）该货物在该中间国家进行了一些除卸货、重新装货或拼装，或者任何

其他货物保存所必需的处置以外的处置；

（c）该货物在该中间国家进入了贸易或消费；或者

（d）该货物在该中间国家按规定条件临时存放的时间超过了规定期限。

（2）实施细则

总署有权根据公共安全及应急部部长的建议，制定实施细则规定适用本条（1）（d）规定意义上的条件及期限。

货物标志

第 19 条

（1）要求标示的实施细则

总督有权根据部长的建议，制定实施细则：

（a）要求任何名称或类别的进口货物，包括与该货物的用途有关的名称或类别，应按本条（2）规定制定的实施细则进行标示，以标明其原产国家或地理区域；以及

（b）确定进口货物原产国家或地理区域的标示方式。

（2）规定标示要求的实施细则

公共安全及应急部部长有权制定管理本条规定的实施细则，包括规定以下事项的实施细则：

（a）进口货物标示的方式及适用于标示货物的条件；以及

（b）进口货物必须标示的时间，包括进口货物应在进口之前还是在进口之后标示，以及适用于标示时间的条件。

（3）实施细则的适用

按本条规定制定的实施细则可普遍地适用或只适用于该实施细则中规定的某个国家或地理区域。

第 2 节　征收海关关税

一般规定

第 20 条

（1）征收海关关税

除《税则规定表》第 98 章或第 99 章中另有指明外，在按本法或其他涉及海关的联邦法律规定征收的任何其他税费之外，应对《税则规定表》中所列的所有

货物在其进口环节依照《海关法》规定，按《税则规定表》《"F"分期清单》或本条第 29 条规定对这些货物施行的税率征收海关关税。

（2）返回加拿大货物的完税价格

适用《海关法》第 44 条规定时，前已从加拿大出口然后返回加拿大的货物，在下列情况下，其完税价格应当是该货物返回时的价格：

（a）货物在加拿大境外被修理过；

（b）货物在加拿大境外被增加了设备；或者

（c）货物在加拿大境外被加工过。

第 21 条　词语定义

本条规定中下列词语定义适用于本法第 21.1 条至第 21.3 条。

"啤酒或麦芽酒"，按《消费税法》第 4 条、税号 2202.90.01 或税目 22.03 定义，归入该税目或税号的或者与其包装容器同时进口的。

"散装酒"，按《2001 年消费税法》第 2 条规定定义。

"消费税保税仓库"，按《2001 年消费税法》第 2 条规定定义。

"消费税保税仓库批准证书"，按《2001 年消费税法》第 2 条规定定义。

"批准证书使用人"，按《2001 年消费税法》第 2 条规定定义。

"已包装的"，按《2001 年消费税法》第 2 条规定定义。

"特定场所"，按《2001 年消费税法》第 2 条规定定义。

"酒精"，指按《2001 年消费税法》第 2 条规定定义的以下酒精：

（a）含酒精度（按重量计）超过 22.9% 的，归入税号 2204.10.90、2204.29.32、2205.10.30、2206.00.22、2206.00.72 或 2206.00.93 项下的，或与其包装容器同时进口的；

（a.1）含酒精度（按重量计）超过 11.9% 的，归入税目 22.03 项下的，或与其包装容器同时进口的；或者

（b）归入税目 22.07 或 22.08 项下的，不包括归入税号 2207.20.11、2207.20.12、2207.20.90 或者 2208.90.30 项下的，或与其包装容器同时进口的。

"葡萄酒"，指按《2001 年消费税法》第 2 条规定定义的，归入税目 22.04、22.05 或 22.06 项下的，不包括归入税号 2204.10.90、2204.21.32、2204.21.49、2204.29.32、2204.29.49、2204.30.90、2205.10.30、2205.90.30、2206.00.19、2204.21.49、2204.29.32、2204.30.90、2205.10.30、2206.00.19、2206.00.22、2204.21.32、2204.29.49、2205.90.30、2206.00.39、2204.21.49、2204.30.90、2206.00.19、2206.00.49、2206.00.72 或者 2206.00.93 项下的，或者与其包装容器同时进口的。

第 21. 1 条

（1）对散装酒精征收附加税

在按本法或其他涉及海关的联邦法律规定征收的任何其他关税之外，对散装酒精在进口环节另外征收一项相当于应按《2001 年消费税法》第 122 条规定对在加拿大生产的酒精征收的关税的附加税。

（2）按 2001 年消费税法应征收的关税

对散装酒精征收的关税应依照《2001 年消费税法》的规定缴纳和征缴，并如同该项关税是依照该法①规定对酒精征收的关税一样，按该法的规定（以及为此进行的必要调整）征收、计算、缴纳及征缴利息和罚款。

（3）限制规定

作为本条（2）及《2001 年消费税法》规定的例外，负责缴纳按本条（1）规定对未按《海关法》规定放行的散装酒精征收关税的人，应当是负责缴纳《海关法》规定项下关税的人。

第 21. 2 条

（1）对已包装的酒精征收附加税

在按本法或其他涉及海关的联邦法律规定征收的任何其他关税之外，对已包装的酒精在进口环节依照《海关法》规定另外征收一项相当于应按《2001 年消费税法》第 122 条或第 123 条规定对在加拿大生产并且包装的酒精征收的关税的附加税。

（2）对已包装的葡萄酒征收附加税

在按本法或其他涉及海关的联邦法律规定征收的任何其他关税之外，对已包装的葡萄酒在进口环节依照《海关法》规定另外征收一项相当于应按《2001 年消费税法》第 135 条规定对在加拿大已包装的葡萄酒征收的关税的附加税。

（3）进入消费税保税仓库或场所的货物

如果在依照《海关法》规定放行后，已包装的酒精或葡萄酒立即进入持有消费税保税仓库批准证书的消费税保税仓库或者进口该酒精或葡萄酒的批准证书持有人的特定场所，对该酒精或葡萄酒应按《2001 年消费税法》规定征收关税，并如同该项关税是依照该法②征收的关税一样，按该法的规定（以及为此进行的必要调整）征收、计算、缴纳及征缴利息及罚款。

第 21. 3 条 对啤酒征收附加税

在按本法或其他涉及海关的联邦法律规定征收的任何其他关税之外，对包装

---

① 指《2001 年消费税法》。——译者注
② 指《2001 年消费税法》。——译者注

啤酒或麦芽酒在进口环节依照《海关法》规定另外征收一项相当于应按《2001年消费税法》第170条规定对在加拿大生产的啤酒或麦芽酒征收的关税的附加税。

第22条　其他关税

在按本法或其他涉及海关的联邦法律规定征收的任何其他关税之外，对进口货物在进口环节依照《海关法》另外征收一项应按本部分第4节规定征收的任何附加税或临时关税合并组成的关税。

特殊归类

第23条　第99章的货物

《税则规定表》第99章项下的货物应根据适用于这些货物原产国家的关税待遇享受该章中对这些货物施行的"最惠国税率"或"优惠税率"的关税税率。

第3节　关税待遇

一般规定

第24条

（1）条件

除按本条（2）规定发布的命令另有规定外或者除某个税目有其他规定外，下列货物可享受本法规定项下除普通税率以外的某项关税待遇：

（a）按《海关法》规定提供了货物的原产地证据的；并且

（b）按本法第16条规定制定的实施细则的规定或者按下列规定发布的一项命令的规定可享受该关税待遇的：

（i）第31条（1）（a）；

（ii）第34条（1）（a）；

（iii）第38条（1）（a）；

（iv）第42条（1）（a）；

（v）第45条（13）；

（vi）第48条；

（vii）第49.01条（8）；

（viii）第49.2条；

（ix）第49.5条（8）；

（x）第49.6条（8）。

（2）豁免规定

总督有权根据部长的建议发布命令，对符合条件享受某项除普通税率以外的关税待遇的货物按该命令中规定的条件豁免任何一项本条（1）规定所列的条件。

第25条　最惠国税率

如果货物按本法规定符合条件同时享受最惠国税率和另一种税率，并且按最惠国税率计征的海关关税的税额低于按另一种税率计征的海关关税的税额，这些货物应适用最惠国税率而不是另一种税率。

第26条　转口运输货物

按本法第31条（1）（b）、第34条（1）（b）、第38条（1）（b）或第42条（1）（b）规定发布的命令，可规定该该命令生效之时正在转口运输到加拿大的货物可符合条件享受以前最接近该时间对这些货物施行的关税待遇。

第27条　缩写

下列缩写按下列定义适用于税率表：

"AUT"，指澳大利亚税率。

"CCCT"，指英联邦加勒比国家税率。

"CIAT"，指加拿大—以色列协定税率。

"COLT"，指哥伦比亚税率。

"CRT"，指哥斯达黎加税率。

"CT"，指智利税率。

"GPT"，指普惠制税率。

"HNT"，指洪都拉斯税率。

"IT"，指冰岛税率。

"JT"，指约旦税率。

"KRT"，指韩国税率。

"LDCT"，指最不发达国家税率。

"MFN"，指最惠国税率。

"MT"，指墨西哥税率。

"MUST"，指墨西哥—美国税率。

"NT"，指挪威税率。

"NZT"，指新西兰税率。

"PAT"，指巴拿马税率。

"PT"，指秘鲁税率。

"SLT"，指瑞士—列支敦士登税率。

"UST"，指美国税率。

第 28 条　未列名税率

符号"N/T"，如果列在《税则规定表》中"最惠国税率"栏下或列在《税则规定表》中"优惠税率"栏下与某个表示某个税目的关税优惠待遇组合，表示该项优惠待遇不适用于该税目。

普通税率

第 29 条

（1）普通税率的适用

35%的海关关税的普通税率适用于：

（a）原产于某个未列入《国家名单》的国家的货物；

（b）原产于某个列入《国家名单》的国家但不符合享受本法规定的任何其他关税待遇条件的货物；以及

（c）按本法第 31 条（1）（b）规定项下或者按依照本法制定的任何实施细则或发布的任何命令规定适用普通税率的货物。

（2）例外规定

作为本条（1）规定的例外，下列情况下，该款规定所指的货物应适用对这些货物施行的最惠国关税税率：

（a）该税率是或者相当于 35% 以上；或者

（b）《税则规定表》某章的注释或补充注释或者某个税目这样规定的。

最惠国税率

第 30 条

（1）最惠国税率的适用

除本法第 24 条及按本法第 31 条规定发布的任何命令另有规定外，原产于某个《国家名单》中列名的国家的货物符合条件享受海关关税的最惠国税率。

（2）最终税率"A"

如果享受最惠国税率的货物对应的《税则规定表》中"最惠国税率"栏下的税率上标有"A"，对这些货物施行的海关关税的最惠国税率为最终税率。

（3）最惠国税率的分期降税

如果享受最惠国税率的货物对应的《税则规定表》中"最惠国关税税率"栏下的税率上标有"B""C""D"或"E"，对这些货物施行的海关关税的最惠国税率为最初税率，并按以下规定分期降税：

（a）如果标有"B"：

（i）降至最初税率与最终税率之间税率差的二分之一，1999 年 1 月 1 日生效；以及

（ii）降至最终税率，2000 年 1 月 1 日生效。

（b）如果标有"C"：

（i）降至最初税率与最终税率之间税率差的三分之一，1998 年 1 月 1 日生效；

（ii）降至最初税率与最终税率之间税率差的三分之二，1999 年 1 月 1 日生效；以及

（iii）降至最终税率，2000 年 1 月 1 日生效。

（c）如果标有"D"：

（i）降至最初税率与最终税率之间税率差的四分之一，1999 年 1 月 1 日生效；

（ii）降至最初税率与最终税率之间税率差的二分之一，2000 年 1 月 1 日生效；

（iii）降至最初税率与最终税率之间税率差的四分之三，2001 年 1 月 1 日生效；以及

（iv）降至最终税率，2000 年 1 月 1 日生效。

（d）如果标有"E"：

（i）降至最初税率与最终税率之间税率差的六分之一，1999 年 1 月 1 日生效；

（ii）降至最初税率与最终税率之间税率差的三分之一，2000 年 1 月 1 日生效；

（iii）降至最初税率与最终税率之间税率差的二分之一，2001 年 1 月 1 日生效；以及

（iv）降至最初税率与最终税率之间税率差的三分之二，2002 年 1 月 1 日生效；

（v）降至最初税率与最终税率之间税率差的六分之五，2003 年 1 月 1 日生效；

（vi）降至最终税率，2004 年 1 月 1 日生效。

（4）最惠国税率"F"分期降税

如果享受最惠国税率的货物对应的《税则规定表》中"最惠国税率"栏下的税率上标有"F"，对这些货物施行的最惠国税率为最初税率并按《"F"分期

表》规定降税。

（5）最惠国税率"G"分期降税

如果享受最惠国关税的货物对应的《税则规定表》中"最惠国税率"栏下的税率上标有"G"，对这些货物施行的最惠国税率为最初税率并于1999年1月1日降至最终税率。

（6）百分比税率的归整

如果按本条（3）、（4）或（5）规定降税的关税税率含有一个百分之一的百分比，该降税百分比应按最接近的百分之一的十分之一归整，或者如果降税百分比是一个百分之一的两个十分之一的中间数，应采取四舍五入方法归整。

（7）0.5%以外的税率的归整

对于税目8701.20.00、条目87.02、87.03、87.04或87.05项下的机动车辆及条目87.06的底盘，如果按本条（3）或（5）任何一款规定降税后或者按本条（6）规定归整后形成一项含有一个百分点的若干分之几（不包括0.5）的关税税率，该百分比应采用四舍五入方法归整。

（8）舍去低于百分之二的税率

如果按本条（3）、（4）或（5）规定降税后形成一项低于百分之二的关税税率，该税率应直接进一步降至"免税"。

（9）从量税率的归整

如果按本条（3）、（4）或（5）规定降税后形成一项含有百分之一的十分之一的从量税率而且该最终税率：

（a）是一项从量税率或含有一项从量税率，降税后的从量税率应按以下规定归整：

（i）归整至最接近的一个加元分的百分之一，如果该最终税率是用精确到两位小数的加元分表示的从量税率或含有一个这样的从量税率，或者采用四舍五入方法归整，如果该从量税率含有一项两个一加元分的百分之一的中间数的降税税率；

（ii）归整至最接近的一个加元分的十分之一，如果该最终税率是用精确到一位小数的加元分表示的从量税率或含有一个这样的从量税率，或者采用四舍五入方法归整，如果该从量税率含有一项两个一加元分的十分之一的中间数的降税税率；以及

（iii）采用四舍五入方法归整，指在任何其他情况下，如果该从量税率含有一项两个加元分的中间数的降税税率。或者

（b）是一项"免税"税率或者不含从量税率，该降税税率中的从量税率应按本款（a）（i）至（iii）规定归整，但本款（a）（i）至（iii）规定提及的

"该最终税率"应被视为提及"该最初税率"。

第 31 条

（1）资格的扩大适用或撤回

总督有权根据部长的建议发布命令修改税率表，旨在：

（a）使享受最惠国税率的资格扩大适用于任何原产于某个适用普通税率的国家的货物；

（b）撤回任何原产于某个适用普通税率的国家的货物享受最惠国税率的资格，并规定这些货物应适用普通税率；以及

（c）明确规定该项命令适用的国家在必要的范围内可享受的关税待遇。

（2）命令内容

按本条（1）规定发布的命令，必须：

（a）规定该命令的生效日期；

（b）明确最惠国税率所扩大适用的货物，如果该命令部分地扩大该类税率的适用资格；以及

（c）明确应适用普通税率的货物，如果该命令部分地撤回最惠国税率的适用资格。

第 32 条

（1）议会批准

按本法第 31 条（1）（b）规定发布的有效期超过 180 天的命令，应于其生效之日后第 180 天停止有效，或者应于国会开会后第 15 天停止有效（如果国会当时休会），除非在该停止生效之日前，该命令获得国会两院通过的一项决议的批准。

（2）"例会日"的含义

适用本条（1）规定时，国会任何一院开会的当日应被视为例会日。

（3）恢复税率

如果本条（1）规定所指的某项命令按该款规定停止有效，该命令撤回的享受最惠国税率的资格应予恢复。

普惠制税率（GPT）

第 33 条

（1）GPT 税率的适用

除本法第 24 条、第 35 条及任何按第 34 条规定发布的命令另有规定外，原产于《国家名单》中作为享受普惠制税率的国家列名国家的货物，应符合条件享

受普惠制关税税率。

（2）最终税率"A"

如果《税则规定表》中"优惠税率"栏中对享受普惠制关税货物的"GPT"缩写后标有"A"，适用于这些货物的该普惠制的关税税率为最终税率。

（3）GPT的"F"分期降税

如果《税则规定表》中"优惠税率"栏中对享受普惠制关税货物的"GPT"缩写后标有"F"，适用于这些货物的该普惠制关税税率为最初税率，并按《"F"分期表》的规定分期降税。

（4）GPT的"J"分期降税

如果《税则规定表》中"优惠税率"栏中对享受普惠制关税货物的"GPT"缩写后标有"J"，适用于这些货物的该普惠制关税税率为最初税率，并于 1998年后每年 1 月 1 日降税 1 个百分点，直到最终税率实施之时降税税率与最终税率之间的税率差低于 1 个百分点。

（5）归整

如果按本条（3）或（4）规定降税后形成一项含有不是 0.5 的百分之一的小数，该百分数应按四舍五入的方法归整。

（6）舍去百分之二以下的税率

如果按本条（3）或（4）规定对税目 8703.21.10 或 8705.20.00 以外的机动车辆的货物执行降税后形成的关税税率低于百分之二，该税率应直接进一步降至"免税"。

第 34 条

（1）资格的扩大适用及撤回

总督有权根据部长的建议发布命令修改税率表，旨在：

（a）将享受普惠制税率的资格扩大适用于任何原产于某个享受最惠国税率的总督认为是发展中国家的货物；

（b）撤回任何原产于某个享受普惠制税率的国家的货物享受该国税率的资格；并且

（c）降低《税则规定表》及《"F"分期表》中"优惠税率"栏中对享受普惠制关税货物的"GPT"缩写后标明的某项关税税率。

（2）命令内容

按本条（1）规定下达的一项命令：

（a）应规定该命令的生效日期；

（b）应明确规定普惠制税率所扩大适用的货物，如果该命令部分地扩大适用该种税率的资格；以及

（c）可免除货物符合本法第 24 条（1）规定的条件并可规定任何适用的条件；以及

（d）应明确应适用最惠国税率的货物，如果该命令部分地撤回适用普惠制税率的资格。

第 35 条

（1）关税配额的适用

总督有权根据部长的建议发布命令，对从一个或多个享受普惠制税率的国家进口的货物在该命令规定的某个时段内实行关税配额。

（2）超出关税配额的关税待遇

超出本条（1）规定项下的命令规定的关税配额进口的货物，应适用如果这些货物不享受普惠制税率情况下适用的关税待遇。

第 36 条　到期失效

本法第 33 条至第 35 条规定于 2024 年 12 月 31 日停止有效，总统也有权发布命令规定更早的失效日期。

最不发达国家税率 （LDCT）

第 37 条

（1）LDCT 税率的适用

除本法第 24 条、第 39 条规定及按本法第 38 条规定发布的命令另有规定外，原产于《国家名单》中作为享受最不发达国家税率的国家列名的国家的货物，应有资格享受最不发达国家关税税率。

（2）最终税率"A"

如果《税则规定表》中"优惠税率"栏中对享受最不发达国家税率货物的"LDCT"缩写后标有"A"，适用于这些货物的该最不发达国家税率为最终税率。

（3）LDCT 的"F"分期降税

如果《税则规定表》中"优惠税率"栏中对享受最不发达国家税率货物的"LDCT"缩写后标有"F"，适用于这些货物的该最不发达国家税率为最初税率，并按《"F"分期表》的规定分期降税。

第 38 条

（1）资格的扩大适用及撤销

总督有权根据部长的建议发布命令修改税率表，旨在：

（a）将享受最不发达国家税率的资格扩大适用于任何原产于某个享受普惠制税率的国家的货物，如果总统认为其是最不发达国家；

（b）撤回任何原产于某个享受最不发达国家税率的国家的货物享受该种税率的资格；并且

（c）降低《税则规定表》及《"F"分期表》中"优惠税率"栏中对享受最不发达国家税率货物的"LDCT"缩写后标明的关税税率。

（2）命令内容

按本条（1）规定下达的命令：

（a）应规定该命令的生效日期；

（b）应明确规定最不发达国家税率所扩大适用的货物，如果该命令部分地扩大该种税率的适用资格；以及

（c）可免除货物符合本法第24条（1）规定的条件并可规定任何适用的条件；以及

（d）应明确列出因此适用普惠制税率的货物，如果该命令全部或部分地撤回最不发达国家税率的适用资格。

第 39 条

（1）关税配额的适用

总督有权根据部长的建议发布命令，对从一个或多个享受最不发达国家税率的国家进口的货物在该命令规定的某个时段内实行关税配额。

（2）超出关税配额的关税待遇

超出本条（1）规定项下的命令规定的关税配额进口的货物，应适用如果这些货物不享受最不发达国家税率情况下适用的关税待遇。

第 40 条　到期失效

本法第37条至第39条规定于2024年12月31日停止有效，总统也有权下达命令规定更早的失效日期。

英联邦加勒比国家税率　（CCCT）

第 41 条

（1）CCCT税率的适用

除本法第24条、第43条规定及按本法第42条规定发布的命令另有规定外，原产于《国家名单》中作为享受英联邦加勒比国家税率的国家列名的国家的货物，应有资格享受英联邦加勒比国家关税税率。

（2）最终税率"A"

如果《税则规定表》中"优惠税率"栏中对享受英联邦加勒比国家税率货物的"CCCT"缩写后标有"A"，适用于这些货物的该英联邦加勒比国家税率为

最终税率。

（3）CCCT 的 "F" 分期降税

如果《税则规定表》中 "优惠税率" 栏中对享受英联邦加勒比国家税率货物的 "CCCT" 缩写后标有 "F"，适用于这些货物的该英联邦加勒比国家关税税率为最初税率，并按《"F" 分期表》的规定分期降税。

第 42 条

（1）资格的扩大适用及撤销

总督有权根据部长的建议发布命令修改税率表，旨在：

（a）将享受英联邦加勒比国家税率的资格扩大适用于任何原产于某个享受该种税率的国家的货物；

（b）撤回任何原产于某个享受英联邦加勒比国家税率的国家的货物享受该种税率的资格；以及

（c）降低《税则规定表》及《"F" 分期表》中 "优惠税率" 栏中对享受英联邦加勒比国家税率货物的 "CCCT" 缩写后标明的关税税率。

（2）命令内容

按本条（1）规定发布的命令：

（a）应规定该命令的生效日期；

（b）应明确规定英联邦加勒比国家税率所扩大适用的货物，如果该命令全部或部分地扩大该种税率的适用资格；以及

（c）可免除货物符合本法第 24 条（1）规定的条件并可规定任何适用的条件。

第 43 条

（1）关税配额的适用

总督有权根据部长的建议发布命令，对从一个或多个享受英联邦加勒比国家税率的国家进口的货物在该命令规定的某个时段内实行关税配额。

（2）超出关税配额的关税待遇

超出本条（1）规定项下的命令规定的关税配额进口的货物，应适用如果这些货物不享受英联邦加勒比国家税率情况下适用的关税待遇。

澳大利亚税率（AUT）及新西兰税率（NZT）

第 44 条

（1）AUT 税率的适用

除本法第 24 条另有规定外，原产于澳大利亚的货物，应有资格享受澳大利

亚关税税率。

（2）NZT 税率的适用

除本法第 24 条另有规定外，原产于新西兰的货物，应有资格享受新西兰关税税率。

（3）最终税率"A"

如果《税则规定表》中"优惠税率"栏中对享受澳大利亚税率或新西兰税率货物的缩写"AUT"或"NZT"（按适用情况选定）上标有"A"，适用于这些货物的关税税率为最终税率。

（4）AUT 及 NZT 的分期降税

如果《税则规定表》中"优惠税率"栏中对享受澳大利亚税率或新西兰税率货物的缩写"AUT"或"NZT"（按适用情况选定）上标有"B"或"E"，适用于这些货物的关税税率为最初税率，并按以下规定分期降税：

（a）如果标有"B"：

（i）将最初税率与最终税率之间税率差降低二分之一，于 1999 年 1 日 1 日生效；并且

（ii）降至最终税率，于 2000 年 1 月 1 日生效。以及

（b）如果标有"E"：

（i）将最初税率与最终税率之间的税率差降低六分之一，于 1999 年 1 日 1 日生效；

（ii）将最初税率与最终税率之间的税率差降低三分之一，于 2000 年 1 月 1 日生效；

（iii）将最初税率与最终税率之间的税率差降低二分之一，于 2001 年 1 月 1 日生效；

（iv）将最初税率与最终税率之间的税率差降低三分之二，于 2002 年 1 月 1 日生效；

（v）将最初税率与最终税率之间的税率差降低六分之五，于 2003 年 1 月 1 日生效；并且

（vi）降至最终税率，于 2003 年 1 月 1 日生效。

（5）AUT 及 NZT 的"F"分期降税

如果《税则规定表》中"优惠税率"栏中对享受澳大利亚税率或新西兰税率货物的缩写"AUT"或"NZT"（按适用情况选定）上标有"F"，适用于这些货物的关税税率为最初税率，并按《"F"分期表》的规定分期降税。

（6）百分比税率的归整

按本条（4）或（5）规定降税后关税税率如果是百分之一的小数，该百分

比应按最接近的百分之一的十分之一归整，或者如果降税后的税率是一个百分之一的两个十分之一的中间数，应采用四舍五入的方法归整。

（7）百分比税率的归整

按本条（4）或（5）规定降税或者按本条（6）规定归整后的关税税率是一个含有除 0.5 以外的百分之一的小数，该百分比应采用四舍五入的方法归整。

（8）从量税率的归整

按本条（4）或（5）规定降税后的关税税率如果是一个含有百分之一的小数的从量税率，而且该最终税率：

（a）是一项从量税率或含有一项从量税率，降税后的从量税率应按以下规定归整：

（i）归整至最接近的一个加元分的百分之一，如果该最终税率是用精确到两位小数的加元分表示的从量税率或含有一个这样的从量税率，或者采用四舍五入方法归整，如果该从量税率含有一项两个一加元分的百分之一的中间数的降税税率；

（ii）归整至最接近的一个加元分的十分之一，如果该最终税率是用精确到一位小数的加元分表示的从量税率或含有一个这样的从量税率，或者采用四舍五入方法归整，如果该从量税率含有一项两个一加元分的十分之一的中间数的降税税率；以及

（iii）采用四舍五入方法归整，指在任何其他情况下，如果该从量税率含有一项两个一加元分的中间数的降税税率。或者

（b）是一项"免税"税率或者不含从量税率，该降税税率中的从量税率应按本款（a）（i）至（iii）规定归整，但本款（a）（i）至（iii）规定引用的"该最终税率"应被视为引用"该最初税率"。

美国税率（UST）、墨西哥税率（MT）及墨西哥—美国税率（MUST）

第 45 条

（1）UST 税率的适用

除本法第 24 条另有规定外，符合条件享受美国关税的货物，应符合条件享受美国关税税率。

（2）最终税率"A"

如果《税则规定表》中"优惠税率"栏中对享受美国税率货物的缩写"UST"上标有"A"，适用于这些货物的关税税率为"免税"的最终税率。

（3）MT 税率的适用

除本法第 24 条另有规定外，符合条件享受墨西哥关税的货物，应符合条件享受墨西哥关税税率。

（4） MUST 税率的适用

除本法第 24 条另有规定外，符合条件享受 MUST 关税的货物，应符合条件享受 MUST 关税税率。

（5） MT 及 MUST 的最终税率 "A"

如果《税则规定表》中 "优惠税率" 栏中对享受墨西哥关税或墨西哥—美国关税货物的缩写 "MT" 或 "MUST" （按适用情况选定）上标有 "A"，适用于这些货物的关税税率为 "免税" 的最终税率。

（6） MT 的最终税率 "A1"

如果《税则规定表》中 "优惠税率" 栏中对享受墨西哥关税的税目 17.01 项下或税号 1806.10.10 项下货物的缩写 "MT" 上标有 "A1"，适用于这些货物的墨西哥关税税率为最终税率。

（7） MT 的最终税率 "B1" 分期降税

如果《税则规定表》中 "优惠税率" 栏中对享受墨西哥关税的税目 17.02 项下或税号 2106.90.21 项下货物的缩写 "MT" 上标有 "B1"，适用于这些货物的墨西哥关税税率为最初税率并按以下规定降税：

（a） 将最初税率与最终税率之间税率差降低二分之一，于 1999 年 1 日 1 日生效；并且

（b） 降至最终税率，于 2000 年 1 月 1 日生效。

（8） MT 及 MUST 的 "F" 分期降税

如果《税则规定表》中 "优惠税率" 栏中对享受墨西哥关税或墨西哥—美国关税货物的缩写 "MT" 或 "MUST"（按适用情况选定）上标有 "F"，适用于这些货物的关税税率为最初税率，并按《 "F" 分期表》的规定分期降税。

（9） MT 及 MUST 的分期降税

如果《税则规定表》中 "优惠税率" 栏中对享受墨西哥关税或墨西哥—美国关税货物的缩写 "MT" 或 "MUST"（按适用情况选定）上标有 "G" 或 "H" 或 "I"，适用于这些货物的关税税率为最初税率，并按以下规定分期降税：

（a） 如果标有 "G"，降至 "免税" 的最终税率，于 1999 年 1 日 1 日生效。

（b） 如果标有 "H"：

（i） 降至最初税率的五分之四，于 1999 年 1 日 1 日生效；

（ii） 降至最初税率的五分之三，于 2000 年 1 月 1 日生效；并且

（iii） 降至 "免税" 的最终税率，于 2001 年 1 月 1 日生效。以及

（c） 如果标有 "I"：

（ⅰ）降至最初税率的五分之四，于 1999 年 1 日 1 日生效；

（ⅱ）降至最初税率的五分之三，于 2000 年 1 月 1 日生效；并且

（ⅲ）降至最初税率的五分之二，于 2001 年 1 月 1 日生效；并且

（ⅳ）降至最初税率的五分之一，于 2002 年 1 月 1 日生效；并且

（ⅴ）降至"免税"的最终税率，于 2003 年 1 月 1 日生效。

（10）归整

如果按本条（8）或（9）规定对除税目 87.01、87.02、87.03、87.04 或 87.05 项下的货物进行任何降税的关税税率含有一个百分点的小数（不包括 0.5），降税形成的该百分比应采用四舍五入的方法归整为最接近的按 0.5 平均划分的百分比。

（11）舍去低于百分之二的税率

如果按本条（8）或（9）规定项下的任何一项对除税目 87.01、87.02、87.03、87.04 或 87.05 项下的货物降税后的关税税率低于百分之二，应直接进一步降至"免税"。

（12）从量税率的归整

如果按本条（7）、（8）或（9）规定降税后的海关关税的从量税率含有一个加元分的十分之一的小数，该税率应归整至最接近一个加元分的十分之一。

（13）美国税率及墨西哥税率的扩大适用

作为本法任何规定的例外，为了实施《北美自由贸易协定》第 3 章的附件 300 - B 的附录 6，部长有权发布命令修改税率表，在该命令中规定的条件下将美国税率或墨西哥税率扩大适用于任何进口货物。

智利税率 （CT）

第 46 条

（1）CT 税率的适用

除本法第 24 条另有规定外，原产于智利的货物，应符合条件享受智利关税税率。

（2）最终税率"A"

如果《税则规定表》中"优惠税率"栏中对享受智利税率货物的缩写"CT"上标有"A"，适用于这些货物的关税税率为"免税"的最终税率。

（3）CT 的"F"分期降税

如果《税则规定表》中"优惠税率"栏中对享受智利税率货物的缩写"CT"上标有"F"，适用于这些货物的关税税率为最初税率，并按《"F"分期

表》的规定分期降税。

(4) CT 的分期降税

如果《税则规定表》中"优惠税率"栏中对享受智利税率货物的缩写"CT"上标有"G""K""K1""D1""I""I1"或"L",适用于这些货物的关税税率为最初税率,并按以下规定分期降税:

(a) 如果标有"G",降至"免税"的最终税率,于 1999 年 1 日 1 日生效。

(b) 如果标有"K":

(i) 降至最初税率的五分之四,于 1999 年 1 日 1 日生效;

(ii) 降至最初税率的五分之三,于 2000 年 1 月 1 日生效;并且

(iii) 降至"免税"的最终税率,于 2001 年 1 月 1 日生效。

(c) 如果标有"K1":

(i) 降至最初税率的 86%,于 1999 年 1 日 1 日生效;

(ii) 降至最初税率的 60%,于 2000 年 1 月 1 日生效;并且

(iii) 降至"免税"的最终税率,于 2001 年 1 月 1 日生效。

(d) 如果标有"D1":

(i) 降至最初税率的四分之三,于 1999 年 1 日 1 日生效;

(ii) 降至最初税率的二分之一,于 2000 年 1 月 1 日生效;

(iii) 降至最初税率的四分之一,于 2001 年 1 月 1 日生效;并且

(iv) 降至"免税"的最终税率,于 2002 年 1 月 1 日生效。

(e) 如果标有"I":

(i) 降至最初税率的五分之四,于 1999 年 1 日 1 日生效;

(ii) 降至最初税率的四分之三,于 2000 年 1 月 1 日生效;

(iii) 降至最初税率的五分之二,于 2001 年 1 月 1 日生效;

(iv) 降至最初税率的五分之一,于 2002 年 1 月 1 日生效;并且

(v) 降至"免税"的最终税率,于 2003 年 1 月 1 日生效。

(f) 如果标有"I1":

(i) 降至最初税率的 84%,于 1999 年 1 月 1 日生效;

(ii) 降至最初税率的 60%,于 2000 年 1 月 1 日生效;

(iii) 降至最初税率的 42%,于 2001 年 1 月 1 日生效;

(iv) 降至最初税率的 20%,于 2002 年 1 月 1 日生效;并且

(v) 降至"免税"的最终税率,于 2003 年 1 月 1 日生效。以及

(g) 如果标有"L",降至"免税"的最终税率,于 2003 年 1 月 1 日生效。

(5) 从量税率的归整

如果按本条(3)或(4)规定降税后的关税从量税率含有一个加元分的十

分之一的小数，该税率应归整为最接近该一个加元分的十分之一。

（6）合并为整数

如果按本条（3）或（4）规定降税后的关税从量税率含有一个不是 0.5 的百分之一的小数，降税后形成的该百分之一小数应采用四舍五入的方法归整为最接近的按 0.5 平均划分的百分之一小数。

（7）取消低于百分之二的税率

如果按本条（3）或（4）规定降税后的关税税率低于百分之二，应直接进一步降至"免税"。

第 47 条　[2011 年废止]

第 48 条　智利税率的扩大适用

作为本法任何其他规定的例外并为执行《加拿大—智利自由贸易协定》附件 C－00－B 的附录 5.1，部长有权下达命令修改税率表，在该命令规定的条件下将智利税率扩大适用于任何进口货物。

第 49 条　[2011 年废止]

哥伦比亚税率　（COLT）

第 49.01 条

（1）COLT 税率的适用

除本法第 24 条另有规定外，原产于哥伦比亚的货物，应符合条件享受哥伦比亚关税税率。

（2）最终税率"A"

如果《税则规定表》中"优惠税率"栏中对享受哥伦比亚税率货物的缩写"COLT"上标有"A"，适用于这些货物的关税税率为"免税"的最终税率。

（3）COLT 的"F"分期降税

如果《税则规定表》中"优惠税率"栏中对享受哥伦比亚税率货物的缩写"COLT"上标有"F"，适用于这些货物的关税税率为最初税率，并按《"F"分期表》的规定分期降税。

（4）COLT 的分期降税

如果《税则规定表》中"优惠税率"栏中对享受哥伦比亚税率货物的缩写"COLT"上标有"S1""S2"或"S3"，适用于这些货物的关税税率为最初税率，并按以下规定分期降税：

（a）如果标有"S1"：

（i）降至最初税率的三分之二，于本条规定生效之日生效；

（ⅱ）降至最初税率的三分之一，于本条规定生效当年以后 1 年的 1 月 1 日生效；并且

（ⅲ）降至"免税"的最终税率，于本条规定生效当年以后 2 年的 1 月 1 日生效。

（b）如果标有"S2"：

（ⅰ）降至最初税率的七分之六，于本条规定生效之日生效；

（ⅱ）降至最初税率的七分之五，于本条规定生效当年以后 1 年的 1 月 1 日生效；

（ⅲ）降至最初税率的七分之四，于本条规定生效当年以后 2 年的 1 月 1 日生效；

（ⅳ）降至最初税率的七分之三，于本条规定生效当年以后 3 年的 1 月 1 日生效；

（ⅴ）降至最初税率的七分之二，于本条规定生效当年以后 4 年的 1 月 1 日生效；

（ⅵ）降至最初税率的七分之一，于本条规定生效当年以后 5 年的 1 月 1 日生效；并且

（ⅶ）降至"免税"的最终税率，于本条规定生效当年以后 6 年的 1 月 1 日生效。以及

（c）如果标有"S3"：

（ⅰ）降至最初税率的十七分之十六，于本条规定生效之日生效；

（ⅱ）降至最初税率的十七分之十五，于本条规定生效当年以后 1 年的 1 月 1 日生效；

（ⅲ）降至最初税率的十七分之十四，于本条规定生效当年以后 2 年的 1 月 1 日生效；

（ⅳ）降至最初税率的十七分之十三，于本条规定生效当年以后 3 年的 1 月 1 日生效；

（ⅴ）降至最初税率的十七分之十二，于本条规定生效当年以后 4 年的 1 月 1 日生效；

（ⅵ）降至最初税率的十七分之十一，于本条规定生效当年以后 5 年的 1 月 1 日生效；

（ⅶ）降至最初税率的十七分之十，于本条规定生效当年以后 6 年的 1 月 1 日生效；

（ⅷ）降至最初税率的十七分之九，于本条规定生效当年以后 7 年的 1 月 1 日生效；

（ix）降至最初税率的十七分之八，于本条规定生效当年以后 8 年的 1 月 1 日生效；

（x）降至最初税率的十七分之七，于本条规定生效当年以后 9 年的 1 月 1 日生效；

（xi）降至最初税率的十七分之六，于本条规定生效当年以后 10 年的 1 月 1 日生效；

（xii）降至最初税率的十七分之五，于本条规定生效当年以后 11 年的 1 月 1 日生效；

（xiii）降至最初税率的十七分之四，于本条规定生效当年以后 12 年的 1 月 1 日生效；

（xiv）降至最初税率的十七分之三，于本条规定生效当年以后 13 年的 1 月 1 日生效；

（xv）降至最初税率的十七分之二，于本条规定生效当年以后 14 年的 1 月 1 日生效；

（xvi）降至最初税率的十七分之一，于本条规定生效当年以后 15 年的 1 月 1 日生效；并且

（xvii）降至"免税"的最终税率，于本条规定生效当年以后 16 年的 1 月 1 日生效。

（5）从量税率的归整

如果按本条（3）或（4）规定降税后的关税从量税率含有一个加元分的十分之一的小数，该税率应归整为最接近该一个加元分的十分之一。

（6）归整

如果按本条（3）或（4）规定降税后的关税税率含有一个不是 0.5 的百分之一小数，降税后形成的该百分之一小数应采用四舍五入的方法归整为最接近的按 0.5 平均划分的百分之一小数。

（7）取消低于百分之二的税率

如果按本条（3）或（4）规定降税形成的关税税率低于百分之二，应直接进一步降至"免税"。

（8）哥伦比亚税率的扩大适用

作为本法任何其他规定的例外并为执行《加拿大—哥伦比亚自由贸易协定》第 31 条规定，部长有权发布命令修改税率表，在该命令规定的条件下将哥伦比亚税率扩大适用于任何进口货物。

哥斯达黎加税率 （CRT）

第 49.1 条

（1）CRT 税率的适用

除本法第 24 条另有规定外，原产于哥斯达黎加的货物，应符合条件享受哥斯达黎加关税税率。

（2）最终税率"A"

如果《税则规定表》中"优惠税率"栏中对享受哥斯达黎加税率货物的缩写"CRT"上标有"A"，适用于这些货物的关税税率为"免税"的最终税率。

（3）CRT 的"F"分期降税

如果《税则规定表》中"优惠税率"栏中对享受哥斯达黎加税率货物的缩写"CRT"上标有"F"，适用于这些货物的关税税率为最初税率，并按《"F"分期表》的规定分期降税。

（4）CRT 的"M"分期降税

如果《税则规定表》中"优惠税率"栏中对享受哥斯达黎加税率货物的缩写"CRT"上标有"M"，适用于这些货物的关税税率为最初税率，并于部长有充分理由认为哥斯达黎加对完全或部分在某个本法第 16 条（2.1）规定定义的地理区域生产的货物已经取消了所有公司所得税免税及其他出口补贴降税时，降到某个"免税"的最终税率。

（5）CRT 的分期降税

如果《税则规定表》中"优惠税率"栏中对享受哥斯达黎加税率货物的缩写"CRT"上标有"N""O"或"P"，适用于这些货物的关税税率为最初税率，并按以下规定分期降税：

（a）如果标有"N"：

（i）降为最初税率的五分之四，于本条规定生效之日生效；

（ii）降为最初税率的五分之三，于 2003 年 1 月 1 日生效；

（iii）降为最初税率的五分之二，于 2004 年 1 月 1 日生效；

（iv）降为最初税率的五分之一，于 2005 年 1 月 1 日生效；并且

（v）降为"免税"的最终税率，于 2006 年 1 月 1 日生效。

（b）如果标有"O"：

（i）降为最初税率的八分之七，于本条规定生效之日生效；

（ii）降为最初税率的八分之六，于 2003 年 1 月 1 日生效；

（iii）降为最初税率的八分之五，于 2004 年 1 月 1 日生效；

（iv）降为最初税率的八分之四，于2005年1月1日生效；

（v）降为最初税率的八分之三，于2006年1月1日生效；

（vi）降为最初税率的八分之二，于2007年1月1日生效；

（vii）降为最初税率的八分之一，于2008年1月1日生效；并且

（viii）降为"免税"的最终税率，于2009年1月1日生效。

（c）如果标有"P"：

（i）降为最初税率的九分之八，于2003年1月1日生效；

（ii）降为最初税率的九分之七，于2004年1月1日生效；

（iii）降为最初税率的九分之六，于2005年1月1日生效；

（iv）降为最初税率的九分之五，于2006年1月1日生效；

（v）降为最初税率的九分之四，于2007年1月1日生效；

（vi）降为最初税率的九分之三，于2008年1月1日生效；

（vii）降为最初税率的九分之二，于2009年1月1日生效；

（viii）降为最初税率的九分之一，于2010年1月1日生效；并且

（ix）降为"免税"的最终税率，于2011年1月1日生效。

（6）从量税率的归整

如果按本条（3）或（5）规定降税后的关税税率含有一个加元分的十分之一的小数，该税率应归整为最接近该一个加元分的十分之一。

（7）归整

如果按本条（3）或（5）规定降税后的关税税率含有一个非0.5的百分之一的小数，该百分之一小数应采用四舍五入的方法归整为最接近的按0.5平均划分的百分之一小数。

（8）取消低于百分之二的税率

如果按本条（3）或（5）规定降税后的关税税率低于百分之二，应直接进一步降为"免税"。

第49.2条　哥斯达黎加税率的扩大适用

作为本法任何其他规定的例外并为执行《加拿大—哥斯达黎加自由贸易协定》附件III.1的附录III.16.1，部长有权下达命令修改税率表，在该命令规定的条件下将哥斯达黎加税率扩大适用于任何进口货物。

第49.3条　[2011年废止]

第49.4条　降税："M"分期降税

总督有权根据部长的建议下达命令，修改《税则规定表》及《"F"分期表》，按该命令规定的条件降低某个享受哥斯达黎加税率的税目（《税则规定表》中适用"优惠税率"栏下"CRT"缩写后标有"M"的）项下货物的最初税率。

巴拿马税率 （PAT）

第 49.41 条

（1） PAT 税率的适用

除本法第 24 条另有规定外，原产于巴拿马的货物，应有资格享受巴拿马关税税率。

（2） 最终税率 "A"

如果《税则规定表》中 "优惠税率" 栏中对享受巴拿马税率货物的缩写 "PAT" 上标有 "A"，适用于这些货物的关税税率为 "免税" 的最终税率。

（3） PAT 的 "F" 分期降税

如果《税则规定表》中 "优惠税率" 栏中对享受巴拿马税率货物的缩写 "PAT" 上标有 "F"，适用于这些货物的关税税率为最初税率，并按《"F" 分期表》的规定降税。

（4） PAT 的分期降税

如果《税则规定表》中 "优惠税率" 栏中对享受巴拿马税率货物的缩写 "PAT" 上标有 "T1" "T2" 或 "T3"，适用于这些货物的关税税率为最初税率，并按以下规定分期降税：

（a） 如果标有 "T1"：

（i） 降为最初税率的三分之二，于本条规定生效之日生效；

（ii） 降为最初税率的三分之一，于本条规定生效当年 1 年后 1 月 1 日生效；并且

（iii） 降为 "免税" 的最终税率，于本条规定生效当年 2 年后 1 月 1 日生效。

（b） 如果标有 "T2"：

（i） 降为最初税率的五分之四，于本条规定生效之日生效；

（ii） 降为最初税率的五分之三，于本条规定生效当年 1 年后 1 月 1 日生效；

（iii） 降为最初税率的五分之二，于本条规定生效当年 2 年后 1 月 1 日生效；

（iv） 降为最初税率的五分之一，于本条规定生效当年 3 年后 1 月 1 日生效；

（v） 降为 "免税" 的最终税率，于本条规定生效当年 4 年后 1 月 1 日生效。以及

（c） 如果标有 "T3"：

（i） 降为最初税率的十分之九，于本条规定生效当年 5 年后 1 月 1 日生效；

（ii） 降为最初税率的十分之八，于本条规定生效当年 6 年后 1 月 1 日生效；

（iii） 降为最初税率的十分之七，于本条规定生效当年 7 年后 1 月 1 日生效；

（ⅳ）降为最初税率的十分之六，于本条规定生效当年 8 年后 1 月 1 日生效；

（ⅴ）降为最初税率的十分之五，于本条规定生效当年 9 年后 1 月 1 日生效；

（ⅵ）降为最初税率的十分之四，于本条规定生效当年 10 年后 1 月 1 日生效；

（ⅶ）降为最初税率的十分之三，于本条规定生效当年 11 年后 1 月 1 日生效；

（ⅷ）降为最初税率的十分之二，于本条规定生效当年 12 年后 1 月 1 日生效；

（ⅸ）降为最初税率的十分之一，于本条规定生效当年 13 年后 1 月 1 日生效；并且

（ⅹ）降为"免税"的最终税率，于本条规定生效当年 14 年后 1 月 1 日生效。

（5）从量税率的归整

如果按本条（3）或（4）规定降税的关税税率为一个加元分的十分之一的小数，该税率应归整为最接近该一个加元分的十分之一。

（6）归整

如果按本条（3）或（4）规定降税的关税税率含有一个非 0.5 的百分之一的小数，该百分之一小数应采用四舍五入的方法归整为最接近的按 0.5 平均划分的百分之一小数。

（7）取消低于百分之二的税率

如果按本条（3）或（4）规定降税的关税税率低于百分之二，应直接进一步降为"免税"。

秘鲁税率 （PT）

第 49.5 条

（1）PT 税率的适用

除本法第 24 条另有规定外，原产于秘鲁的货物，应符合条件享受秘鲁关税税率。

（2）最终税率"A"

如果《税则规定表》中"优惠税率"栏中对享受秘鲁税率货物的缩写"PT"上标有"A"，适用于这些货物的秘鲁关税税率为"免税"的最终税率。

（3）PT 的"F"分期降税

如果《税则规定表》中"优惠税率"栏中对享受秘鲁税率货物的缩写"PT"上标有"F"，适用于这些货物的秘鲁关税税率为最初税率，并按《"F"分期

表》的规定降税。

（4）PT 分期降税

如果《税则规定表》中"优惠税率"栏中对享受秘鲁税率货物的缩写"PT"上标有"R1"或"R2"，适用于这些货物的关税税率为最初税率，并按以下规定分期降税：

（a）如果标有"R1"：

（i）降为最初税率的三分之二，于本条规定生效之日生效；

（ii）降为最初税率的三分之一，于 2010 年 1 月 1 日生效；并且

（iii）降为"免税"的最终税率，于 2011 年 1 月 1 日生效。以及

（b）如果标有"R2"：

（i）降为最初税率的七分之六，于本条规定生效之日生效；

（ii）降为最初税率的七分之五，于 2010 年 1 月 1 日生效；

（iii）降为最初税率的七分之四，于 2011 年 1 月 1 日生效；

（iv）降为最初税率的七分之三，于 2012 年 1 月 1 日生效；

（v）降为最初税率的七分之二，于 2013 年 1 月 1 日生效；

（vi）降为最初税率的七分之一，于 2014 年 1 月 1 日生效；并且

（vii）降为"免税"的最终税率，于 2015 年 1 月 1 日生效。

（5）从量税率的归整

如果按本条（3）或（4）规定降税的关税税率含有一个加元分的十分之一的小数，该税率应归整为最接近该一个加元分的十分之一。

（6）归整

如果按本条（3）或（4）规定降税的关税税率含有一个非 0.5 的百分之一的小数，该百分之一小数应采用四舍五入的方法归整为最接近的按 0.5 平均划分的百分之一小数。

（7）取消低于百分之二的税率

按本条（3）或（4）规定降税的关税税率低于百分之二，应直接进一步降为"免税"。

（8）秘鲁税率的扩大适用

作为本法任何其他规定的例外并且为了执行《加拿大—秘鲁自由贸易协定》，总督有权根据部长的建议下达命令修改税率表，按该命令规定的条件将秘鲁税率适用于任何进口货物。

（9）对降低关税的限制规定

总督有权根据部长的建议下达命令，规定对税号 1701.91.10、1701.99.10、1702.90.21、1702.90.61、1702.90.70 及 1702.90.81 项下享受秘鲁税率的累计

数量进行限制，并规定该项限制在该命令规定的期限内及条件下适用。

洪都拉斯税率 （HNT）

第 49.6 条

（1） HNT 税率的适用

除本法第 24 条另有规定外，原产于洪都拉斯的货物，应符合条件享受洪都拉斯关税税率。

（2） 最终税率 "A"

如果《税则规定表》中 "优惠税率" 栏中对享受洪都拉斯税率货物的缩写 "HNT" 上标有 "A"，适用于这些货物的关税税率为 "免税" 的最终税率。

（3） HNT 的 "F" 分期降税

如果《税则规定表》中 "优惠税率" 栏中对享受洪都拉斯税率货物的缩写 "HNT" 上标有 "F"，适用于这些货物的关税税率为最初税率，并按《 "F" 分期表》的规定降税。

（4） HNT 的分期降税

如果《税则规定表》中 "优惠税率" 栏中对享受洪都拉斯税率货物的缩写 "HNT" 上标有 "U1" 或 "U2"，适用于这些货物的关税税率为最初税率，并按以下规定分期降税：

（a） 如果标有 "U1"：

（i） 降为最初税率的三分之二，于本条规定生效之日生效；

（ii） 降为最初税率的三分之一，于本条规定生效当年 1 年后 1 月 1 日生效；并且

（iii） 降为 "免税" 的最终税率，于本条规定生效当年 2 年后 1 月 1 日生效。以及

（b） 如果标有 "U2"：

（i） 降为最初税率的七分之六，于本条规定生效之日生效；

（ii） 降为最初税率的七分之五，于本条规定生效当年 1 年后 1 月 1 日生效；

（iii） 降为最初税率的七分之四，于本条规定生效当年 2 年后 1 月 1 日生效；

（iv） 降为最初税率的七分之三，于本条规定生效当年 3 年后 1 月 1 日生效；

（v） 降为最初税率的七分之二，于本条规定生效当年 4 年后 1 月 1 日生效；

（vi） 降为最初税率的七分之一，于本条规定生效当年 5 年后 1 月 1 日生效；

（vii） 降为 "免税" 的最终税率，于本条规定生效当年 6 年后 1 月 1 日生效。

（5）从量税率的归整

如果按本条（3）或（4）规定降税的关税税率含有一个加元分的十分之一的小数，该税率应归整为最接近该一加元分的十分之一。

（6）归整

如果按本条（3）或（4）规定降税的关税税率含有一个非 0.5 的百分之一的小数，该百分之一小数应采用四舍五入的方法归整为最接近的按 0.5 平均划分的百分之一小数。

（7）取消低于百分之二的税率

如果按本条（3）或（4）规定降税的关税税率低于百分之二，应直接进一步降为"免税"。

（8）洪都拉斯税率的扩大适用

作为本法任何其他规定的例外并且为了执行《加拿大—洪都拉斯自由贸易协定》附录 3.1 规定，部长有权下达命令修改税率表，按该命令规定的条件将洪都拉斯税率适用于任何进口货物。

（9）对降低关税的限制规定

总督有权根据部长的建议下达命令，规定对税号 1701.91.10、1701.99.10、1702.90.21、1702.90.61、1702.90.70 及 1702.90.81 项下享受洪都拉斯税率的累计数量进行限制，并规定该项限制在该命令规定的期限内及条件下适用。

韩国税率 （KRT）

第 49.7 条

（1）KRT 税率的适用

除本法第 24 条另有规定外，原产于韩国的货物，应有资格享受韩国关税税率。

（2）最终税率"A"

如果《税则规定表》中"优惠税率"栏中对享受韩国税率货物的缩写"KRT"上标有"A"，适用于这些货物的韩国关税税率为"免税"的最终税率。

（3）KRT 的"F"分期降税

如果《税则规定表》中"优惠税率"栏中对享受韩国税率货物的缩写"KRT"上标有"F"，适用于这些货物的韩国关税税率为最初税率，并按《"F"分期表》的规定降税。

（4）KRT 的分期降税

如果《税则规定表》中"优惠税率"栏中对享受韩国税率货物的缩写

"KRT"上标有"V1""V2""V3"或"V4",适用于这些货物的韩国关税税率均为最初税率,并按以下规定分期降税:

（a）如果标有"V1":

（i）降为最初税率的66.7%,于本条规定生效之日生效;

（ii）降为最初税率33.3%,于本条规定生效之日1年后的该日生效;并且

（iii）降为"免税"的最终税率,于本条规定生效之日2年后的该日生效。

（b）如果标有"V2":

（i）降为最初税率的80%,于本条规定生效之日生效;

（ii）降为最初税率的60%,于本条规定生效之日1年后的该日生效;

（iii）降为最初税率的40%,于本条规定生效之日2年后的该日生效;

（iv）降为最初税率的20%,于本条规定生效之日3年后的该日生效;

（v）降为"免税"的最终税率,于本条规定生效之日4年后的该日生效。

（c）如果标有"V3":

（i）降为最初税率的90%,于本条规定生效之日生效;

（ii）降为最初税率的80%,于本条规定生效之日1年后的该日生效;

（iii）降为最初税率的70%,于本条规定生效之日2年后的该日生效;

（iv）降为最初税率的60%,于本条规定生效之日3年后的该日生效;

（v）降为最初税率的50%,于本条规定生效之日4年后的该日生效;

（vi）降为最初税率的40%,于本条规定生效之日5年后的该日生效;

（vii）降为最初税率的30%,于本条规定生效之日6年后的该日生效;

（viii）降为最初税率的20%,于本条规定生效之日7年后的该日生效;

（ix）降为最初税率的10%,于本条规定生效之日8年后的该日生效;并且

（x）降为"免税"的最终税率,于本条规定生效之日9年后的该日生效。

以及

（d）如果标有"V4":

（i）降为最初税率的90.9%,于本条规定生效之日生效;

（ii）降为最初税率的81.8%,于本条规定生效之日1年后的该日生效;

（iii）降为最初税率的72.7%,于本条规定生效之日2年后的该日生效;

（iv）降为最初税率的63.6%,于本条规定生效之日3年后的该日生效;

（v）降为最初税率的54.5%,于本条规定生效之日4年后的该日生效;

（vi）降为最初税率的45.5%,于本条规定生效之日5年后的该日生效;

（vii）降为最初税率的36.4%,于本条规定生效之日6年后的该日生效;

（viii）降为最初税率的27.3%,于本条规定生效之日7年后的该日生效;

（ⅸ）降为最初税率的 18.2%，于本条规定生效之日 8 年后的该日生效；

（ⅹ）降为最初税率的 9.1%，于本条规定生效之日 9 年后的该日生效；并且

（ⅺ）降为"免税"的最终税率，于本条规定生效之日 10 年后的该日生效。

（5）从量税率的归整

如果按本条（3）或（4）规定降税的关税税率含有一个加元分的十分之一的小数，该税率应归整为最接近该一加元分的十分之一。

（6）归整

如果按本条（3）或（4）规定降税的关税税率含有一个非 0.5 的百分之一的小数，该百分之一小数应采用四舍五入的方法归整为最接近的按 0.5 平均划分的百分之一小数。

（7）取消低于百分之二的税率

如果按本条（3）或（4）规定降税的关税税率低于百分之二，应直接进一步降为"免税"。

加拿大—以色列协定税率 （CIAT）

第 50 条

（1）CIAT 税率的适用

除本法第 24 条另有规定外，原产于以色列或另一个 CIFTA 国家的货物，应符合条件享受加拿大—以色列协定关税税率。

（2）最终税率"A"

如果《税则规定表》中"优惠税率"栏中对享受加拿大—以色列协定税率货物的缩写"CIAT"上标有"A"，适用于这些货物的加拿大—以色列协定关税税率为最终税率。

（3）CIAT 的"F"分期降税

如果《税则规定表》中"优惠税率"栏中对享受加拿大—以色列协定税率货物的缩写"CIAT"上标有"F"，适用于这些货物的加拿大—以色列协定关税税率为最初税率，并按《"F"分期表》的规定降税。

第 51 条　对降低关税的限制

授权总督根据外交部长的建议下达命令，规定对享受加拿大—以色列协定税率的税号 0603.10.11 项下的玫瑰鲜花的累计数量进行限制，并在该项命令规定的期限内适用。

第 52 条

（1）词语定义

授权总督根据部长的建议，制定实施细则对"以色列或另一个 CIFTA 受惠国家"及"从以色列或另一个 CIFTA 受惠国家进口"一词作出定义。

（2）所引用的包含

为进一步明确，按本条（1）规定制定实施细则时，如果引用任何文件或法律文本，所引用的这些文件或法律文本应包括其随时修改后内容。

冰岛税率 （IT）

第 52.1 条

（1）IT 税率的适用

除本法第 24 条另有规定外，原产于冰岛的货物，应符合条件享受冰岛关税税率。

（2）最终税率"A"

如果《税则规定表》中"优惠税率"栏中对享受冰岛税率货物的缩写"IT"上标有"A"，适用于这些货物的冰岛关税税率为"免税"的最终税率。

（3）IT 的"F"分期降税

如果《税则规定表》中"优惠税率"栏中对享受冰岛税率货物的缩写"IT"上标有"F"，适用于这些货物的冰岛关税税率为最初税率，并按《"F"分期表》的规定降税。

（4）IT 的分期降税

如果《税则规定表》中"优惠税率"栏中对享受冰岛税率货物的缩写"IT"上标有"Q1"或"Q2"，适用于这些货物的冰岛关税税率为最初税率，并按以下规定分期降税：

（a）如果标有"Q1"：

（i）降为最初税率的八分之七，于本条规定生效之日 3 年后的该日生效；

（ii）降为最初税率的八分之六，于本条规定生效之日 4 年后的该日生效；

（iii）降为最初税率的八分之五，于本条规定生效之日 5 年后的该日生效；

（iv）降为最初税率的八分之四，于本条规定生效之日 6 年后的该日生效；

（v）降为最初税率的八分之三，于本条规定生效之日 7 年后的该日生效；

（vi）降为最初税率的八分之二，于本条规定生效之日 8 年后的该日生效；

（vii）降为最初税率的八分之一，于本条规定生效之日 9 年后的该日生效；并且

（viii）降为"免税"的最终税率，于本条规定生效之日 10 年后的该日生效。

以及

（b） 如果标有"Q2"：

（i） 降为最初税率的十三分之十二，于本条规定生效之日 3 年后的该日生效；

（ii） 降为最初税率的十三分之十一，于本条规定生效之日 4 年后的该日生效；

（iii） 降为最初税率的十三分之十，于本条规定生效之日 5 年后的该日生效；

（iv） 降为最初税率的十三分之九，于本条规定生效之日 6 年后的该日生效；

（v） 降为最初税率的十三分之八，于本条规定生效之日 7 年后的该日生效；

（vi） 降为最初税率的十三分之七，于本条规定生效之日 8 年后的该日生效；

（vii） 降为最初税率的十三分之六，于本条规定生效之日 9 年后的该日生效；

（viii） 降为最初税率的十三分之五，于本条规定生效之日 10 年后的该日生效；

（ix） 降为最初税率的十三分之四，于本条规定生效之日 11 年后的该日生效；

（x） 降为最初税率的十三分之三，于本条规定生效之日 12 年后的该日生效；

（xi） 降为最初税率的十三分之二，于本条规定生效之日 13 年后的该日生效；

（xii） 降为最初税率的十三分之一，于本条规定生效之日 14 年后的该日生效，以及

（xiii） 降为"免税"的最终税率，于本条规定生效之日 15 年后的该日生效。

（5） 从量税率归整

如果按本条（3）或（4）规定降税的关税税率含有一个加元分的十分之一的小数，该税率应归整为最接近该一加元分的十分之一。

（6） 归整

如果按本条（3）或（4）规定降税的关税税率含有一个非 0.5 的百分之一的小数，该百分之一小数应采用四舍五入的方法归整为最接近的按 0.5 平均划分的百分之一小数。

（7） 取消低于百分之二的税率

如果按本条（3）或（4）规定降税的关税税率低于百分之二，应直接进一步降为"免税"。

挪威税率 （NT）

第52. 2 条

（1） NT 税率的适用

除本法第 24 条另有规定外，原产于挪威的货物，应有资格享受挪威关税税率。

（2） 最终税率 "A"

如果《税则规定表》中 "优惠税率" 栏中对享受挪威税率货物的缩写 "NT" 上标有 "A"，适用于这些货物的挪威关税税率为 "免税" 的最终税率。

（3） NT 的 "F" 分期降税

如果《税则规定表》中 "优惠税率" 栏中对享受挪威税率货物的缩写 "NT" 上标有 "F"，适用于这些货物的挪威关税税率为最初税率，并按《 "F" 分期表》的规定降税。

（4） NT 的分期降税

如果《税则规定表》中 "优惠税率" 栏中对享受挪威税率货物的缩写 "NT" 上标有 "Q1" 或 "Q2"，适用于这些货物的挪威关税税率为最初税率，并按以下规定分期降税：

（a） 如果标有 "Q1"：

（i） 降为最初税率的八分之七，于本条规定生效之日 3 年后的该日生效；

（ii） 降为最初税率的八分之六，于本条规定生效之日 4 年后的该日生效；

（iii） 降为最初税率的八分之五，于本条规定生效之日 5 年后的该日生效；

（iv） 降为最初税率的八分之四，于本条规定生效之日 6 年后的该日生效；

（v） 降为最初税率的八分之三，于本条规定生效之日 7 年后的该日生效；

（vi） 降为最初税率的八分之二，于本条规定生效之日 8 年后的该日生效；

（vii） 降为最初税率的八分之一，于本条规定生效之日 9 年后的该日生效；并且

（viii） 降为 "免税" 的最终税率，于本条规定生效之日 10 年后的该日生效。以及

（b） 如果标有 "Q2"：

（i） 降为最初税率的十三分之十二，于本条规定生效之日 3 年后的该日生效；

（ii） 降为最初税率的十三分之十一，于本条规定生效之日 4 年后的该日生效；

（iii）降为最初税率的十三分之十，于本条规定生效之日 5 年后的该日生效；

（iv）降为最初税率的十三分之九，于本条规定生效之日 6 年后的该日生效；

（v）降为最初税率的十三分之八，于本条规定生效之日 7 年后的该日生效；

（vi）降为最初税率的十三分之七，于本条规定生效之日 8 年后的该日生效；

（vii）降为最初税率的十三分之六，于本条规定生效之日 9 年后的该日生效；

（viii）降为最初税率的十三分之五，于本条规定生效之日 10 年后的该日生效；

（ix）降为最初税率的十三分之四，于本条规定生效之日 11 年后的该日生效；

（x）降为最初税率的十三分之三，于本条规定生效之日 12 年后的该日生效；

（xi）降为最初税率的十三分之二，于本条规定生效之日 13 年后的该日生效；

（xii）降为最初税率的十三分之一，于本条规定生效之日 14 年后的该日生效；以及

（xiii）降为"免税"的最终税率，于本条规定生效之日 15 年后的该日生效。

（5）从量税率归整

如果按本条（3）或（4）规定降税的关税税率含有一个加元分的十分之一的小数，该税率应归整为最接近该一加元分的十分之一。

（6）归整

如果按本条（3）或（4）规定降税的关税税率含有一个非 0.5 的百分之一的小数，该百分之一小数应采用四舍五入的方法归整为最接近的按 0.5 平均划分的百分之一小数。

（7）取消低于百分之二的税率

如果按本条（3）或（4）规定降税的关税税率低于百分之二，应直接进一步降为"免税"。

瑞士—列支敦士登税率 （SLT）

第 52.3 条

（1）SLT 税率的适用

除本法第 24 条另有规定外，原产于瑞士—列支敦士登的货物，应符合条件享受瑞士—列支敦士登关税税率。

（2）最终税率"A"

如果《税则规定表》中"优惠税率"栏中对享受瑞士—列支敦士登税率货

物的缩写 "SLT" 上标有 "A"，适用于这些货物的瑞士—列支敦士登关税税率为 "免税" 的最终税率。

（3）SLT 的 "F" 分期降税

如果《税则规定表》中 "优惠税率" 栏中对享受瑞士—列支敦士登税率货物的缩写 "SLT" 上标有 "F"，适用于这些货物的瑞士—列支敦士登关税税率为最初税率，并按《 "F" 分期表》的规定降税。

（4）SLT 的分期降税

如果《税则规定表》中 "优惠税率" 栏中对享受瑞士—列支敦士登税率货物的缩写 "SLT" 上标有 "Q1" 或 "Q2"，适用于这些货物的瑞士—列支敦士登关税税率为最初税率，并按以下规定分期降税：

（a）如果标有 "Q1"：

（i）降为最初税率的八分之七，于本条规定生效之日 3 年后的该日生效；

（ii）降为最初税率的八分之六，于本条规定生效之日 4 年后的该日生效；

（iii）降为最初税率的八分之五，于本条规定生效之日 5 年后的该日生效；

（iv）降为最初税率的八分之四，于本条规定生效之日 6 年后的该日生效；

（v）降为最初税率的八分之三，于本条规定生效之日 7 年后的该日生效；

（vi）降为最初税率的八分之二，于本条规定生效之日 8 年后的该日生效；

（vii）降为最初税率的八分之一，于本条规定生效之日 9 年后的该日生效；以及

（viii）降为 "免税" 的最终税率，于本条规定生效之日 10 年后的该日生效。以及

（b）如果标有 "Q2"：

（i）降为最初税率的十三分之十二，于本条规定生效之日 3 年后的该日生效；

（ii）降为最初税率的十三分之十一，于本条规定生效之日 4 年后的该日生效；

（iii）降为最初税率的十三分之十，于本条规定生效之日 5 年后的该日生效；

（iv）降为最初税率的十三分之九，于本条规定生效之日 6 年后的该日生效；

（v）降为最初税率的十三分之八，于本条规定生效之日 7 年后的该日生效；

（vi）降为最初税率的十三分之七，于本条规定生效之日 8 年后的该日生效；

（vii）降为最初税率的十三分之六，于本条规定生效之日 9 年后的该日生效；

（viii）降为最初税率的十三分之五，于本条规定生效之日 10 年后的该日生效；

（ix）降为最初税率的十三分之四，于本条规定生效之日 11 年后的该日生

效；

（ⅹ）降为最初税率的十三分之三，于本条规定生效之日 12 年后的该日生效；

（ⅺ）降为最初税率的十三分之二，于本条规定生效之日 13 年后的该日生效；

（ⅻ）降为最初税率的十三分之一，于本条规定生效之日 14 年后的该日生效；

（ⅹⅲ）降为"免税"的最终税率，于本条规定生效之日 15 年后的该日生效。

（5）从量税率归整

如果按本条（3）或（4）规定降税的关税税率含有一个加元分的十分之一的小数，该税率应归整为最接近该一加元分的十分之一。

（6）归整

如果按本条（3）或（4）规定降税的关税税率含有一个非 0.5 的百分之一的小数，该百分之一小数应采用四舍五入的方法归整为最接近的按 0.5 平均划分的百分之一小数。

（7）取消低于百分之二的税率

如果按本条（3）或（4）规定降税的关税税率低于百分之二，应直接进一步降为"免税"。

约旦税率 （JT）

第 52.4 条

（1）JT 税率的适用

除本法第 24 条另有规定外，原产于约旦的货物，应符合条件享受约旦关税税率。

（2）最终税率"A"

如果《税则规定表》中"优惠税率"栏中对享受约旦税率货物的缩写"JT"上标有"A"，适用于这些货物的约旦关税税率为"免税"的最终税率。

（3）JT 的"F"分期降税

如果《税则规定表》中"优惠税率"栏中对享受约旦税率货物的缩写"JT"上标有"F"，适用于这些货物的约旦关税税率为最初税率，并按《"F"分期表》的规定降税。

（4）从量税率归整

如果按本条（3）规定降税的关税税率含有一个加元分的十分之一的小数，该税率应归整为最接近该一加元分的十分之一。

（5）归整

如果按本条（3）规定降税的关税税率含有一个非 0.5 的百分之一的小数，该百分之一小数应采用四舍五入的方法归整为最接近的按 0.5 平均划分的百分之一小数。

（6）取消低于百分之二的税率

如果按本条（3）规定降税的关税税率低于百分之二，应直接进一步降为"免税"。

第4节 特别措施、紧急措施及保障措施

特别措施

第53条

（1）词语定义

"政府"，涉及除加拿大以外的某个国家时，包括：

（a）该国家的某个省、州、市或者其他地方或地区政府；

（b）代表该国政府或者该国家的某个省、州、市或其他地方或地区政府的某个人、机构或组织，或者该国政府或者有该国家的某个省、州、市或其他地方或地区政府的某项法律或其他法律文本授权的某个人、机构或组织；以及

（c）该国家参加的某个主要国家的联合体。

"贸易协定"，指加拿大政府签订的国际贸易方面的某项协定或安排。

（2）总督有权发布命令

作为本法或任何其他联邦法律规定的例外，总督有权根据部长的建议发布命令采取以下一项或多项措施，以行使加拿大在某项贸易协定项下相对于某个国家的权利，或者对直接或间接对加拿大的货物贸易或服务贸易造成不利影响的法律、政策或做法作出回应：

（a）中止或撤销加拿大在任何一项贸易协定或联邦法律项下给予任何国家的权利或特权；

（b）对原产于任何国家或享受按本法第 16 条规定制定的任何实施细则规定的某种关税待遇的货物或某一类别的货物，在本法规定的关税及按任何联邦法律或按任何联邦法律制定的任何实施细则或命令的规定征收的其他税之外，征收一笔附加税；

（c）将原产于任何国家或享受按本法第 16 条规定制定的实施细则规定的某种关税待遇的货物增列入按《出口及进口许可法》第 5 条规定制定的《进口控

制清单》；并且

（d）作为按本法第 16 条规定制定的实施细则规定的例外，对原产于任何国家的某项货物或某一类别的货物征收一项调节税，调节税的税率应按这些货物在该命令规定的某个时段内进口数量的变化随时调整，以等于或超过该命令中规定的数量。

（3）移出《进口控制清单》

按本条（2）规定发布的命令规定被增列入本条（2）（c）规定所指的《进口控制清单》的货物，在该命令被废止或以其他方式停止有效时，应被视为移出该清单。

（4）提交议会的命令

部长应要求将任何按本条（2）规定发布的命令在该命令发布前在国会任何一院第一次开会的 15 天之内提交国会。

（5）实施细则

总督有权根据部长的建议制定总督认为本条规定的实施及执法所必需的实施细则。

全球紧急措施

第 54 条　词语定义

本条规定中所有词语定义适用于本法第 55 条至第 57 条规定。

"重要原因"，对于从某个下列国家进口的货物，指一项重要的但不一定是最重要的原因：

某个 NAFTA 国家；

智利。

"主要原因"，对于从某个下列国家进口的货物，指一项其重要程度不低于其他原因的原因：

哥伦比亚；

韩国；

巴拿马；

秘鲁。

"食糖"，对于从以下国家进口的货物：

（a）某个 NAFTA 国家，按《北美自由贸易协定》第 805 条规定定义；或者

（b）智利，按《加拿大—智利自由贸易协定》第 F－05 条规定定义。

第 55 条

（1）某些情况下的附加税

除本法第 56 条、第 57 条、第 59 条及第 61 条另有规定外，在任何时间，总督如果根据部长的某份报告或者加拿大国际贸易法院按《加拿大国际贸易法院法》第 20 条或第 26 条规定进行的一项调查，有理由相信正在进口的货物正在对本国同类或直接竞争的货物造成严重损害或严重损害威胁，有权根据部长的建议发布命令，在该命令的有效期内，对从某个该命令中列名的国家进口的货物在其进口到加拿大或该命令列名的加拿大某个地区或某一部分之时，按以下税率征收一项附加税：

（a）该命令中规定的某个税率；或者

（b）该命令中规定的税率，并按这些货物在该命令规定的某个时段内进口数量的变化随时调整，以等于或超过该命令中规定的数量。

（2）最高税率

按本条（1）规定确定的税率不得超过总督认为足以阻止或补救对同类或直接竞争货物的国内生产人的严重损害的税率。

（3）部长的报告

本条（1）规定所指的部长的报告只有在下列情况下才能提出：

（a）存在部长认为的危急情势；或者

（b）该报告涉及易腐农产品。

（4）损害

如果本条（1）规定项下的某项命令是根据部长某份报告发布的，总督应立即将诉讼标的提交加拿大国际贸易法院，以按《加拿大国际贸易法院法》第 20 条（a）规定进行调查。

（5）禁止再发布命令

除本条（6）另有规定外，对按该款规定①或《出口及进口许可法》第 5 条（3）规定发布的命令已经涉及的货物，不得再发布任何命令，除非在该命令及按该法②第 5 条（3.2）或（4.1）规定或者本法第 60 条或第 63 条（1）规定发布的任何相关命令的有效期期满后，已经经过了两年以上时间或者经过了相当于该项或这些项命令的总有效期的时间。

（6）例外规定

如果按本条（1）规定发布的命令对货物的有效期为 180 天或更短，下列情

---

① 指本条（6）规定。——译者注
② 指《出口及进口许可法》。——译者注

况下，可按该款规定对这些货物再发布一项命令：

（a）自前一项命令生效以来已经过去了一年以上时间；并且

（b）在再发布的命令生效之前 5 年内对该货物按本条（1）规定发布的命令不超过两项。

第 56 条

（1）有效期及废止

按本法第 55 条（1）规定发布的某项命令：

（a）有效期不得超过 4 年，除本法第 62 条及第 63 条另有规定外；并且

（b）总督有权在任何时候根据部长的建议对其进行修改或废止，除非在此时间之前议会两院按本法第 64 条规定已作出一项规定该命令停止有效的决议。

（2）中止有效

如果本法第 55 条（1）规定项下的某项命令是根据部长的某份报告发布的，该命令应于其发布之日之后第 200 天停止有效，除非在该命令按此停止有效之前，加拿大国际贸易法院根据一项按《加拿大国际贸易法院法》第 20 条或第 26 条规定进行的调查向总督报告，部长报告中所指的货物正在从该报告中指名的国家进口并对同类或直接竞争的货物的国内生产人造成严重损害或严重损害威胁。

第 57 条　对某些农产品的例外规定

对任何按本法第 68 条（1）规定可以征收附加税的规定农产品，不得按本法第 55 条（1）规定根据部长的报告发布任何命令。

第 58 条　退税命令

为实施《世界贸易组织协定》附件 1A《保障协定》第 6 条规定，总督有权根据部长的建议发布命令，规定退还任何按本法第 55 条（1）规定根据部长提出的报告发布的命令规定所征收的附加税。

第 59 条

（1）自由贸易伙伴紧急措施

本法第 55 条规定项下的命令可以适用于从某个自由贸易伙伴进口的任何类别的货物，但必须是总督根据按《加拿大国际贸易法院法》第 20 条或第 26 条规定提出的报告或部长的报告有理由相信：

（a）这些货物的数量在同类别货物进口数量中占比很大；

（b）从某个 NAFTA 国家进口的这些货物的单独数量或者（指在特殊情况下）与每个其他 NAFTA 国家进口的同类别货物加在一起的数量，是对同类或直接竞争的货物的国内生产人造成严重损害或严重损害威胁的重要原因；以及

（c）从任何其他自由贸易伙伴进口的这些货物的数量是对同类或直接竞争的货物的国内生产人造成严重损害或严重损害威胁的重要原因。

（2）命令的有效期

如果按本条（1）规定适用于从某个自由贸易伙伴进口的货物的某项命令是按本法第 55 条（1）规定根据部长的报告发布的，该命令对这些货物应于其发布之日之后第 200 天停止有效。但是，如果在该命令停止有效之前，加拿大国际贸易法院依照《加拿大国际贸易法院法》规定向总督报告了以下情况，该命令可在不超过其规定的 4 年期限内继续有效：

（a）部长的报告中所指的货物的数量与从其他国家进口的同类货物的数量相比很大；

（b）如果货物是从某个 NAFTA 国家进口的，这些货物单独的数量或者（指在特殊情况下）与每个其他 NAFTA 国家进口的同类别货物加在一起的数量，是对同类或直接竞争的货物的国内生产人造成严重损害或严重损害威胁的重要原因；以及

（c）如果货物是从任何其他自由贸易伙伴进口的，这些货物的数量是对同类或直接竞争的货物的国内生产人造成严重损害或严重损害威胁的重要原因。

（3）废止

如果按本条（1）规定适用于从某个自由贸易伙伴进口的货物的某项命令是根据部长的某份报告按本法第 55 条（1）规定发布的，总督如果依据加拿大国际贸易法院按《加拿大国际贸易法院法》规定提出的某份报告有理由相信，部长的报告中所指的货物的数量与从其他国家进口的同类货物的数量相比很大或者有以下情况，应废止该项命令：

（a）如果货物是从某个 NAFTA 国家进口的，这些货物单独的数量或者（指在特殊情况下）与每个其他 NAFTA 国家进口的同类别货物加在一起的数量，不是对同类或直接竞争的货物的国内生产人造成严重损害或严重损害威胁的重要原因；以及

（b）如果货物是从任何其他自由贸易伙伴进口的，这些货物的数量不是对同类或直接竞争的货物的国内生产人造成严重损害或严重损害威胁的重要原因。

第 59.1 条　紧急措施

按本法第 55 条（1）规定发布的命令可不包括从下列某个国家进口的任何类别的货物，如果总督依据按《加拿大国际贸易法院法》第 20 条或第 29 条规定提出的某份报告有理由相信，这些货物的数量不是对同类或直接竞争的货物的国内生产人造成严重损害或严重损害威胁的重要原因：

哥伦比亚；

韩国；

巴拿马；

秘鲁。

第 60 条　对从某个自由贸易伙伴进口的货物征收附加税

如果按本法第 55 条（1）或第 63 条（1）规定发布的某项征收附加税的命令不适用于从某个自由贸易伙伴进口的货物〔因为该货物不符合本法第 59 条（1）或第 63 条（4）规定的条件〕，而且总督依据部长按加拿大国际贸易法院进行的一项调查的建议有理由相信，在该命令生效之时或之后这些货物出现激增，并且这种激增减损了征收附加税的有效性，授权总督可发布命令对这些货物在其进口到加拿大或该命令列名的加拿大任何地区或部分时在该命令的有效期内按以下税率征收一项附加税：

（a）该命令中规定的税率；或者

（b）该命令中规定的税率，并按进口到加拿大或加拿大该地区或该部分的货物数量变化随时在该命令某个规定的时段内调整，以等于或超过该命令中规定的总额。

该项税率不得超过总督认为足以阻止或补救对按本法第 55 条（1）或第 63 条（1）规定发布的命令有效性的减损的税率。

第 61 条

（1）税率

按本法第 55 条（1）、第 60 条或第 63 条（1）规定对从某个自由贸易伙伴进口的货物征收的附加税，其税率不需要与按本法第 55 条（1）或第 63 条（1）规定对从任何其他国家进口的同类货物征收的附加税的税率相同，但不得超过按本法第 55 条（1）或第 63 条（1）规定对从任何其他国家进口的同类货物征收的附加税的税率。

（2）限制规定

总督如果按本法第 55 条（1）或第 63 条（1）规定发布适用于从某个自由贸易伙伴进口的符合本法第 59 条（1）或第 63 条（4）规定条件的货物的命令，或者按本法第 60 条规定发布一项命令，应考虑《北美自由贸易协定》第 802 条（5）规定、《加拿大—智利自由贸易协定》第 F–02 条 5（b）规定或《加拿大—以色列自由贸易协定》第 4.6 条规定（按适用情况选定）。

第 62 条　附加税的调整或废止

任何时候作为加拿大国际贸易法院按《加拿大国际贸易法院法》第 19.02 条规定进行的中期审查的结果，总督有理由相信某项规定按本法第 55 条（1）、第 60 条或第 63 条（1）规定征收或延期执行的附加税应予废止或调整，总督可根据部长的建议发布命令废止或修改该项命令。

第63条　命令的延期

（1）除本条（4）及（4.1）另有规定外，如果对任何货物按本款规定、本法第55条（1）或第60条，或者按《出口及进口许可法》第5条（3）、（3.2）或（4.1）规定发布的某项命令的有效期期满前任何时候，总督根据加拿大国际贸易法院按《加拿大国际贸易法院法》第30.07条规定进行的一项调查，有理由相信有以下情况，有权根据部长的建议，延长对从该延期命令中规定的任何国家进口的任何前一项命令中规定的货物征收附加税：

（a）某项命令对于阻止或补救对同类或直接竞争的货物的国内生产人造成的严重损害仍有必要；并且

（b）按《加拿大国际贸易法院法》第40条（b）规定制定的任何实施细则的规定有证据证明，同类或直接竞争的货物的国内生产人正在进行调整。

（2）范围及税率

按本条（1）规定发布的延期命令：

（a）适用于在该命令有效期内进口到加拿大或该命令中规定的加拿大任何地区或部分的货物。以及

（b）除本条（3）另有规定外，规定征收的附加税的税率必须是：

（i）一项该延期命令中规定的税率；或者

（ii）一项按这些货物在该命令某个规定的时段内进口数量的变化随时调整，以等于或超过该命令中规定的总额的税率。

（3）最高税率

该延期命令中规定的税率不得超过：

（a）此前按本条（1）、本法第55条（1）或第60条规定对货物规定的任何税率中最低的税率；以及

（b）总督认为足以阻止或补救对同类或直接竞争的货物的国内生产人造成的严重损害并且足以使得该国内生产人调整的税率。

（4）对从某个自由贸易伙伴进口的货物的例外规定

按本条（1）规定，只有总督依据按《加拿大国际贸易法》规定提出的某份报告有理由相信有以下情况时，才适用于从某个自由贸易伙伴进口的货物：

（a）这些货物的数量与从其他国家进口的同类货物的数量相比很大；

（b）如果货物是从某个NAFTA国家进口的，这些货物单独的数量或者（指在特殊情况下）与每个其他NAFTA国家进口的同类别货物加在一起的数量，是对同类或直接竞争的货物的国内生产人造成严重损害或严重损害威胁的重要原因；以及

（c）如果货物是从任何其他自由贸易伙伴进口的，这些货物的数量是对同类

或直接竞争的货物的国内生产人造成严重损害或严重损害威胁的重要原因。

（4.1）对进口货物的例外规定

按本条（1）规定发布的某项规定可以不包括从下列某个国家进口的任何类别的货物，如果总督依据按《加拿大国际贸易法院法》规定提出的某份报告有理由相信，这些正在进口的货物的数量不是对同类或直接竞争的货物的国内生产人造成严重损害或严重损害威胁的重要原因：

哥伦比亚；

韩国；

巴拿马；

秘鲁。

（5）延期命令的有效期及废止

按本条（1）规定发布的每项延期命令：

（a）除本条另有规定外，在该命令规定的期限内有效，但该规定期限及按本条（1）规定、本法第55条（1）或第60条规定，或者按《出口及进口许可法》第5条（3）、（3.2）或（4.1）规定发布的相关命令所涉及的货物期限的总期限不得超过8年；并且

（b）作为本条任何其他规定的例外，总督有权根据部长的建议随时予以更改或废止，除非在此之前，国会两院按本法第64条规定通过一项决议规定该项命令停止有效。

第64条 国会中止决议

作为本法第55条至第63条及第65条至第67条规定的例外，如果国会两院通过一项决议规定按本法第55条（1）、第60条或第63条（1）规定发布的某项命令停止有效，该命令应于该决议被通过之日停止有效，或者于该项已通过的决议规定的日期停止有效，如果该项通过的决议规定有该命令停止有效的日期。

第65条 《加拿大政府公报》的公告

下列情况下，部长应通过《加拿大政府公报》发布公告：

（a）按本法第55条（1）规定发布的某项命令因本法第56条（2）或第59条（2）规定的原因继续有效；或者

（b）按本法第55条（1）、第60条或第63条（1）规定发布的命令因国会两院通过一项决议停止有效。

第66条 实施细则

授权总督制定本法第55条至第66条规定的实施细则，并可发布命令全部或部分暂停某项附加税或某项税率适用于任何国家的货物或任何类别的货物。

第 67 条　总督的决定

总督对在按本法第 55 条至第 66 条规定征收的附加税或税率的适用方面出现的任何问题的决定，均为最终决定。

对农产品的保障措施

第 68 条

（1）附加税命令

作为本法或任何其他联邦法律规定的例外，但除本条（2）或（7）另有规定外，授权总督根据部长的建议发布命令，对该命令中规定的任何农产品：

（a）征收一项按税率在该命令中具体规定的附加税，即在按本法或国会制定的任何涉及海关的法所规定的任何关税之外另外征收；并且

（b）按该规定中规定的条件征收该项附加税。

（2）发布命令的条件

部长在建议按本条（1）规定发布某项命令前，必须依据农业及农业食品部部长的报告确信，《世界贸易组织协定》附件 1A《农产品协定》第 5 条中规定的条件，对于对规定农产品征收一项附加税而言，已经具备。

（3）对转口货物的不适用

加拿大边境机构主席有权免予货物缴纳本条（1）规定项下的某项命令规定征收的附加税，如果主席认为：

（a）在该项命令生效前，该货物被采购用于进口时，采购人真诚地认为本条（1）规定不会适用于这些货物；并且

（b）在该项命令生效之时，该货物正向加拿大的采购人转口。

（4）国会中止决议

如果国会两院均通过一项决议规定按本条（1）规定发布的某项命令停止有效，该命令应于该决议被通过之日停止有效，或者于该项已通过的决议规定的日期停止有效，如果该项通过的决议规定有该命令停止有效的日期。

（5）《加拿大政府公报》的公告

本条（1）规定项下的某项命令因国会两院通过一项决议停止有效时，部长应通过《加拿大政府公报》公布。

（6）实施细则

授权总督根据部长的建议，制定实施细则：

（a）规定适用本条规定的任何国家的农产品；

（b）规定按本条（1）规定发布命令的条件；以及

（c）规定实现本条规定的目标及执行本条规定的一般规定。

（7）对法定文书法的例外

按本条（1）规定发布的命令不适用《法定文书法》第 3 条、第 5 条及第 11 条规定。

（8）公布

根据本条（1）所做的命令必须在《加拿大政府公报》上公布。

针对美国货物的双边紧急措施

第 69 条

（1）不适用

本条规定不适用于《北美自由贸易协定》第三章附件 300 – B 附录 1.1 规定的纺织及服装货品。

（2）总督命令

除本条（3）另有规定外，总督在任何时候依据加拿大国际贸易法院按《加拿大国际贸易法院法》第 19.01 条或第 19.1 条（2）规定进行的一项调查或者按该法①第 23 条规定递交的一份投诉如果确信，享受美国税率的货物，由于享受该税率，其进口数量正在大幅增长并且是对同类或直接竞争的货物的国内生产人造成严重损害的主要原因，有权根据部长的建议发布命令：

（a）对按季节征收关税的货物，在本法或任何其他涉及海关的联邦法律规定征收的关税之外，征收一项临时关税，临时关税的税率由该命令规定，但该税率加上《税则规定表》当时所列的对这些货物的税率后，不得超过 1989 年 1 月 1 日前对这些货物施行的关税最惠国税率。并且

（b）对任何其他货物，在本法或任何其他涉及海关的联邦法律规定征收的关税之外，征收一项临时关税，临时关税的税率由该命令规定，但该税率加上《税则规定表》当时所列的对这些货物的税率后，不得超过以下两项税率中较低者：

（i）1988 年 12 月 31 日当日对这些货物施行的关税最惠国税率；与

（ii）该命令发布之时对这些货物施行的关税最惠国税率。

（3）限制条件

按本条（2）规定发布的某项命令：

（a）在 1988 年 1 月 1 日开始至 1998 年 12 月 31 日结束的时段中，对某一种

---

① 指《加拿大国际贸易法院法》。——译者注

货物只能发布一次，并且在该时段内发布的命令，其规定的有效期不得超过3年；并且

（b）只能在1998年12月31日之后发布，如果是依据某项加拿大政府及美国政府之间关于执行本条（2）规定的协定发布的命令。

（4）"主要原因"的定义

本条规定中，"主要原因"，对于严重损害而言，指一项其重要性不低于任何其他严重损害原因的重要原因。

（5）引用有效的关税

适用本条（2）（a）时，对新鲜水果或蔬菜施行的关税最惠国税率是：

（a）对于新鲜蔬菜，《税则规定表》第7章补充注释2（b）所指的规定税目所列的对该蔬菜施行的关税税率；以及

（b）对于新鲜水果，《税则规定表》第8章补充注释4（b）所指的规定税目所列的对该水果施行的关税税率。

对墨西哥及 MUST 货物的双边紧急措施

第 70 条

（1）不适用

本条规定不适用于《北美自由贸易协定》第三章附件 300 – B 附录 1.1 所列的纺织及服装货品。

（2）总督命令

除本条（3）另有规定外，总督在任何时候如果依据加拿大国际贸易法院按《加拿大国际贸易法院法》第 19.01 条（3）规定进行的一项调查或者按该法①第23 条（1.02）规定递交的一份投诉有理由相信，符合条件享受墨西哥税率或墨西哥—美国税率的货物，因为享受该种税率，其进口量增长并且仅因此是对同类或直接竞争的货物的国内生产人造成严重损害或严重损害威胁的主要原因，有权根据部长的建议发布命令：

（a）在该命令的有效期内暂停对任何这些货物根据本法第 45 条规定本应在该时间节点后减征的关税；

（b）对按季节征收关税的货物，在本法或任何其他涉及海关的联邦法律规定征收的关税之外，征收一项临时关税，临时关税的税率由该命令规定，但该税率加上《税则规定表》当时所列的对这些货物的税率后，不得超过 1994 年 1 月

---

① 指《加拿大国际贸易法院法》。——译者注

1 日前对这些货物施行的关税最惠国税率；并且

（c）对本款（b）规定所指的货物以外的任何其他货物，在本法或任何其他涉及海关的联邦法律规定征收的关税之外，征收一项临时关税，临时关税的税率由该命令规定，但该税率加上《税则规定表》当时所列的对这些货物的税率后，不得超过以下两项税率中较低者：

（i）1993 年 12 月 31 日当日对这些货物施行的关税最惠国税率；与

（ii）该命令发布之时对这些货物施行的关税最惠国税率。

（3）限制条件

按本条（2）规定发布的某项命令：

（a）在 1994 年 1 月 1 日开始至 2003 年 12 月 31 日结束的时段中，对某一种货物只能发布一次，并且在该时段内发布的命令，其规定的有效期不得超过 3 年；并且

（b）只能在 2003 年 12 月 31 日之后发布，如果是依据某项加拿大政府及墨西哥政府之间关于执行本条（2）规定的协定发布的命令。

（4）命令停止有效后的关税税率

按本条（2）规定发布的某项命令如果在某个自然年份停止有效：

（a）在该命令停止有效之后直到该年份的 12 月 31 日前对该货物施行的关税税率，是该命令发布后 1 年按本法第 45 条规定减税后应施行的税率；以及

（b）从第二年 1 月 1 日开始对该货物施行的关税税率，是部长按本条（5）规定确定的税率。

（5）规定税率的确定

适用本条（4）规定时，部长应发布命令，明确本条（4）（b）规定所指的税率是：

（a）本应于该命令停止有效的第二年 1 月 1 日实施的关税税率，如果该关税税率已按本法第 45 条规定降低并正在按该条规定在随后的年份中降低；

（b）在该命令发布后一个年份应施行的关税税率，在从该命令停止有效所在年份之后的年份起到对该货物施行的关税税率本应按本法第 45 条规定降低到最终税率之日止的各年份中平均降低的。

（6）"主要原因"的定义

本条规定中，"主要原因"，对于严重损害而言，指一项其重要性不低于任何其他严重损害原因的重要原因。

（7）引用有效的关税

适用本条（2）（b）时，对新鲜水果或蔬菜施行的关税最惠国税率是：

（a）对于新鲜蔬菜，《税则规定表》第 7 章补充注释 2（b）所指的规定税目

所列的对该蔬菜施行的关税税率；以及

（b）对于新鲜水果，《税则规定表》第8章补充注释4（b）所指的规定税目所列的对该水果施行的关税税率。

双边紧急措施——智利

第71条

（1）不适用

本条规定不适用于《加拿大—智利自由贸易协定》附件C–00–B附录1.1所列的纺织及服装货品。

（2）总督命令

除本条（3）另有规定外，总督在任何时候如果依据加拿大国际贸易法院按《加拿大国际贸易法院法》第19.012条（2）规定进行的一项调查或者按该法[①]第23条（1.05）规定递交的一份投诉有理由相信，符合条件享受智利税率的货物，因为享受该种税率，其进口量增长并且仅因此是对同类或直接竞争的货物的国内生产人造成严重损害或严重损害威胁的主要原因，有权根据部长的建议发布命令：

（a）在该命令的有效期内暂停对任何这些货物根据本法第46条规定本应在该时间节点后减征的关税；

（b）对按季节征收关税的货物，在本法或任何其他涉及海关的联邦法律规定征收的关税之外，征收一项临时关税，临时关税的税率由该命令规定，但该税率加上《税则规定表》当时所列的对这些货物的税率后，不得超过1997年7月5日前对这些货物施行的关税最惠国税率；并且

（c）对本款（b）规定所指的货物以外的任何其他货物，在本法或任何其他涉及海关的联邦法律规定征收的关税之外，征收一项临时关税，临时关税的税率由该命令规定，但该税率加上《税则规定表》当时所列的对这些货物的税率后，不得超过以下两项税率中较低者：

（i）1997年7月4日当日对这些货物施行的关税最惠国税率；与

（ii）该命令发布之时对这些货物施行的关税最惠国税率。

（3）限制条件

按本条（2）规定发布的某项命令：

（a）在1997年7月5日开始至2002年12月31日结束的时段中，对某一种

---

① 指《加拿大国际贸易法院法》。——译者注

货物只能发布一次，并且在该时段内发布的命令，其规定的有效期不得超过 3 年；并且

（b）只能在 2002 年 12 月 31 日之后发布，如果是依据某项加拿大政府及智利政府之间关于执行本条（2）规定的协定发布的命令。

（4）命令停止有效后的关税税率

按本条（2）规定发布的某项命令如果在某个自然年份停止有效：

（a）在该命令停止有效之后直到该年份的 12 月 31 日前对该货物施行的关税税率，是该命令发布后 1 年按本法第 46 条规定减税后应施行的税率；以及

（b）从第二年 1 月 1 日开始对该货物施行的关税税率，是部长按本条（5）规定确定的税率。

（5）规定税率的确定

适用本条（4）规定时，部长应发布命令，明确本条（4）（b）规定所指的税率是：

（a）本应于该命令停止有效的第二年 1 月 1 日实施的关税税率，如果该关税税率已按本法第 45 条规定降低并正在按该条规定在随后的年份中降低；

（b）在该命令发布后一个年份应施行的关税税率，在从该命令停止有效所在年份之后的年份起到对该货物施行的关税税率本应按本法第 46 条规定降低到最终税率之日止的各年份中平均降低的。

（6）"主要原因"的定义

本条规定中，"主要原因"，对于严重损害而言，指一项其重要性不低于任何其他严重损害原因的重要原因。

（7）引用有效的关税

适用本条（2）（b）时，对新鲜水果或蔬菜施行的关税最惠国税率是：

（a）对于新鲜蔬菜，《税则规定表》第 7 章补充注释 2（b）所指的规定税目所列的对该蔬菜施行的关税税率；以及

（b）对于新鲜水果，《税则规定表》第 8 章补充注释 4（b）所指的规定税目所列的对该水果施行的关税税率。

双边紧急措施——哥伦比亚

第 71.01 条

（1）总督命令

除本条（2）及（4）另有规定外，总督在任何时候如果依据加拿大国际贸易法院按《加拿大国际贸易法院法》第 19.0121 条（2）规定进行的一项调查或

者按该法①第 23 条（1.061）规定递交的一份投诉有理由相信，符合条件享受哥伦比亚税率的货物，因为享受该种税率，其进口量增长并且仅因此是对同类或直接竞争的货物的国内生产人造成严重损害或严重损害威胁的主要原因，有权根据部长的建议发布命令：

（a）在该命令的有效期内暂停对任何这些货物根据本法第 49.01 条规定本应在该时间节点后减征的关税；

（b）对这些货物征收一项临时关税，临时关税的税率由该命令规定，但该税率加上哥伦比亚税率当时所列的对这些货物的税率后，不得超过以下两项税率中较低者：

（i）该命令发布之时对这些货物施行的关税最惠国税率；与

（ii）2007 年 1 月 1 日当日对这些货物施行的关税最惠国税率。

（2）限制条件

按本条（1）规定发布的某项命令：

（a）对某一种货物只能发布一次。

（b）只能在该命令规定的不超过 3 年的时段内有效。并且

（c）只能在本款规定生效之日开始至下列时间节点结束的时段内发布：

（i）本款规定生效之日后 10 年之日，如果该命令涉及其哥伦比亚税率的关税税率在一个不超过 10 年的时段中被降低到"免税"的最终税率；以及

（ii）对这些货物的分期降税期满之日，如果该命令涉及其哥伦比亚税率的关税税率在一个 10 年或更长的时段中被降低到"免税"的最终税率。

（3）命令停止有效后的关税税率

按本条（1）规定发布的某项命令如果在某个自然年份停止有效，在该命令停止有效之后应对该货物施行的关税税率为按本法第 49.01 条规定施行的关税税率。

（4）"主要原因"的定义

本条规定中，"主要原因"，对于严重损害而言，指一项其重要性不低于任何其他严重损害原因的重要原因。

双边紧急措施——哥斯达黎加

第 71.1 条

（1）不适用

---

① 指《加拿大国际贸易法院法》。——译者注

本条规定不适用于《加拿大—哥斯达黎加自由贸易协定》附件 III 附录 III.1.1 所列的纺织及服装货品。

（2）总督命令

除本条（3）及（4）另有规定外，总督在任何时候如果依据加拿大国际贸易法院按《加拿大国际贸易法院法》第 19.013 条（2）规定进行的一项调查或者按该法第 23 条（1.07）规定递交的一份投诉有理由相信，符合条件享受哥斯达黎加税率的货物，因为享受该种税率，其进口量增长并且仅因此是对同类或直接竞争的货物的国内生产人造成严重损害或严重损害威胁的主要原因，有权根据部长的建议发布命令：

（a）在该命令的有效期内暂停对任何这些货物根据本法第 49.1 条规定本应在该时间节点后减征的关税；

（b）对按季节征收关税的货物，在本法或任何其他涉及海关的联邦法律规定征收的关税之外，征收一项临时关税，临时关税的税率由该命令规定，但该税率加上《税则规定表》当时所列的对这些货物的税率后，不得超过本款规定生效之日前对这些货物施行的关税最惠国税率；并且

（c）对本款（b）规定所指的货物以外的任何其他货物，在本法或任何其他涉及海关的联邦法律规定征收的关税之外，征收一项临时关税，临时关税的税率由该命令规定，但该税率加上《税则规定表》当时所列的对这些货物的税率后，不得超过以下两项税率中较低者：

（i）本款规定生效之日前对这些货物施行的关税最惠国税率；与

（ii）该命令发布之时对这些货物施行的关税最惠国税率。

（3）限制条件

按本条（2）规定发布的某项命令：

（a）在从本款规定生效之日至本款规定生效之日后 7 年之日结束的时段中，对某一种货物只能发布一次，并且在该时段内发布的命令，其规定的有效期不得超过 3 年；并且

（b）只能在本款规定生效之日后 7 年之日发布，如果是依据某项加拿大政府及哥斯达黎加政府之间关于执行本条（2）规定的协定发布的命令。

（4）第二次适用措施

按本条（2）规定发布某项命令所指的措施，下列情况下可第二次适用：

（a）自该措施第一次适用结束以来的时段至少等于第一次适用时段的一半；

（b）第二次适用措施的第一年的关税税率不高于第一次采取措施之时符合《加拿大—哥斯达黎加自由贸易协定》附件 III.3.1（标题为"关税消除"）所指的《加拿大减让表》规定的有效税率；以及

（c）适用于任何后来年份的关税税率分期平均降低到该措施的最后一年的关税税率等于《加拿大—哥斯达黎加自由贸易协定》附件 III.3.1（标题为"关税消除"）所指的《加拿大减让表》中规定的该年施行的税率。

（5）命令停止有效后的关税税率

按本条（2）规定发布的某项命令如果在某个自然年份停止有效：

（a）在该命令停止有效之后直到该年份的 12 月 31 日前对该货物施行的关税税率，是该命令发布后 1 年按本法第 49.1 条规定减税后应施行的税率；以及

（b）从第二年 1 月 1 日开始对该货物施行的关税税率，是部长按本条（6）规定确定的税率。

（6）规定税率的确定

适用本条（5）规定时，部长应发布命令，明确本条（5）（b）规定所指的税率是：

（a）本应于该命令停止有效的第二年 1 月 1 日实施的关税税率，如果该关税税率已按本法第 49.1 条规定降低并正在按该条规定在随后的年份中降低；

（b）在该命令发布后一个年份应施行的关税税率，在从该命令停止有效所在年份之后的年份起到对该货物施行的关税税率本应按本法第 49.1 条规定降低到最终税率之日止的各年份中平均降低的。

（7）"主要原因"的定义

本条规定中，"主要原因"，对于严重损害而言，指一项其重要性不低于任何其他严重损害原因的重要原因。

（8）引用有效的关税

适用本条（2）（b）时，对新鲜水果或蔬菜施行的关税最惠国税率是：

（a）对于新鲜蔬菜，《税则规定表》第 7 章补充注释 2（b）所指的规定税目所列的对该蔬菜施行的关税税率；以及

（b）对于新鲜水果，《税则规定表》第 8 章补充注释 4（b）所指的规定税目所列的对该水果施行的关税税率。

双边紧急措施——冰岛

第 71.2 条

（1）总督命令

除本条（2）至（4）另有规定外，总督在任何时候如果依据加拿大国际贸易法院按《加拿大国际贸易法院法》第 19.014 条（2）规定进行的一项调查或

者按该法①第23条（1.09）规定递交的一份投诉有理由相信，符合条件享受冰岛税率的货物，因为享受该种税率，其进口量增长并且仅因此是对同类或直接竞争的货物的国内生产人造成严重损害或严重损害威胁的主要原因，有权根据部长的建议发布命令：

（a）在该命令的有效期内暂停对任何这些货物根据本法第52.1条规定本应在该时间节点后减征的关税；

（b）对按季节征收关税的货物，在本法或任何其他涉及海关的联邦法律规定征收的关税之外，征收一项临时关税，临时关税的税率由该命令规定，但该税率加上《税则规定表》当时所列的对这些货物的税率后，不得超过本款规定生效之日前对这些货物施行的关税最惠国税率；并且

（c）对本款（b）规定所指的货物以外的任何其他货物，在本法或任何其他涉及海关的联邦法律规定征收的关税之外，征收一项临时关税，临时关税的税率由该命令规定，但该税率加上《税则规定表》当时所列的对这些货物的税率后，不得超过以下两项税率中较低者：

（i）本款规定生效之日前对这些货物施行的关税最惠国税率；与

（ii）该命令发布之时对这些货物施行的关税最惠国税率。

（2）限制条件

按本条（1）规定发布的某项命令：

（a）除本条（3）规定所指的税目外，在从本款规定生效之日至本款规定生效之日后5年之日结束的时段中，对某一种货物只能发布一次，并且在该时段内发布的命令，其规定的有效期不得超过3年；并且

（b）除本条（3）规定所指的税目外，可在本款（a）规定所指的时段期满以后发布，如果是依据某项加拿大政府及冰岛政府之间关于执行本条（1）规定的协定发布的命令。

（3）某些税号

本条（1）规定项下的某项命令：

（a）涉及税号 8901.20.90、8902.00.10、8905.20.10、8905.20.20、8905.90.10 及 8906.90.99 时，在从本款规定生效之日后3年之日开始到本款规定生效之日后10年之日结束的时段中，对某一种货物只能发布一次，并且在该时段内发布的命令，其规定的有效期不得超过3年；并且

（b）涉及税号 8901.10.90、8901.90.99、8904.00.00、8905.10.00 及 8905.90.90 时，在从本款规定生效之日后3年之日开始到本款规定生效之日后

15 年之日结束的时段中，对某一种货物只能发布一次，并且在该时段内发布的命令，其规定的有效期不得超过 3 年。

（4）命令停止有效后的关税税率

按本条（2）规定发布的某项命令如果在某个自然年份停止有效：

（a）在该命令停止有效之后直到该年份的 12 月 31 日前对该货物施行的关税税率，是该命令发布后 1 年按本法第 52.1 条规定减税后应施行的税率；以及

（b）从第二年 1 月 1 日开始对该货物施行的关税税率，是部长按本条（5）规定确定的税率。

（5）规定税率的确定

适用本条（4）规定时，部长应发布命令，明确本条（4）（b）规定所指的税率是：

（a）本应于该命令停止有效的第二年 1 月 1 日实施的关税税率，如果该关税税率已按本法第 52.1 条规定降低并正在按该条规定在随后的年份中降低；

（b）在该命令发布后一个年份应施行的关税税率，在从该命令停止有效所在年份之后的年份起到对该货物施行的关税税率本应按本法第 52.1 条规定降低到最终税率之日止的各年份中平均降低的。

（6）"主要原因"的定义

本条规定中，"主要原因"，对于严重损害而言，指一项其重要性不低于任何其他严重损害原因的重要原因。

（7）引用有效的关税

适用本条（1）（b）时，对新鲜水果或蔬菜施行的关税最惠国税率是：

（a）对于新鲜蔬菜，《税则规定表》第 7 章补充注释 2（b）所指的规定税目所列的对该蔬菜施行的关税税率；以及

（b）对于新鲜水果，《税则规定表》第 8 章补充注释 4（b）所指的规定税目所列的对该水果施行的关税税率。

对边紧急措施——挪威

第 71.3 条

（1）总督命令

除本条（2）至（4）另有规定外，总督在任何时候如果依据加拿大国际贸易法院按《加拿大国际贸易法院法》第 19.015 条（2）规定进行的一项调查或

者按该法①第 23 条 （1.091） 规定递交的一份投诉有理由相信，符合条件享受挪威税率的货物，因为享受该种税率，其进口量增长并且仅因此是对同类或直接竞争的货物的国内生产人造成严重损害或严重损害威胁的主要原因，有权根据部长的建议发布命令：

（a） 在该命令的有效期内暂停对任何这些货物根据本法第 52.2 条规定本应在该时间节点后降低的关税；

（b） 对按季节征收关税的货物，在本法或任何其他涉及海关的联邦法律规定征收的关税之外，征收一项临时关税，临时关税的税率由该命令规定，但该税率加上《税则规定表》当时所列的对这些货物的税率后，不得超过本款规定生效之日前对这些货物施行的关税最惠国税率；并且

（c） 对本款 （b） 规定所指的货物以外的任何其他货物，在本法或任何其他涉及海关的联邦法律规定征收的关税之外，征收一项临时关税，临时关税的税率由该命令规定，但该税率加上当时有效的挪威关税税率后，不得超过以下两项税率中较低者：

（i） 本款规定生效之日前对这些货物施行的关税最惠国税率；与

（ii） 该命令发布之时对这些货物施行的关税最惠国税率。

（2） 限制条件

按本条 （1） 规定发布的某项命令：

（a） 除本条 （3） 规定所指的税目外，在从本款规定生效之日至本款规定生效之日后 5 年之日结束的时段中，对某一种货物只能发布一次，并且在该时段内发布的命令，其规定的有效期不得超过 3 年；并且

（b） 除本条 （3） 规定所指的税目外，可在本款 （a） 规定所指的时段期满以后发布，如果是依据某项加拿大政府及冰岛政府之间关于执行本条 （1） 规定的协定发布的命令。

（3） 某些税号

本条 （1） 规定项下的某项命令：

（a） 涉及税号 8901.20.90、8902.00.10、8905.20.10、8905.20.20、8905.90.10 及 8906.90.99 时，在从本款规定生效之日后 3 年之日开始到本款规定生效之日后 10 年之日结束的时段中，对某一种货物只能发布一次，并且在该时段内发布的命令，其规定的有效期不得超过 3 年；并且

（b） 涉及税号 8901.10.90、8901.90.99、8904.00.00、8905.10.00 及 8905.90.90 时，在从本款规定生效之日后 3 年之日开始到本款规定生效之日后

① 指《加拿大国际贸易法院法》。——译者注

15 年之日结束的时段中，对某一种货物只能发布一次，并且在该时段内发布的命令，其规定的有效期不得超过 3 年。

（4）命令停止有效后的关税税率

按本条（2）规定发布的某项命令如果在某个自然年份停止有效：

（a）在该命令停止有效之后直到该年份的 12 月 31 日前对该货物施行的关税税率，是该命令发布后 1 年按本法第 52.2 条规定减税后应施行的税率；以及

（b）从第二年 1 月 1 日开始对该货物施行的关税税率，是部长按本条（5）规定确定的税率。

（5）规定税率的确定

适用本条（4）规定时，部长应发布命令，明确本条（4）（b）规定所指的税率是：

（a）本应于该命令停止有效的第二年 1 月 1 日实施的关税税率，如果该关税税率已按本法第 52.2 条规定降低并正在按该条规定在随后的年份中降低；

（b）在该命令发布后一个年份应施行的关税税率，在从该命令停止有效所在年份之后的年份起到对该货物施行的关税税率本应按本法第 52.2 条规定降低到最终税率之日止的各年份中平均降低的。

（6）"主要原因"的定义

本条规定中，"主要原因"，对于严重损害而言，指一项其重要性不低于任何其他严重损害原因的重要原因。

（7）引用有效的关税

适用本条（1）（b）时，对新鲜水果或蔬菜施行的关税最惠国税率是：

（a）对于新鲜蔬菜，《税则规定表》第 7 章补充注释 2（b）所指的规定税目所列的对该蔬菜施行的关税税率；以及

（b）对于新鲜水果，《税则规定表》第 8 章补充注释 4（b）所指的规定税目所列的对该水果施行的关税税率。

（8）不适用

本条规定不适用于挪威斯瓦尔巴特群岛地区的货物。

双边紧急措施——瑞士—列支敦士登

第 71.4 条

（1）总督命令

除本条（2）至（4）另有规定外，总督在任何时候如果依据加拿大国际贸易法院按《加拿大国际贸易法院法》第 19.016 条（2）规定进行的一项调查或

者按该法①第 23 条（1.092）规定递交的一份投诉有理由相信，符合条件享受瑞士—列支敦士登税率的货物，因为享受该种税率，其进口量增长并且仅因此是对同类或直接竞争的货物的国内生产人造成严重损害或严重损害威胁的主要原因，有权根据部长的建议发布命令：

（a）在该命令的有效期内暂停对任何这些货物根据本法第 52.3 条规定本应在该时间节点后降低的关税；

（b）对按季节征收关税的货物，在本法或任何其他涉及海关的联邦法律规定征收的关税之外，征收一项临时关税，临时关税的税率由该命令规定，但该税率加上《税则规定表》当时所列的对这些货物的税率后，不得超过本款规定生效之日前对这些货物施行的关税最惠国税率；并且

（c）对本款（b）规定所指的货物以外的任何其他货物，在本法或任何其他涉及海关的联邦法律规定征收的关税之外，征收一项临时关税，临时关税的税率由该命令规定，但该税率加上瑞士—列支敦士登税率当时有效的关税税率后，不得超过以下两项税率中较低者：

（i）本款规定生效之日前对这些货物施行的关税最惠国税率；与

（ii）该命令发布之时对这些货物施行的关税最惠国税率。

（2）限制条件

按本条（1）规定发布的某项命令：

（a）除本条（3）规定所指的税目外，在从本款规定生效之日至本款规定生效之日后 5 年之日结束的时段中，对某一种货物只能发布一次，并且在该时段内发布的命令，其规定的有效期不得超过 3 年；并且

（b）除本条（3）规定所指的税目外，可在本款（a）规定所指的时段期满以后发布，如果是依据某项加拿大政府及瑞士联邦政府之间关于执行本条（1）规定的协定发布的命令。

（3）某些税号

本条（1）规定项下的某项命令：

（a）涉 及 税 号 8901.20.90、8902.00.10、8905.20.10、8905.20.20、8905.90.10 及 8906.90.99 时，在从本款规定生效之日后 3 年之日开始到本款规定生效之日后 10 年之日结束的时段中，对某一种货物只能发布一次，并且在该时段内发布的命令，其规定的有效期不得超过 3 年；并且

（b）涉 及 税 号 8901.10.90、8901.90.99、8904.00.00、8905.10.00 及 8905.90.90 时，在从本款规定生效之日后 3 年之日开始到本款规定生效之日后

---

① 指《加拿大国际贸易法院法》。——译者注

15 年之日结束的时段中,对某一种货物只能发布一次,并且在该时段内发布的命令,其规定的有效期不得超过 3 年。

（4）命令停止有效后的关税税率

按本条（1）规定发布的某项命令如果在某个自然年份停止有效:

（a）在该命令停止有效之后直到该年份的 12 月 31 日前对该货物施行的关税税率,是该命令发布后 1 年按本法第 52.3 条规定减税后应施行的税率;以及

（b）从第二年 1 月 1 日开始对该货物施行的关税税率,是部长按本条（5）规定确定的税率。

（5）规定税率的确定

适用本条（4）规定时,部长应发布命令,明确本条（4）（b）规定所指的税率是:

（a）本应于该命令停止有效的第二年 1 月 1 日实施的关税税率,如果该关税税率已按本法第 52.3 条规定降低并正在按该条规定在随后的年份中降低;

（b）在该命令发布后一个年份应施行的关税税率,在从该命令停止有效所在年份之后的年份起到对该货物施行的关税税率本应按本法第 52.3 条规定降低到最终税率之日止的各年份中平均降低的。

（6）"主要原因"的定义

本条规定中,"主要原因",对于严重损害而言,指一项其重要性不低于任何其他严重损害或威胁原因的重要原因。

（7）引用有效的关税

适用本条（1）（b）时,对新鲜水果或蔬菜施行的关税最惠国税率是:

（a）对于新鲜蔬菜,《税则规定表》第 7 章补充注释 2（b）所指的规定税目所列的对该蔬菜施行的关税税率;以及

（b）对于新鲜水果,《税则规定表》第 8 章补充注释 4（b）所指的规定税目所列的对该水果施行的关税税率。

双边紧急措施——巴拿马

第 71.41 条

（1）总督命令

除本条（2）至（4）另有规定外,总督在任何时候如果依据加拿大国际贸易法院按《加拿大国际贸易法院法》第 19.0131 条（2）规定进行的一项调查或

者按该法①第 23 条（1.081）规定递交的一份投诉有理由相信，符合条件享受巴拿马税率的货物，因为享受该种税率，其进口量增长并且仅因此是对同类或直接竞争的货物的国内生产人造成严重损害或严重损害威胁的主要原因，有权根据部长的建议发布命令：

（a）在该命令的有效期内暂停对任何这些货物根据本法第 49.41 条规定本应在该时间节点后降低的关税。

（b）对这些货物，在本法或任何其他涉及海关的联邦法律规定征收的关税之外，征收一项临时关税，临时关税的税率由该命令规定，但该税率加上当时有效的巴拿马关税税率后，不得超过以下两项税率中较低者：

（i）该命令发布之时对这些货物施行的关税最惠国税率；与

（ii）2009 年 1 月对这些货物施行的关税最惠国税率。

（2）限制条件

按本条（1）规定发布的某项命令：

（a）对某一种货物只能发布一次。

（b）在该时段内发布的命令，其规定的有效期不得超过 3 年。

（c）可在从本法规定生效之日开始到下列时间节点结束的时段内发布：

（i）本款规定生效之日后 10 年之日，如果该命令涉及关税的巴拿马税率在一个不超过 10 年的时段中被降低到"免税"的最终税率；以及

（ii）对这些货物的关税分期降税期满之日，如果该命令涉及关税的巴拿马税率在一个超过 10 年的时段中被降低到"免税"的最终税率。并且

（d）可在本款（c）规定所指的时段期满以后发布，如果是依据某项加拿大政府及巴拿马政府之间关于执行本条（1）规定的协定发布的命令。

（3）命令停止有效后的关税税率

按本条（2）规定发布的某项命令如果在某个自然年份停止有效，在该命令停止有效之后对该货物施行的关税税率，是按本法第 49.41 条规定施行的税率。

（4）"主要原因"的定义

本条规定中，"主要原因"，对于严重损害而言，指一项其重要性不低于任何其他严重损害或威胁原因的重要原因。

---

① 指《加拿大国际贸易法院法》。——译者注

双边紧急措施——秘鲁

第 71.5 条

（1）总督命令

除本条（2）至（4）另有规定外，总督在任何时候如果依据加拿大国际贸易法院按《加拿大国际贸易法院法》第 19.017 条（2）规定进行的一项调查或者按该法①第 23 条（1.093）规定递交的一份投诉有理由相信，符合条件享受秘鲁税率的货物，因为享受该种税率，其进口量增长并且仅因此是对同类或直接竞争的货物的国内生产人造成严重损害或严重损害威胁的主要原因，有权根据部长的建议发布命令：

（a）在该命令的有效期内暂停对任何这些货物根据本法第 49.5 条规定本应在该时间节点后降低的关税。并且

（b）对这些货物，在本法或任何其他涉及海关的联邦法律规定征收的关税之外，征收一项临时关税，临时关税的税率由该命令规定，但该税率加上当时有效的秘鲁关税税率后，不得超过以下两项税率中较低者：

（i）该命令发布之时对这些货物施行的关税最惠国税率；与

（ii）2007 年 1 月对这些货物施行的关税最惠国税率。

（2）限制条件

按本条（1）规定发布的某项命令：

（a）在从本款规定生效之日至本款规定生效之日后 7 年之日结束的时段中，对某一种货物发布的命令不得超过 2 次，并且在该时段内发布的命令，其规定的有效期不得超过 3 年；并且

（b）不得在本款规定生效之日后 7 年之日后发布。

（3）第二次措施的适用

按本条（1）规定发布的命令中所指的某项措施，可第二次适用，如果自该措施第一次适用结束后已经历的时段至少等于第一个适用期的一半。

（4）命令停止有效后的关税税率

按本条（1）规定发布的某项命令如果在某个自然年份停止有效，在该命令停止有效之后该货物施行的关税税率，是按本法第 49.5 条规定施行的关税税率。

（5）主要原因的定义

本条规定中，"主要原因"，对于严重损害而言，指一项其重要性不低于任何

---

① 指《加拿大国际贸易法院法》。——译者注

其他严重损害原因的重要原因。

双边紧急措施——约旦

第71.6条

（1）总督命令

除本条（2）及（3）另有规定外，总督在任何时候如果依据加拿大国际贸易法院按《加拿大国际贸易法院法》第19.018条（2）规定进行的一项调查或者按该法①第23条（1.094）规定递交的一份投诉有理由相信，符合条件享受约旦关税的货物，因为享受该种税率，其进口量增长并且仅因此是对同类或直接竞争的货物的国内生产人造成严重损害或严重损害威胁的主要原因，有权根据部长的建议发布命令：

（a）在该命令的有效期内暂停对任何这些货物根据本法第52.4条规定本应在该时间节点后降低的关税。

（b）对按季节征收关税的货物，在本法或任何其他涉及海关的联邦法律规定征收的关税之外，征收一项临时关税，临时关税的税率由该命令规定，但该税率加上《税则规定表》当时所列的对这些货物的税率后，不得超过本款规定生效之日前对这些货物施行的关税最惠国税率。并且

（c）对本款（b）规定所指的货物以外的任何其他货物，在本法或任何其他涉及海关的联邦法律规定征收的关税之外，征收一项临时关税，临时关税的税率由该命令规定，但该税率加上当时有效的约旦关税税率后，不得超过以下两项税率中较低者：

（i）本款规定生效之日前对这些货物施行的关税最惠国税率；与

（ii）该命令发布之时对这些货物施行的关税最惠国税率。

（2）限制条件

按本条（1）规定发布的某项命令：

（a）在从本款规定生效之日至本款规定生效之日后10年之日结束的时段中，对某一种货物只能发布2次，并且在该时段内发布的命令，其规定的有效期不得超过3年；

（b）可在本款（a）规定所指的时段期满以后发布，如果是依据某项加拿大政府及约旦政府之间关于执行本条（1）规定的协定发布的命令。

（3）第二次措施的适用

---

① 指《加拿大国际贸易法院法》。——译者注

按本条（1）规定发布的命令中所指的某项措施，可第二次适用，如果自该措施第一次适用结束后已经历的时段至少等于第一个适用期的一半。

（4）命令停止有效后的关税税率

按本条（1）规定发布的某项命令如果在某个自然年份停止有效：

（a）在该命令停止有效之后直到该年份的 12 月 31 日前对该货物施行的关税税率，是按本法第 52.4 条规定对该货物施行的关税税率。

（5）"主要原因"的定义

本条规定中，"主要原因"，对于严重损害而言，指一项其重要性不低于任何其他严重损害或威胁原因的重要原因。

（6）引用有效的海关关税

适用本条（1）（b）时，对新鲜水果或蔬菜施行的关税最惠国税率是：

（a）对于新鲜蔬菜，《税则规定表》第 7 章补充注释 2（b）所指的规定税目所列的对该蔬菜施行的关税税率；以及

（b）对于新鲜水果，《税则规定表》第 8 章补充注释 4（b）所指的规定税目所列的对该水果施行的关税税率。

双边紧急措施——洪都拉斯

第 72 条

（1）不适用

本条规定不适用于《加拿大—洪都拉斯自由贸易协定》附件 3.1 所列的纺织及服装货品。

（2）总督命令

除本条（3）至（7）另有规定外，总督在任何时候如果依据加拿大国际贸易法院按《加拿大国际贸易法院法》第 19.019 条（2）规定进行的一项调查或者按该法①第 23 条（1.095）规定递交的一份投诉有理由相信，符合条件享受洪都拉斯税率的货物，因为享受该种税率，其进口量增长并且仅因此是对同类或直接竞争的货物的国内生产人造成严重损害或严重损害威胁的主要原因，有权根据部长的建议发布命令：

（a）在该命令的有效期内暂停对任何这些货物根据本法第 49.6 条规定本应在该时间节点后减征的关税。

（b）对按季节征收关税的货物，在本法或任何其他涉及海关的联邦法律规

---

① 指《加拿大国际贸易法院法》。——译者注

定征收的关税之外，征收一项临时关税，临时关税的税率由该命令规定，但该税率加上洪都拉斯关税当时对这些货物施行的关税税率后，不得超过本款规定生效之日前对这些货物施行的关税最惠国税率。并且

（c）对本款（b）规定所指的货物以外的任何其他货物，在本法或任何其他涉及海关的联邦法律规定征收的关税之外，征收一项临时关税，临时关税的税率由该命令规定，但该税率加上当时对这些货物施行的洪都拉斯关税税率后，不得超过以下两项税率中较低者：

（i）该命令发布之时对这些货物施行的关税最惠国税率；与

（ii）本款规定生效之日前对这些货物施行的关税最惠国税率。

（3）限制条件

按本条（2）规定发布的某项命令：

（a）在从本款规定生效之日至本款规定生效之日后 8 年之日结束的时段中，对某一种货物发布的命令不得超过 2 次；

（b）在该时段内发布的命令，其规定的有效期不得超过 3 年；并且

（c）可能在本款规定生效之日后 7 年之日发布，如果是依据某项加拿大政府与洪都拉斯共和国政府之间关于执行本条（2）规定的协定发布的命令。

（4）第二次措施的适用

按本条（2）规定发布某项命令所指的某项措施，下列情况下可第二次适用：

（a）自该措施第一次适用结束后经历的时段至少等于第一次适用时段的一半；

（b）第二次措施的第一年的关税税率不高于第一次采取措施之时按本法第 49.6 条规定施行的税率；以及

（c）适用于任何后来年份的关税税率分期平均降低到该措施的最后一年的关税税率等于按本法第 49.6 条规定对该年施行的税率。

（5）命令停止有效后的关税税率

按本条（2）规定发布的某项命令如果在某个自然年份停止有效：

（a）在该命令停止有效之后直到该年份的 12 月 31 日前对该货物施行的关税税率，是该命令发布后 1 年按本法第 49.6 条规定减税后应施行的税率；以及

（b）从第二年 1 月 1 日开始对该货物施行的关税税率，是部长按本条（6）规定确定的税率。

（6）规定税率的确定

适用本条（5）规定时，部长应发布命令，明确本条（5）（b）规定所指的税率是：

（a）本应于该命令停止有效的第二年 1 月 1 日实施的关税税率，如果该关税

税率已按本法第49.6条规定降低并正在按该条规定在随后的年份中降低；

（b）在该命令发布后一个年份应施行的关税税率，在从该命令停止有效所在年份之后的年份起到对该货物施行的关税税率本应按本法第49.6条规定降低到最终税率之日止的各年份中平均降低的。

（7）"主要原因"的定义

本条规定中，"主要原因"，对于严重损害而言，指一项其重要性不低于任何其他严重损害原因的重要原因。

对从洪都拉斯进口的纺织及服装货物的双边紧急措施

第73条

（1）总督命令

总督如果依据加拿大国际贸易法院按《加拿大国际贸易法院法》第23条（1.096）规定递交的一份投诉或者按该法①第26条（1）（a）（i.96）规定进行的一项调查有理由相信，《加拿大—洪都拉斯自由贸易协定》附件3.1所列的及符合条件享受"洪都拉斯加税率"的纺织及服装货品，其进口量的增长相对于该货物的国内市场绝对或相对增长及其进口的条件，正在对同类或直接竞争的货物的国内生产人造成严重损害或一项严重损害实际威胁，则有权根据部长的建议发布命令：

（a）在该命令的有效期内暂停对任何这些货物根据本法第49.6条规定本应在该时间节点后减征的关税。

（b）对这些货物，在本法或任何其他涉及海关的联邦法律规定征收的关税之外，征收一项临时关税，临时关税的税率由该命令规定，但该税率加上洪都拉斯关税当时对这些货物施行的关税税率后，不得超过以下两项税率中较低者：

（i）该命令发布之时对这些货物施行的关税最惠国税率；与

（ii）本款规定生效之日前对这些货物施行的关税最惠国税率。

（2）限制条件

除本条（3）另有规定外，按本条（1）规定发布的某项命令，在该命令中规定的有效期不得超过3年。

（3）命令的有效期

按本条（1）规定发布的某项命令，如果其依据是部长的报告，应于该命令发布之日第180天当日停止有效，除非在该命令停止有效前，加拿大国际贸易法

---

① 指《加拿大国际贸易法院法》。——译者注

院依据其按《加拿大国际贸易法院法》第 26 条（1）（a）（i. 96）规定进行的一项调查向总督报告，部长报告中所指的货物从该报告指名的国家进口的情况正在给同类或直接竞争的货物的国内生产人造成严重损害或造成严重损害的威胁。

（4）命令的延期

授权总督根据部长的建议发布命令，延长依据国际贸易法院按《加拿大国际贸易法院法》第 26 条（1）（a）（i. 96）规定进行的一项调查发布的某项命令或者根据本条（3）规定依据该法院的报告继续有效的命令的有效期，但该命令的总有效期不得超过 3 年。

（5）命令停止有效后的关税税率

按本条（1）规定发布的某项命令如果在某个自然年份停止有效：

（a）在该命令停止有效之后直到该年份的 12 月 31 日前对该货物施行的关税税率，是该命令之后 1 年本应施行的并按本法第 49.6 条规定降低后的税率；以及

（b）从第二年开始对该货物施行的关税税率，是部长按本条（6）规定确定的税率。

（6）规定税率的确定

适用本条（5）规定时，部长应发布命令，明确本条（5）（b）规定所指的税率是：

（a）本应于该命令停止有效所在年份之后年份的 1 月 1 日实施的关税税率，如果该关税税率已按本法第 49.6 条规定降低，并在随后年份可按该条规定降低；

（b）在该命令发布后一个年份应施行的关税税率，并在从该命令停止有效所在年份之后年份的 1 月 1 日起到对该货物施行的关税税率本应按本法第 49.6 条规定降低到最终税率之日止的年平均分期降低的。

（7）再次发布的命令

本条规定（1）项下的命令在从本款规定生效之日开始到本款规定生效之日后 5 年之日结束的时段中，对某一种货物只能发布 1 次。

双边紧急措施——韩国

第 74 条

（1）总督命令

除本条（3）至（9）另有规定外，总督在任何时候如果依据加拿大国际贸易法院按《加拿大国际贸易法院法》第 19. 0191 条（2）规定进行的一项调查或

者按该法①第 23 条 （1.097） 规定递交的一份投诉有理由相信，符合条件享受"韩国税率"的货物，因为享受该种税率，其进口量增长并且仅因此是对同类或直接竞争的货物的国内生产人造成严重损害或严重损害威胁的主要原因，有权根据部长的建议发布命令：

（a） 在该命令的有效期内暂停对任何这些货物根据本法第 49.7 条规定本应在该时间节点后降低的关税。

（b） 对按季节征收关税的货物，在本法或任何其他涉及海关的联邦法律规定征收的关税之外，征收一项临时关税，临时关税的税率由该命令规定，但该税率加上当时有效的韩国关税税率后，不得超过以下两项税率中较低者：

（i） 该命令发布之前相应季度对这些货物施行的关税最惠国税率；与

（ii） 本款规定生效之前对这些货物施行的关税最惠国税率。

（c） 对本款 （b） 规定所指的货物以外的任何其他货物，在本法或任何其他涉及海关的联邦法律规定征收的关税之外，征收一项临时关税，临时关税的税率由该命令规定，但该税率加上当时有效的韩国关税税率后，不得超过以下两项税率中较低者：

（i） 该命令发布之时对这些货物施行的关税最惠国税率；与

（ii） 本款规定生效之前对这些货物施行的关税最惠国税率。

（2） 危急情势

除本条 （3） 至 （9） 另有规定外，总督如果在任何时候根据按《加拿大国际贸易法院法》 第 30.28 条 （1） 规定递交的一项指控有理由相信，由于享受韩国税率的货物因为这种享受其进口数量的增长及进口条件构成了对同类或直接竞争货物的国内生产人的严重损害或严重损害威胁的主要原因，从而存在危急情势，有权根据部长的建议发布命令：

（a） 在该命令的有效期内暂停对任何这些货物根据本法第 49.7 条规定本应在该时间节点后作出的关税减让。

（b） 对按季节征收关税的货物，在本法或任何其他涉及海关的联邦法律规定征收的关税之外，征收一项临时关税，临时关税的税率由该命令规定，但该税率加上当时有效的韩国关税税率后，不得超过以下两项税率中较低者：

（i） 最接近该命令发布之前的相应季节对这些货物施行的关税最惠国税率；与

（ii） 本款规定生效之前相应季节对这些货物施行的关税最惠国税率。

（c） 对本款 （b） 规定所指的货物以外的任何其他货物，在本法或任何其他

---

① 指《加拿大国际贸易法院法》。——译者注

涉及海关的联邦法律规定征收的关税之外，征收一项临时关税，临时关税的税率由该命令规定，但该税率加上当时有效的韩国关税税率后，不得超过以下两项税率中较低者：

（i）该命令发布之时对这些货物施行的关税最惠国税率；与

（ii）本款规定生效之前对这些货物施行的关税最惠国税率。

（3）本条（1）规定项下的命令的有效期

按本条（1）规定发布的命令，在该命令规定的有效期内一直有效，但不得超过两年。但是，如果该命令是依据按《加拿大国际贸易法院法》第23条（1.097）规定递交的一项投诉发布的，而且本条（2）规定项下的某项命令也是根据该项投诉发布的，其有效期不得超过两年，但可扣除本条（2）规定项下命令有效期的天数。

（4）本条（2）规定项下命令的有效期

本条（2）规定项下的某项命令应于该命令发布之日后第200天停止有效。

（5）例外规定——否定的认定

作为本条（4）规定的例外，如果加拿大国际贸易法院对按《加拿大国际贸易法院法》第23条（1.097）规定递交的投诉进行的调查没有得出结论认为，享受韩国税率的货物因为这种享受其进口数量的增长及进口条件构成了对同类或直接竞争货物的国内生产人的严重损害或严重损害威胁的主要原因：

（a）对同一项投诉按本条（2）规定发布的命令应于总督收到加拿大国际贸易法院按该法①第29条（3）规定提出的结果报告之日起停止有效；并且

（b）授权总督根据部长的建议发布命令，退还按依照本条（2）规定发布的命令的规定征收的附加税。

（6）例外规定——肯定的认定

作为本条（4）规定的例外，如果加拿大国际贸易法院对按《加拿大国际贸易法院法》第23条（1.097）规定递交的投诉进行的调查得出结论认为，享受"韩国税率"的货物因为这种享受其进口数量的增长及进口条件构成了对同类或直接竞争货物的国内生产人的严重损害或严重损害威胁的主要原因，总督有权根据部长的建议发布命令，延长按本条（2）规定对同一项投诉发布的命令的有效期。但该命令的总有效期不得超过两年。

（7）命令的延期

如果总督依据国际贸易法院按《加拿大国际贸易法院法》第30.07条规定进行的一项调查，有理由相信该命令对阻止或补救对同类或直接竞争货物的国内生

---

① 指《加拿大国际贸易法院法》。——译者注

产人造成的严重损害及对便于他们的调整继续有必要，并且有证据证明国内生产人正在进行调整，有权根据部长的建议发布命令，延长按本条（1）或（2）规定发布的命令的有效期。但该命令的总有效期不得超过4年。

（8）限制条件

按本条（1）或（2）规定发布的某项命令可在从本款规定生效之日开始到下列时间节点结束的时段内有效：

（a）对这些货物分期减税的年限到期后10年之日，如果该命令涉及的货物关税税率的韩国税率应在一个不超过5年的年限内降低到"免税"的最终税率。

（b）对这些货物分期减税的年限到期后15年之日，如果该命令涉及的货物关税税率的韩国税率应在一个5年或以上的年限内降低到"免税"的最终税率。

（9）命令停止有效后的关税税率

按本条（1）或（2）规定发布的某项命令如果在某个自然年份停止有效，在该命令停止有效之后对该货物施行的关税税率，是按本法第49.6条规定应施行的税率。

（10）"主要原因"的定义

本条规定中，"主要原因"，对于严重损害而言，指一项其重要性不低于任何其他严重损害或威胁原因的重要原因。

第75条　[2011年废止]

第76条　[2011年废止]

第76.1条　[2011年废止]

第77条　[2011年废止]

针对中国的保障措施

第77.1条

（1）词语定义

下列词语定义适用于本条规定及本法第77.2条至第77.8条规定。

"市场扰乱"，指某个国内产业生产的同类或直接竞争的货物，其进口的急剧增长（绝对的或相对于这些货物的某个国内产业的），构成对该国内产业实质性损害或实质性损害威胁的重要原因。

"重要原因"，涉及实质性损害或实质性损害威胁时，指一项重要的原因，但不一定比任何其他实质性损害或威胁的原因更重要。

（2）附加税——市场扰乱

除本法第77.2条另有规定外，总督在任何时候如果根据部长的某份报告或加拿大国际贸易法院按《加拿大国际贸易法院法》第30.22条规定进行的一项调查有理由相信，原产于中华人民共和国的货物的进口正在急剧增长或其进口的条件对同类或直接竞争货物的国内生产人造成或威胁造成市场扰乱，有权根据部长的建议发布命令，对这些货物在进口到加拿大或该命令中确定的加拿大某个地区或某个部分时，在该命令的有效期内，按以下税率征收一项附加税：

（a）该命令中规定的某项税率；或者

（b）该命令中规定的某项税率，但根据这些货物进口到加拿大或加拿大该地区或该部分的数量在该命令规定的某个时段内等于或超过该命令确定的数量随时调整。

（3）最高税率

按本条（2）规定的税率不得超过总督认为足以阻止或补救对同类或直接竞争货物的市场扰乱的税率。

（4）部长报告

本条（2）规定所指的部长报告只能在部长认为存在危急情势时才能提出。

（5）调查

对按本条（2）规定依据部长的某份报告发布的命令，总督应立即提交加拿大国际贸易法院进行《加拿大国际贸易法院法》第30.21条（1）规定项下的调查。

第77.2条

（1）有效期及废止

按本法第77.1条（2）规定发布的某项命令：

（a）除本法第77.3条另有规定外，在该命令规定的有效期内有效；并且

（b）授权总督根据部长的建议随时修改或废止，除非在该时间节点之前，国会两院均通过的某项决议指示该命令停止有效。

（2）停止有效

按本法第77.1条（2）规定依据部长的某份报告发布的命令，应于该命令发布之日后第200天结束时停止有效，除非在该命令按此停止有效前，加拿大国际贸易法院根据按《加拿大国际贸易法院法》第30.21条或第30.22条规定进行的一项调查向总督报告，部长的报告中所指的货物，其进口数量的增长或进口条件正在或威胁对同类或直接竞争货物的国内生产人造成市场混乱。

第77.3条

（1）后续命令

在某项按本款或本法第77.1条（2）或者按《出口及进口许可法》第5.4条（2）或（4）规定发布的涉及任何货物的命令的有效期期满前任何时候，总

督如果根据加拿大国际贸易法院按《加拿大国际贸易法院法》第 30.25 条（7）规定进行的一项调查有理由相信，某项命令对于阻止或补救对同类或直接竞争货物的市场扰乱继续有必要，有权根据部长的建议，发布一项后续命令，规定对任何前一项命令中确定的货物征收一项附加税。

（2）范围及税率

按本条（1）规定发布的后续命令：

（a）适用于在该命令的有效期内进口到加拿大或该命令中确定的加拿大的任何地区或任何部分的商品。并且

（b）除本条（3）另有规定外，该后续命令中规定征收的附加税的税率必须是：

（i）该后续命令中规定的某项税率；或者

（ii）该命令中规定的某项税率，但根据这些货物进口到加拿大或加拿大该地区或该部分的数量在该命令规定的某个时段内等于或超过该命令确定的数量随时调整。

（3）最高税率

该后续命令中规定的税率不得超过总督认为足以阻止或补救对同类或直接竞争货物的市场扰乱的税率。

（4）后续命令的有效期及废止

按本条（1）规定发布的每项命令：

（a）除本条另有规定外，在该命令规定的有效期内有效；并且

（b）作为本条其他规定的例外，总督有权根据部长的建议随时修改或废止，除非在该时间节点之前，国会两院按本法第 77.4 条规定都通过一项决议指示该命令停止有效。

第 77.4 条　停止有效的议会决议

作为本法第 77.1 条至第 77.3 条规定及第 77.5 条到第 77.8 条规定的例外，如果一项指示按本法第 77.1 条（2）、第 77.3 条（1）或 77.6 条（2）规定发布的命令停止有效的决议被国会两院通过，该命令应于该决议被通过之日停止有效，或者于该通过的决议规定的某一日停止有效，如果该决议规定了该日期。

第 77.5 条　通过政府公报对外公告

如果某项命令存在以下情形，部长应安排通过《加拿大政府公报》对外发布一项具有该法律效力的公告：

（a）是按本法第 77.1 条（2）规定发布的，因为本法第 77.2 条（2）规定的原因继续有效；或者

（b）是按本法第 77.1 条（2）、第 77.3 条（1）或第 77.6 条（2）规定发布

的，因国会两院通过的一项决议的原因停止有效。

第 77.6 条

（1）词语定义

下列词语定义适用于本条。

"措施"指：

（a）任何措施，包括一项临时措施，由下列国家采取的：

（i）中华人民共和国采取的为阻止或补救在某个加拿大以外的世界贸易组织成员国内市场扰乱的；或者

（ii）某个加拿大以外的世界贸易组织成员采取的为撤回《世界贸易组织协定》项下的减让或以其他方式限制进口以阻止或补救原产于中华人民共和国的货物进口在该成员国内造成的或威胁造成的市场扰乱的。或者

（b）本款（a）规定所指各项措施的任何组成。

"世界贸易组织成员"指按 1994 年 4 月 15 日在摩洛哥马拉喀什签订的《关于建立世界贸易组织的协定》第一条规定建立的世界贸易组织的某个成员。

（2）附加税——贸易转移

总督在任何时候如果根据部长的某份报告或者加拿大国际贸易法院按《加拿大国际贸易法院法》第 30.21 条或第 30.23 条规定进行的一项调查有理由相信，某项措施造成或威胁造成一种对加拿大的重大贸易转移，有权根据部长的建议发布命令，对任何原产于中华人民共和国的货物在进口到加拿大或该命令中确定的加拿大某个地区或某个部分时，在该命令的有效内，按以下税率征收一项附加税：

（a）该命令中规定的某项税率；或者

（b）该命令中规定的某项税率，但根据这些货物进口到加拿大或加拿大该地区或该部分的数量在该命令规定的某个时段内等于或超过该命令确定的数量随时调整。

（3）最高税率

按本条（2）规定的税率不得超过总督认为足以阻止或补救对加拿大国内市场贸易转移的税率。

（4）有效期及废止

对按本条（2）规定发布的某项命令，总督根据部长的建议随时修改或废止，除非在该时间节点之前，国会两院按本法第 77.4 条规定通过的某项决议指示该命令停止有效。

第 77.7 条　实施细则

总督可以制定旨在实施本法第 77.1 条至第 77.6 条规定的实施细则并发布命

令，全部或部分暂时停止对任何货物或任何类别的货物征收附加税。

第 77.8 条　总督决定的最终效力

总督的决定对任何因按本法第 77.1 条至第 77.6 条规定征收的附加税而出现的问题具有最终效力。

第 77.9 条　期满日

本法第 77.1 条至第 77.8 条规定于 2013 年 12 月 11 日停止有效。

附加税

第 78 条

（1）附加税

总督如果根据部长的某份报告有理由相信，加拿大的对外金融地位和收支平衡需要对加拿大的进口采取特别措施，有权随时发布命令，对原产于某个国家或享受按本法第 16 条规定制定的实施细则项下的任何关税待遇的货物，在本法规定征收的关税之外，征收一项附加税。

（2）附加税税额

本条（1）规定所指的附加税，可按不同货物或不同类别的货物征收不同的税额。

（3）除非国会批准命令停止有效

某项有效期超过 180 天的命令应于其发布后第 180 天当时停止有效（如果国会当天举行会议）或者于国会下次开会的第 15 个开会日停止有效（如果国会当天不举行会议），除非在该日期之前，该命令被国会两院都通过的一项决议批准。

（4）开会日的含义

适用本条（3）规定时，"开会日"指国会任何一院举行会议的一日。

转口货物

第 79 条　转口货物

按下列任何一项规定发布的某项命令，可规定在该命令生效之日正在转口到加拿大的货物仍可享受该日前一天对这些货物施行的关税待遇：

（a）本法第 53 条（2）规定；

（b）本法第 55 条（1）规定；

（c）本法第 60 条规定；

（d）本法第 63 条（1）规定；

（e）本法第 69 条（2）规定；

（f）本法第 70 条（2）规定；

（g）本法第 71.01 条（1）规定；

（h）本法第 71.1 条（2）规定；

（i）本法第 71.41 条（1）规定；

（j）本法第 71.5 条（1）规定；

（k）本法第 71.6 条（2）规定；

（l）本法第 72 条（2）规定；

（m）本法第 73 条（1）规定；

（n）本法第 74 条（1）规定；

（o）本法第 74 条（2）规定。

第 3 部分
关税减免

解　释

第 80 条　词语定义

本条规定的词语定义适用于本部分。

"海关关税"，除适用本法第 95 条及第 96 条规定外，指按本法第 2 部分规定征收的关税，但不包括按本法第 2 部分第四节规定征收的附加税或临时关税。

"关税"，除适用本法第 106 条规定外，指依照《2001 年消费税法》《消费税法》《进口特别措施法》或任何其他涉及海关的联邦法律对进口货物征收的关税或其他税，但在适用本法第 89 条及第 113 条规定时，不包括货物及服务税。

"消费税"，指按《消费税法》征收的除货物及服务税以外的税。

"货物及服务税"，指按《消费税法》第九部分规定征收的税。

"加工"，对于货物而言，包括货物的调试、改装、组装、制造、改进、生产或修理。

第81条　对加拿大女王的约束

本部分规定对女王在加拿大及某省的权力具有法律约束力。

第1节　关税税率的降低

第82条

（1）《税率条款清单》及《"F"分期表》的修改

授权总督根据部长的建议发布命令，在该命令可能规定的任何条件下及任何期限内，修改对其他货物生产中或服务提供中所使用的货物的《税率条款清单》及《"F"分期表》。

（2）废止或修改

授权总督在按本条（1）规定发布的某项命令的有效期期满前任何时候根据部长的建议发布后续命令，在该后续命令可能规定的任何条件下及任何期限内，废止或修改该命令。

（3）最高税率

按本条（1）或（2）规定发布的某项命令，其所规定的税率不得超过《税率条款清单》及《"F"分期表》在没有按本条规定发布命令条件下本应对这些货物施行的关税税率。

（4）追溯力

按本条（1）或（2）规定发布的某项命令，如果有此规定，可对命令发布前某个时段具有追溯力并有效，但任何此类命令不得在本法生效之前某个时段有效。

（5）例外规定

按本条（2）规定发布的某项命令，如果是提高一项关税税率，不得在该命令在《加拿大政府公报》上发布前某个时段有效。

（6）行政规定

授权总督根据部长的建议制定旨在实施本条规定的实施细则。

第2节　未全部缴纳关税进口

降低完税价格

第83条　税目98.94项下的货物

对于由旅客携带进口的货物，按依照本法第133条（f）规定制定的规定税目98.94项下货品的条件的实施细则规定申报时，如果按《海关法》第46条规定确定的完税价格超过税号9804.10.00、9804.20.00或9804.30.00规定的最高价格，如果可按这些税号的其中一个归类：

（a）其完税价格可扣除该最高价格，如果这些货物可归入税号9804.10.00或9804.20.00项下的货物；对于酒精及烟草，如果按这些货物的数量计征关税（不包括《2001年消费税法》第54条规定项下的关税），可扣除税号9804.10.00或9804.20.00（按适用情况选定）规定的酒精及烟草的最高限量。

（b）对于可归入税号9804.30.00项下的货物：

（i）该货物的完税价格应扣除税号9804.10.00或9804.20.00（按适用情况选定）规定的最高价格；并且

（ii）该完税价格的第一个300加元应按税号9804.30.00计征关税。以及

（c）该货物应归入第1章至第97章任何一章中的税号及税目98.26（按适用情况选定）。

第84条　税号9805.00.00项下的货物

按《消费税法》第46条规定确定的完税价格超过税号9805.00.00规定价格的货物，如果可归入该税号，应归入第1章至第97章中任何一章，并且其完税价格应扣除该规定价格。

第85条　税号9816.00.00项下的货物

货物，除其按《海关法》第46条规定确定的完税价格超过税号9816.00.00具体规定的价值外，应归入第1章至第97章，并且其完税价格应减至该具体规定的价值。

第86条　实施细则

授权总督根据部长的建议制定实施细则，规定本法第83条至第85条规定的适用条件及适用情况。

第87条

（1）税号9971.00.00项下的货物

作为本法第20条（2）规定的例外，税号9971.00.00项下可享受冰岛税率、

挪威税率或瑞士—列支敦士登税率的货物，其完税价格应为这些货物在冰岛、挪威、瑞士或列支敦士登（按适用情况选定）接受修理或修改的价格。

（2）限制规定

本条（1）规定于本款规定生效之日后第 15 年之日前一天停止有效。

（3）税号 9971.00.00 项下的货物

作为本法第 20 条（2）规定的例外，税号 9971.00.00 项下可享受韩国税率的货物，其完税价格应为这些货物在韩国接受修理或修改的价格。

（4）限制规定

本条（3）规定于本款规定生效之日后第 10 年之日前一天停止有效。

文化族群

第 88 条　税号 9937.00.00 项下的货物

渴望被认可为税号 9937.00.00 意义上的某个文化族群的族群，应向公共安全及应急部部长递交一份申请，并随附该族群符合该税目规定的标准的证据。

关税的分期缴纳

第 89 条

（1）免税

除本条（2）、本法第 95 条规定及按本法第 99 条规定制定的任何实施细则另有规定外，如果某个规定类别的某人按本条（4）规定在规定时间内提出免税申请，可被批准免予缴纳对下列进口货物本应征收（仅指按本条规定）的关税：

（a）海关放行后按其进口时原状出口的；

（b）海关放行后在加拿大经过加工后出口的；

（c）海关放行后直接在加拿大加工出口的货物的加工中消费或消耗的；

（d）海关放行后，如果相同数量的同类国产或进口货物在加拿大加工出口的；或者

（e）海关放行后，如果相同数量的同类国产或进口货物在加拿大加工出口的货物的加工中直接被消费或被消耗的。

（2）烟草制品或指定货物的例外

可按本条（1）规定批准对烟草制品或指定货物免征按《2001 年消费税法》或《消费税法》第 21.1 条至第 21.3 条规定征收的关税或消费税。

（3）被视为出口

适用本条（1）规定时，货物在下列情况下应被视为已出口：

（a）按依照本法第 99 条（g）规定制定的实施细则规定被指定为船上供给品并且已供应给某个该规定①所指的某一类运输工具在机（船）上使用；

（b）已用于本法第 99 条（d）规定所指的某一类船舶或飞机的装备、修理、重建；

（c）已交付给某艘本法第 99 条（d）规定所指的某一类电缆船；

（d）已供应给公共安全及应急部部长指定的加拿大政府或某省政府的某个部门或机构，或者某个由加拿大政府或某省政府拥有、控制或经营的公司用于出口；

（e）已存放在某个保税仓库或免税商店准备出口，或者已存放在某个保税仓库准备按本款（a）或（c）规定使用；

（f）已由某个领取了本法第 90 条规定项下的证明的人转交给另一个领取了这一证明的人；或者

（g）已以任何其他规定方式使用或准备。

（4）免税申请

本条（1）规定项下的免税申请，必须使用规定格式并载有公共安全及应急部部长满意的信息。

第 90 条

（1）证明

除按本法第 99 条（e）规定制定的行政法另有规定外，公共安全及应急部部长有权向某个本法第 89 条规定所指类别的某人发放一份有编号的证明。

（2）证明的更改、中止等

公共安全及应急部部长有权依照按本法第 99 条（e）规定制定的实施细则规定，修改、中止、续签、撤销或重新发放按本条（1）规定发放的某份证明。

（3）海关放行货物

按本法第 89 条规定准予免税的货物，海关在放行时，如果该货物在按《海关法》第 42 条规定报关时已提供了按本条（1）规定发放的证明的编号并且该证明当时有效，可不要求缴纳按该条②规定免除的关税。

第 91 条

（1）部长发放经营保税仓库的批准证书

公共安全及应急部部长如果认为可行，有权向某个符合按本法第 99 条（f）

---

① 指本法第 99 条（g）规定。——译者注
② 指本法第 89 条规定。——译者注

（i）规定制定的行政规定所规定的资格及任何本法、《海关法》和依照该两法①制定的关于经营保税仓库场所实施细则所规定的要求或条件的人，发放一份批准证书，准许其将任何场所按保税仓库经营。

（2）批准证书的限制规定

除按本法第99条（f）规定制定的实施细则另有规定外，公共安全及应急部部长有权在某人按本条（1）规定发放的批准证书中规定任何该保税仓库可以接受的货物的类别范围或可以接受货物的情况。

（3）批准证书的修改

公共安全及应急部部长有权按依照本法第99条（f）规定制定的实施细则规定修改、中止、续签、撤销或重新发放按本条（1）规定发放的某份批准证书。

（4）担保

申请按本条（1）规定发放批准证书的人，应按公共安全及应急部部长的要求，按规定的条件提供一种担保，担保金额应得到该部长的认同。

第92条

（1）保税仓库内的货物不缴纳关税

除《海关法》第31条及按本法第99条（f）或第100条另有规定外，如果已按本法第91条规定发放了一份保税仓库批准证书，对向该保税仓库交付的货物应征收的关税，在该货物从该保税仓库提离前可不缴纳。

（2）对从保税仓库提离的货物免税

下列货物从保税仓库提离时本应缴纳的关税，应予免除：

（a）从该保税仓库直接出口的，除本法第95条另有规定外；或者

（b）按依照本法第99条（g）规定制定的实施细则规定被指定为船上供给品并且已供应给某个该规定②所指的某一类运输工具在机（船）上使用的。

（3）例外规定

本条规定不适用于任何按《2001年消费税法》规定对在加拿大制造及按该法③规定加盖印花的进口烟草制品征收的关税。

第93条　提交证据

按本法第89条或第92条规定准许免税时，为了执行本法第95条规定，公共安全及应急部部长出于执行本法第95条规定有权要求提交令该部长满意的证据。

---

① 指本法及《海关法》。——译者注
② 指本法第99条（g）规定。——译者注
③ 指《2001年消费税法》。——译者注

第 94 条

（1）海关关税的定义

在本法第 95 条及第 96 条规定中，"海关关税"指按本法第 2 部分征收的关税，但不包括：

（a）按本法第 21.1 条至第 21.3 条规定征收的附加海关关税；或者

（b）按该部分①第四节规定征收的附加税或临时关税。

（c）［2011 年废止］

（2）进一步确定

为更确定起见，在本法第 95 条及第 96 条规定中，"海关关税"不包括按《2001 年消费税法》《消费税法》或《特别进口措施法》规定对进口货物征收的任何关税或其他税。

第 95 条

（1）补缴免税

按本法第 89 条或第 92 条规定免税的货物，如果在按本条（3）规定确定的有效日期之后向某个 NAFTA 国家出口：

（a）出口该货物的人应在该货物出口后 60 天内，按规定的方式在某个现场海关向某个海关执法人员报告该出口并补缴按该条②规定所免征的那部分海关关税；并且

（b）除本条（4）或（5）另有规定外，作为本部分任何其他规定的例外，出口该货物的人或任何享受该项免税的其他人，应共同并分别承担向加拿大女王补缴按该条③规定所免征的那部分海关关税，或者负有连带责任。

（2）对女王的债务

本条（1）规定所指的某笔税款，只要未缴纳，应按《海关法》规定被视为一笔欠加拿大女王的债务。

（3）有效日期

适用本条（1）规定时，向某个 NAFTA 国家出口的有效日期是：

（a）1994 年 1 月 1 日，对于向美国或墨西哥出口《北美自由贸易协定》第 303 条第 8 款规定所指的货物；

（b）1996 年 1 月 1 日，对于向美国出口的其他货物；

（c）2001 年 1 月 1 日，对于向墨西哥出口的其他货物；以及

---

① 指本法第 2 部分。——译者注
② 指本法第 89 条或第 92 条。——译者注
③ 指本法第 89 条或第 92 条。——译者注

（d）总督根据部长的建议确定的日期，对于向任何其他 NAFTA 国家的出口。

（4）补税税额的减免

按本条（1）对《北美自由贸易协定》第 303 条第 8 款规定所指货物以外的货物征收的海关关税，其税额应按本条（5）规定减免，如果在该出口后 60 天内，向公共安全及应急部部长提交了其满意的证据证明已经向加拿大以外的某个 NAFTA 政府缴纳该货物的出口海关关税。

（5）减免和税额

除本条（4）另有规定外，按本条（1）规定征收的海关关税，其税额应扣除已向该 NAFTA 政府缴纳的海关关税税额，或者如果该税额等于或大于已征收的海关关税税额，应减为零。

（6）例外规定

本条（1）规定及本法第 96 条至第 98 条规定不适用于：

（a）下列原产于某个 NAFTA 国家的进口货物：

（i）随后出口到某个 NAFTA 国家的；

（ii）已作为材料用于生产随后被出口到某个 NAFTA 国家的货物的；或者

（iii）被相同或相似货物串换已作为材料用于生产随后被出口到某个 NAFTA 国家的货物的。

（b）已进口的浓缩橙汁或葡萄柚汁，已用于生产出口到美国的税目 20.09 项下的橙子或葡萄柚产品的。

（c）已进口的货物，作为材料用于生产出口到美国并按该国家的法律规定享受最惠国待遇税率的服装，或者已进口的货物，被相同或相似货物串换作为材料生产这些服装的。

（d）已进口的货物，作为材料用于生产或被相同或相似货物串换作为材料生产出口到美国并按该国家的法律规定享受最惠国待遇税率的子目 5811.00 项下被褥状棉小块制品及子目 6307.90 项下的家具移动垫的。

（e）已进口的货物，然后按进口时的原状出口的。

（f）本法第 89 条（1）规定所指的已进口的货物，因下列原因被视为已出口：

（i）已被存在某个免税商店用于出口销售；

（ii）已由按本法第 99 条（g）规定制定的实施细则指定为船上供给品；

（iii）已供应给按本法第 99 条（g）规定制定的实施细则规定的某类运输工具在机（船）上使用的；

（iv）按可能规定的方式已用于或准备专门用于某个加拿大政府与某个 NAF-TA 国家政府共同进行的项目或者由该 NAFTA 国家政府在加拿大进行的项目有关

的用途，并且肯定成为该 NAFTA 国家政府的财产。以及

（g）总督基于加拿大政府与某个 NAFTA 国家政府之间涉及本款规定适用的协定，根据部长的建议规定的其他进口的货物或任何作为材料进口的货物，或者任何类别的货物。

（7）"相同货物或相似货物"的定义

在本条规定中，"相同货物或相似货物"及"已用于"等词语，使用《北美自由贸易协定》第 303 条第 9 款规定对这些词语的定义。

（8）"材料"的定义

在本条规定中，"材料"指在其他货物的加工中所使用的货物，包括部件或组件。

第 96 条

（1）最高退税金额

除本法第 95 条（6）另有规定外，按本法第 113 条规定准许的某项于 1996 年 1 月 1 日或以后向或曾经向美国出口的、于 2001 年 1 月 1 日或以后向墨西哥出口的或者于总督的命令中规定的某个日期或以后向任何其他 NAFTA 国家出口的已进口的货物缴纳的海关关税退税，其金额不得超过以下两项中较低的一项：

（a）该已进口的货物在进口之时已缴纳或应缴纳的海关关税税额；与

（b）向该已进口的货物后来出口到 NAFTA 国家缴纳的海关关税税额。

（2）对某些货物不退税

对《北美自由贸易协定》第 303 条第 8 款规定所指的货物不得按本法第 113 条规定退还已缴纳的海关关税。

第 97 条　SIMA 关税不得免税或退税

除本法第 95 条（6）另有规定外，对于 1996 年 1 月 1 日或以后向或曾经向美国出口的、于 2001 年 1 月 1 日或以后向墨西哥出口的或者于总督的命令中规定的某个日期或以后向任何其他 NAFTA 国家出口的已进口货物不得按本法第 89 条或第 92 条规定准予免税，对按《特别进口措施法》规定已缴纳的关税不得按本法第 113 条规定退税。

第 98 条

（1）向 NAFTA 国家出口

除本法第 95 条（6）另有规定外，对于 1996 年 1 月 1 日或以后向或曾经向美国出口的、于 2001 年 1 月 1 日或以后向墨西哥出口的或者于总督的命令中规定的某个日期或以后向任何其他 NAFTA 国家出口的正在或曾经进口的货物，如果已对按《特别进口措施法》规定征收的关税准予免税或退税，在其出口时，不因本法第 97 条规定而准予免税或退税。

（a）出口该货物的人，应在出口该货物 60 天后，按规定方式在某个现场海关向某个海关执法人员报告该出口并补缴已经准予免征或退还的按该法①规定征收的关税税额；并且

（b）作为本部分任何其他规定的例外，任何出口该货物的人或任何被准予免税或退税的人，自货物出口之时起，应共同并分别承担向加拿大女王补缴按该法②规定所免征或退还的关税税额，或者负有连带责任。

（2）对女王的债务

本条（1）规定所指的某笔税款，只要未缴纳，应按《海关法》规定被视为一笔欠加拿大女王的债务。

第 99 条　实施细则

总督有权根据公共安全及应急部部长的建议制定实施细则：

（a）规定在适用本法第 89 条规定情况下：

（i）可申请免税的人的类别；

（ii）可准予免税的货物类别及情况和条件；

（iii）按本法第 21.1 条至第 21.3 条规定的关税或按《特别进口措施法》规定征收的关税，按本法第 2 部分第四节规定征收的附加税或临时关税及按《消费税法》规定征收的国内税或者按《2001 年消费税法》规定征收的关税不予免税情况或不予免税的货物类别；

（iv）在海关放行后在加拿大进行加工的货物必须出口的期限；以及

（v）其他本应征收的关税可免税的部分。

（b）规定在适用本法第 89 条（1）（a）规定情况下，货物仍被视为保持原状条件下允许进行的处置或处理。

（c）规定在适用本法第 89 条（1）（d）及（e）规定情况下，应被视为同一类别的货物。

（d）规定：

（i）在适用本法第 89 条（3）（b）规定情况下，船舶或飞机的种类；以及

（ii）在适用本法第 89 条（3）（c）规定情况下，电缆船的种类。

（e）规定在适用本法第 90 条规定情况下，可发放、修改、中止、续签、撤销或重新发放证明的情况及条件。

（f）在适用本法第 91 条规定的情况下：

（i）规定保税仓库的经营人应符合的资格条件；

---

① 指《特别进口措施法》。——译者注
② 指《特别进口措施法》。——译者注

（ii）规定可发放保税仓库经营批准证书的条件，包括可以为发放批准证书要求保税仓库经营人提供的担保，此类批准证书的有效期及收费或确定此类收费的方式；

（iii）规定任何所要求提供的担保的形式、性质及条件，

（iv）规定保税仓库经营批准证书可以被修改、中止、续签、撤销或重新发放证明的情况及条件；

（v）制定保税仓库设施的运营维护标准；

（vi）规定在保税仓库接受货物的告知方式；

（vii）规定保税仓库应当提供的设施、设备及人员；

（viii）对保税仓库中的货物的所有转让进行规范；

（ix）规定可以在保税仓库接受的货物的类别限制；

（x）规定在保税仓库不得接受货物的情况；

（xi）规定已交付给保税仓库的货物必须提离的期限；

（xii）规定如果在规定期限内未提离保税仓库可以被放弃的货物类别；以及

（xiii）以其他方式对保税仓库的经营进行规范。

（g）指定某些类别的货物作为船舶供给品在某个规定类别的交通工具机（船）上使用，包括按以下标准规定的类别：

（i）交通工具的物理属性、功能及法律名称；

（ii）交通工具行驶的地区范围；

（iii）与交通工具行驶相关的要求及限制规定；

（iv）本款（i）至（iii）规定所指的标准的任何组合。

（g.1）限制可在任何规定的一个或多个期限内按本款（g）规定所指的用途使用的该规定①所指的货物的数量。

（h）规范或禁止向交通工具交付被指定为船舶供给品的货物。

（i）规定或禁止被指定为船舶供给品的货物从某个运输工具向另一个运输工具转让。以及

（j）规定任何总督在本法第89条至第94条及第96条至第98条规定项下需要规定的任何事项。

第100条　实施细则

授权总督根据公共安全及应急部部长建议制定实施细则，规定货物在某个保税仓库可以被处置、拆包、包装、修改或与其他货物组合的情况或程度。

---

① 指本款（g）规定。——译者注

离岸加拿大货物

第 101 条

（1）对离岸加拿大货物免税

下列情况下，除本法第 104 条另有规定外，如果按本法第 102 条规定提出申请，应按本法第 105 条规定对在出口后 1 年内或规定的期限内以规定的方式返回加拿大的货物在如果没有本条规定的情况下应征收的关税准予免税：

（a）该货物出口后在加拿大境内接受了所申报的修理；

（b）货物在加拿大境内添加了设备；或者

（c）货物是加拿大的产品并在加拿大境外对该货物进行了加工。

（2）应急修理

下列情况下，除本法第 104 条另有规定外，如果按本法第 102 条规定提出申请，应对出口后 1 年内或规定的期限内以规定的方式返回加拿大的飞机、车辆或船舶应征的关税准予全部免缴：

（a）该飞机、车辆或船舶因某件在加拿大境外发生的不可预见偶发事件需要在加拿大境内进行修理；并且

（b）该项修理对于保证该飞机、车辆或船舶安全返回加拿大十分必要。

（3）实施细则

授权总督制定实施细则：

（a）根据部长的建议，规定被视为本条（1）规定意义上的加拿大产品的认定方式；以及

（b）根据公共安全及应急部部长建议，对本条（2）规定意义上的"飞机""车辆"及"船舶"各词语作出定义。

第 102 条　免税申请

本法第 101 条规定项下的免税申请必须：

（a）随附令公共安全及应急部部长满意的证据证明货物已经出口，并且：

（i）货物出口前在加拿大境内所处的地点或在某个与该地点合理的距离内无法修理，对于本法第 101 条（1）（a）规定所指的货物；

（ii）所添加的设备在加拿大无法添加，对于本法第 101 条（b）规定所指的设备；或者

（iii）应当无法在加拿大进行的加工，对于本法第 101 条（c）规定所指的货物。或者

（b）对于按本法第 101 条（2）规定提出的申请，按规定格式及方式并随附

规定信息，在该申请所涉及的货物返回加拿大之时提出。

第 103 条 返回货物的海关放行

除本法第 104 条另有规定外，在海关放行前按本法第 101 条规定被准许免税的货物，海关放行时可免予缴纳任何关税。

第 104 条 免税条件

下列情况下，对出口后返回加拿大的货物应准许按本法第 101 条规定准予免税：

（a）以该货物出口为条件，对任何已征或应征关税的免税没有被准许；或者

（b）按本法第 105 条（1）（b）规定计征的部分关税已经缴纳，如果已按本法第 101 条（1）规定提出免税申请。

第 105 条

（1）境外加工的完税价格

适用本法第 101 条（1）规定时，按该款［本法第 101 条（1）］规定准予免税的部分关税应当是：

（a）如果在没有该款规定情况下该返回的货物应缴纳的关税税额；减去

（b）按本款（a）规定确定下列价值时应适用的税率计算的税额：

（i）在加拿大境外修理的，对于本法第 101 条（1）（a）规定所指的货物；

（ii）在加拿大境外添加的设备及进行的相关工作，对于本法第 101 条（1）（b）规定所指的货物；或者

（iii）在加拿大境外进行的工作，对于本法第 101 条（1）（c）规定所指的货物。

（2）实施细则

适用本条（1）规定时，授权总督根据公共安全及应急部部长的建议制定实施细则，规定确定在境外的修理、添加的设备及工作的价值。

第 106 条

（1）某些关税及其他税的临时免税

如果某个规定类别的人在规定情况下按规定格式及方式且随附规定文件，并按公共安全及应急部部长确定的金额提供规定性质的担保提出免税申请，应准许全部或部分免予缴纳按本法第 21.1 条到第 21.3 条规定或《2001 年消费税法》规定征收的任何关税或者如果没有本条规定情况下对进口后在加拿大仅用于规定用途后复出口的规定货物应征收的任何消费税。

（2）货物的海关放行

按本条（1）规定准予免税的，海关放行该货物时可免予征收被免除的关税或其他税。

（3）条件

本条（1）规定项下的免税应遵守规定的条件，并且该货物的进口人能使公共安全及应急部部长满意地去证明该货物在被海关放行后一年内或规定期限（如果有规定期限）内已经出口。

（4）延长期限

公共安全及应急部部长如果相信货物在该期限出口不可行或不可能，有权延长该货物的出口期限，但不得超过6个月。

（5）公共安全及应急部部长有权免除本条（1）规定项下提供担保的要求。

一般规定

第 107 条

（1）减免税的法律效力

除本法第95条另有规定外，按本法第89条、第92条、第101条或第106条规定准许免予缴纳全部或部分关税时：

（a）不缴纳任何关税，如果该项免除是免予缴纳全部关税；以及

（b）不缴纳部分关税，如果该项免除仅免予缴纳该部分的关税。

（2）减免税对完税价格的影响

作为本条（1）规定的例外，确定货物的完税价格时，该货物应缴纳的海关关税税额应按根据本法第89条、第92条、第101条或第106条规定未准许减免税的条件确定。

（3）减免税对《消费税法》项下的价格的影响

作为本条（1）规定的例外，按《消费税法》第215条规定确定货物的价格时，该货物应缴纳的海关关税，其税额应按已根据本法第101条规定但未根据本法第89条、第92条或第106条规定准许减免税的条件确定。

第 108 条　担保的退还及撤销

公共安全及应急部部长应在下列情况下退还或撤销任何已提供的担保：

（a）对于对本法第91条规定项下的批准证书的担保，如果该批准证书被撤销。

（b）对于满足税号9993.00.00所列的条件可以归入该税目项下的货物，如果该货物按《海关法》第32条规定办理报关手续并且该货物应缴纳的所有关税均已缴纳。

（c）对于税号9993.00.00项下的货物，如果该货物按公共安全及应急部部长指示的方式销毁或者某个海关执法人员或加拿大边境服务署署长指定的其他人

证明该销毁。

（d）对于要求提供担保的货物，除税号9993.00.00项下的货物外，如果该货物按规定方式并在提供担保的税目所指的期限或者在实施细则规定或延长的期限内出口。

（e）对于税号9993.00.00项下的货物，如果货物按规定的方式并在该税目所指的期限或者在实施细则规定或延长的期限内被出口、被销毁、被消费或被消耗。以及

（f）对于本法第106条规定项下的减免税申请，如果：

（i）该申请所涉及的货物在本法第106条（3）或（4）规定（按适用情况选定）所指的期限内没有出口，货物按《海关法》第32条规定办理报关手续并且该货物应缴纳的所有关税均已缴纳；

（ii）该申请所涉及的货物已按公共安全及应急部部长指示的方式被销毁；或者

（iii）该申请所涉及的货物已在本法第106条（3）或（4）规定（按适用情况选定）所指的期限内出口。

第3节 过时或过剩货物

第109条 "过时或过剩货物"的定义

本部分规定中，"过时或过剩货物"指下列货物：

（a）在下列情况下被发现是过时或过剩货物的：

（i）被其进口人或所有人发现，指进口货物；或者

（ii）被其制造人、生产人或所有人发现，指其他任何货物。

（b）在加拿大没有使用。

（c）按公共安全及应急部部长指示的方式被销毁。以及

（d）在其销毁前没有被损坏。

第110条 对过时或过剩货物的减免税

按本法第111条规定提出申请时，应准许退还下列税款：

（a）已进口的过时或过剩货物已缴纳的所有关税，除货物及劳务税外；

（b）已进口的货物在加拿大加工后已缴纳的所有关税，除按《消费税法》征收的消费税外，如果该货物被加工后成为过时或过剩货物；以及

（c）在加拿大进行加工中直接消费或消耗掉的已进口的货物（燃料或种植设备除外）成为过时或过剩货物缴纳的所有关税，除按《消费税法》征收的消费税外。

第 111 条　减免税申请

本法第 110 条规定项下的减免税申请必须：

（a）按规定格式及方式提交，并随附规定信息；

（i）由该过时或过剩货物的进口人或所有人提出，如果这些货物是进口的；或者

（ii）由该过时或过剩货物的制造人、生产人或所有人提出，在任何其他情况下。

（b）随附本法第 119 条规定所指的免责书（如可行），并随附规定文件。并且

（c）在所申请的货物于海关放行后 5 年内或其他规定期限内提出。

第 112 条　实施细则

授权总督根据公共安全及应急部部长的建议制定实施细则，规定本法第 110 条规定项下的减免税申请应随附的文件及提出减免税申请的期限。

第 4 节　额外减免税

第 113 条

（1）退税

除本条（2）、本法第 96 条及按本条（4）规定制定的任何实施细则另有规定外，下列情况下应准许退还全部或部分关税：

（a）本应可按本法第 89 条或第 101 条规定全部或部分减免税或退税，但没有；

（b）该关税已全部或部分缴纳；而且

（c）已按本条（3）或本法第 119 条规定提出了减免税或退税申请。

（2）对烟草制品不予退税

按《2001 年消费税法》对烟草制品征收的关税不得按本条（1）规定予以退税，如果该关税的全部或部分应按本部分第三节规定退税。

（3）退税申请

适用本款（1）规定时，退税申请必须：

（a）有公共安全及应急部部长可能要求的证据支持；

（b）由规定的人或属于规定类别的人提出；

（c）在申请所涉及的货物于海关放行后 4 年内或其他可能规定的期限内按规定格式及规定方式提出，并随附规定信息；并且

（d）如果货物没有按本法第 89 条规定项下的减免税目的被出口或被视为出

口，提供按本法第 90 条规定发放的证明的编号。

（4）实施细则

适用本条规定时，授权总督根据公共安全及应急部部长的建议制定实施细则规定：

（a）在哪些情况下及哪些类别的货物，其按本法第 21.1 条至第 21.3 条规定或按《特别进口措施法》征收的关税、按本法第 2 部分第四节规定征收的附加税或临时关税、按《消费税法》征收的消费税或按《2001 年消费税法》征收的税不得按本条（1）规定退税；

（b）可以作为本条（1）规定项下退税准许的已缴纳的部分关税；

（c）可以按本条（1）规定提出退税申请的人或某类别的人；

（d）货物在被视为保持原状后可以用于的用途或可以进行的加工；

（e）被视为同一类别的货物；

（f）提出退税申请的期限；

（g）可以提出退税申请的情况；

（h）对可准予退税的货物的类别限制；以及

（i）不准予退税的情况。

（5）指定货物

作为本法第 89 条（2）规定的例外，按本法第 21.1 条至第 21.3 条规定、《消费税法》或《2001 年消费税法》征收的关税或消费税的退税应按本条（1）（a）规定批准给予指定货物。

第 114 条

（1）退税超额

按本法第 101 条或第 113 条规定准许的退税，如果退给某个不符合条件享受该退税的人或退税金额超过该人应享受的退税金额，该人应于收到该退税之日向加拿大女王支付：

（a）该人不符合条件享受的金额；以及

（b）按本法第 127 条规定对本款（a）规定所指的金额计征的利息。

（2）欠女王的债务

本条（1）规定所指的金额如果未缴纳，应被视为《海关法》项下一笔欠加拿大女王的债务。

第 115 条

（1）歧视性减免税

总督有权根据公共安全及应急部部长的建议以命令形式减免关税。

（2）减免税范围

本条（1）规定项下的减免税可以是有条件的也可以是无条件的，可以对该关税的全部或任何部分准予减免税，并且可以不考虑对该关税的纳税义务是否已经发生。

（3）通过退税抵免

如果关税已经缴纳，本条（1）规定项下的减免税可采用退还应减免的关税方法实现。

第 5 节　一般规定

第 116 条　欠女王的债务

本法第 89 条或第 101 条规定项下的减免税，在该减免税被授权或被要求批准时，如果享受该减免税的人欠以下人的债，可予以拒绝：

（a）加拿大女王；或者

（b）消费税应向其缴纳的某省首长，如果在加拿大政府与该省之间有协定授权加拿大代表该省征收该消费税。

第 117 条　退税的冲抵

如果存在难以确定本法第 89 条规定项下的减免税、本法第 110 条规定项下退税或本法第 113 条规定项下退税的准确金额，或者无法确定按本法第 115 条规定或《财政管理法》第 23 条规定发布的某项命令项下关税一般减免税的准确金额的情况，公共安全及应急部部长有权征得该项减免税或退税申请人的同意，向该申请人按该部长确定的金额批准一笔钱款以取代该项减免税或退税。

第 118 条

（1）不符合条件

对于按本法（本法第 92 条规定除外）准许的减免税，或者按《财政管理法》第 23 条准许的免税，如果该免税的某项条件没有得到遵守，未遵守该项条件的人应在未遵守之日后 90 天内或可能规定的其他期限内：

（a）在某个现场海关向海关执法人员报告未遵守情况。并且

（b）向加拿大女王缴纳一笔相当于该项减免税已减免的税额，除非该人能提供证明使公共安全及应急部部长相信：

（i）在未遵守该条件之时，如果关税已缴纳本应会准予退税；或者

（ii）被准予减免税的货物以某些其他方式符合条件享受本法或《财政管理法》项下的减免税。

（2）移作他用

对进口货物已缴纳的关税，如果是因其按本法第 89 条（3）规定被视为出口

而准许退税，但该货物后来没有出口并且用于该款规定的用途以外的用途，将该货物移作他用的人，应在移作他用的 90 天内：

（a）在某个现场海关向海关执法人员报告未遵守情况；并且

（b）缴纳该退税的税款及按本法第 127 条规定应对该退税征收的利息。

（3）欠女王的债务

本条（1）（b）或（2）（b）规定所指的金额，在缴纳前，应被视为本法规定项下欠加拿大女王的一笔债务。

（4）实施细则

授权总督制定实施细则：

（a）根据公共安全及应急部部长的建议，规定本条（1）规定的适用期限，以及这些期限适用的货物或货物的类别或者情况；以及

（b）根据部长的建议，规定某些货物或某些类别的货物可以免予适用本条（1）规定的情况，以及适用这些免责的期限及条件。

第 119 条　弃权声明

本法第 110 条或第 113 条规定项下的申请必须随附一份该规定格式并由每一个符合条件申请所涉及货物的退税或免税的其他人填制的弃权声明，声明他放弃要求该退税或免税的权利。

第 120 条　价值的定义

适用本法第 121 条及第 122 条规定时，涉及某项副产品、货物或有商业价值的废碎料时，"价值"指：

（a）该加工人出售该副产品、货物或有商业价值的废碎料时的价格，如果该加工人在某个正常交易中出售了该副产品、货物或有商业价值的废碎料。以及

（b）对于任何其他情况，在下列时间节点，该加工人如果在某个正常交易中出售该副产品、货物或有商业价值的废碎料时通常的价格：

（i）该申请提出之时，指申请退税的情况；或者

（ii）该货物出口之时，如果对缴纳关税的减免税是按本法第 89 条规定准许的。

第 121 条

（1）扣除副产品价值的减免税

按本法第 110 条或第 113 条规定申请对应缴纳的关税的减免税时，如果所申请的货物进入某个生产某种不享受减免税的副产品的加工过程，该加工人应在该副产品加工后 90 天内，按与该副产品的价值在从该货物加工中所得产品的总价值中占比相同比例向加拿大女王缴纳已减免税的税额。

（2）欠女王的债务

本条（1）规定所指的税额，在缴纳前，应按《海关法》规定被视为欠加拿大女王的一笔债务。

（3）扣除副产品价值的未支付的退税

按本法第110条或第113条规定申请减免税时，如果所申请的货物进入某个生产某种不享受退税的副产品的加工过程，并且该项退税尚未支付，该项退税的税额应按与该副产品的价值在从该货物加工中所得产品的总价值中占比的相同比例予以扣除。

第122条

（1）扣除有商业价值的废碎料价值的减免税

按本法第89条规定申请减免税时，如果所申请的货物进入某个生产某种不享受减免税的有商业价值的废碎料的加工过程，该加工人应在该废碎料加工后90天内，向加拿大女王缴纳一笔相当于加工所得的税额，加工所得应使用该有商业价值的废碎料乘以该项加工之时对同类有商业价值的废碎料施行的税率进行计算。

（2）欠女王的债务

本条（1）规定所指的税额，在缴纳前，应按《海关法》规定被视为欠加拿大女王的一笔债务。

（3）扣除有商业价值的废碎料价值的退税

按本法第110条或第113条规定申请减免税时，如果所申请的货物进入某个生产某种不享受退税的有商业价值废碎料的加工过程，并且该退税尚未支付，该退税的税额应扣除相当于加工所得的税额，加工所得应使用该有商业价值的废碎料乘以该项加工之时对同类有商业价值的废碎料施行的税率进行计算。

第123条

（1）涉及某笔退税的多付的利息

任何人，按本法第114条（1）规定应缴纳某笔税款（按《特别进口措施法》征收的关税除外）时，应在缴纳该税款之外，按规定利率支付未清余额的利息，计息期从该退税被准许后的第一天开始至该税款被全部缴纳之日止。

（2）对不合规或移作他用的利息

除本条（4）另有规定外，按本法第118条（1）或（2）规定应缴纳除按《特别进口措施法》征收的关税税款以外的税款的人，除缴纳该笔税款外，还应按规定利率支付未清余额的利息，计息期从纳税义务发生之日开始至该税款被全部缴纳之日止。

（3）对副产品及有商业价值的废碎料的利息

除本条（4）另有规定外，按本法第118条（1）或（2）规定应缴纳除按

《特别进口措施法》征收的关税税款以外的税款的人，除缴纳该笔税款外，还应按规定利率支付未清余额的利息，计息期从该副产品或有商业价值的废碎料生产后的第一天开始至该税款被全部缴纳之日止。

（4）例外规定

如果某人在本法第118条（1）（b）或第121条或第122条规定所指的90天期限内缴纳了该条或该款①规定项下所欠税款，该人可不支付本条（2）或（3）规定项下对该税款的任何利息。

（5）某些关税的利息的计算

按本法第118条（1）（b）或第121条或第122条规定应缴纳按《特别进口措施法》征收的关税税款的人，应按规定利率支付未清余额的利息，计息期从该笔税款应当缴纳之日后第91天开始至该税款被全部缴纳之日止。

（6）对某些关税的利息的计算

按本法第98条、第114条（1）或第118条（2）（b）规定应补缴对按《特别进口措施法》征收的关税的退税或减免税税款及该退税产生的任何利息的人，应按规定利率支付未清余额的利息，计息期从该被准许或该人未遵守该减免税的某项条件后第1天开始至该税款被全部缴纳之日止。

（7）对NAFTA减免税补税的利息

按本法第95条（1）规定应支付一笔除按《特别进口措施法》征收的关税的人，应按规定利率支付未清余额的利息，计息期从该笔税款应当缴纳之日后第61天开始至该税款被全部缴纳之日止。

第124条　应合并的利息

按某个规定利率或某个特定利率计算的利息应当按日合并计算。如果对某个本法某条规定项下的税款的利息在没有本条规定的情况下本应停止按该条规定计算的当日没有支付，按特定利率并按日合并计算的利息，应按要求缴纳主要税款规定同样的方式支付规定利率利息，计息期从该笔税款应当缴纳之日后第61天开始至该税款被全部缴纳之日止。

第125条　可准许的规定利率

公共安全及应急部部长有权准许按本法某条规定被要求按特定利率支付某笔税款的人，按规定利率按该条规定支付利息。

第126条

（1）利息免除

公共安全及应急部部长有权随时免除或取消支付本应按本部分规定支付的任

---

① 指本法第118条（1）（b）或第121条或第122条。——译者注

何利息的全部或一部分。

(2) 对退回的利息的利息

本条（1）规定项下的某项免除或取消导致向某人退还一笔已支付的利息时，除向该人退还该利息外，还应按规定利率支付按该笔退款金额计算的利息，计息期从支付该笔利息之日次日开始至利息被退还之日止。

第 127 条

(1) 利息

按本法 110 条或第 113 条规定向某人退还除按《特别进口措施法》规定征收的关税以外的关税时，除向该人退税外，还应按规定利率支付利息，计息期从该退税的申请按本部分规定提出之日后第 91 天开始至退税被准许之日止。

(2) 对 SIMA 关税的利息

按本法 115 条规定向某人退还除按《特别进口措施法》规定征收的一笔关税时，除向该人退税外，还应按规定利率支付利息，计息期从该退税的申请按本部分规定提出之日后第 91 天开始至退税被准许之日止。

第 128 条　从统一收入基金项下支出

按本部分规定准许的退税应从"统一收入基金"项下支出。

第 4 部分
实施细则及命令

第 129 条　实施细则

授权公共安全及应急部部长制定实施细则：

(a) 为执行税号 9813.00.00 或 9812.00.00，准许非原产于加拿大的集装箱进口免征关税，如果部长有理由相信相似数量的可使用的集装箱已经出口。以及

(b) 为执行税号 9897.00.00，规定：

(i) 在哪些条件下鹭、鹭羽毛或鱼鹰羽毛的标本及该税目项下的野鸟的羽毛、羽毛管、头、翅膀、尾巴、皮或皮的部分可以进口用于任何博物馆或科学教育目的；并且

（ii）来自已使用过的或二手床垫的材料应当按什么方式清洗及蒸熏消毒，以及这些材料需要随附哪些证明。

第 130 条　公共安全及应急部部长的权力

授权公共安全及应急部部长：

（a）规定被视为执行税号 9897.00.00 可接受的文件；并且

（b）认可某个原产地国家的当局、代表或被授权人作为确定某个税号项下货物的条件或归类意义上的主管当局、代表或被授权人。

第 131 条　部长的权力

部长有权指定税号 9938.00.00 意义上的货物。

第 132 条

（1）实施细则

授权总督根据部长的建议制定实施细则：

（a）适用《税则规定表》第 99 章规定时，修改《税则规定表》以改变或规定货物的税则归类条件。

（b）规定适用于本法第 2 条（1）规定中"国家"的定义的领土。

（c）规定适用税目 51.11、51.12 或 58.03 时，符合条件的英联邦国家或英联邦国家的资格条件。

（d）规定适用本法任何规定的某个利率或确定某个利率的规则。

（e）降低符合条件归入税目 98.04 项下某税号的货物的最大价值。

（f）撤销适用税号 9808.00.00 时，该税号所指的并且来自某个拒绝给予具有相应或相等职位的加拿大海关执法人员在该国家的特权的国家的某些人或某些类别人的特权。

（g）适用税号 9810.00.00 时：

（i）指定组织机构、外国及军事部门；以及

（ii）撤销该税号所指的并且来自某个拒绝给予加拿大相应特权的国家的某些人或某些类别人的特权。

（h）修改税号 9905.00.00 所列的产品清单。

（i）修改税号 9987.00.00 所列的产品清单。

（j）对于税目 98.26 项下的货物或货物类别，修改税率表以：

（i）增加、删除或修改涉及归入该税目之下的每个税号的货物或某类别货物；

（ii）修改对归入该税目之下某个税号的货物或货物类别征收的关税税率；

（iii）修改可按该税目之下某个税号进口的货物或货物类别的条件；

（iv）规定任何货物或任何类别的货物不适用该税目之下某个税号；

（ⅴ）界定对该税目的范围；以及

（ⅵ）修改可按该税目之下某个税号进口的货物的最大价值。

（k）在规定情况下并按规定条件降低对《税则规定表》第 89 章货物征收的任何关税。

（l）适用税号 9993.00.00 时，限制可归入该税号项下的货物的用途、种类或质量。

（m）适用税号 9897.00.00 时：

（ⅰ）修改该税号以规定完全或部分由监狱劳工制造或生产的货物不得归入该税号，或者规定在哪些条件下这些货物不得归入该税号；

（ⅱ）修改该税号以规定已使用过的或二手的在寻求进口之时所在自然年份以前生产的机动车辆不得归入该税号，或者规定在哪些条件下这些车辆不得归入该税号；以及

（ⅲ）修改该税号以规定已使用过的或二手的在寻求进口之时所在自然年份以前生产的飞机不得归入该税号，或者规定在哪些条件下这些飞机不得归入该税号；

（n）适用税号 9890.00.00 时，修改该税号以规定在哪些条件下作战或进攻性武器、军需品、弹药不得归入该税号。

（o）规定应按《税则规定表》第 98 章或第 99 章某个税号规定的任何事项。

（p）规定应按本法规定的任何事项。以及

（q）一般地讲，以执行本法的立法宗旨及规定为目的。

（2）国会批准

按本条（1）（e）或（1）（j）（ⅵ）规定制定的降低货物的最大价值的实施细则，应于其生产之日后第 180 天停止有效，或者（如果在国会休会日期间）于此后国会两院均为开会日的第 15 天停止有效，除非在该日之前，该实施细则被国会两院均通过的一项决议批准。

（3）"开会日"的定义

适用本条（2）时，国会任何一院开会的当日，应被视为一个开会日。

（4）恢复最大价值

本条（2）规定所指的实施细则停止有效时，最大价值应予恢复。

（5）溯及力

按本条（1）（d）规定制定的实施细则，如果规定的生效日期早于其按《法律文本法》第 6 条规定登记的日期，遇有其使某项公告在该较早的日期当日或之前生效的情况，应于该较早的日期生效。

第 133 条　实施细则

授权总督根据公共安全及应急部部长的建议制定实施细则：

（a）规定适用本法第 101 条规定时：

（i）货物出口后必须返回加拿大的期限；以及

（ii）构成该货物出口的令人信服的证据的要件。

（b）对《税则规定表》第 98 章中某条税号意义上的"行李""运输工具""与该货物的国际运输相同的""居民""临时"及"临时居民"等词语作出定义。

（c）规定货物可以进口的条件，适用于税号 9801.10.10、9801.10.20、9801.10.30、9801.20.00、9808.00.00 或 9810.00.00 的。

（d）适用于税号 9802.00.00 的：

（i）规定运输工具可以进口的条件；

（ii）限制任何已进口的运输工具可以在加拿大停留的时间长度及该运输工具在加拿大停留时的用途，并且授权公共安全及应急部部长延期或扩大这些限制；

（iii）规定不得归入该税号的任何类别的运输工具；以及

（iv）授权公共安全及应急部部长要求对已进口的运输工具提供担保，并且限制被要求提供的担保的金额及种类。

（e）适用于税号 9803.00.00 的：

（i）规定货物或运输工具可以进口的条件，并授权公共安全及应急部部长在特定情况下规定这些条件；

（ii）限制任何类别的货物可以进口的数量，并授权公共安全及应急部部长在特定情况下提高这些数量限制；

（iii）限制已进口的货物或运输工具可以在加拿大停留的时间长度，并授权公共安全及应急部部长延长这些时限；

（iv）将任何类别的货物或运输工具从该税号的商品归类中去除；并且

（v）授权公共安全及应急部部长要求对已进口的货物或运输工具提供担保，并且限制被要求提供的担保的金额及种类。以及

（f）规定货物可以进口的条件，适用于税目 98.04 或税号 9807.10.00、9813.00.20、9813.00.00、9814.00.00、9816.00.00 或 9838.00.00 或 9989.00.00 的。

（g）适用于税号 9805.00.00 时：

（i）对该细目所指的任何类别的人进口的货物或货物类别规定免予符合涉及货物必须在境外被拥有、加工或使用的期限的要求；以及

（ii）放宽货物或货物类别必须在境外被该细目所指的任何类别的人拥有、加工或使用的期限要求。

（h）适用税号 9807.00.00 时：

（i）对"移民"一词作出定义；

（ii）对该细目所指的任何类别的人进口的货物或货物类别规定免予符合涉及货物的所有权、占有或使用的要求；以及

（iii）放宽对该细目的货物或货物类别的所有权、占有或使用的要求。

（i）适用税号 9897.00.00 时：

（i）对"期""期刊"及"特刊"等词语作出定义；

（ii）规定在哪些条件下某个期刊的某期应当被视为是一期登载一种主要面向加拿大某个市场的广告，并且在该原发行国家发行的某个期刊所有各期中没有出现相同形式的特刊；以及

（iii）规定在哪些条件下某个期刊的某期应当被视为是一期其 5% 以上的版面用于登载面向任何货物或服务在加拿大的特定可获得渠道或者涉及其在加拿大销售或提供的特定条件的广告。

（j）适用税号 9971.00.00 时，规定在哪些条件下已经向下列国家出口用于修理或改造的货物可以进口：

某个 NAFTA 国家；

智利；

哥伦比亚；

哥斯达黎加；

洪都拉斯；

冰岛；

以色列或另一个 CIFTA 受惠国家；

约旦；

韩国；

列支敦士登；

挪威；

巴拿马；

秘鲁；

瑞士。

（j.1）适用税号 9992.00.00 时，规定在哪些条件已经向下列国家出口用于修改或改造的货物可以进口：

某个 NAFTA 国家；

智利；

哥伦比亚；

哥斯达黎加；

洪都拉斯；

以色列或另一个 CIFTA 受惠国家；

约旦；

韩国；

巴拿马；

秘鲁。

（k） 适用税号 9993.00.00 时：

（i） 延长在该细目项下进口的货物可以在加拿大停留的任何期限，如果该期限对进口人出口该货物不可行或不可能；

（ii） 规定在哪些条件下可以免除提供担保或规定文件的要求；以及

（iii） 规定任何令公共安全及应急部部长满意的提供的形式、性质及条件。以及

（l） 规定适用本条规定所指的某条细目应规定的任何其他事项。

第 134 条

（1） 其他命令

公共安全及应急部部长或加拿大边境服务署署长有权发布命令，规定《税则规定表》第 7 章补充注释 2（c）所指的某条细目对经由该命令中规定的加拿大某个地区或某个部分的某个现场海关进口的货物在一段时间中止适用，并在该时段内改为适用该章①补充注释 2（b）所指的某条或数条细目。

（2） 其他命令

公共安全及应急部部长或加拿大边境服务署署长有权发布命令，规定《税则规定表》第 8 章补充注释 4（c）所指的某条细目对经由该命令规定的加拿大某个地区或某个部分的某个现场海关进口的货物在一段时间中止适用，并在该时段内改为适用该章②补充注释 4（b）所指的某条或数条细目。

第 135 条

（1） 不适用的货物

按本法第 134 条（1）或（2）规定发布的命令不适用于下列货物：

（a） 该命令生效前，某人已采购并经由该命令规定的加拿大某个地区或某个

---

① 指《税则规定表》第 7 章。——译者注
② 指《税则规定表》第 8 章。——译者注

部分的某个现场海关进口，并且真心地认为被该命令中止有效的某条细目中所列的"免税"的关税税率会适用于该货物；并且

（b）该命令生效之时，处于向加拿大的采购人转口之中。

（2）不适用 SIA

本法第 134 条（1）或（2）规定所指的命令不应被视为一项《法律条文法》意义上的实施细则。

第 5 部分
违禁货物

第 136 条

（1）禁止进口

税号 9897.00.00、9898.00.00 或 9899.00.00 项下的货物禁止进口。

（2）不适用第 10 条（1）规定

本法第 10 条（1）规定不适用于本条（1）规定所指的货物。

第 6 部分
过渡条款

第 137 条 "前法"的定义

在本法第 140 条及第 143 条至第 146 条规定中，"前法"一词，指本法第 214 条规定生效前最后的《海关税则》。

第 138 条　［2011 年废止］

第 139 条　［2011 年废止］

第 140 条

（1）引用前税号及代码

除本条（2）另有规定外，某项联邦法律或者某项按该法律制定的实施细则或发布的命令中引用的某税号或代码或者某税号或代码的一部分，除上下文另有要求外，应被理解为引用本法的某税号或代码或者某税号或代码的一部分，所指货物应理解为前法的税号或代码或者某税号或代码的一部分所指的最接近的对应货物。

（2）例外规定

本法以外的某项联邦法律的某条规定或者某项按该法律制定的实施细则或发布的命令中所引用的前法的某个税目、子目、税号或代码，或者某个税目、子目、税号或代码的一部分，或者前法税率表 I 的某章的注释，《2001 年消费税法》或《消费税法》项下的某项关税或消费税时，或者涉及本法第 21 条规定项下的某项附加税时，应被视为引用本条规定生效之日前最后有效的该税目、子目、税号、代码、部分或注释。

第 141 条　［2001 年废止］

第 142 条　［2001 年废止］

第 143 条　实施细则及命令继续有效

如果货物在本条规定生效之日前按《海关法》第 32 条规定报关并且应适用前法、《海关法》或任何其他联邦法律，或者按这些法律制定的任何实施细则或发布的任何命令，这些法律、实施细则或命令在本法生效后应继续适用于这些货物。

第 144 条　保税仓库批准证书继续有效

按前法第 81 条规定发放的并且在本法第 91 条规定生效之日仍有效的批准证书，应在该日及以后继续按该条规定①有效。

第 145 条　担保

国家收入部部长持有的旨在保证前法第 81 条（4）规定项下关税的缴纳的担保，在本条规定生效之日及该日以后，应继续作为本法第 91 条（4）规定意义的担保。

第 146 条　证明继续有效

按前法第 80.1 条规定出具的并在本法第 90 条规定生效之日仍有效的证明，

---

① 指前法第 81 条规定。——译者注

在该日及该日以后应继续有效。

第 7 部分

相关修改

第 147 条至第 191 条　　[修改]

第 8 部分

后续修改

第 192 条至第 212 条　　[修改]

第 9 部分
废止及生效

废　止

第 213 条　［废止］

生　效

第 214 条　生效

本法于 1998 年 1 月 1 日前生效或视为生效，并且适用于或视为已经适用于在该日或该日以后进口的本法所指的所有货物，以及在该日前已进口但未按《海关法》第 32 条规定报关的货物。

税率表①

加拿大边境服务署每年公布一部《海关税则》的部门合订本。

---

① 税率表可在下列网址使用 PDF 格式读取：http：//www. cbsa – asfc. gc. ca/trade – commerce/tariff – tarif/menu – eng. html。

出口及进口许可法①

R. S. C. , 1985 , c. E – 19
一部关于货物和技术的出口及转让、货物的进口的法。

简　　称

第 1 条　简称

本法可简称为《出口及进口许可法》。

解　　释

第 2 条

(1) 词语定义

"地区控制清单"，指按本法第 4 条规定制定的国家清单。

"自动武器国家控制清单"，指按本法第 4.1 条规定制定的国家清单。

"CCFTA"，按《加拿大—智利自由贸易协定实施法》第 2 条 (1) 规定定义。

"CCRFTA"，按《加拿大—哥斯达黎加自由贸易协定实施法》第 2 条 (1) 规定定义。

"智利"，按《海关税则》第 2 条 (1) 规定定义。

"CIFTA"，按《加拿大—以色列自由贸易协定实施法》第 2 条 (1) 规定定义。

---

① 本统一法律文本最新一次修订于 2014 年 10 月 1 日生效。

"哥伦比亚"，按《海关税则》第2条（1）规定定义。

"哥斯达黎加"，按《海关税则》第2条（1）规定定义。

"数据"，指以任何形式表示的信息或概念。

"出口配额"，指按本法第6.3条（3）（b）规定发放的某项配额。

"出口控制清单"，指按本法第3条规定制定的货物及技术清单。

"自由贸易协定"，[1997年废止]。

"自由贸易伙伴"，指：

（a）某个NAFTA国家；

（b）智利；或者

（c）以色列或另一CIFTA受惠国家。

"从某个NAFTA国家进口的货物"，[1977年废止]。

"从以色列或另一CIFTA受惠国家进口的货物"，[1977年废止]。

"洪都拉斯"，按《海关税则》第2条（1）规定定义。

"进口配额"，指按本法第6.2条（1）规定定义。

"从以色列或另一CIFTA受惠国家进口"，按依照《海关税则》第52条规定制定的实施细则的规定定义。

"以色列或另一CIFTA受惠国家"，按《海关税则》第2条（1）规定定义。

"部长"，指适用本法规定时被加拿大总督任命为部长的加拿大政府内阁枢密院的成员。

"NAFTA"，按《北美自由贸易协定实施法》第2条（1）规定中"协定"一词定义。

"NAFTA国家"，按《北美自由贸易协定实施法》第2条（1）规定中"NAFTA国家"一词定义。

"巴拿马"，按《海关税则》第2条（1）规定定义。

"秘鲁"，按《海关税则》第2条（1）规定定义。

"记录"，指任何记录或标记数据的材料，并且能够被某人或某个计算机系统或其他装置读取或理解的。

"加拿大居住民"，涉及自然人时，指一般情况下居住在加拿大的某个人；涉及法人时，指某个总部设在加拿大或在加拿大设有分公司的公司。

"软木协定"，指加拿大政府与美国政府于2006年9月26日签署并于2006年10月12日修改的《软木协定》，并包括在加拿大批准该协定前所做的任何修改。

"技术"，包括开发、生产或使用出口控制清单所列某个物品所需的技术数据、技术援助及信息。

"转让"，涉及技术时，指以任何方式从加拿大境内某个地点向加拿大境外某个地方出售或披露其内容。

"世界贸易组织协定"，按《世界贸易组织协定实施法》第 2 条（1）规定中"协定"一词定义。

（2）从某个 NAFTA 国家、智利、哥斯达黎加或洪都拉斯进口的货物

适用本法规定时，从某个 NAFTA 国家、智利、哥斯达黎加或洪都拉斯进口的货物，如果从该 NAFTA 国家、智利、哥斯达黎加或洪都拉斯（按适用情况选定）直接运输到加拿大，应符合《海关税则》第 17 条及第 18 条规定的定义。

制定控制清单

第 3 条

（1）货物及技术的出口控制清单

总督有权制定一份货物及技术清单，称为《出口控制清单》，其中列入任何总统认为其出口或转让有必要出于下列目的进行控制的物项：

（a）确保武器、弹药或战争工具及海军、陆军或空军供给品或者任何被视为能够被转换成此类物项的，或者用于其生产或以其他方式具有某个战略性质或价值的，不被用于任何其使用会有损于加拿大安全的用途；

（b）确保为促进在加拿大进一步加工某种加拿大原产的自然资源的任何措施不会由于该自然资源的出口不受限制而无效；

（c）在供给过剩及价格下跌情况下限制或监控任何在加拿大生产的原料或经加工的材料（农产品除外）的出口；

（c.1）[1999 年废止]

（d）实施某项政府间安排或承诺；

（e）确保该货项在加拿大对国防或其他需求有适当的供给及分配；

（f）确保任何国家或海关关境对其在任何一定的时期内进口到该国家或该海关关境一定数量享受优惠的任何货物的有序出口销售。

（2）条件

《出口控制清单》中所列货物的商品名称可包含规定人或规定政府实体（包括外国政府实体）在批准、归类或认定时所依据的条件。

第 3.1 条　[1999 年废止]

第 4 条　国家的地区控制清单

总督有权制定一份国家清单，称为《地区控制清单》，在其中包括任何总督视为有必要对其控制任何货物或技术的出口或转让的国家。

第 4.1 条　自动武器国家控制清单

总督有权制定一份国家清单，称为《自动武器国家控制清单》，在其中仅包括加拿大与其有政府间国防、研究、开发及生产安排，并且总督认为允许向其出口以下武器是合适的国家：

（a）《刑法典》第 84 条（1）规定中"禁止性武器"定义项下（c）或（d）规定的禁止性武器；

（b）《刑法典》第 84 条（1）规定中"禁止性武器"定义项下（b）规定的禁止性武器；或者

（c）《刑法典》第 84 条（1）规定中"禁止性装置"定义项下（a）或（d）规定的禁止性装置。

或者这些物项的任何组件或部件，包括在某个《出口控制清单》中的。

第 4.2 条

（1）词语定义

本法第 5 条规定中：

"重要原因"，涉及从某个 NAFTA 国家或从智利进口的货物时，指一项重要的但不一定是最重要的原因。

"主要原因"，指一项其重要性不低于其他任何原因的原因。

"严重损害"，涉及同类或直接竞争货物时，指一种对该国内生产人地位的全面的妨碍。

"剧增"，涉及从某个 NAFTA 国家或从智利进口的货物时，按 NAFTA 第 805 条或 CCFTA 第 F－05 条（按适用情况选定）规定定义。

"严重损害威胁"，指以事实为依据而不仅是指控、推测或遥远的可能性的严重损害明显迫近。

（2）实施细则中词语定义的适用

任何按《加拿大国际贸易法院法》第 40 条（b）规定制定的实施细则对"同类或直接竞争货物"的定义，适用于本法第 5 条及第 5.4 条规定。

第 5 条

（1）货物的《进口控制清单》

总督有权制定一份货物清单，称为《进口控制清单》，在其中包括任何其进口总督视为出于下列目的有必要予以控制的物项：

（a）确保某种在世界市场上或在加拿大稀缺的，或者受原产国家政府控制或受政府间安排配额的物项，能根据加拿大的需要以最好的条件供应并分配；

（b）支持任何按《农产品销售机构法》规定采取的措施，限制以任何形式

进口某项与在加拿大生产或销售的物项同类的并且其数量是按该法①规定确定的物项;

（c）［1994 年废止］

（c.1）限制武器、弹药及战争、陆军、海军或空军供给品，或者任何被视为能够被改造成这类物项的物项或对其生产有用的物项;

（d）实施某项按《农业市场计划法》或《加拿大奶业委员会法》规定采取的措施，以支持该物项的价格为目的或效果的;

（e）实施某项政府间安排或承诺; 或者

（f）阻止通过进口与《世界贸易组织协定》附件 1A《纺织品及服装协定》所适用的货物相似或直接竞争的货物而违反或规避该协定。

（2）向国会提交陈述或摘要

如果货物被增列入《进口控制清单》的目的是在于确保按政府间安排实行配额管理的货物的供应或分配或者是为实施某项政府间安排或承诺，应于总督将这些货物增列入《进口控制清单》的命令按《法定文件法》规定通过《加拿大政府公报》对外公布之后第 15 天内，或者于国会任何一院开会日第一个 15 天之内（如果当时国内不开会）递交国会一份关于该项安排或承诺作用的陈述或者一份该项安排或承诺的摘要，如果过去没有向国会递交过。

（3）增加入《进口控制清单》

如果总督基于部长根据加拿大国际贸易法院按《加拿大国际贸易法院法》第20 条或第 26 条规定进行的审查所做出的任何命令相信，任何种类的货物正在或很可能以对同类或直接竞争货物的国内生产人造成或威胁造成严重损害的价格、数量及条件进口到加拿大，有权以总督命令形式，将其增加入《进口控制清单》，以限制这些货物的进口，限制范围及期限［除本条（7）另有规定外］以总督认为阻止或补救该损害所必需的为准。

（3.1）禁止再次命令

对按《海关法》第 55 条（1）规定发布的命令已涉及的货物，不得按本条（3）规定发布任何命令，除非在按本条（3.2）或（4.1）规定或者按《海关法》第 60 条或第 63 条（1）规定做出的命令及任何相关命令的有效期到期之后，已经经过的时间超过该项命令或相关命令的有效期总数 2 年以上。

（3.2）延期命令

总督有权根据部长的建议，发布延期命令，将某项按本条（3）或（4.1）规定或者按《海关税则》第 55 条（1）、第 60 条或第 63 条（1）规定发布的命

---

① 指《农产品销售机构法》。——译者注

令所涉及的任何货物继续列入《进口控制清单》，如果在这些命令的有效期期满之前的任何时候，总督根据加拿大国际贸易法院按《加拿大国际贸易法院法》第30.07条规定进行的审查结果相信存在以下情事：

（a）某项命令对阻止或补救对同类或直接竞争货物的国内生产人的严重损害仍然有必要；并且

（b）有证据证明国内生产人正在进行依照按《加拿大国际贸易法院法》第40条（b）规定制定的任何实施细则规定认定的调整。

（3.3）延期命令的期限及撤回

按本条（3.2）规定做出的每项延期命令，除本条另有规定外，在该命令规定的期限内一直有效，但该规定期限加上该货物此前已有的按本条（3）、（3.2）或（4.1）规定或者按《海关税则》第55条（1）、第60条或第63条（1）规定发布的命令所规定的期限，总期限不得超过8年。

（3.4）对从某些国家进口的货物的例外规定

按本条（3）或（3.2）规定做出的命令，可以不包括从税率表列名的某个国家进口的任何种类的货物，如果总督根据《加拿大国际贸易法院法》项下的任何报告相信，这些货物的进口数量不是对同类或直接竞争货物的国内生产人造成严重损害或严重损害威胁的主要原因。

（4）对从某个自由贸易伙伴国家进口的货物的例外规定

作为本条（3）及（3.2）规定的例外，按这些款规定①发布的命令，只有在总督根据部长按《加拿大国际贸易法院法》第20条、第26条或第30.07条规定进行的审查所提交的报告相信有以下情事时，才可适用于从某个自由贸易伙伴进口的货物：

（a）这些货物的数量在从所有国家进口到加拿大的同类货物总量中占比非常大；

（b）从某个NAFTA国家进口的货物，单独或加上每个其他NAFTA国家（在特别情况下）进口的同类货物的数量，是对同类或直接竞争货物的国内生产人造成严重损害或严重损害威胁的重要原因；以及

（c）从任何其他自由贸易伙伴国家进口的货物的数量是对同类或直接竞争货物的国内生产人造成严重损害或严重损害威胁的重要原因。

（4.01）至（4.05）［1997年废止］

（4.1）针对从某个自由贸易伙伴进口的货物的新命令

如果按本条（3）或（3.2）规定发布的命令按本条（4）规定不适用于从某

---

① 指本条（3）及（3.2）规定。——译者注

个自由贸易伙伴进口的货物，并且总督根据部长基于按《加拿大国际贸易法院法》第30.01条或第30.011条规定进行的审查所提交的报告相信有以下情事，对从该自由贸易伙伴进口到加拿大的货物，应按总督命令被列入《进口控制清单》，以限制其进口，阻止按本条（3）或（3.2）规定发布的命令的有效性被减损：

（a）该命令生效之时或之后从该自由贸易伙伴进口的同类货物剧增；并且

（b）由于该剧增，该命令的有效性正在被减损。

（4.2）命令应明确

按本条（3）或（3.2）规定发出的命令必须说明是否适用于从某个自由贸易伙伴进口的货物。

（4.3）增列入《进口控制清单》

总督如果相信应当收集关于从某个自由贸易伙伴国家进口的货物的信息，有权随时发出命令，将下列货物增列入《进口控制清单》以便于收集该信息：

（a）按本条（3）或（3.2）规定发布的命令按本条（4）规定不适用的；或者

（b）按《海关税则》第55条（1）或第63条（1）规定发布的命令因为该货物不符合该法①第59条（1）或第63条（4）规定所列的条件而不适用的。

（4.4）增列命令的撤回或修改

总督如果相信按本条（3）、（3.2）或（4.1）规定在《进口控制清单》上增列任何货物的命令应当被撤回或被修改，有权根据部长的建议发出命令，随时撤回该命令或修改该命令。

（4.5）至（4.92）［1997年废止］

（5）增列入《进口控制清单》

总督如果基于部长按本条（3）规定提交的报告相信，任何种类的货物正在或很可能以对同类或直接竞争货物的国内生产人造成或威胁造成严重损害的价格、数量及条件进口到加拿大，因而应当收集关于这些货物的进口的信息，以确定该进口是否对同类或直接竞争货物的国内生产人正在造成损害或威胁造成损害，有权随时发出总督命令，将任何同类货物增列入《进口控制清单》以便于收集该信息。

（6）增列入《进口控制清单》

如果为了便于实施按《海关税则》第14条（2）、第35条、第39条、第43条、第53条（2）（d）、第55条（1）、第60条、第63条（1）或第82条（1）

---

① 指《海关税则》。——译者注

规定采取的措施，总督认为有必要控制任何货物的进口或收集关于这些货物的进口信息，有权发出命令将这些货物为此增列入《进口控制清单》。

（7）被视为移出清单的货物

如果货物是按本条（3）、（5）或（6）规定项下的总督命令规定被列入《进口控制清单》的，该货物在下列时间应被视为移出《进口控制清单》：

（a）其按该命令规定被列入清单之日满4年；或者

（b）该命令中规定的日期，如果该命令明确规定在本款（a）规定所指的4年期限之前某个日期其应被视为移出该清单。

（7.1）及（7.2）［1997年废止］

（8）从某个自由贸易伙伴进口的货物

如果从某个自由贸易伙伴进口的货物按本条（4.1）或（4.3）规定项下的总督命令被列入《进口控制清单》，该货物在下列时间中较早的一个时间应被视为移出该清单：

（a）该命令中明确规定的日期。与

（b）下列时间：

（i）与从其他国家进口的按本条（3）规定项下的某项命令被列入该清单货物相同的商品名称的货物被移出该清单之日，如果涉及按本条（4.1）或（4.3）规定对本条（4.3）（a）规定所指的货物发出的某项命令；以及

（ii）《海关税则》第55条（1）规定或第63条（1）规定项下某项适用于从任何其他国家进口的同类货物的命令停止有效之日，如果涉及按本条（4.3）规定对本条（4.3）（b）规定所指的货物发出的某项命令。

（9）［1997年废止］

第5.1条

（1）增列入《出口控制清单》或《进口控制清单》

总督如果相信有必要收集关于部长认定其世界市场供给过剩且价格低迷并且其相当一部分世界贸易是受非关税措施控制的某些种类的钢或某种钢制品的出口或进口信息，有权在遵守本条（2）规定的条件下，随时发出命令将该种类钢或该种钢制品增列入《出口控制清单》或《进口控制清单》，以便于收集该信息。

（2）被视为移出清单

如果任何种类的钢或任何钢制品按本条（1）规定项下的总督命令被列入《出口控制清单》或《进口控制清单》，从其被列入清单之日起满3年之时或者于该命令中可能规定的前于该期满之日的日期，该种类的钢或该钢制品应被视为移出该清单。

（3）向议会提交统计汇总

部长应在每自然年份之后立即制作一份在该年度中按本条（1）规定收集的任何信息的统计汇总，并负责于完成之日或者于国会任何一院下次开会后第一个15天（如果国会任何一院当时不开会）立即将该汇总表提交国会各院。

第5.11条　［1997年废止］

第5.2条

（1）增列入《出口控制清单》或《进口控制清单》

总督如果相信有必要收集关于NAFTA附件300-B附录6所规定的每年可享受NAFTA附件302.2的税率表中规定的关税税率、CCFTA附件C-00-B附件5.1所规定的CCFTA附件C-02.2税率表中规定的关税税率、按CCRFTA附件III.1附录III.1.6.1所规定的CCRFTA附件III.3.1的税率表中规定的关税税率或者CHFTA附件3.1所规定的CHFTA附件3.4.1的税率表中规定的关税税率（按适用情况选定）每年规定数量的货物出口或进口信息，有权随时发出命令并且不用考虑该数量，将这些货物增列入《出口控制清单》或《进口控制清单》，以便于收集该信息。

（2）增列入《进口控制清单》

总督任何时候如果相信为实施NAFTA、CCFTA、CCRFTA或CHFTA规定，有必要收集NAFTA附件300-B附录1.1、CCFTA附件C-00-B附录1.1、CCRFTA附件III.1附录III.1.1.1或CHFTA附件3.1第1节规定（按适用情况选定）所列的货物的进口信息，有权发出命令将该这些货物增列入《进口控制清单》，以便于收集该信息。

（3）增列入《进口控制清单》

总督如果相信有必要收集涉及按其规定数量享受任何《海关税则》第49条（1）规定项下海关关税减税或该法①第74条（3）规定项下海关关税的降税税率的任何货物的进口信息，有权随时发出命令并且不考虑该数量，将这些货物增列入《进口控制清单》，以便于收集该信息。

第5.3条　增列入《进口控制清单》以实施《农产品协定》

总督如果相信，为了实施《世界贸易组织协定》附件1A的《农产品协定》，有必要控制货物进口或收集涉及货物进口的信息，有权随时发出命令将该货物增列入《进口控制清单》。

第5.4条

（1）词语定义

下列词语定义在本条规定中适用。

① 指《海关税则》。——译者注

"措施"，指：

（a）任何措施，包括下列某项临时措施：

（i）中华人民共和国采取的以阻止或补救除加拿大外某个世界贸易组织成员的市场扰乱；或者

（ii）除加拿大外某个世界贸易组织成员采取的以撤销其在《世界贸易组织协定》项下的减让，或者以其他方式限制进口以阻止或补救在该成员由于原产于中华人民共和国的货物的进口而导致或威胁导致的市场扰乱。或者

（b）本款（a）规定所指的措施的任何组合。

"市场扰乱"，指与某项国内产业生产的货物同类或直接竞争货物的进口迅速增加（绝对地或相对于某个国内产业的这些货物的产量），以至于成为对该国内产业造成的实质损害或实质性损害威胁的重要原因。

"重要原因"，涉及某种实质性损害或实质性损害的威胁时，指造成该实质性损害或威胁的一项重要的原因，但不一定与任何其他造成实质性损害或威胁的原因同样重要或相比最重要。

"世界贸易组织成员"，指按《关于建立世界贸易组织的协定》第 I 条规定建立的世界贸易组织的某个成员。

（2）增列入《进口控制清单》——市场扰乱

总督如果根据部长按加拿大国际贸易法院依照《加拿大国际贸易法院法》第 30.21 条或第 30.22 条规定进行的一项调查所做的报告，相信原产于中华人民共和国的货物正在以或很可能以对同类或直接竞争货物的国内生产人造成或威胁造成市场扰乱的数量或条件被进口或很可能被进口到加拿大，有权随时发出命令，将这些货物增列入《进口控制清单》，以将这些货物的进口限制在总督认为阻止或补救该市场扰乱所必要的范围及时段内。

（3）增列入《进口控制清单》——贸易转移

总督如果根据部长按加拿大国际贸易法院依照《加拿大国际贸易法院法》第 30.21 条或第 30.22 条规定进行的一项调查所做的报告，相信某项措施正在造成或威胁造成大量的贸易转移到加拿大的国内市场，有权随时发出命令，将原产于中华人民共和国的货物增列入《进口控制清单》，以将这些货物的进口限制在总督认为阻止或补救该贸易转移所必要的范围及时段内。

（4）延期命令

总督有权在按本条或本条（2）规定或者《海关税则》第 77.1 条或第 77.3 条规定发出的某项将任何货物增列入《进口控制清单》的命令到期前，随时根据部长的建议对该命令发出一项延期命令，如果总督根据加拿大国际贸易法院按《加拿大国际贸易法院法》第 30.25 条（7）规定进行的一项调查相信，该命令

的继续有效对于阻止或补救对同类或直接竞争货物的国内生产人的市场扰乱是必要的。

（5）增列命令的废止或修改

总督如果相信本条（2）、（3）或（4）规定项下的某项将任何货物增列入《进口控制清单》的命令应当废止或修改，有权随时根据部长的建议发出命令废止或修改该项命令。

（6）增列入《进口控制清单》

总督如果根据部长按本条（2）规定做出的报告，相信原产于中华人民共和国的货物正在或很可能以如此的价格、数量或条件进口到加拿大，以至于有必要收集涉及这些货物的进口信息以确定该进口是否对同类或直接竞争货物的国内生产人正在造成或威胁造成市场扰乱，有权随时发出命令，将这些货物增列入《进口控制清单》，以便于收集该信息。

（7）增列入《进口控制清单》

总督如果根据部长按本条（3）规定做出的报告相信，某项措施造成或威胁造成大量的贸易转移到加拿大的国内市场，因此有必要收集涉及原产于中华人民共和国的货物进口信息以确认该措施是否正在造成或威胁造成大量的贸易转移到加拿大的国内市场，有权随时发出命令，将这些货物增列入《进口控制清单》，以便于收集该信息。

（8）增列入《进口控制清单》

如果为了便于实施按《海关税则》第77.1条、第77.3条或第77.6条规定发出的某项命令，总督认为有必要控制原产于中华人民共和国的货物的进口或收集涉及这些货物的进口信息，有权发出命令为此将这些货物增列入《进口控制清单》。

（9）被视为移出清单的货物

如果货物按总督根据本条（8）规定发出的命令增列入《进口控制清单》，该货物应被视为于下列两个日期中较早的日期被移出清单：

（a）该命令中规定的日期（如果有）；与

（b）按《海关税则》第77.1条、第77.3条或第77.6条规定发出的某项命令停止有效或者按该法①第77.2条、第77.3条或第77.4条规定（按适用情况选定）被废止的日期。

（10）到期之日

本条（1）至（9）规定于2013年12月11日停止有效。

---

① 指《海关税则》。——译者注

第 6 条　清单的修改

总督有权收回、修改、改变或重新制定任何《地区控制清单》《自动武器国家控制清单》《出口控制清单》或《进口控制清单》。

双边紧急措施：纺织及服装货品

第 6.1 条

（1）"原产货物"的定义

在本条规定中，"原产货物"，指按《海关税则》规定符合条件享受美国税率、墨西哥税率、墨西哥—美国税率、智利税率或哥斯达黎加税率（按适用情况选定）的货物。

（2）部长可以采取措施的时间

部长如果相信，本款（a）或（b）规定所指的货物正在从某个 NAFTA 国家、从智利或从哥斯达黎加进口而且不是原产货物，其进口数量的迅速增加（绝对地或相对于国内生产人的）及其进口条件，对同类或直接竞争货物的国内生产人正在造成严重损害或现实的严重损害威胁，有权随时采取下列规定所列的措施：

（a）NAFTA 附件 300 – B 附录 1.1 第 5 条规定，如果涉及从某个 NAFTA 国家进口的该附件所列的货物；

（b）CCFTA 附件 C – 00 – B 附录 1.1 第 4 条规定，如果涉及从智利进口的该附件所列的货物；以及

（c）CCRFTA 附件 Ⅲ.1 附录 Ⅲ.1.1.1 第 5 条规定，如果涉及从哥斯达黎加进口的该附件所列的货物。

（3）应考虑的因素

确定本条（2）规定所列的条件是否存在时，部长应考虑 NAFTA 附件 300 – B 第 4 条第 2 款、CCFTA 附件 C – 00 – B 第 3 条第 2 款或 CCRFTA 附件 Ⅲ.1 第 4 条第 2 款规定（按适用情况选定）。

进口许可

第 6.2 条

（1）确定数量

为实施某项政府间安排或承诺将任何货物列入《进口控制清单》时，部长有权确定本条（2）、本法第 8.3 条规定及《海关税则》意义上的进口许可的数量

或计算这些数量的依据。

（2）配额分配

部长按本条（1）规定确定某项货物的数量时，有权：

（a）以命令形式规定一种向申请配额的加拿大居民分配该数量的方法；并且

（b）在遵守实施细则规定及部长在配额中可以规定的任何限制条件前提下，向申请该配额的任何加拿大居民发放配额。

（3）配额转让

部长有权准许在加拿大居民之间互相转让进口配额。

软木制品出口许可

第6.3条

（1）词语定义

下列定义在本条规定及本法第6.4条规定中适用。

"BC沿海"，指按《不列颠哥伦比亚省森林地区及地区管理条例》（2006年7月1日版）规定设立的沿海森林地区。

"BC内地"，指按《不列颠哥伦比亚省森林地区及地区管理条例》（2006年7月1日版）规定设立的北方内地森林地区及南方内地森林地区。

"地区"，指安大略省、魁北克省、马尼托巴省、萨斯喀彻温省、阿尔伯塔省、BC沿海或BC内地。

（2）确定数量

为实施软木制品协定将任何软木制品列入《进口控制清单》时，部长有权确定本条（3）及本法第8.4条规定意义上的出口准许数量或计算这些数量的依据。

（3）配额分配

部长按本条（2）规定确定某个产品数量时，有权：

（a）以命令形式规定一种向按《2006年软木产品出口收费法》第23条规定备案的申请配额的人分配该数量的方法；并且

（b）在遵守实施细则规定及部长在配额中可以规定的任何限制条件前提下，向申请该配额的这些人中任何人发放一个月的配额。

（4）配额转让

部长有权准许在备案的个人之间互相转让进口配额。

第6.4条　从某个地区出口

出口的软木制品应被视为从该产品接受第一次按《2006年软木产品出口收费法》第2条规定定义的简单处理所在地区出口。但是，如果该出口制品是在新斯科舍、新不伦瑞克、爱德华王子岛、纽芬兰及拉布拉多舍、育空、西北地区及努纳武特对原产于某个地区的软木锯材进行的第一次简单处理，该制品应被视为从该地区出口。

许可及证明

第 7 条

（1） 出口许可

除本条（2）另有规定外，部长有权向任何申请准许出口或转让列入《出口控制清单》的货物或技术或者向某个列入《地区控制清单》的国家出口或转让货物或技术的加拿大居民发放出口许可，并在该出口许可或实施细则中规定准许出口的数量及质量、出口人、所出口到的地点或人员及其他限制条件。

（1.01） 安全考虑

决定是否按本条（1）规定发放许可时，部长有权在其考虑的任何其他问题之外，考虑许可申请中所列货物或技术是否会被用于以下目的：

（a） 有损于国家的安全或利益，由于被用于《信息安全法》第 3 条（1）（a） 至（n）规定所指的任何情事；或者

（b） 有损于世界某个地区或任何国家的和平、安全或稳定。

（1.1） 普遍许可

作为本条（1）规定的例外，部长有权以命令形式向加拿大居民普遍地发放一种该许可所规定的任何列入《进口控制清单》的货物的普遍进口许可，但必须遵守该许可中规定的限制条件。

（2） 自动武器的出口许可

部长有权按本条（1）规定不发放许可，不准许出口本法 4.1 条（a） 至（c）规定所指的任何物体或者列入《出口控制清单》中的此类物体的任何元件或部件，除非：

（a） 该出口是向列入《自动武器国家控制清单》中的某个国家出口的；并且

（b） 禁止性武器或其元件或部件是向该国家政府或该国家政府的某个授权收货人出口的。

第 8 条

（1） 进口许可

部长有权任何提出申请的加拿大居住民发放一项许可，准许其按该许可或实施细则中规定的数量或质量、从该许可或实施细则规定的人、地点或者按其他限

制条件，进口列入某个进口控制清单的货物。

（1.1）普遍许可

作为本条（1）规定的例外，部长有权以命令形式向加拿大居民普遍地发放一种该许可所规定的任何列入《进口控制清单》货物的普遍进口许可，但必须遵守该许可中规定的限制条件。

（2）进口许可

作为本条（1）规定及任何按本法第12条规定制定的与本条规定目的不相符合的实施细则规定的例外，如果货物被列入《进口控制清单》的原因仅仅是按本法第5条（4.3）、（5）或（6）或者本法第5.4条（6）、（7）或（8）规定收集信息，只要遵守并适用按本法第12条规定（为达到该目的合理地必须遵守或适用的）制定的任何实施细则的规定，部长应向任何提出申请的加拿大居民发放对这些货物的进口许可。

（2.1）及（2.2）〔1997年废止〕

（3）从某个自由贸易伙伴进口的货物

如果某项按本法第5条（3）或（3.2）规定发布的命令，按本法第5条（4）规定适用于从某个自由贸易伙伴进口的货物，或者某项命令是按本法第5条（4.1）规定制定的，部长在决定是否按本条规定发放许可时，应考虑 NAFTAT 第5条（b）规定、CCFTA 第 F－02 条第5款（b）规定或 CIFTA 第4.6条第5款（b）规定（按适用情况选定）。

（4）〔1997年废止〕

第8.1条　进口及出口许可

作为本法第7条、第8条（1）及按本法第12条规定制定的与本条规定目的不相符合的实施细则规定的例外，如果某个钢或钢制品被列入《出口控制清单》或《进口控制清单》仅出于本法第5.1条规定的目的，只要遵守并适用按本法第12条规定（为达到该目的合理地必须遵守或适用的）制定的任何实施细则的规定，部长应向任何提出申请的加拿大居民发放这些钢或钢制品的出口许可或进口许可（按适用情况选定）。

第8.2条　部长发放许可

作为本法第7条、第8条（1）及按本法第12条规定制定的与本条规定目的不相符合的实施细则规定的例外，如果某个钢或钢制品被列入《出口控制清单》或《进口控制清单》仅出于本法第5.2条（1）、（2）或（3）规定的目的，只要遵守并适用按本法第12条规定（为达到该目的合理地必须遵守或适用的）制定的任何实施细则的规定，部长应向任何提出申请的加拿大居民发放这些货物的出口许可或进口许可（按适用情况选定）。

第8.3条

（1）进口许可——有配额

作为本法第8条（1）规定的例外，如果货物被列入《进口控制清单》的目的是实施某项政府间安排并且部长已经按本法第6.2条（1）规定确定了该货物的进口许可数量，只要遵守并适用按本法第12条规定（为达到该目的合理地必须遵守或适用的）制定的任何实施细则的规定，部长应向任何有这些货物进口配额并提出申请的加拿大居民发放该货物的进口许可。

（2）进口许可——无配额

作为本法第8条（1）规定的例外，如果货物被列入《进口控制清单》的目的是实施某项政府间安排并且部长已经按本法第6.2条（1）规定确定了该货物的进口许可数量，但没有发放这些货物的进口配额，只要遵守并适用按本法第12条规定（为达到该目的合理地必须遵守或适用的）制定的任何实施细则的规定，部长应当：

（a）向任何提出申请的加拿大居民发放进口这些货物的许可，如果部长认为进口许可数量尚未用完；或者

（b）向所有加拿大居民普遍地发放一项进口这些货物的普遍许可。

（3）补充进口许可

作为本法第8条（1）及本条（1）、（2）规定的例外，如果货物被列入《进口控制清单》并且部长已经对该货物按本法第6.2条（1）规定确定了进口许可数量，部长有权按该许可或实施细则规定的条件：

（a）向任何提出申请的加拿大居民发放补充数量的进口这些货物的许可；或者

（b）向所有加拿大居民普遍地发放补充数量的进口这些货物的普遍许可。

第8.4条　对软木制品的进口许可

作为本法第7条（1）规定的例外，如果软木制品为了实施软木协定被列入《出口控制清单》，部长应向任何按《2006年软木制定出口收费法》第23条规定登记备案并提出申请的人发放出口这些制品的许可，条件仅仅是：

（a）已按本法第6.3条（3）（b）规定发放了任何出口配额；并且

（b）该人必须遵守按本法第12条规定制定的任何实施细则的规定。

第8.5条　有追溯力的许可

按本法规定发放的进口许可或出口许可，如果该许可有此规定，可以从早于其发放日期的某个日期开始有效。

第9条　进口证明

部长有权为了便于货物进口到加拿大并遵守出口国家的法律规定，向任何提

出该申请的加拿大居民出具进口证明，证明该申请人已经在该证明规定的期限内进口了该证明中规定的货物并且提供了实施细则要求的其他信息。

第 9.01 条　　[1997 年废止]

第 9.1 条　部长有权出具证明

部长有权为了实施与某个 NAFTA 国家某项关于管理 NAFTA 附件 300 - B 附录 6 的政府间安排、与智利关于管理 CCFTA 附件 C - 00 - B 附录 5.1 的政府间安排、与哥斯达黎加关于管理 CCRFTA 附件 III.1 附录 III.1.6.1 的政府间安排或与洪都拉斯关于管理 CHFTA 附件 3.1 第 5 条的政府间安排，对向该 NAFTA 国家、智利、哥斯达黎加或洪都拉斯（按适用情况选定）的货物出口出具证明，证明这些货物的下列具体数量：

（a）进口到该 NAFTA 国家按 NAFTA 附件 300 - B 附录 6 规定享受 NAFTA 附件 302.2 减让表规定的关税税率的，如果涉及向该 NAFTA 国家出口货物；

（b）进口到智利国家按 CCFTA 附件 C - 00 - B 附录 5.1 规定享受 CCFTA 附件 C - 022.2 减让表规定的关税税率的，如果涉及向智利出口货物；

（c）进口到哥斯达黎加按 CCRFTA 附件 III.1 附录 III.1.6.1 规定享受 CCRFTA 附件 III.3.1 减让表规定的关税税率的，如果涉及向哥斯达黎加出口货物；以及

（d）进口到洪都拉斯按 CHFTA 附件 3.1 第 5 条规定享受 CHFTA 附件 3.4.1 减让表规定的关税税率的，如果涉及向洪都拉斯出口货物。

第 9.2 条　部长有权出具证明

为了实施某项与任何国家或海关关境关于对在任何时段内可能进口到该国家或海关关境的货物任何数量限制的政府间安排，部长有权向任何提出申请的加拿大居民出具一份证明，就该货物的出口向该国家或海关关境证明该证明所证明的货物在装运进口到该国家或海关关境可享受对在该数量限制以内进口的货物所规定的优惠的货物具体数量。

第 10 条

（1）许可的替代

除本条（3）另有规定外，部长有权修改、中止、撤销或恢复任何按本法规定发放或出具的许可、进口配额、出口配额、证明或其他准许。

（2）许可的替代

如果按本法规定向任何人发放的被列入《出口控制清单》或《进口控制清单》，仅出于本法第 5 条（4.3）、（5）或（6），第 5.1 条（1），第 5.2 条（1）、（2）或（3）或者第 5.4 条（6）、（7）或（8）规定所指目的的货物的出口或进口许可，并且有下列情况的，部长有权视情况合适修改、中止或撤销该许可：

（a）该人在该许可申请的（或与其相关的）某项重要详细情况中提供了虚假或误导的信息；

（b）部长在发放该许可之后并根据该人的申请，按本法规定对同一货物向该人发放了另一份出口或进口许可；

（c）该货物在该许可发放之后，被列入《出口控制清单》或《进口控制清单》，但出于本法第 5 条（4.3）、（5）或（6）及第 5.1 条（1），第 5.2 条（1）、（2）或（3）或者第 5.4 条（6）、（7）或（8）规定所指以外的目的；

（d）有必要纠正该许可中某项错误；或者

（e）该人同意修改、中止或撤销该许可。

（3）同上

除本条（2）另有规定外，在该款①规定的情况下，部长不得修改、中止或撤销按本法规定发放的许可，除非这样做符合本法第 8 条（2）、第 8.1 条或第 8.2 条规定，允许出口或进口在这些情况下被列入《出口控制清单》或《进口控制清单》货物的许可是尽可能自由地发放给希望出口或进口这些货物的人的，并且这些人获得该许可时除遇有实现该被列入该清单目的所必须的限制外，没有其他限制。

第 10.1 条　监督员

部长有权指定其认为具备资格被指定为监督员的任何人为监督员。

第 10.2 条

（1）监督

监督员有权在任何合理的时间，出于任何与本法的管理或执法相关的目的，监督、审计或检查任何申请许可的人按本法规定制作或发放的业务账册、进口配额、出口配额、证明或其他准许，以认定其或其他任何人是否遵守了本法规定。

（2）监督员的权力

为进行监督、审计或检查，监督员有权：

（a）进入任何该监督员有理由相信保存着业务账册或从事着任何本法规定所适用的活动的人所在的场所；并且

（b）要求任何个人在监督、审计或检查过程中到场，并要求该人回答所有合适的问题且向该监督员提供一切合理的协助。

（3）前置准许

如果本条（2）（a）规定所指的场所是住宅，未经住宅的占有人同意，监督员不得进入该住宅，除非有按本条（4）规定签发的授权书的准许。

---

① 指本条（2）。——译者注

（4） 进入住宅的授权书

法官有权签发准许某个监督员按该授权书规定的条件进入某处住宅的授权书，如果法官根据该监督员的申请认可以下经过宣誓保证真实的信息：

（a） 有合理的理由相信该住宅是一个本条（2）（a）规定所指的场所；

（b） 进入该住宅是实现与本法的管理或执法相关的目的所必需的；并且

（c） 进入该住宅已遭到拒绝或者有合理的理由相信将会遭到拒绝。

（5） 进入未被准许时的命令

如果法官不相信进入该住宅是实现与本法的管理或执法相关的目的所必需的，只要该进入曾被拒绝或有可能被拒绝而且该住宅内正在或有可能保存有一份业务账册，法官有权：

（a） 命令该住宅的占有人向该监督员提供查阅任何保存在或有可能保存在该住宅内的业务账册的合理条件；并且

（b） 发出其他与情况相适应的任何命令以执行本法的规定。

（6） 业务账册的副本

监督员按本条规定进行监督、审计或检查或被提供业务账册时，有权制作或要求制作该业务账册的一份或数份副本。

第 10.3 条

（1） 保存业务账册

每个按本法规定申请许可、进口配额、出口配额、证明或其他准许的人，均应保存能认定其遵守了本法规定所必需的所有业务账册。

（2） 部长有权规定信息

部长有权规定业务账册制作的书面格式及任何该账册必须包含的信息。

（3） 账册的语言及地点

除非部长另行准许，业务账册必须使用英语或法语在加拿大制作。

（4） 电子业务账册

按本法规定要求制作账册的任何人，如果使用电子方式制作，应在该业务账册所需的保存期限内保证提供使该业务账册明白易懂所必需的设备及软件。

（5） 不正确的业务账册

如果某人未能制作正确的本法规定意义上的业务账册，部长有权书面要求该人制作任何部长具体规定的业务账册，而且该人应当制作部长具体规定的账册。

（6） 一般保存期限

被要求制作业务账册的每个人，应当将其保存 6 年或按实施细则规定的期限保存，该期限从该业务账册所涉及的年份结束之后开始。

（7） 部长的指示

部长如果认为是本法的管理或执法所必需的，有权以当面的或邮递的指示形式，要求按本法规定被要求制作业务账册的任何人按该指示中具体规定的期限保存这些业务账册，该人应遵守该指示。

（8）允许提前处理

按本法规定被要求制作业务账册的人，如果有部长的书面准许，可在被要求保存的期限到期前处理业务账册。

第 11 条　其他不受许可影响的法律义务等

按本法规定发放或出具的许可、证明或其他准许，不影响任何人按本法或其他任何法律对其获得出口或进口许可证、许可或证明规定的义务，也不影响任何人缴纳任何法律对货物或技术的出口或转让或者对货物的进口所规定的任何国内税、关税或其他税费。

实施细则

第 12 条　实施细则

总督有权制定实施细则：

（a）规定按本法规定申请许可、进口配额、出口配额、证明或其他准许的申请人应提供的信息及某个第三方出具的证明某项软木锯材原产地的原产地证书及承诺，申请或发放或者出具许可、进口配额、出口配额、证明或其他准许应履行的程序、时间长度及限制条件，包括涉及运输或其他文件的限制条件，可按本法规定发放或出具许可、进口配额、出口配额、证明或其他准许的；

（a.1）规定部长决定是否发放进口配额或出口配额或者同意其转让时必须考虑的因素；

（b）规定按本法规定向其发放或出具许可、进口配额、出口配额、证明或其他准许的人应提供的信息及与使用这些准许相关联的其他事宜；

（b.1）涉及专门出口列入该《出口控制清单》的货物的人应向具体规定的人或具体规定的政府实体，包括外国政府实体提供的信息；

（c）规定普遍许可或总体证明的发放及适用条件或要求；

（c.01）［1999 年废止］

（c.02）规定部长决定是否按本法第 9.2 条规定出具证明时应考虑的因素；

（c.1）规定部长按本法第 9.1 条规定出具证明时应考虑的因素；

（c.2）对本法或本法任何规定意义上的"原产地"一词做出定义；

（c.3）规定依照《海关税则》制定的关于货物原产地的实施细则对本法或本法任何规定的适用；

（d）规定从加拿大出口或转让的任何货物或技术或者进入加拿大任何口岸或地点的任何货物通过任何口岸或地点转关运输的证明、准许或其他管控；

（e）免除任何人、货物或技术或者任何类别的人、货物或技术适用本法任何或所有规定；以及

（f）制定出于实现本法的立法宗旨及执行本法各项规定的一般规定。

禁限规定

第13条 出口或企图出口

除根据授权并且符合按本法规定发放的出口许可的规定，任何人不得出口或转让或者企图出口或转让任何列入《出口控制清单》的货物或技术或者任何列入《地区控制清单》的货物或技术。

第14条 进口或企图进口

除根据授权并且符合按本法规定发放的进口许可的规定，任何人不得进口或企图进口任何列入《进口控制清单》的货物。

第14.1条 例外规定

对原本可以获得准许并且符合按本法规定发放的出口许可或进口许可规定的出口或进口货物，某人如果在出口或进口该货物之时，其本人提出了申请并且在该出口或进口之后获得了该许可，该人不违反本法第13条或第14条规定。

第15条

（1）转移等

为遵守本条（2）的规定并且除持有部长的授权外，任何人不得故意地指使或协助他人或者企图指使或协助他人将任何列入《出口控制清单》的货物或技术从加拿大或从其他任何地点向任何列入《地区控制清单》的国家运输、转口运输、转移或转让。

（2）自动武器的转移等

任何人不得故意地指使或协助他人或者企图指使或协助他人将任何列入《出口控制清单》的本法第4.1条（a）至（c）规定所指的物项或者设计为专门组装成此类物项的零部件从加拿大或从其他任何地点向任何未列入《自动武器国家控制清单》的国家运输、转口运输、转移或转让。

第16条 许可不得转让或未经授权不得使用

任何持有按本法规定发放的某项出口或转让货物或技术或者进口货物许可授权的人，不得向某个无此授权的人转让该许可或者允许其使用该许可。

第16.1条　转让或未经授权使用

任何已领取进口配额或出口配额的人，未经部长同意，不得向他人转让该配额或者允许其使用该配额。

第17条　虚假或误导信息，伪报

任何人不得在任何按本法规定申请许可、进口配额、出口配额、证明或其他准许之时，或者为了获得该许可、进口配额、出口配额、证明或其他准许的发放或出具或其后来的使用中，或者在其所涉及的货物或技术的出口、进口、转让或处理中，故意提供任何虚假或误导信息或者故意伪报。

第18条　帮助及教唆

任何人不得故意劝导、帮助或教唆任何人违反本法或实施细则的任何规定。

违法及处罚

第19条

（1）违法及处罚

违反本法或实施细则任何规定的每个人，犯有以下罪行：

（a）一项即决犯罪，处25000加元以下罚金或12月以下拘役，或两罚并处；或者

（b）一项应诉犯罪，按法院判决的金额处以罚金或处10年以下拘役，或两罚并处。

（2）限期

本条（1）（a）规定项下的起诉可以在诉讼标的发生时间之后3年以内任何时间启动。

（3）判决时应考虑的因素

按《刑法典》第730条规定对某项违反本法或实施细则的犯罪行为作出有罪判决或无罪判决时，对该犯罪行为作出判决的法院除考虑任何其他相关因素外，还应考虑作为该犯罪行为诉讼标的的已出口或已转让货物或技术或者已进口货物的性质或价值。

第20条　公司行政管理人员等

如果某个公司犯有本法规定项下的犯罪行为，该公司的任何行政管理人员或经理，凡指示、准许、同意、默许或参与犯罪行为的，均是该犯罪行为的共犯并有罪，应判处适用于该犯罪行为的刑罚，不论该公司是否被起诉或被判决。

第21条　非居民申请许可

如果本法规定项下的某项许可是发给某个提出申请的人，但他是代表某个不

是加拿大居民的另一人提出申请的或者该许可是供该另一人使用的，并且该另一人犯有本法规定项下犯罪行为，只要有证据证明该犯罪案件的作为或不作为是在该提出申请的人知情或同意的情况下发生的，或者该提出申请的人未能保持应有的警惕来阻止该犯罪行为的发生，该提出申请的人应被判处同一犯罪行为并有罪，应判处适用于该犯罪行为的处罚，不论是否该非居民是否被起诉或被判决。

第 22 条

（1）地点管辖

本法规定项下犯罪的任何司法程序应在该司法程序启动之时该犯罪发生的或者在被指定犯有该犯罪的人居住或办公或经营的地点启动、审理或判决。

（2）涉及一件以上犯罪的司法程序

在任何涉及本法规定项下犯罪的司法程序中：

（a）某项信息可以包括一件以上同一人犯有的犯罪行为；

（b）该项信息包括的所有犯罪行为可以同时判决；

（c）可以对被如此包括的任何一项或所有犯罪行为作出一项判决；并且

（d）涉及这些犯罪行为的任何信息、授权书、传票、判决书或其他司法程序不得因其涉及两件或多件犯罪行为而不予接受。

第 23 条

（1）书证

装船单据、海关单证、商业发票或其他文件（本条规定中统称"运输单证"），在本法规定项下涉及货物或技术的起诉中均可被接受为证据，如果这些运输单证显示：

（a）该货物或技术是从加拿大被送出、运出或转让出的，或者该货物是进口到加拿大的；

（b）某人是作为承运人、发货人或收货人将该货物或技术从加拿大送出、运出或转让出的或者将其进口到加拿大的；或者

（c）该货物或技术被送往、运往或转让给涉及该货物或技术的出口许可或涉及该货物的进口许可中准许以外的某个目的地或某人。

（2）事实证据

如果没有相反的证据提出，按本条（1）规定可被接受作为证据的运输单证，是本条（1）（a）、（b）或（c）规定所列的该运输单证显示的任何事实的证据。

一般规定

第 24 条　海关执法人员的职责

所有《海关法》规定定义的海关执法人员，在允许任何货物或技术出口或转让或者任何货物进口之前，应确保该货物或技术的出口人、进口人或转让人（按适用情况选定）没有违反本法或实施细则的任何规定，并且本法及实施细则对该货物或技术规定的任何要求都已得到遵守。

第 25 条　海关法项下的权力的适用

所有《海关法》规定定义的海关执法人员，对于适用本法规定的任何货物或技术，拥有《海关法》规定的涉及货物进口或出口的所有权力，该法①及实施细则中关于搜查、扣留、扣押、没收及判罚的所有规定按情况需要修改后均适用于报关以出口、转让或进口的或者被出口、转让或进口的或者以其他方式违反本法规定及实施细则规定的任何货物或技术，以及所有与该货物或技术有关的单证。

第 26 条　某些被视为海关执法人员的官员

适用《海关法》第 108 条规定时，外交、贸易及发展部的所有官员，凡被雇用从事本法的管理事务的，应被视为《海关法》第 2 条（1）规定所定义的海关执法人员。

报告国会

第 27 条　年度报告

每年 12 月 31 日之后，部长应尽可能早地准备并向国会提交一份关于本法规定在该年度运作情况的报告。

税率表

［本法第 5 条（3.4）规定］

国家

哥伦比亚；

巴拿马；

秘鲁。

---

① 指《海关法》。——译者注

特别进口措施法^①

简　称

第 1 条　简称

本法可简称为《特别进口措施法》

解　释

第 2 条

（1）词语定义

在本法中：

"补贴金额"，对于任何货物，指按本法第 30.4 条规定确定的金额。

"补贴数量"，［1994 年废止］。

"仲裁机构"，指《补贴协定》第 8.5 条规定所指的仲裁机构。

"加拿大部长"，指：

（a）本法第 I.1 部分有效期间《北美自由贸易协定实施法》第 15 条规定所指的部长；以及

（b）指本法第 II 部分规定有效期间按本法第 77.24 条（1）规定指定的部长。

"海关署署长"，［2005 年废止］。

"委员会"，指按《补贴协定》第 24 条规定设立的补贴及反补贴措施委员会。

---

① 本统一法律文本于 2014 年 11 月 1 日最后一次修订。

"国家"，除上下文另有要求外，包括：

（a）某个国家的境外或附属领土及按总督制定的实施细则规定的任何其他领土；以及

（b）某个海关同盟，但适用涉及货物倾销的诉讼时。

"出口国家"，指该倾销货物发货直接运到加拿大的国家，或者（如果该货物没有发货直接运到加拿大）指货物在正常贸易条件下会发货直接运到加拿大的国家，以及（涉及补贴货物时）提供补贴的原产地国家。

"副部长"，[1999 年废止]。

"指定的海关执法人员"，指按《海关法》第 59 条规定指定的任何海关执法人员或任何类别的海关执法人员。

"国内产业"，指，除适用本法第 31 条规定并且除本条（1.1）另有规定外，同类货物的国内生产人（作为一个整体）或其同类货物的集体生产在该同类货物整个国内生产中占比很大的国内生产人，除非某个国内生产人与倾销或补贴货物的某个出口人或进口人或者这些货物的进口人有关联。"国内产业"可以解释为这些国内生产人的分支产业。

"倾销"，指任何货物的正常价格超过其出口价格。

"关税"，指按本法规定加征的任何关税，包括临时关税。

"企业"，包括某个企业群体、某个产业及某个产业群体。

"出口价格"，指按本法第 24 条至第 30 条规定确定的出口价格。

"出口补贴"，指全部或部分取决于出口业绩的一笔补贴或一笔补贴的一部分。

"自由贸易协定"，按《加拿大—美国自由贸易协定实施法》第 2 条规定定义。

"政府"，涉及除加拿大以外的任何国家时，指该国家的政府并包括：

（a）该国家的任何省、州、市或其他地方或地区政府；

（b）任何人、机构或组织，为该国家或该省、州、市或其他地方或地区政府办事的，代表该国家或该省、州、市或其他地方或地区政府的，或者在该国家或该省、州、市或其他地方或地区政府的领导之下的，或被任何被该国家或该省、州、市或其他地方或地区政府通过的法律授权的；以及

（c）该国家参加的任何主权国家的团体。

"某个 NAFTA 国家政府"，指所规定的某个 NAFTA 国家政府的部门、机构或其他实体。

"进口人"，指是任何货物的实际进口人。

"损害"，指对某个国内产业的实质性损害。

"巨大"，指：

（a）低于该货物的出口价格 2% 的某个倾销幅度，涉及倾销幅度时；以及

（b）低于该货物的出口价格 2% 的某个补贴金额，涉及补贴金额时。

"同类货物"，涉及任何其他货物时，指：

（a）在各方面与这些其他货物相同的货物；或者

（b）其用途及其他特性与这些其他货物的用途及特性很相似，如果没有任何本款（a）规定所指的货物。

"倾销幅度"，指任何货物的正常价格超过该货物的出口价格的金额，除本法第 30.1 条、第 30.2 条及第 30.3 条另有规定外。

"实质性损害"，［1994 年废止］。

"成员"，［1985 年废止］。

"部长"，指公共安全及应急部部长。

"NAFTA"国家，按《北美自由贸易协定实施法》第 2 条（1）定义，但不包括加拿大。

"可忽略不计的"，指某个国家的倾销货物的数量在海关放行进入加拿大的来自所有国家并与该倾销货物同一商品名称的货物总量中占比不超过 3%。但是，如果 3 个或 3 个以上国家［指其单独一国进入加拿大的倾销货物出口不超过前述所指的货物总量的 3% 的］的倾销货物的总量超过本款（a）规定所指货物总量的 7%，这些国家中任何国家的倾销货物的数量均不属于可忽略不计的。

"不可诉补贴"[1]，指：

（a）某项不是按本条（7.1）至（7.4）规定确定的符合规定标准的特定补贴。

（b）某项用于下列目的的补贴：

（i）产业研究援助；

（ii）竞争前开发[2]援助；

（iii）对劣势地区的援助；

（iv）对现有设施适应新的环境标准的援助；或者

（v）对高等教育机构及独立研究机构开展的研究活动的援助。

（c）除本条（1.4）规定外，某项对《世界贸易组织协定》附件 1A 的一部

---

[1] 世界贸易组织乌拉圭回合谈判将补贴分为禁止性补贴（红箱补贴）、可诉补贴（黄箱补贴）和不可诉补贴（绿箱补贴）。——译者注

[2] 竞争前开发，指将产业研究的成果转化为新的产品，改良或改进产品、工艺或服务开发所需的计划、蓝图或设计活动，以及首次非商业目的的原型与初步或试验方案的研发活动。——译者注

分《农产品协定》附件 1 所列的农产品的国内支持措施，符合《农产品协定》附件 2 的规定的。

"正常价格"，指按本法第 15 条至第 23 条及第 29 条和第 30 条规定确定的正常价格。

"北美自由贸易协定"，按《北美自由贸易协定实施法》第 2 条（1）规定定义。

"命令或调查结论"，涉及法院时：

（a）指一项由法院按本法第 43 条或第 44 条规定做出的命令或调查结论，没有按本法第 76.01 条至第 76.1 条规定及第 91 条（3）规定被废除，但以最后一次修改为准的（如果该命令或调查结论已按本法第 76.01 条至第 76.1 条任何一条规定进行过一次或多次修改）；并且

（b）适用本法第 3 条至第 6 条及第 76 条至第 76.1 条规定时，包括一项法院按本法第 91 条（3）规定做出的一项命令或调查结论，没有按本法第 76.01 条至第 76.1 条规定及第 91 条（3）规定废除，但以最后一次修改为准的（如果该命令或调查结论已按本法第 76.01 条至第 76.1 条任何一条规定进行过一次或多次修改）。

"人"，包括某个合伙公司或某个社团。

"规定的"，指由署长规定的某种格式，或由实施细则规定的任何对象。

"署长"，指按《加拿大边境事务署法》第 7 条（1）规定任命的加拿大边境事务署署长。

"禁止性补贴"，指因属于下列性质而被禁止的补贴：

（a）出口补贴；或者

（b）全部或部分以在出口国家生产的及原产于出口国家的货物用途为条件的某项补贴或某项补贴中的一部分。

"完整的材料"，涉及某项对货物倾销或补贴的投诉时，指：

（a）下列投诉：

（i）指控该货物曾经或正在被倾销或补贴，具体指出该货物并指控该倾销或补贴已经造成了损害或延缓，或者正在威胁造成损害；

（ii）合理地详细陈述本项（i）规定所指的指控所依据的事实；以及

（iii）展示其他投诉人认为有用的观点。并且

（b）该投诉人提供了：

（i）该投诉人可获得的支持本款（a）（ii）规定所指的事实的信息；

（ii）规定的信息；以及

（iii）署长可以合理要求提供的其他信息。

"临时关税",指按本法第 8 条规定征收的关税。

"长期成员",〔1985 年废止〕。

"放行",指:

(a) 准许货物提离某个现场海关、监管仓库、保税仓库或免税商店以在加拿大使用;以及

(b) 在进口人、货物所有人或收货人的经营地点接收《海关法》第 32 条(2)(b) 规定适用的货物。

"延缓",指实质性延缓某个国内产业的建立。

"销售",包括租赁及租借,某个销售、租赁或租借协议及某项不可撤销的招投标;

"秘书长",〔2014 年废止〕。

"补贴协定",指《关于补贴及反补贴措施的协定》,作为《世界贸易组织协定》附件 1A 的一部分的。

"补贴及反补贴税协定",〔1994 年废止〕。

"补贴货物",指:

(a) 对其生产、制造、种植、加工、采购、批发、运输、销售、出口或进口由除加拿大以外的某个国家政府直接或间接地已经或将支付、给予、准许或以其他方式提供一笔补贴的货物;以及

(b) 除加拿大以外的某个国家政府按低于公平市场价格处理的货物。

其还包括在该货物的生产、制造、种植、加工或类似处理中加入该货物、被消耗掉或被以其他方法使用的本款 (a) 或 (b) 规定所指的任何货物。

"补贴",指:

(a) 在本条 (1.6) 规定框定的情况下,加拿大以外某个国家政府的一项财政资助,构成对从事货物的生产、制造、种植、加工、采购、批发、运输、销售、出口或进口的人的一项优惠,但不包括下列货物的原产国家或出口国家征收的任何关税或国内税:

(i) 由于其从出口国家或原产国家出口而已经被免除或者通过返还、退还或不征不退方式已经或将被退还的;

(ii) 出口货物的生产中使用或消耗的能源、燃料、油及催化剂等已经免税或者通过返还、退还或不征不退方式已经或将免除的;或者

(iii) 包含在出口货物之中并且已经被免除或者通过返还、退还或不征不退方式已经或将被免除的。

(b) 构成一种优惠的任何形式的收入或价格支持,属于《1994 年关税及贸易总协定》(作为《世界贸易组织协定》附件 1A 的一部分) 第 XVI 条规定范围

内的。

"法院",指按《加拿大国际贸易法院法》第3条(1)规定设立的加拿大国际贸易法院。

"一项承诺"或"多项承诺",指涉及作为本法规定项下某项倾销或补贴调查对象的货物的一项或多项承诺,在下列任何一种情况下书面向署长做出的:

(a)对于倾销货物,一项由某个办理所有或几乎所有向加拿大出口的倾销货物报关手续的出口人或各个出口人(按适用情况选定)按在其承诺中规定的方式做出的一项承诺,或者由多个办理这些货物报关手续的出口人各自做出的多项承诺:

(i)保证按其承诺确定的方式修改他向在加拿大的进口人销售该货物的价格;或者

(ii)停止在加拿大倾销该货物。以及

(b)对于补贴货物:

(i)一项由某个办理所有或几乎所有向加拿大出口的补贴货物报关手续的出口人或各个出口人(按适用情况选定)按在其承诺中规定的方式做出的一项承诺,或者由多个办理这些货物报关手续的出口人各自做出的多项承诺:

(A)得到该货物出口国家政府对做出该承诺的同意;并且

(B)保证按其承诺确定的方式修改他向在加拿大的进口人销售该货物的价格。或者

(ii)一项由某个办理所有或几乎所有向加拿大出口的补贴货物报关手续的国家政府或所有国家政府(按适用情况选定)在其承诺中规定的方式做出的一项下列承诺,或者由多个办理这些货物报关手续的国家政府各自做出的多项下列承诺:

(A)保证取消对从该国家向加拿大出口的货物的补贴;

(B)保证限制对从该国家向加拿大出口的货物的补贴金额;

(C)保证限制从该国家向加拿大出口的货物的数量;或者

(D)保证以其他方式消除补贴对在加拿大同类货物的影响。

"美国政府",指规定的美国联邦政府部门、机构或其他实体。

"世界贸易组织协定",按《世界贸易组织协定实施法》第2条(1)规定定义。

(1.1)如果国内产业建立在地区市场之上

在下列特殊情况下,对于任何货物的生产而言,加拿大领土可被划分为两个或更多地区市场,而且同类货物在任何这些市场的国内生产可被视为一个单独的国内产业:

（a）该市场的生产人的同类货物的生产全部或几乎全部都由其在该市场销售；并且

（b）该市场的需求在任何重要程度上都不是由在加拿大其他地方的同类货物的生产人满足。

（1.2）与出口人或进口人有关联的生产人

适用本条（1）规定中"国内产业"的定义时，下列情况下，某个国内生产人与某个倾销货物或补贴货物的生产人应当有关联，而且有理由相信该生产人与该出口人或该进口人的交易行为与某个没有关联的生产人不同

（a）该生产人直接或间接地控制该出口人或进口人，或者被该出口人或进口人控制；

（b）该生产人与该出口人或该进口人（按适用情况选定）直接或间接地被某个第三人控制；或者

（c）该生产人及该出口人或该进口人（按适用情况选定）直接或间接地控制某个第三人。

（1.3）如果被视为受控制

适用本条（1.2）规定时，如果第一人在法律上或在交易上有能力对另一人进行约束或指挥，该第一人应被视为控制另一人。

（1.4）国内支持措施不再是不可诉补贴的时间

本条（1）规定中"不可诉补贴"的定义（c）规定所指的某项国内支持措施，应于该款规定所指的《农产品协定》（按《协定》① 第13条意义上的《协定》第1条规定定义）的实施期限到期之日停止成为不可诉补贴。

（1.5）损害威胁

适用本法规定时，货物的倾销或补贴不得被视为威胁造成损害或造成损害威胁，除非该货物的倾销或补贴会造成损害的情况显而易见而且迫在眉睫。

（1.6）财政资助

适用本条（1）规定中"补贴"的定义中（a）规定时，下列情况下应被视为有一项除加拿大外某个国家政府的财政资助：

（a）该政府的行为涉及资金或债务的直接转让或者资金或债务的间接转让；

（b）本应欠和属于该政府的税款被免除或减征，或者欠或属于该政府的税款被销账或不征收；

（c）该政府提供一般政府基础设施以外的货物或服务或采购货物；或者

（d）该政府允许或指示某个非政府团体做任何本款（a）至（c）规定所指

---

① 指《农产品协定》。——译者注

的事情，如果做该事情的权利或义务在正常情况下是政府拥有或承担的，并且该非政府机构做该事情的方法与该政府做该事情的方式没有实质性的不同。

（2）有关联的人的定义

适用本法规定时，下列人应为有关联的人或互相有关联，即：

（a）互相有关联的人；或者

（b）互相没有关联人，但双方并不独立地进行交易。

（3）互相之间有关联的人

适用本条（2）规定时，下列情况下，他们应当互相之间有关联：

（a）他们之间有《所得税法》第251条（6）规定意义上的血亲、婚姻、同居或领养关系；

（b）其中一人是另一人的主管或经理；

（c）各人都是同样两个公司、联合公司、合伙公司或其他组织的管理人员或经理；

（d）他们是合伙人；

（e）其中一人是另一人的雇主；

（f）他们直接或间接地控制同一人或被同一人控制；

（g）其中一人直接或间接地控制另一人或被另一个控制；

（h）任何其他人直接或间接地拥有、持有或控制他们各人的5％或以上有表决权的发行股票或股份；或者

（i）其中一人直接或间接地拥有、持有或控制另一人的5％或以上有表决权的发行股票或股份。

（4）独立交易的人

适用本条（2）（b）规定时，互相之间是否有关联关系必须根据他们在某个特定的时间进行交易的情况来认定。

（5）［1994年废止］

（6）影响反补贴税的协定

作为"补贴金额"一词定义的例外，如果涉及任何补贴货物时，该货物的制造人、生产人、销售人或出口人或除加拿大以外的某个国家的政府，无论以直接或间接的方式对该货物在加拿大的进口人或购买人全部或部分补偿，还是代缴或退还对该货物应征收的反补贴税，适用本法规定时，对该货物的补贴金额，应为按该定义规定的方式确定并经过调整的补贴金额加上补偿、代缴或退还的金额。

（7）同时适用倾销和补贴货物的规定的解释

本法任何规定，如果按其字面解释同时适用于倾销和补贴货物，该规定在涉及下列货物时：

（a）补贴货物，在本法项下的某项涉及该倾销货物的调查、询查或其他司法程序或事项中不予考虑；以及

（b）倾销货物，在本法项下的某项涉及补贴货物的调查、询查或其他司法程序或事项中不予考虑。

（7.1）非特定的标准及条件

如果涉及补贴的标准或条件及金额属于下列性质，该项补贴不是特定的补贴：

（a）客观的；

（b）在某项立法、实施细则或者行政文书或其他官方文件中规定的；以及

（c）以一种非照顾性或不限于具体某个企业的方式实行的。

（7.2）如果补贴是特定的

下列补贴是特定的：

（a）根据本条（7.1）（b）规定所指的某个法律文书或文件规定，仅限于提供补贴的当局辖区内某个特殊企业的；或者

（b）某项禁止性补贴。

（7.3）署长对特定性的认定

即使某项补贴未按本条（7.2）（a）规定所指的方式仅限于某个特殊企业，署长也有权根据是否存在以下情况认定该项补贴是特定的：

（a）该补贴由数量有限的企业专门使用；

（b）该补贴绝大部分由某个特殊企业使用；

（c）数量有限的企业获得的补贴金额不合比例地大；以及

（d）提供补贴的当局自行决定的方式显示补贴不能普遍地获得。

（7.4）额外因素

如果本条（7.3）（a）至（d）规定所列名的任何一项因素出现，署长应考虑该项因素出现的原因是否在于：

（a）提供补贴当局的辖区内经济活动的多样性程度；或者

（b）该补贴计划已经运作的时间长度。

如果署长认为该项因素的出现是因为本款（a）或（b）规定列出的其中一项理由，署长长有权认为该补贴不是特定的，即使如果没有该意见署长很可能会认为该项补贴是特定的。

（8）涉及海关的法律

为进一步明确，适用《海关法》规定时，本法应被视为一项与海关相关的法律。

（9）署长的权力、责任及职责

署长在本法项下的任何权力、责任或职责，可由署长为此授权的任何人代为行使或履行，而且如果代行，应被视为是由署长本人行使或履行的。

（10）海关法的适用

《海关法》按情况适当修改后适用于下列情况：

（a）按本法规定征收或退还的任何关税的缴纳、征收或退还。

（b）按本法规定应征或应退还的关税利息的缴纳、征收、退还或免除利息；以及

（c）在按本法规定应征收的关税或按本法规定应要求提供的担保的期限内，被视为已缴纳或已提供。

第 I 部分
特别进口措施

应征收反倾销税、反补贴税及临时关税

反倾销税和反补贴税

第 3 条

（1）反倾销税及反补贴税

除本法第 7.1 条另有规定外，对所有进口到加拿大的倾销货物及补贴货物，如果法院在其被海关放行前已对其做出一项命令或调查结论，认为同一商品名称的倾销货物或补贴货物已造成损害或延缓、正在威胁造成损害或延缓，或者如果对该货物不征收临时关税会造成损害或延缓，应对其征收下列关税：

（a）对倾销货物征收反倾销税，税额相当于该进口货物的倾销幅度；以及

（b）对补贴货物征收反补贴税，税额相当于该进口货物补贴金额。

（2）违背承诺时加征关税

如果法院对本法第 7.1 条规定所指的承诺〔而且该承诺后来按本法第 52 条（1）（d）规定被终止〕所涉及的货物做出了一项本条（1）规定所指的命令或调

查结论，对所有这些货物在下列环节应按本条（1）（a）及（b）规定征收关税：

（a）如果适用本法第 52 条（1）（a）规定，于下列两个时期中较晚的一个日期当日或之后：

（i）该承诺被违背之日；与

（ii）按本法第 52 条（1）（e）规定收到终止通知之日前第 90 天。以及

（b）如果适用本法第 52 条（1）（b）或（c）规定，于按本法第 52 条（1）（e）规定发出终止通知之日或之后。

第 4 条

（1）其他情况

除本法第 7.1 条另有规定外，对下列所有进口到加拿大的倾销及补贴货物征收本条（3）及（4）规定所列的关税：

（a）在该货物海关放行之后，法院对其做出了一项命令或调查结论，认定同一商品名称的货物的倾销或补贴：

（i）已造成损害；或者

（ii）如果对该货物不征收临时关税会造成损害。以及

（b）在对货物做出初步认定之日开始至法院做出该命令或调查结论之日期间已被海关放行。

（2）如果承诺后来被终止

对下列所有进口到加拿大的倾销及补贴货物征收本条（3）及（4）规定所列的关税：

（a）属于署长按本法第 49 条（1）规定接受的某项承诺的对象的，但该承诺已按本法第 52 条（1）（d）规定被终止；

（b）在海关放行该货物后，法院对该货物已做出一项命令或调查结论，认定同一商品名称的货物的倾销或补贴：

（i）已造成损害；或者

（ii）如果对该货物不征收临时关税会造成损害；以及

（c）如果适用本法第 52 条（1）（a）、（b）或（c）规定，在从对货物做出初步认定之日开始至该承诺被接受之日期间被海关放行：

（i）如果适用本法第 52 条（1）（a）规定，在从下列日期中较早的一个日期开始至法院做出本款（b）规定所指的命令或调查结论之日期间：

（A）该承诺被违背之日；与

（B）按本法第 52 条（1）（e）规定收到终止通知之日前第 90 天。

（ii）如果适用本法第 52 条（1）（b）或（c）规定，从该终止通知按本法第 52 条（1）（c）规定发出之日开始至该法院做出本款（b）规定所指的命令或

调查结论之日结束。

（3）关税税额

按本条（1）或（2）规定适用于货物的关税是：

（a）对倾销货物征收的一笔税额相当于该货物倾销幅度的反倾销税；以及

（b）对补贴货物征收的一笔税额相当于对该货物补贴金额的反补贴税。

（4）限制规定

本条（3）规定所指的关税不得超过该货物在本法第8条规定项下已缴纳或应缴纳的关税（如果有）。

第5条　反倾销税

对下列所有进口到加拿大的倾销货物应征收一项税额等于该进口货物倾销幅度的反倾销税：

（a）法院已做出一项命令或调查结论的，在该货物被海关放行之后：

（i）一方面：

（A）其倾销已经造成损害或者如果不采取反倾销措施肯定会造成损害的同类货物正在大量进口；或者

（B）货物的进口人过去或者应当已经了解到出口人使用倾销手段而且该倾销会造成损害。以及

（ii）另一方面，进口货物的下列事实造成了损害：

（A）大量进口到加拿大大量进口；或者

（B）是一系列进口到加拿大的一部分，该进口的累计数量巨大并且是在比较短的时段中发生。

为阻止造成损害，法院显然有必要对该进口计征该项关税。并且

（b）在署长对该货物或该商品名称的货物做出初步的倾销认定之日前90天期间被海关放行，不包括在本法第31条规定所指的调查启动前被海关放行的货物。

第6条　反补贴税

如果任何对被补贴货物补贴是一项禁止性补贴，应对所有这些进口到加拿大的被补贴货物征收一项反补贴税，税额相当于作为禁止性补贴的对进口货物补贴的金额：

（a）法院已下达一项命令或调查结论的，在该货物被海关放行之后：

（i）由于该货物的下列事实已经造成损害的：

（A）构成向加拿大大量进口的；或者

（B）是一系列进口到加拿大的一部分，该进口的累计数量巨大并且是在比较短的时段中发生的。并且

(ⅱ) 应对该进口货物征收一项反补贴税以阻止造成损害。

(b) 在署长对该货物或该商品名称的货物做出初步的倾销认定之日前90天期间被海关放行的，不包括在本法第31条规定所指的调查启动前被海关放行的货物。以及

(c) 署长已按本法第41条（1）（a）（ⅳ）（C）规定做出一项确认的。

第7条

（1）总督有权发布命令征收反补贴税

总督有权发布命令发起一项调查以确定该命令中列名的某个国家产品的任何被补贴货物的补贴金额，并且如果存在以下情形，总督有权根据财政部长的建议发布命令，对该国家生产的与署长已确定补贴金额的货物同一商品名称的任何受补贴货物征收反补贴税，并且在征收反补贴税时，除本条（2）另有规定外，应对所有这些进口到加拿大的受补贴货物征收一项反补贴税，征税税额由针对该货物的命令确定：

（a）署长已通过调查确定了该金额；并且

（b）委员会已授权加拿大对该被补贴货物征收反补贴税。

（2）关税不得超过补贴金额

如果已按本条（1）规定加征一笔反补贴税的受补贴货物进口到加拿大并且对该进口货物的补贴金额低于应征收的关税税额，应只对该货物的补贴金额按本条规定征收反补贴税。

第7.1条　不适用

本法第3条及第4条不适用于对其已接受承诺并且该承诺没有被终止的货物。

第7.2条　关税的退还

如果法院按本法第76.03条（12）（a）规定做出一项命令，作为反倾销或反补贴税由某个进口人或其代理缴纳的税额，在下列时间之后5年应退还给该货物所交付的进口人：

（a）按本法第43条（1）规定做出原命令或调查结论之日，如果继该命令或调查结论之后没有按本法第76.03条（12）（b）规定做出适用于这些货物的的命令；或者

（b）做出最后一项命令之日，如果继该命令或调查结论之后已按本法第76.03条（12）（b）规定做出过一项或多项命令。

临时关税

第 8 条

（1）加征临时关税

根据本条（1.3），如果署长在本法规定项下的某项调查中做出一项倾销或补贴的初步认定，并认为加征临时关税对于阻止损害、延缓或损害威胁很有必要，对与该初步认定所适用的货物以及在从该初步认定做出之日开始至下列两个日期中较早一个日期期间被海关放行的货物相同商品名称的倾销货物或补贴货物的进口人：

（a）署长按本法第 41 条（1）规定要求结束对该商品名称货物的调查之日，与

（b）法院对该商品名称的货物做出一项命令或做出一项调查结论之日，

根据进口人的选择，应在《海关法》规定的期限内，

（c）缴纳或负责缴纳该进口货物的临时关税，税额不超过估定的该进口货物的倾销幅度或估定的补贴金额，或者

（d）按规定格式提供或负责提供临时关税的担保，担保金额或价值不超过估定的该进口货物的倾销幅度或估定的补贴金额。

（1.1）退回法院时加征临时关税

根据本条（1.3）如果法院对按本法第 43 条（1）规定、第 76.02 条（4）条规定［关于按本法第 76.02 条（1）规定项下的审查］或者第 91 条（3）规定做出的一项命令或调查结论（不包括本法第 3 条至第 6 条规定所指的命令或调查结论），按本法第 77.015 条（3）或（4）规定，或者本法第 77.019 条（5）规定，或本法第 77.15 条（3）或（4）规定，或者本法第 77.19 条（4）规定被退回法院，与该项命令或调查结论所适用的货物及在从按本法第 38 条（1）规定做出初步认定之日开始至法院对该商品名称的货物重新做出一项命令或调查结论之日期间被海关放行的货物相同商品名称的倾销货物或补贴货物的进口人，应在《海关法》对缴纳关税的规定的限期内，选择：

（a）缴纳或负责缴纳进口货物的临时关税，税额不超过估定的该进口货物的倾销幅度或估定的补贴金额；或者

（b）按规定格式提供或负责提供临时关税的担保，担保金额或价值不超过估定的该进口货物的倾销幅度或估定的补贴金额。

（1.2）从联邦上诉法院退回时加征临时关税

根据本条（1.3）对法院按本法第 43 条（1）规定、第 76.02 条（4）条规

定 ［关于按本法第 76.02 条（1）规定项下的审查］或者第 91 条（3）规定做出的一项命令或调查结论（不包括本法第 3 条至第 6 条规定所指的命令或调查结论），如果被联邦上诉法院退回，与该项命令或调查结论所适用的货物及在按本法第 38 条（1）规定做出初步认定之日开始至联邦上诉法院对该商品名称的货物重新做出一项命令或调查结论之日期间被海关放行的货物相同商品名称的倾销货物或补贴货物的进口人，应在《海关法》对缴纳关税的规定的限期内，选择：

（a）缴纳或负责缴纳进口货物的临时关税，税额不超过估定的该进口货物的倾销幅度或估定的补贴金额；或者

（b）按规定格式提供或负责提供临时关税的担保，担保金额或价值不超过估定的该进口货物的倾销幅度或估定的补贴金额。

（1.3）微小幅度或金额

本条（1）、（1.1）及（1.2）规定不适用于：

（a）与某项署长认定该货物的倾销幅度非常小的初步认定中列名的货物相同商品名称的货物；或者

（b）与某项署长认定该货物的补贴金额非常小的初步认定中列名的货物相同商品名称的货物。

（2）临时关税的退还

进口人本人或委托他人按本条（1）、（1.1）或（1.2）规定对任何商品名称的倾销货物或补贴货物缴纳的关税或提供的担保，应当：

（a）在下列情况发生之后予以退还进口人：

（i）署长责成对该商品名称的调查按本法第 35.1 条（1）或第 41 条（1）规定终止；

（ii）所有涉及该商品名称的货物的倾销或补贴的司法程序按本法第 47 条规定终止了；或者

（iii）法院对该商品名称的货物做出一项命令或调查结论，如果该项命令或调查结论只认定这些货物的倾销或补贴正在威胁造成损害。并且

（b）在某个指定的海关执法人员按可适用的本法第 55 条（1）（c）至（e）规定做出一项决定之后立即退还给进口人，但必须在该进口货物任何应缴纳的关税范围内。

（3）及（4）［2001 年废止］

（5）征收中止

如果署长接受对倾销货物或补贴货物的承诺，对任何与该初步认定所针对的货物相同商品名称的倾销货物或补贴货物（按适用情况选定）应征收的临时关税，在该承诺有效期间中止征收。

（6）征收恢复

如果署长终止本法第51条（1）或第52条（1）规定项下对倾销货物或补贴货物的承诺，对这些货物的临时关税应恢复征收，并且与按本法第38条（1）规定所适用的及从该承诺被终止之日开始至下列日期中较早一个日期间被海关放行的货物商品名称相同的倾销货物或补贴货物的进口人：

（a）署长按本法第41条（1）规定要求终止对该商品名称的货物的调查之日，与

（b）法院对该商品名称的货物做出一项命令或做出一项调查结论之日，

根据进口人的选择，应在《海关法》规定的期限内，

（c）缴纳或负责缴纳进口货物的临时关税，税额不超过估定的该进口货物的倾销幅度或估定的补贴金额，或者

（d）按规定格式提供或负责提供临时关税的担保，担保金额或价值不超过估定的该进口货物的倾销幅度或估定的补贴金额。

在本法第 I.1 部分或第 II 部分规定项下的司法程序期间的关税缴纳

第 9 条

（1）命令或调查结论被法院搁置时关税停止

根据《联邦法院法》规定项下某项司法审查的申请或本法第96.1条规定项下的某项申请启动司法程序时，为了审查或搁置法院的某项命令或调查结论〔对与该命令所针对的货物相同商品名称的货物进口到加拿大规定应按本法征收（本条规定统称为"应缴纳的"）关税的〕，无论在司法程序进行期间会做出任何命令或决定，关税应继续按该司法程序期间及结束之后对该商品名称的货物所做的命令或调查结论的规定征收，除非该司法程序的最终结束会造成对特定货物暂缓执行该命令或调查结论，在此情况下：

（a）根据该司法程序的最终审理结果，对该商品名称的或与这些特定货物同一商品名称的进口货物停止征收关税；并且

（b）更确切地讲，适用本法规定时，应视为法院从未对本条（a）规定所指的货物做出过该命令或调查结论。

（2）司法程序的定义

在本条（1）规定中，司法程序，涉及某项向联邦上诉法院提出的申请时，包括涉及该法院对该项申请所做的任何命令提出的上诉的司法程序。

第 9.01 条

（1）命令或调查结论经审查被撤销时关税停止

如果按本法第 I.1 部分规定申请对法院对从 NAFTA 国家进口到加拿大的与该命令或调查结论所适用的货物相同商品名称的货物应征收的关税命令或调查结论进行审查，作为在该司法程序过程中按该部分[1]规定做出的任何命令或决定的例外，对在该司法程序过程中及终结之后进口的该商品名称的货物应继续按该命令或调查结论的规定征收关税，除非该最终处置导致该命令或调查结论被撤销或对特定货物被撤销，在此情况下：

（a）在命令或调查结论被撤消时，对该商品名称的进口货物或者与这些特定货物相同商品名称的进口货物（按适用情况选定）停止征收关税；并且

（b）更确切地讲，适用本法规定时，应视为法院从未对本条（a）规定所指的货物做出过该命令或调查结论。

（2）第 9.1 条的中止

本法第 9.1 条规定在本条（1）规定有效期间中止有效。

第 9.1 条　审查后命令或调查结论被撤销时关税停止

按本法第 II 部分规定申请对法院对从美国进口到加拿大的与该命令或调查结论所针对的货物相同商品名称的货物应征收的关税命令或调查结论进行审查时，作为在该司法程序过程中按该部分[2]）规定做出的任何命令或决定的例外，对在该司法程序过程中及终结之后进口的该商品名称的货物应继续按该命令或调查结论征收关税，除非该最终处置导致该命令或调查结论被撤销或对特定货物被撤销，在此情况下：

（a）在命令或调查结论被撤销时，对该商品名称的进口货物或者与这些特定货物相同商品名称的进口货物（按适用情况选定）停止征收关税；并且

（b）更确切地讲，适用本法规定时，应视为法院从未对本条（a）规定所指的货物做出过该命令或调查结论。

第 9.2 条

（1）最终认定被法院搁置时关税停止

按本法规定项下应征收的关税，如果根据法院的某项命令或调查结论应对进口到加拿大的货物征收，并且根据按本法第 96.1 条规定提出的申请已在联邦上诉法院启动司法程序审查或搁置署长按本法第 41 条（1）（a）规定做出的作为该命令或调查结论的依据的最终认定，作为在该司法程序过程中做出的任何命令或决定的例外，在该司法程序过程中及在该司法程序终结之后，应按该命令或调查结论对与这些货物的商品名称相同的进口货物继续征收关税，除非该司法程序

---

① 指本法第 I.1 部分。——译者注
② 指本法第 I.1 部分。——译者注

的终结导致该最终决定被搁置或对特定货物被搁置，或者除非署长按本法第41条（1）（b）规定重新启动调查并终止该调查，在此情况下：

（a）在最终认定被搁置之时或在该调查被终止之时，对该商品名称的进口货物或者与这些特定货物相同商品名称的进口货物（按适用情况选定）停止征收应征收的关税；并且

（b）更确切地讲，适用本法规定时，应视为法院从未对本条（a）规定所指的货物做出过该命令或调查结论。

（2）司法程序的定义

在本条（1）规定中，司法程序，涉及某项向联邦上诉法院提出的申请时，包括涉及该法院对该申请做出的任何决定提出的上诉的司法程序。

第9.21条

（1）根据审查决定调查被终止时停止征税

按本法规定项下应征收的关税，如果根据法院的某项命令或调查结论应对从某个NAFTA进口到加拿大的货物征收，并且根据按本法第96.1条规定提出的申请已在联邦上诉法院启动司法程序审查署长按本法第41条（1）（a）规定做出的作为该命令或调查结论的依据的最终认定，作为在该司法程序过程中做出的任何命令或决定的例外，在该司法程序过程中及在该司法程序终结之后，应按该命令或调查结论对与这些货物的商品名称相同的进口货物继续征收关税，除非该司法程序的终结导致署长按本法第41条（1）（a）规定重新启动调查并终止该调查，在此情况下：

（a）在该调查被终止时，对该商品名称的进口货物停止征收应征收的关税；并且

（b）更确切地讲，适用本法规定时，应视为法院从未对本条（a）规定所指的货物做出过该命令或调查结论。

（2）中止第9.3条

在本条（1）规定有效期间，本法第9.3条中止适用。

第9.3条

（1）根据审查决定终止调查时关税停止

按本法规定项下应征收的关税，如果根据法院的某项命令或调查结论应对从美国进口到加拿大的货物征收，并且根据按本法第96.1条规定提出的申请已在联邦上诉法院启动司法程序审查署长按本法第41条（1）（a）规定做出的作为该命令或调查结论的依据的最终认定，作为在该部分规定项下的司法程序过程中做出的任何命令或决定的例外，在该司法程序过程中及在该司法程序终结之后，应按该命令或调查结论对与这些货物的商品名称相同的进口货物继续征收关税，

除非该司法程序的终结导致署长按本法第 41 条（1）（a）规定重新启动调查并终止该调查，在此情况下：

（a）在该调查被终止之时，对该商品名称的进口货物停止征收应征收的关税；并且

（b）更确切地讲，适用本法规定时，应视为法院从未对本条（a）规定所指的货物做出过该命令或调查结论。

第 9.4 条

（1）被退回时重新加征关税

如果本法第 76.01 条（5）或第 76.03 条（12）（a）规定项下的法院的某项命令（终止本法第 3 条至第 6 条任何一条规定所指的某项命令或调查结论）按本法第 77.015 条（3）或（4）或者第 77.019（5）或者按第 77.15 条（3）或（4）或者第 77.19 条（4）规定被退回法院，与任何该被终止的命令或调查结论所适用的及退回终止该命令或调查结论的陪审团做出该命令之日或以后海关放行的货物相同商品名称的倾销货物或被补贴货物的进口人，应按该被终止的命令或调查结论如果没有被终止的条件缴纳或负责缴纳该进口货物的关税。

（2）停止征税

按本条（1）规定应征收的关税，在法院退回的司法程序过程中及以后应继续征收，除非法院对该退回的命令或调查结论是：

（a）确认要终止的命令或调查结论，在此情况下：

（i）于法院关于退回的命令或调查结论做出之日，对进口货物停止征收关税；并且

（ii）按本法（1）规缴纳的关税应在该日之后立即退还给该进口人。或者

（b）对终止将要终止的命令或调查结论并对该终止的命令或调查结论所适用的货物做出一项新的或另一项命令或调查结论，在此情况下，按本条（1）规定缴纳关税应在法院关于退回的命令或调查结论做出之日后退还给该进口人，只要该进口人缴纳的任何关税在该新的或另一项命令或调查结论的范围之内。

（3）如果法院做出新的命令或调查结论

如果法院终止一项要终止的命令或调查结论，并做出本条（2）（b）规定所指的一项新的或另一项命令或调查结论，该项新的或另一项命令或调查结论在适用本法规定时，应被视为在该命令或调查结论被终止之日已经做出。

关于缴纳关税的一般规则

第 10 条 如果货物同时应缴纳反倾销税和反补贴税

如果按本法规定应对任何进口到加拿大的货物同时征收反倾销税和反补贴税，而且署长认为该货物的倾销幅度的全部和部分是某种应对其按本法第 3 条、第 4 条及第 7 条规定征收反倾销税的出口补贴造成的，作为本法第 3 条及第 5 条规定的例外，对该货物按本法规定征收的反倾销税只限于：

（a）如果署长认为该货物的倾销幅度的全部是由该出口补贴造成的，对该进口货物不征收任何反倾销税；并且

（b）如果署长认为该货物的倾销幅度只有一部分是由该出口补贴造成的，只对相当于进口货物中署长认为不是该出口补贴造成的那部分倾销幅度的金额征收反倾销税。

第 11 条 在加拿大的进口人应缴税关税

作为任何按本法第 8 条或第 13.2 条规定提供担保的例外，对任何进口到加拿大应缴纳关税（临时关税除外）的货物，所有与该货物相关的关税应由在加拿大的进口人缴纳或负责缴纳。

第 12 条

（1）命令或调查结论被搁置或被撤销的情况下退税

如果根据某项《联邦法院法》或本法第 96.1 条规定项下的司法审查申请或者本法第 I.1 部分规定或第 II 部分规定项下的审查申请，本法第 3 条至第 6 条任何一条规定所指的某项命令或调查结论被搁置或被撤销或相对于特定货物被搁置或被撤销，并且如果本法项下的所有涉及该命令或调查结论所适用的所有或者任何货物或者所有或任何这些特定货物（按适用情况选定）的倾销或补贴的司法程序因此按本条第 47 条规定被终止，与被终止的这些司法程序所涉及的货物相同商品名称的进口货物的进口人或其代理人，根据该命令或调查结论规定按本法规定缴纳的任何关税，应在该司法程序被终止后立即退还给该进口人。

（1.1）命令或调查结论被搁置或被撤销情况下部分退税

如果根据某项《联邦法院法》或本法第 96.1 条规定项下的司法审查申请或者本法第 I.1 部分规定或第 II 部分规定项下的审查申请，本法第 3 条至第 6 条任何一条规定所指的某项命令或调查结论被搁置或被撤销或者相对于特定货物被搁置或被撤销，并且对该命令或调查结论所适用的所有或任何货物及这些特定货物的所有或任何货物（按适用情况选定）做出了另一项命令或调查结论，进口人或其代理人根据第一次提到的命令或调查结论规定按本法规定缴纳的任何关税，应

在该另一项命令或调查结论做出后立即退还给该进口人，但退税范围不得超过该进口人因为该另一项命令或调查结论而缴纳的任何关税。

（2）退税

署长如果相信，由于书写或计算差错，货物已缴纳的税款有误，应将该税款退还给缴纳该税款的该货物的进口人、所有人或其代理人。

（3）同上

涉及任何货物的进口并且由于本法任何规定的适用，应缴纳关税的某人或其委托人在缴纳该关税或提供该担保之时，如果被署长认为是该货物进口到加拿大的进口人，但后来被法院裁定不是该货物进口到加拿大的进口人，按此缴纳的关税或提供的担保应在法院的裁定做出后立即退还给该人。

第 13 条　如果法院做出新的命令或调查结论

如果法院按本法第 91 条（3）规定撤销一项对货物的命令或调查结论，并对该货物做出另一项命令或调查结论：

（a）该另一项命令或调查结论在适用本法规定时应被视为是在该命令或调查结论被撤销之日做出的；并且

（b）因该项命令或调查结论被撤销而由任何人本人或委托他人缴纳的关税，应在该另一项命令或调查结论实际做出后立即退还给该人，但退税范围不得超过该人因为该另一项命令或调查结论而缴纳的任何关税。

第 13.1 条　　［2001 年废止］

正常价格、 出口价格或补贴金额的快速审查

第 13.2 条

（1）审查申请

本法第 3 条规定所指的某项命令或调查结论所适用的任何货物，其向加拿大出口的出口人或生产人，可向署长申请对这些货物的正常价格、出口价格或补贴金额进行审查，如果该出口人或生产人：

（a）能证实他们与该命令或调查结论所指的货物同一国家的出口人及按本法第 34 条（1）（a）（i）规定发送的通知的收件人之间没有关联关系。并且

（b）没有：

（i）按本法第 34 条（1）（a）（i）或本法第 41 条（3）规定被发送涉及该货物的通知；或者

（ii）被要求提供有关这些货物或与任何与这些货物在本法意义上的商品名称相同的货物的信息。

（2）申请格式

本条（1）规定项下的申请应按规定方式及格式提交并应载有规定信息。

（3）审查

署长受理本条（1）规定项下的申请时，应启动快速审查程序，对正常价格、出口价格或补贴金额（按适用情况选定）进行审查，并在完成审查时或者确认或者修改该价格或金额。

（4）提供担保

与本条（3）规定项下某项审查所适用的任何货物的商品名称相同，并且在从该审查被启动之日开始至署长完成该审查之日期间被海关放行的货物，其进口人应在《海关法》规定的缴纳关税的期限内，按规定格式提供或负责提供其金额或价值相当于该货物的倾销幅度或补贴金额的担保。

（5）确认等，被视为一项重新认定

按本条（3）规定对某个正常价格、出口价格或补贴金额的确认或调整，适用本法第57条（b）规定时，应被视为是该款规定①所指的某个被指定的海关执法人员对某个正常价格、出口价格或补贴金额（按适用情况选定）的重新认定。

免予适用本法

第14条

（1）免予货物适用本法

总督有权根据财政部长的建议制定实施细则，规定对任何货物或任何类别的货物免予适用本法。

（2）智利货物免予适用本法

总督有权根据财政部长的建议制定实施细则，规定对任何智利货物或任何类别的智利货物免予适用本法或本法的任何规定。该项免除可以针对那些或那类别货物的倾销。

（3）期限及条件

按本条（2）规定制定的实施细则可规定该项免除所持续的期限，并规定其应遵守的条件。

---

① 指本条（3）规定。——译者注

正常价格、出口价格、倾销幅度及补贴金额

正常价格

第 15 条　确定货物的正常价格

除本法第 19 条及第 20 条另有规定外，货物被销售给加拿大的进口人时，正常价格应是该货物的出口人所销售的以下同类货物的价格，但这些价格应按规定方式及情况，体现与该出口人销售给该进口人的货物相对于其所销售的同类货物价格之间的可比性有关的出口销售条件的差别及其他差别：

（a）销售给下列采购人的：

（i）该出口人在销售该同类货物时与其没有关联关系；并且

（ii）与该进口人的贸易水平相同或实质性相同。

（b）与销售给该进口人的货物的数量相同或实质性相同。

（c）在出口国家按竞争条件以一般贸易形式出口。

（d）在从该货物销售给该进口人之日的前 1 年的第一天开始至署长选定的日期后第 59 天的间隔时间结束的 60 天期间，如果署长认为这些货物的贸易性质或这些货物是按期货方式销售给进口人的，在 60 天或更长时间内，需要考虑该出口人除在该 60 天间隔时间结束的时段以外的同类货物的销售：

（i）该货物销售给进口人之日之前的；或者

（ii）该货物销售给进口人之日之前或该货物交付给该进口人之日的前一个年度中，如果该货物是按期货方式销售给该进口人的。以及

（e）在货物直接发货至加拿大的地点或者货物按正常贸易条件将直接运往加拿大的地点（如果该货物没有发货至加拿大）。

第 16 条

（1）确定正常价格时运用的规则

对货物适用本法第 15 条时：

（a）如果署长认为该进口人在本法第 15 条（e）规定所指的地点没有一定数量的同类货物销售来与销售给在加拿大的进口人的该货物进行适当的比较，但存在着该出口人在出口国家某个或某几个其他地点实现的同类货物的销售，为进行比较，应将该出口人在本法第 15 条（e）规定所指的地点实现的同类货物的销售与该出口人在本法第 15 条（e）规定所指的地点以外某个或者某几个地点（按适用情况选定）实现的同类货物的销售一并考虑。

（b）如果署长认为该出口人与相对于在加拿大的进口人相同或实质性相同

的贸易水平上本法第 15 条（a）（i）规定所指的采购人销售的同类货物的销售数量，不足以与向该进口人的货物销售进行适当的比较，但存在着向与在加拿大的进口人最接近的贸易水平上本法第 15 条（a）（i）规定所指的销售人进行的若干相同货物的销售，本法第 15 条（a）规定所指的采购人应替换为与该进口人最接近的贸易水平上的本法第 15 条（a）（i）规定所指的采购人。

（c）如果基于下列事实，署长认为该出口人所实现的相同货物的销售数量不足以与向在加拿大的进口人的货物销售进行适当的比较，但存在着其他销售人在出口国家以消费为目的的销售，署长可规定的这些销售人中的某人或某些人在确定销售给在加拿大的进口人的货物的正常价格之时应被视为出口人：

（i）该出口人实现的同类货物的销售是仅仅或主要作为出口的；或者

（ii）该出口人在按本法第 15 条（a）规定适用的时段内所实现的同类货物的销售是仅仅或主要销售给在该时段中任何时间都不是本法第 15 条（a）规定所指的采购人。

（d）如果销售给在加拿大的进口人的货物数量大于该出口人以在出口国消费为目的销售的同类货物的最大数量，同类货物的销售应当是该出口人以消费为目的以最大数量销售的同类货物的销售。以及

（e）如果销售给在加拿大的进口人的货物数量小于该出口人以在出口国消费为目的销售的同类货物的最小数量，同类货物的销售应当是该出口人以消费为目的以最小数量销售的同类货物的销售。

（2）同上

按本法第 15 条规定确定任何货物的正常价格时，下列销售不予考虑：

（a）同类货物在出口国家由某个销售人向某个采购人以消费为目的的任何销售，如果该销售人在同时或在实质性同时没有在出口国家以一般贸易方式在与其没有关联的该采购人相同的贸易水平上向其他人销售同类货物。以及

（b）同类货物在署长确定的不超过 6 个月的时段中由该出口人进行的任何销售，如果：

（i）该项销售的销售价格低于该货物的成本。

（ii）有以下情况之一：

（A）该项销售的销售数量，单独或与本项（i）规定所指的若干项销售相加，不低于在该时段中销售的同类货物总数量的 20%；或者

（B）由该出口人在该时段中销售的同类货物的平均价格低于这些同类货物的平均成本。并且

（iii）该项销售的单位价格不高于在该时段中销售的所有同类货物的平均成本。

（3）成本的含义

适用本条（2）（b）规定时，"成本"，涉及货物时，指该货物的生产成本及与该货物有关的管理、销售和所有其他成本。

第 17 条　同类货物的价格

按本法第 15 条规定确定任何货物的正常价格时，同类货物在该出口人向采购人在本法第 15 条（d）规定所指的时段中，在符合本法第 15 条规定所指的条件或者符合按本法第 16 条（1）规定适用的条件的某项或某几项销售中所销售的同类货物，其价格应是署长在任何情况或任何类别的情况〔但不包括本法第30.2 条（3）规定所适用的某个或某类别的情况〕下选定的下列价格：

（a）同类货物由该出口人在该时段中销售的价格的加权平均；或者

（b）同类货物由该出口人在该时段中的任何销售中的销售价格，如果署长认为该价格是同类货物在该时段中销售的价格的代表性价格。

第 18 条　被视为同类货物的货物

如果进口到加拿大的货物与以在出口国家消费为目的销售的货物是同类货物，除非（但只限于）以在该国家消费为目的销售的货物使用了一个《商标法》定义上的商标而进口到加拿大的该货物没有使用，以及与进口到加拿大的货物同类的货物不是以在该国家消费为目的的销售，进口到加拿大的该货物与以消费为目在出口国家销售的该货物应被视为本条意义上的同类货物，如果署长认为：

（a）该货物是为了规避本法第 15 条规定而不使用该商标进口到加拿大的；并且

（b）该货物在进口到加拿大以后很可能会使用该商标或者会使用任何其他与该商标非常接近以至于被误认的商标。

第 19 条　如果正常价格无法按本法第 15 条规定确定

除本法第 20 条另有规定外，如果任何货物的正常价格因为署长认为没有足够数量的符合本法第 15 条规定所指的条件或者符合按本法第 16 条（1）规定适用的条件的同类货物的销售来与向该进口人的货物销售进行适当的比较而无法按本法第 15 条规定确定，该货物的正常价格应由署长在任何情况或任何类别的情况下选用以下一项价格来确定：

（a）同类货物在除加拿大以外任何国家由该出口人在本法第 15 条（d）规定所指的时段中向该进口人销售之时的价格，署长认为可以公正地反映该货物在向在加拿大的进口人销售之时的市场价值的，并按规定方式及情况进行了调整，以反映与销售给加拿大的进口人的货物和该出口人在除加拿大外的国家销售给进口人的货物之间的价格可比性有关的销售条件、税收及其他差别的。或者

（b）下列金额的累计：

（i）该货物的生产成本；

（ii）管理、销售及其他成本的合理金额；以及

（iii）利润的合理金额。

第 20 条

（1）出口垄断条件下的正常价格

如果向在加拿大的进口人销售的货物是从下列地点直接发货至加拿大的：

（a）某个规定国家，署长认为该国家的国内价格基本上是由该国家的政府确定的，并且有充分的理由相信这些价格与某个竞争性市场所决定的价格不实质性相同。或者

（b）任何其他国家，署长认为属于以下情况的：

（i）该国家的政府对其出口贸易实行垄断或实质性垄断；并且

（ii）国内价格基本上是由该国家的政府确定的，并且有充分的理由相信这些价格与某个竞争性市场所决定的价格不实质性相同。

该货物的正常价格应当是署长为下列任何情况或任何类别情况所指定的下列任何一项价格：

（c）如果同类货物是在加拿大外由生产人在署长指定的国家中以在国内使用为目的销售的：

（i）同类货物向在加拿大的进口人销售之时的价格，并按规定方式及情况进行了调整，能反映与销售给在加拿大的进口人的货物和该出口人在除加拿大外的署长指定的用于在该国家消费的国家销售给进口人的货物之间的价格可比性有关的销售条件、税收及其他差别。或者

（ii）下列金额的累计：

（A）同类货物的生产成本；

（B）管理、销售及其他成本的合理金额；以及

（C）利润的合理金额。或者

（d）下列同类货物的价格，如果署长认为没有或无法提供足够的信息来按本款（c）规定确定该货物的正常价格：

（i）在除加拿大或货物直接发货到加拿大的国家以外的署长指定的任何国家生产的；并且

（ii）由该货物的进口人按这些货物向某个在销售时与该进口人没有关联关系的人进口的条件进口到加拿大并销售的。

这些价格应按规定方式及情况进行调整，以反映与销售给该进口人的货物和涉及货物的进口人所实现的销售的进口同类货物之间的价格可比性有关的销售条件、税收及其他差别。

（2）限制规定

下列情况下，署长有权不按本条（1）（d）规定指定某个国家：

（a）该国家的同类货物也是按本法规定进行的调查的对象，除非署长认为这些货物不是倾销货物；或者

（b）署长认为进口到加拿大的同类货物受到本条（1）（a）及（d）规定所指的某个国家的实质性影响。

第 21 条

（1）同类货物的信贷销售

如果本法第 17 条、第 19 条（a）、第 20 条（1）（c）（i）或第 20 条（1）（d）规定所指的同类货物的任何销售是按现金折扣以外的信贷条件实现的，该同类货物的价格在适用本条规定时应被视为一项相当于下列两个金额相除后所得商数的金额：

（a）本金或利息或本金及利息的每次支付的实际价格的累计，为该项销售所签订的任何协议所规定的，并且按以下方式计算的：

（i）按该销售的时间。

（ii）参照某个相当于以下利率的折扣率：

（A）该货物销售之时在其被销售的国家的通用利率，用于在该国家可以获得的商业贷款，使用该协议规定的货币的，贷款期限与该同类货物的销售的贷款期限可比的；或者

（B）按本法第 97 条（i）规定制定的实施细则的规定选定的利率，如果本目（A）规定所指的利率无法确定或者没有此类利率。

除以：

（b）所销售的同类货物的件数或数量。

得出该同类货物的一个单价。

（1.1）单价的调整

按本条（1）规定相除得出的单价应按规定方法及情况进行调整，以反映与销售给在加拿大的进口人的该货物与该被同类货物之间价格可比性有关的销售条件、税收及其他差别。

（2）如果协议涉及数项货物

适用本条（1）（a）时，如果某项关于同类货物的销售协议也涉及其他货物的销售，确定该款规定①所指的累计金额时，只有经过合理分摊的该同类货物协议规定的本金或利息或本金及利息的每次支付的实际价格才能计入。

---

① 指本条（1）（a）规定。——译者注

第 22 条　应视为单一的采购人

适用本法第 15 条规定时，如果两个或两个以上采购人都是按本法第 15 条（d）规定在与适用该条规定［指本条（1）（a）规定］相关的时段中互相有关联的人，这些采购人应被视为单一的采购人。

第 23 条　如果出口人在出口国家提供转售优惠

如果按本法第 17 条、第 19 条或第 20 条规定，向某个在加拿大的进口人销售的货物正常价格需要参照第一次提到的出口人销售的同类货物的价格来确定，并且该出口人与在向加拿大销售货物的出口国家向其采购该同类货物的人达成协议，对下列转售向在该出口国家采购该同类货物的人直接或间接地提供减价、服务或其他货物或者其他方式的优惠：

（a）对由与其达成该协议的人的转售；或者

（b）对由任何人的任何后来的转售。

销售给在加拿大的进口人的本法规定意义上的正常价格，应当是按该条规定[1]确定的正常价格扣除反映向采购该同类货物的人提供的转售优惠金额后的价格。

第 23.1 条　初创期[2]的成本

确定任何货物的正常价格时，如果调查期包括初创期，该货物的生产成本及与该货物有关的在该初创期的管理、销售和所有其他成本应按规定方法确定。

出口价格

第 24 条　确定货物的出口价格

向在加拿大的进口人销售的货物的出口价格，尽管有任何发票或证明提供反证，仍应是等于下列价格中较低一项价格的金额：

（a）出口人的货物的销售价格，经扣减以下项调整的：

（i）成本、费用及花费，发生在准备货物向加拿大发运中的，附加于为在出口国家消费而销售通常发生的成本、费用及花费之上的；

（ii）任何关税及其他税，依照加拿大法律或某省法律对该货物征收的，只

---

① 指本法第 17 条、第 19 条或第 20 条规定——译者注

② 初创期是科技创新人员将其经过种子期研究所形成的具有商业价值的项目成果，通过创业来实现科技成果向产业转变的阶段。这个时期的资金主要用于产品开发和市场开发，以形成生产能力。企业资金除了花在"中试"上外，投入到广告和其他摊销费用上的也较多，当期销售收入有限，再加上企业此时尚不具备大批生产的条件，产量不大，单位制造成本较高，企业财务仍处于亏损阶段，但亏损额随产品销量的增加呈不断缩小的趋势。

要该关税或其他税是由出口人本人或委托他人或应其要求缴纳的；以及

（ⅲ）所有其他成本、费用及花费，由于该货物出口产生的或者由于货物从本法第15条（e）规定所指的地点或按本法第16条（1）（a）规定替代的地点发货而产生的。以及

（b）该进口人采购或同意采购该货物所支付的价格，经扣除本条（a）（ⅰ）至（ⅲ）规定所指的所有成本、费用、花费、关税及其他税进行调整的。

第25条

（1）确定出口价格的特殊规则

如果销售给在加拿大的进口人的货物：

（a）没有出口人的销售价格或者没有价格，在加拿大的进口人采购或同意采购该货物所支付的。或者

（b）署长认为按本法第24条规定确定的出口价格因下列原因不可信：

（ⅰ）该货物以向加拿大出口为目的的销售是有关联关系的人之间的销售。或者

（ⅱ）在任何两个或两个以上制造人、生产人、销售人、出口人、在加拿大的进口人、随后的采购人及任何其他人之间有某种补偿协议，直接或间接地影响或涉及：

（A）该货物的价格；

（B）该货物的销售；

（C）向该货物的制造人、生产人、销售人或出口人返还的净利润；或者

（D）该货物的进口人的净成本。

该货物的出口价格应当是：

（c）该货物被销售时的价格减去一个相当于下列金额累计的金额，如果该货物是被该进口人在货物曾经或将要向当时与其没有关联关系的某人进口的条件下销售的：

（ⅰ）下列所有成本，包括按本法或《海关税则》征收的关税及其他税：

（A）在该货物进口之时或之后发生的及在该货物被进口人销售之时或之前发生的；或者

（B）因为该进口人销售该货物而发生的。

（ⅱ）该进口人销售该货物获得的利润。

（ⅲ）该出口人、进口人或其他任何人准备向加拿大发运该货物产生的成本、费用及花费，附加于为在出口国家消费而销售通常发生的成本、费用及花费之上的。以及

（ⅳ）所有其他成本、费用及花费，由该出口人、进口人或其他任何人为出

口该进口货物而支付的，或者由于货物从本法第 15 条（e）规定所指的地点或按本法第 16 条（1）（a）规定替代的地点发货而产生的。

（d）该货物的组装、包装或其他进一步加工的价格，或者该进口货物所装配上的货物的价格减去一个相当于以下金额累计的金额，如果该货物进口用于在加拿大组装、包装或其他进一步加工或者在加拿大的制造或生产过程中用于装配在其他货物之上，如果该货物是向当时与其没有关联关系的某人销售的：

（i）组装、包装或其他进一步加工后的货物或该进口货物所装配上的货物的销售利润金额。

（ii）销售本项（i）规定所指的货物所产生的管理、销售及其他所有成本。

（iii）可归因的或以任何方式涉及该货物的组装、包装或其他进一步加工或者涉及该进口货物所装配上的货物的加工或生产的成本。

（iv）该出口人、进口人或其他任何人准备该货物向加拿大发货产生的成本、费用及花费，附加于在出口国家以消费为目的销售同类货物所通常发生的成本、费用及花费之上的。以及

（v）所有以下其他成本、费用及花费，包括按本法或《海关税则》规定征收的关税及其他税。

（A）因该进口货物出口造成的，或者由于货物从本法第 15 条（e）规定所指的地点或按本法第 16 条（1）（a）规定替代的地点发货对该出口人、进口人或其他任何人发生的；或者

（B）该进口货物进口之时或之后及该货物销售之时或之前发生的组装、包装或其他进一步加工的，或者该进口货物所装配上的货物的加工或生产的。或者

（e）按部长规定的方式确定的价格，在本项（c）及（d）未规定的任何情况下。

（2）不扣减

如果署长认为按以下各款规定中任何一款规定在扣减的条件下确定的出口价格相当于或超过该货物的正常价格，按本法规定征收的关税不予扣减：

（a）本条（1）（c）（i）规定，在按本条（1）（c）规定确定出口价格情况下；或者

（b）本条（1）（d）（v）规定，在按本条（1）（d）规定确定出口价格情况下。

第 26 条　协议影响反倾销税时的出口价格

如果向某个在加拿大的进口人所销售的货物的加工人、生产人、销售人或出口人，以任何方式直接或间接地向在加拿大的该货物的进口人或采购人补偿、代为支付或返还全部或任何一部分可能对货物征收的反倾销税：

（a）该补偿、支付或返还应被视为不是本法第 25 条（1）（b）（ii）规定所指的补偿安排；并且

（b）该货物的出口价格应当是原本按本法规定确定的出口价格减去该补偿、支付或返还的金额后的价格。

第 27 条

（1）按信贷销售方式销售给在加拿大的进口人

适用本法第 24 条及第 25 条规定时，如果这些条款规定①所指的任何货物的销售是由现金折扣以外的信贷条件实现的，该货物的销售价格应被视为相当于下列金额相除所得商数的金额：

（a）本金或利息或本金及利息的每次支付的实际价格的累计，由为该项销售所签订的任何协议规定的，并且按以下方式计算的：

（i）按该销售的时间。以及

（ii）参照某个相当于以下利率的折扣率：

（A）该货物的销售人所在国家在该销售之时的通用利率，用于在该国家获得的使用协议规定的货物的商业贷款的，并且贷款期限（不包括利率）与该货物的销售的贷款期限可比；或者

（B）按本法第 97 条（j）规定制定的实施细则的规定选定的利率，如果本目（A）规定所指的利率无法确定或者没有此类利率。

除以：

（b）所销售的货物的件数或数量。

得出所销售的货物的一个单价。

（1.1）单价的调整

按本条（1）规定计算得出的单价应按规定方法及情况进行调整。

（2）如果协议涉及数项货物

适用本条（1）（a）规定时，如果某项关于本法第 24 条或第 25 条规定所指的货物的销售协议也涉及其他货物的销售，确定该项规定②所指的累计金额时，只有经过合理分摊的本法第 24 条或第 25 条规定（按适用情况选定）所指货物的协议规定的本金或利息或本金及利息的每次支付的实际价格才能计入。

第 28 条　如果出口人在出口国家提供转售优惠

适用本法第 24 条及第 25 条规定时，如果向某个在加拿大的进口人销售货物的出口人与在向加拿大销售货物的出口国家向采购该同类货物的人达成协议，对

---

① 指本法第 24 条及第 25 条规定。——译者注

② 指本条（1）（a）规定。——译者注

下列转售直接或间接地提供减价、服务或其他货物或者其他方式的优惠，该货物的出口价格，应当是原本按本法规定确定的出口价格扣除体现为向采购该货物的人提供的转售优惠的价值的金额后的价格：

（a）对由与其达成该协议的人的转售；或者

（b）对由任何人的任何后来的转售。

正常价格及出口价格

第 29 条

（1）无法获得信息时的正常价格及出口价格

如果署长认为没有被提供或无法获得足够的信息来确定本法第 15 条至第 28 条规定所指的正常价格或出口价格，该正常价格或出口价格（按适用情况选定）应按部长规定的方法确定。

（2）寄售发货

如果货物以寄售形式发货或准备发货到加拿大并且该货物在加拿大的采购人无法确定，该货物的正常价格或出口价格应按部长规定的方式确定。

第 30 条

（1）通过另一个国家出口到加拿大的货物的正常价格及出口价格

如果货物从某个国家通过另一个国家出口但不是转口到加拿大，该货物的正常价格或出口价格，除另规定有发货、单证、仓储、转船或相似的条件外，应按该货物从每个提到的国家直接发货到加拿大的条件确定。

（2）直接发货到加拿大的货物的正常价格及出口价格

如果任何货物存在以下情形，该货物的正常价格或出口价格，作为本法任何其他规定的例外，应按该货物直接发货或准备发货到加拿大的条件确定：

（a）通过一个或多个国家从原产国家直接发货或准备发货到加拿大；并且

（b）在适用本条规定时，会有一个按本法第 15 条到第 23 条或第 29 条规定计算的正常价格，该价格低于如果出口国家是原产国家情况下的正常价格。

倾销幅度

第 30.1 条　确定某个国家的倾销幅度

适用本法第 35 条（1）（a）（ii）、第 38 条（1）（a）（i）及第 41 条（1）（a）（ii）和第 41.1 条（1）（a）及（2）（a）规定时，某个特定国家的货物的倾销幅度，应当是按本法第 30.2 条规定确定的倾销幅度的加权平均。

第 30. 2 条

（1）某个出口人的货物的倾销幅度

除本条（2）另有规定外，对某个特定出口人的任何货物的倾销幅度，应当是零或者是用该货物的加权平均出口价格除以该货物的加权平均正常价格后所确定的金额，选用两者较高的。

（2）如果价格有差异

署长有权将对某个特定出口人的任何货物的倾销幅度确定为对该出口人的货物任何单独一次销售中所销售的署长认为与相关的该出口人的货物倾销幅度的加权平均，如果署长认为该出口人的货物的价格在各采购人、在加拿大的各地区或各时段之间存在显著差异。

（3）同类货物的价格

如果适用本条（2）规定并且如果用来确定在每次单独的销售中所销售的货物的倾销幅度是按本法第 15 条规定确定的，用来确定这些正常价格的同类货物的价格，应当是按本法第 17 条（a）规定确定的该同类货物销售的价格。

第 30. 3 条

（1）基于抽样的倾销幅度

署长如果认为由于出口人、生产人或进口人的数量，货物的种类或数量或者任何其他原因，无法确定被考虑的所有货物的倾销幅度，有权按以下方式确定倾销幅度：

（a）被考虑的货物的国家每项货物的最大百分比，署长认为能够合理地进行调查的；或者

（b）被考虑的货物的国家每项货物的抽样，署长根据选定之日可获得的信息认为在统计学上是有效的。

（2）如果已提供信息

如果适用本条（1）规定，下列情况下，署长应确定没有包括在该款规定①所指的百分比或抽样调查（按适用情况选定）中被考虑的任何货物的倾销幅度：

（a）该货物的出口人提供了用于确定倾销幅度的信息；并且

（b）署长认为这样做可行。

（3）其他情况

如果对被考虑的货物适用本条（1）规定，没有包括在该百分比或抽样调查的倾销幅度中的货物及无法按本条（2）规定其倾销幅度的货物，这些货物的倾销幅度应按规定方法确定。

———————

① 指本条（1）规定。——译者注

补贴金额

第 30.4 条

（1）补贴金额

除本条（2）及（3）另有规定外，任何货物的补贴金额均应按规定方法确定。

（2）如果没有规定方法

如果没有规定的方法确定某项补贴金额，或者署长认为没有被提供或无法以其他方式获得足够的信息以按规定方法确定该补贴金额，除本条（3）另有规定外，该补贴金额应按部长规定的方法确定。

（3）例外规定

补贴金额不得包括任何不可诉补贴的金额。

倾销及补贴调查程序

启动调查

第 31 条

（1）发起调查

署长如果认为有以下证据，应立即主动或者如果收到关于该货物的倾销或补贴的书面投诉，除本条（2）另有规定外，在本人或委托他人向资料完整的投诉人发送书面通知之日后 30 天内，应要求对任何货物的倾销或补贴发起调查，无论是否有合理的迹象表明这些倾销或补贴已经造成损害或延缓或者正在威胁造成损害：

（a）该货物被倾销或受到补贴；以及

（b）有合理的迹象表明该倾销或补贴已经造成损害或延缓或者正在威胁造成损害。

（2）启动调查的条件

除下列投诉外，不得按本条（1）规定发起任何调查：

（a）该项投诉有国内生产人的支持，这些生产人的产量应占无论表示支持还是表示反对的国内生产人的同类货物总产量的 50% 以上；并且

（b）支持投诉的国内生产人的产量应占该国内产业同类货物总产量的 25% 以上。

（2.1）国内生产人的定义

适用本条（2）（a）规定时，如果生产人是被投诉的倾销或补贴货物的进口人，或者与被投诉的倾销或补贴货物的出口人或进口人有关联关系，除本法第2条（11）另有规定外，国内生产人可被解释为不包括这些人。

（3）国内产业的定义

除本法第2条（11）另有规定外，在本条（2）（b）规定中，"国内产业"，指同类货物的生产人全体。但是，如果生产人与被投诉的倾销或补贴货物的出口人或进口人有关联关系，或者国内生产人是这些货物的进口人，国内生产人可被解释为不包括这些人。

（4）与出口人或进口人有关联关系的生产人

适用本条（2.1）及（3）规定时，下列情况下，该国内生产人应被视为与该出口人或进口人有关联关系，并且有理由相信，某个生产人对某个出口人或进口人的行为与对某个没有关联关系的人行为不同：

（a）该生产人或者直接或者间接地控制该出口人或进口人，或者受该出口人或进口人控制；

（b）该生产人及该出口人或进口人（按适用情况选定）受某个第三人直接或间接地控制；或者

（c）该生产人及该出口人或进口人（按适用情况选定）直接或间接控制某个第三人。

（5）如果被认为受控制

适用本条（4）规定时，如果某个人对另一人在法律上或在业务上处于限制或领导地位，该人应被视为控制另一人。

（6）30天期限的延期

本条（1）规定所指的30天期限，如果在到期之前署长向投诉人及出口国家政府发送书面通知告知该30天期限不足以确定是否符合本条（2）及本法第31.1条（1）规定，应延长至45天。

（7）发起调查

署长有权在收到法院按本法第46条规定的关于任何货物的倾销或补贴的书面通知时，发起一项针对任何该通知中所指的货物的倾销或补贴的调查。

（8）发起调查

如果按本法第33条（2）规定诉诸法院并且法院提出建议有证明合理地表明该诉诸对象的货物的倾销或补贴已经造成损害、延缓或正在威胁造成损害，署长应在收到法院建议后立即发起一项对该货物的倾销或补贴的调查。

第 31.1 条

（1）已告知补贴情况下不调查

除本条（2）及（3）另有规定外，署长有权按《补贴协议》第8.3条规定不发起对某项已经告知委员会是一项不可诉补贴的调查。

（2）如果认定补贴是可诉的

除本条（3）另有规定外，署长有权对本条（1）规定所指的补贴发起调查，如果经下列机构认定该补贴不是一项不可诉补贴：

（a）委员会，作为根据《补贴协定》第8.4条规定项下的申请对该告知进行审查的结果。或者

（b）某个仲裁机构，作为按《补贴协定》第8.5条规定提交下列具有约束力仲裁的结果：

（i）委员会某项认定，认定该补贴是一项不可诉补贴；或者

（ii）委员会未能根据《补贴协定》第8.4条规定项下的申请做出认定。

（3）如果重新认定是可诉补贴

署长有权对某项被委员会或某个仲裁机构认定为不可诉补贴发起调查，如果委员会或某个仲裁机构重新认定该补贴不再是一项不可诉补贴。

（4）告知

署长如果认为有以下问题，应立即告知财政部副部长及投诉人：

（a）某项补贴没有按《补贴协定》第8.3条规定告知委员会是一项不可诉补贴；或者

（b）被委员会或某个仲裁机构认定为不可诉的补贴由于该补贴的性质或提供发生实质性改变而可能不再是一项不可诉的补贴。

（5）如果财政部副部长收到通知

财政部副部长收到本条（4）规定项下的通知后，应立即通知国际贸易部副部长及财政部副部长认为与本条（4）（a）及（b）规定所指的事宜相关的其他任何人。

第 32 条

（1）如果署长收到投诉

署长如果收到关于货物倾销或补贴的书面投诉，在以下情况下，应在收到该投诉的21天内：

（a）负责书面通过知投诉人及出口国家的政府该投诉已经收到并且进行了相应地公文处理，如果该投诉被适当地进行了公文处理；

（b）负责告知投诉人该投诉已收到并且需要补充信息及材料以使投诉能进行相应的公文处理，如果该投诉没有进行相应的公文处理。

（2）补充信息及材料

适用本条（1）规定时，署长收到投诉人的与本款规定所指的投诉有关的书面补充信息或材料之时，如果该投诉是其在任何时间按本条（1）（b）规定负责通知该投诉人的，署长应被视为已于其收到该书面补充信息或材料之日收到一份关于署长已负责按本条（1）（b）规定通知该投诉人及该补充信息或材料的货物的倾销或补贴的投诉，除非在收到该补充信息或材料之前，他已负责按本条（1）（a）规定通知对该投诉已经进行了相应的公文处理。

（3）被视为收到的投诉

如果按《加拿大国际贸易法院法》第23条（1）规定递交的书面投诉按该法①第26条（4）或第28条（1）规定被转交署长，应视为署长已收到一分本条（1）规定所指的书面投诉。

第33条

（1）如果署长决定不发起调查

收到一份进行了相应公文处理的关于货物倾销或补贴的投诉之后，署长如果决定对该投诉中所指的货物部分或全部不要求发起调查，应负责将该决定连同其理由书面通知投诉人及出口国家的政府。

（2）移送法院

收到一份进行了相应公文处理的关于货物倾销或补贴的投诉之后，署长在决定对该投诉中所指的货物部分或全部不要求发起调查之时，如果其理由仅仅是该投诉的证据不能合理地表明署长对其做出该决定的货物的倾销或补贴已经造成损害或延缓或者正在威胁造成损害，则在下列时间下，将该证据是否能合理地表明署长对其做出该决定的货物的倾销或补贴已经造成损害或延缓或者正在威胁造成损害这一问题移送法院：

（a）署长有权于本条（1）规定所指的告知之日；或者

（b）投诉人可于本条（1）规定所指的通知之日后30天内。

第34条

（1）调查通知

署长如果负责对货物的倾销或补贴发起调查，应：

（a）如果按本法除第7条以外任何一条规定发起调查，负责将该调查的通知：

（i）发送给法院、出口人、进口人、出口国家政府、投诉人及其他任何规定的人（如果有）；并且

---

① 指《加拿大国际贸易法院法》。——译者注

（ii）在《加拿大政府公报》上公布。并且

（b）立即向法院提供涉及按法院规则规定要求提供的与该事宜有关的信息及材料。

（2）法院应进行初步审查

法院按本条（1）（a）（i）规定收到发起调查的通知后，应立即对该证据是否合理地显示该货物的倾销或补贴已经造成损害或者延缓或正在威胁造成损害进行初步审查（不需要包括口头审理）。

第 35 条

（1）调查或审查的终止

在署长按本法第 38 条（1）规定对某个或某些国家的货物做出初步认定之前任何时间，如果出现下列情况，署长应按本条（2）规定办理，法院应按本条（3）规定办理：

（a）署长相信这些货物的实际及潜在数量可以忽略；或者

（b）法院对这些货物的部分或全部得出结论认为该证据没有合理地显示该货物的倾销或补贴已经造成损害或者延缓或正在威胁造成损害。

（2）署长的责任

署长应当：

（a）负责终止对其据此相信的或法院已做出该结论的货物的调查。并且

（b）负责将该终止的通知：

（i）发送给法院、出口人、进口人、出口国政府、投诉人及其他任何规定的人（如果有）；并且

（ii）在《加拿大政府公报》上公布。

（3）法院的责任

法院应当：

（a）负责终止对署长据此相信的或法院已做出该结论的货物的审查。并且

（b）负责将该终止的通知：

（i）发送给署长、出口人、进口人、出口国政府、投诉人及其他任何规定的人（如果有）；并且

（ii）在《加拿大政府公报》上公布。

第 35.1 条

（1）终止调查——智利

按本法第 14 条规定制定的实施细则规定对智利在倾销方面免予适用本法之后：

（a）署长应立即负责终止任何按本法第 31 条规定发起的调查，只要该调查

与这些货物的倾销有关；

（b）法院应立即负责终止按本法第34条（2）规定进行的审查，只要该审查与这些货物的倾销有关；并且

（c）终止所有相关的司法程序，只要这些司法程序与这些货物的倾销有关。

（2）终止通知

署长或法院（按适用情况选定）应负责将该终止的通知：

（a）发送给出口人、进口人、智利政府、投诉人及其他任何规定的人（如果有）；并且

（b）在《加拿大政府公报》上公布。

第36条　[1999年废止]

第37条　法院应提出建议

如果与署长案头的任何事宜有关的问题按本法第33条规定被移送法院：

（a）署长应立即向法院提供按法院规则规定要求提供的与该事宜有关的信息及材料；并且

（b）法院应按下列方式对该问题提出建议：

（i）不进行任何开庭审理；

（ii）根据署长在其对该问题做出决定或结论之时案头的信息；并且

（iii）在被移交之日及无论如何在该日之后的30天内立即提出建议。

对审查或对倾销或补贴的初步认定

第37.1条

（1）对审查的初步认定

本法第31条规定项下的调查发起之后第60天当日或之前，法院应对未按本法第35条规定终止的调查所涉及的货物，做出该证据是否能合理地显示该货物的倾销或补贴已经造成损害或延缓或者正在威胁造成损害的初步认定。

（2）通知

法院应负责将该初步认定：

（a）发送给署长、出口人、进口人、出口国政府、投诉人及其他任何规定的人（如果有）；并且

（b）在《加拿大政府公报》上公布。

第38条

（1）对倾销或补贴的初步认定

除本法第39条另有规定外，在本法第31条规定项下的调查发起之后第6天

之后并且在第 9 天当日或之前，署长应就按本法第 35 条规定终止的调查所涉及货物的倾销或补贴，对被调查货物的每个出口人做出如下初步认定：

（a）涉及倾销货物时：

（i）确定该初步认定所适用的货物的倾销幅度，使用其在确定之时可获得的信息；并且

（ii）具体规定该初步认定所适用的货物。

（b）涉及补贴货物时：

（i）确定该初步认定所适用的货物的补贴金额，使用其在确定之时可获得的信息；

（ii）列明该初步认定所适用的货物；并且

（iii）除本条（2）另有规定外，具体规定对货物有禁止性补贴并确定该禁止性补贴的金额，如果对该初步认定所适用的货物的全部或部分补贴是禁止性补贴。并且

（c）涉及倾销或补贴货物时，依据署长做出的本款（a）（i）或（b）（i）规定（按适用情况选定）所指的确定之时可获得的信息，具体规定署长相信是该货物在加拿大的进口人的姓名。

（1.1）微小幅度或金额

署长有权在按本条（1）规定做出初步认定时，采用其当时可得到的信息，认定该货物的倾销幅度或补贴金额很小。

（1.2）公认条款

为了做出一项初步认定，如果署长认定倾销幅度或补贴金额相当于该货物出口价格的 0%，在此情况下，该幅度或金额应被视为是微小的，而且对这些货物的调查应继续。

（2）例外规定

署长如果在考虑提供出口补贴的国家、有出口补贴的货物的性质及提供该出口补贴的情况后，认为对这些货物提供的该补贴没有违反该国家在《1994 年关税及贸易总协定》这一国际协定规定项下的承诺，应不得按本条（1）（b）（iii）规定具体规定或确定任何事项。

（3）补贴认定的通知

署长按本条（1）规定做出初步认定时，应：

（a）负责按本法第 34 条（1）（a）规定通知并公布该项认定。

（b）负责向法院递交该认定的书面通知，阐明做出该认定的理由，随附按法庭规则要求提供的与该认定有关的其他材料。

第 39 条

（1）延期期限

如果在任何对货物的倾销或补贴的调查中出现以下情况，署长应在本法第 38 条（1）规定所指的 90 天到期之前，负责书面通知本法第 34 条（1）（a）规定所指的人及政府，本款（d）规定所指的决定可不在这 90 天期限内做出，本法第 38 条规定所指的 90 天期限因此延期到 135 天：

（a）该调查所提出的问题的复杂性或新奇性；

（b）该调查所涉及的货物的多样性或人的数量；

（c）在该调查中获得令人满意的证据的困难；或者

（d）该通知中所具体规定的任何署长认为使其特别难以在这 90 天期限内决定是否终止按本法第 38 条（1）规定对该货物部分或全部进行的调查或者接受一项或多项承诺的其他情况。

（2）延期通知

署长负责按本条（1）规定通知时，应负责在《加拿大政府公报》上发布一项具有同等法律效力的公告。

第 40 条　　[1999 年废止]

最终认定

第 41 条

（1）最终认定或终止

在按本法第 38 条（1）规定对某个或多个国家的货物做出初步认定之后 90 天内，署长应当：

（a）如果依据可获得的涉及对其发起调查的货物的证据相信：

（i）货物已被倾销或补贴，并且

（ii）该国家或这些国家中任何一个国家的货物的倾销幅度或补贴金额不是可忽略的，

在具体规定以下事项后对该调查所涉及的一个或多个国家货物的每个出口人做出倾销或补贴的最终认定：

（iii）如果涉及倾销货物，具体规定该项认定所适用的货物及该货物的倾销幅度，以及

（iv）如果涉及补贴货物，

（A）具体规定该项认定所适用的货物，

（B）具体规定对该货物的补贴金额，并且

（C）除本条（1）另有规定外，具体规定对该货物的禁止性补贴的金额，如果对该货物的部分或全部补贴是禁止性补贴；或者

（b）如果依据可获得的涉及署长按本款（a）规定所相信的人的证据，该款规定①所指的出口人不存在，负责终止对该货物的调查。

（2）例外规定

如果署长在考虑提供出口补贴的国家、有出口补贴的货物的性质及提供该出口补贴的情况之后认为，对这些货物提供的该补贴没有违反该国家在《1994年关税及贸易总协定》这一国际协定规定项下的承诺，应不得按本条（1）（a）（iv）（C）规定具体规定任何事项。

（3）最终认定的通知

署长对货物的倾销或补贴做出最终认定之时，应负责其做出的该项认定的通知：

（a）按本法第34条（1）（a）规定通知并公布。'

（b）负责向法院递交该认定的书面通知，阐明做出该认定的理由，随附按法庭规则要求提供的与该认定有关的其他材料。

（4）终止通知

署长按本条（1）规定负责终止对任何货物的倾销或补贴的调查时，应负责将该终止的通知：

（a）按本法第34条（1）（a）规定通知并公布；并且

（b）书面向法院递交。

第41.1条

（1）对法院退回的最终认定或决定采取的措施

如果本法第41条（1）（a）规定项下的某项最终认定或本法第41条（1）（b）规定项下的某项决定被法院搁置，并且该事项根据本法第96.1条规定被退回至署长，署长应当：

（a）重新考虑该事项并做出新的最终认定或决定；并且

（b）负责按本法第34条（1）（a）规定发送并公布按本款（a）规定采取的措施的通知，并书面通知法院。

（2）对工作组退回的最终认定或决定采取的措施

如果本法第41条（1）（a）规定项下的某项最终认定或本法第41条（1）（b）规定项下的某项决定被工作组按本法第77.015条（3）或（4）、第77.019（5）、第77.15条（3）或（4）规定、第77.19条（4）规定退回至署长，署长

---

① 指本款（a）规定。——译者注

应当：

（a）重新考虑该最终认定或决定，并且对其确认或撤销或修改（如果是一项最终决定）；并且

（b）负责按本法第 34 条（1）（a）规定发送并公布按本款（a）规定采取的措施的通知，并书面通知法院。

（3）最终认定

如果署长按本条（1）规定重新考虑某项最终认定所涉及的事项或者按本条（2）规定重新考虑或撤销某项最终认定，本法第 41 条规定应被视为以往没有适用于这些货物而再次适用于该最终认定所适用的货物。但是，署长按该条规定①要求采取的措施，应作为该条任何规定的例外，署长应在做出该命令的工作组或联邦上诉法院（按适用情况选定）规定的期限内或者在法院下达裁定书之后的90 天内（如果涉及联邦上诉法院并且如果它没有规定期限）采取。

（4）决定终止

如果署长按本条（1）规定重新考虑某项最终认定所涉及的事项或者按本条（2）规定重新考虑或撤销某项最终认定：

（a）署长应被视为已于针对该事项的命令或退回到署长的决定发出或做出之日对已终止的调查所针对的货物的倾销或补贴做出过一项初步认定；

（b）署长应恢复已终止的调查；

（c）本法第 41 条规定应按本条（3）规定再次适用；并且

（d）本法第 42 条及第 43 条规定应被视为以往没有适用于这些货物而再次适用于该决定所涉及的货物。但是，法院按这些规定要求采取的措施，应作为这些条任何规定的例外，由法院在针对退回至署长的决定的命令做出日之后 120 天内采取。

第 41.2 条　署长应考虑加拿大的义务

署长在对任何货物的倾销或补贴发起调查时，应考虑《补贴协定》第 27 条第 10 款及第 11 款的规定。

法院审查

第 42 条

（1）法院应进行审查

法院应在按本法第 38 条（3）规定收到某项初步认定的通知后，立即对下列

---

① 指本法第 41 条规定。——译者注

事项在下列情况下是否适当进行审查：

（a）如果涉及该初步认定所适用的任何货物，该货物的倾销或补贴是否：

（i）已造成损害或延缓或者正在威胁造成损害；或者

（ii）如果对该货物不征收临时关税会造成损害或延缓。

（b）如果涉及该初步认定所适用的任何倾销货物，是否：

（i）有下列两种情况之一：

（A）其倾销已经造成损害，或者如果不采取反倾销措施会造成损害的倾销货物的同类货物大量进口；或者

（B）该货物的进口人已经或者应当知道出口人正在进行倾销而且倾销会造成损害。并且

（ii）由于该倾销货物的以下事实，损害已经造成：

（A）构成大量进口到加拿大的；或者

（B）构成一系列进口到加拿大的一部分，该进口的累计总量巨大并且在比较短的时间内发生。

并且法院显然有必要对该进口货物征收关税以阻止发生损害。以及

（c）如果涉及已按本法第41条（1）（a）（iv）（C）规定确定的任何补贴货物，该初步认定所适用的任何补贴货物是否：

（i）由于该补贴货物的以下事实，损害已经造成：

（A）构成大量进口到加拿大；或者

（B）构成一系列进口到加拿大的一部分，该进口的累计总量巨大并且在比较短的时间内发生；并且

（ii）应对该补贴货物征收反补贴税以阻止发生损害。

（2）法院应进行或重启审查

法院如果按本法第52条（1）规定收到一份关于终止货物的一项或多项承诺的通知，除非对该货物已做出一项调查结论，应立即进行或重新启动审查以确定该倾销或补贴是否：

（a）已经造成损害或延缓或者正在威胁造成损害；或者

（b）在对该货物的承诺（一项或多项，按适用情况选定）被接受后的任何时段中，如果不接受会造成损害、延缓或者损害威胁。

（3）累计影响的评估

法院按本条（1）规定进行或重新启动审查时，如果相信存在以下情况，应对该初步认定所适用的从一个或多个国家进口到加拿大的货物的倾销或补贴的累计影响进行评估：

（a）与从每个这些国家进口的货物有关的倾销幅度或补贴金额很大，并且从

每个这些国家进口的货物的数量很大。并且

（b）考虑到对该初步认定所适用的从这些国家的任何一个国家进口到加拿大的货物与下列货物之间的竞争条件，对累计影响进行评估是合适的：

（i）对该初步认定所适用的货物，从这些国家的任何一个国家进口到加拿大的；或者

（ii）国内生产人的同类货物。

（4）法院应考虑加拿大的义务

法院在按本条（3）规定进行累计评估时，应考虑《补贴协定》第27条第12款的规定。

（4.1）如果数量忽略不计则终止审查

法院如果认定从一个国家进口的倾销货物或补贴货物的数量可忽略不计，应终止对这些货物的审查。

（5）如果国内产业以地区市场为基础

本法第2条（1.1）规定适用于该初步认定所涉及的货物的倾销或补贴时，法院只有在下列情况下才能认为这些货物的倾销或补贴已经造成损害或延缓或者正在造成损害：

（a）这些货物集中进入该地区市场；并且

（b）这些货物的倾销或补贴对该地区市场同类货物的全部或几乎全部的生产已经造成损害或延缓或者正在造成损害。

（6）倾销货物或补贴货物的数量

适用本条规定时，来自某个国家的倾销货物或补贴货物的数量应被视为包括该国家的相同商品名称并且是以向加拿大出口为目的销售的货物的数量。

第43条

（1）法院应发布命令或做出调查结论

在本法第42条规定所指的对任何货物的任何审查中，法院应在收到对这些货物的倾销或补贴的最终认定的通知后，立即但在任何情况下不迟于收到对该货物的最初认定后120天，对该最终认定所适用的货物做出该事项性质所要求的命令或调查结论，并且应宣布该命令或调查结论适用于哪项货物，必要时包括来自哪个供应人及哪个出口国家的该货物。

（1.01）分别做出命令或调查结论

如果本法第42条规定所指的审查涉及下列货物，法院应按本条（1）规定对每个NAFTA国家的货物分别做出命令或调查结论：

（a）不只一个NAFTA国家的货物；

（b）一个或多个NAFTA国家的货物及一个或多个其他国家的货物。

（1.02） 第（1.1）款中止有效

本条（1.1）规定在本条（1.01）规定有效期间中止有效。

（1.1） 分别做出命令或调查结论

如果本法第42条规定所指的审查涉及美国及其他国家的货物，法院应对美国的货物分别做出命令或调查结论。

（2） 命令或调查的通知

法院应使用挂号信函向署长、进口人、出口人及法庭规则可能具体规定的其他人寄送：

（a） 一份每项按本条规定做出的命令或调查结论，在其做出之后立即；以及

（b） 一份做出该命令或调查结论的理由，在其按本条规定做出某项命令或调查结论之后15天内。

（3） 发布公告

法院应负责通过《加拿大政府公报》发布其按本条规定做出的每项命令或调查结论的公告。

第44条

（1） 重新启动审查

如果根据《联邦法院法》规定项下司法审查的申请或本法第96.1条规定项下的申请，法院的某项决定或调查结论被搁置或者涉及某项特定货物的问题被搁置，法院应当：

（a） 立即重新启动对该命令或调查结论所适用的货物或对该项特定货物（按适用情况选定）进行的审查，如果该问题被法院退回做出认定；以及

（b） 对其他任何情况，在该申请被最终处置之后30天内决定是否重新启动对该命令或调查结论所适用的货物或对该项特定货物（按适用情况选定）进行的审查，并且（如果法院决定应重新启动该项审查）决定立即重新启动该项审查。

而且法院应立即并且在任何情况下不迟于下列时间之后的120天对重新启动的审查所涉及的货物做出一项新的与法院或该申请提出的问题的最终处置相一致的命令或调查结论：

（c） 该命令或调查结论被搁置之日，如果适用本款（a）规定；以及

（d） 法院决定应重新启动该项审查之日，如果适用本款（b）规定。

（2） 同上

如果按本条（1）规定重新启动一项对任何货物的审查：

（a） 法院应立即将重新启动对这些货物的审查的通知按本法第43条（2）规定发送给每个人并向其发送一份对《联邦法院法》规定项下的申请所涉及的命令或调查结论；并且

（b）法院应在该项审查中采取进一步的措施，以便做出本条（1）规定所指的新的命令或调查结论，以其认为必要或适当的方式，无论是开庭审理或重新开庭审理任何问题，还是接受补充证据或其他方式。

第 45 条

（1）加征关税不符合公共利益情况下启动审查

作为本法第 42 条规定所指的审查的结果出现任何货物的倾销或补贴问题时，法院如果需要对这些货物做出一项本法第 3 条至第 6 条任何一条规定所指的命令或调查结论，应主动或根据某个利益关系人在规定期限内以规定方式提出的申请，启动一项公共利益审查，如果法院认为有必要考虑对该货物加征反倾销税或反补贴税或者按这些条款①的任何一条规定的全额征税是否符合公共利益。

（2）公布通知

法院在《加拿大政府公报》上公布启动公共利益审查决定的通知。

（3）考虑规定因素

在公共利益审查中，法院应考虑其认为有关的任何因素，包括规定因素。

（4）报告

如果作为公共利益审查的结果，法院认为对该货物加征反倾销税或反补贴税或者本法第 3 条至第 6 条的任何一条规定的全额征税不符合公共利益，法院应立即：

（a）向财政部长报告该意见并向部长提供一份形成该意见的事实及理由陈述；并且

（b）负责在《加拿大政府公报》上公布该报告的通知。

（5）报告的详细内容

法院如果认为全额加征反倾销税或反补贴税不符合或可能不符合公共利益，应在本条（4）（a）规定所指的报告中具体规定以下两项中任何一项：

（a）本法第 3 条至第 6 条规定的反倾销税或反补贴税的降税程度；或者

（b）足以消除对国内产业的损害、延缓或者损害威胁的价格（一个或数个）。

（6）可陈述的利益关系人

如果某个公共利益损害中的利益关系人在规定期限内并以规定方式向法院申请获得就法院是否应当按本条（4）（a）规定对任何该项审查所针对的货物提出报告这一问题进行陈述的机会，法院应向该人提供向法院对该问题进行口头或/及书面（由法院视该项审查中的情况决定）陈述的机会。

---

① 指本法第 3 条至第 6 条。——译者注

第 46 条　　法院应向署长提出建议

如果在本法第 42 条规定所指的对本法项下某项初步认定所适用的货物的倾销或补贴的审查中，法院认为存在以下情形，法院应以书面通知的形式向署长提出这样的建议，并列出本款（a）规定所指的货物的商品名称：

（a）有证据表明有其用途及其他特性与该初步认定所适用的货物的用途及其他特性非常相像的货物已经或正在被倾销或被补贴；并且

（b）该证据合理地表明本款（a）规定所指的倾销或补贴已经造成损害或延缓或者正在威胁造成损害。

第 47 条

（1）司法程序的终止

法院对任何倾销货物或补贴货物所做出的命令或调查结论，除本法第 3 条至第 6 条规定所指的命令或调查结论外，应终止所有本法规定项下对该货物的倾销或补贴的司法程序，但不包括本法第 I.1 部分或第 II 部分或者本法第 76.02 条（1）或（3）规定项下的司法程序。

（2）审查的终止——智利

如果按本法第 14 条规定制定的实施细则规定免予智利的货物适用本法，法院应做出一项命令终止任何本法第 42 条规定所指的涉及这些货物的倾销的审查。

（3）终止通知

法院应当：

（a）在某项审查按本条（2）规定终止后，立即向署长、进口人、出口人、智利政府及其他法庭规则规定的任何人发送终止通知；并且

（b）负责在《加拿大政府公报》上公布该终止通知。

第 48 条　　[1985 年废止]

承　诺

第 49 条

（1）接受承诺

除本条（2）另有规定外，署长有权在对货物的倾销或补贴的调查中接受对倾销货物或补贴货物的承诺（一项或多项），如果署长认为遵守该承诺（一项或多项，按适用情况选定）会消除：

（a）下列货物的倾销幅度或补贴：

（i）某个出口人销售给在加拿大的进口人的货物，如果该承诺是该出口人做出的；以及

（ii）按某个国家的出口人销售给在加拿大的进口人的方式从该国家出口到加拿大的货物，如果该承诺是由出口到加拿大的货物的国家政府做出的；或者

（b）由倾销或补贴造成的任何损害、延缓或者威胁损害。

（2）同上

署长不得接受对倾销货物或补贴货物的承诺：

（a）除非他认为遵守该承诺将不会造成下列价格提高到超过估计的该货物的倾销幅度或估计的该货物的补贴金额：

（i）某个出口人向在加拿大的进口人销售的货物价格，如果该项承诺是由该出口人做出的；或者

（ii）货物从某个国家出口到加拿大时将出售给在加拿大的进口人的价格，如果该项承诺是由该国家政府做出的。

（b）除非署长已经按本法第38条（1）规定做出了一项初步认定，而不是关于微不足道的货销幅度或补贴数量的认定。或者

（c）如果他认为该承诺（一项或多项，按适用情况选定）的管理不可行。

（3）申请完成调查及审查

如果该出口人（涉及某项对倾销货物的调查及审查时）或者该出口国家的政府（涉及对补贴货物的调查及审查时）希望对该倾销货物或补贴货物（按适用情况选定）做出一项承诺，但希望结束对该货物的调查或审查：

（a）该承诺必须随附提交给署长的完成该调查的申请；以及

（b）必须向法院递交一份完成法院审查的申请。

（4）做出承诺的期限

署长有权拒绝接受任何在规定期限（为适用本款规定的）之后做出的承诺。

（5）对陈述的考虑

在考虑是否接受承诺时，署长应考虑从该进口人、出口人、出口国家的政府或其他任何利益关系人处收到的陈述。

第 50 条　接受承诺情况下的程序

在署长按本法第31条规定发起的调查中，署长接受对倾销货物或补贴货物的承诺（一项或多项）之后：

（a）应当立即：

（i）负责按本法第34条（1）（a）规定发出接受通知并对外公布；

（ii）中止征收对这些货物的本法第8条（5）规定的临时关税；

（iii）中止调查，除非有人提出本法第49条（3）规定所指的申请；并且

（iv）向法院通报本项（iii）规定项下的任何中止。并且

（b）法院应当中止其对已经接受承诺（一项或多项）的倾销货物或补贴货

物的审查，除非有人按本法第49条（3）规定提出了申请。

第50.1条

（1）期限中止计算

如果某项对货物的倾销或补贴的承诺被接受，按本法规定计算的涉及这些货物的任何事项的规定期限，在该承诺有效期内中止计算，并须于该承诺的到期或终止之时恢复计算。

（2）期限的延期

本条（1）规定所适用的期限可延长一个相当于以下的时段：

（a）该承诺被接受之日与其终止之日之间的，如果本法第51条（1）规定适用于该承诺；或者

（b）对该承诺所适用的货物做出初步认定之日与该承诺被接受之日之间的，在其他任何情况下。

第51条

（1）署长应终止承诺

署长应在按本法第50条（a）（i）规定发出的命令做出的对倾销货物或补贴货物的承诺（一项或多项）之后30天内［但在法院按本法第43条（1）规定对该做出命令之前］立即终止署长正在接受的一项下列人所申请终止的承诺：

（a）倾销货物的进口人或出口人或对该货物所进行的调查中的投诉人；以及

（b）补贴货物的进口人或出口人或对该货物所进行的调查中的投诉人。

（2）署长应恢复调查

署长按本条（1）规定终止任何承诺时，应立即负责恢复其在接受该承诺（一项或多项，按适用情况选定）之日对所有该调查所涉及的货物的调查，并应负责按本法第34条（1）（a）规定通知该调查的恢复。

第51.1条　接受进一步承诺

如果某项调查按本法第50条（a）（iii）规定被中止，署长有权接受某个对该货物没有做出署长按本法第49条（1）规定所接受的承诺的货物的某个出口人或政府做出的对该倾销货物或补贴货物的承诺，如果署长认为遵守该承诺不会造成：

（a）某个出口人向在加拿大的进口人销售的货物价格提高到超过估计的该货物的倾销幅度或估计的该货物的补贴金额，如果该项承诺是由该出口人做出的；或者

（b）货物从某个国家出口到加拿大之时将出售给在加拿大的进口人的价格，在出口给在加拿大的进口人之时提高到超过估计的该货物的倾销幅度或估计的该货物的补贴金额，如果该项承诺是由某个国家的政府做出的。

第 52 条

（1）署长终止承诺

接受对某项调查所涉及的任何倾销货物或补贴货物的承诺（一项或多项）之后任何时间，署长如果：

（a）相信该承诺（一项或多项）已经或正在被违反；

（b）相信如果他可获得的信息在该承诺被接受之时可以获得，该承诺（一项或多项）一定不会被接受；或者

（c）相信如果现在的情况与该承诺被接受之时的情况相同，该承诺（一项或多项）一定不会被接受。

应当立即：

（d）终止该承诺（一项或多项）；

（e）负责按本法第 34 条（1）（a）规定发送终止该承诺（一项或多项）的通知及对外公布并书面提交法院；以及

（f）负责已按本法第 50 条（a）（iii）规定中止的调查。

（1.1）没有倾销情况下终止等

接受对某项调查所涉及的任何倾销货物或补贴货物的承诺（一项或多项）之后任何时间，如果：

（a）某项按本法第 41 条（1）或第 41.1 条规定做出的认定认定：

（i）该货物没有被倾销或被补贴；或者

（ii）对该货物的倾销幅度或补贴金额不大；

（iii）［1999 年废止］

（b）按本法第 43 条（1）规定做出的某项命令或调查结论认定该货物的倾销或补贴没有造成损害、延缓或者威胁损害；或者

（c）法院已经按本法 76.01 条（5）（a）、第 76.02 条（4）、第 76.03 条（12）（a）、第 76.04 条（1）或第 76.1 条（2）规定撤销对该货物的某项命令或调查结论，或者该项命令或调查结论按本法第 76.03 条规定已经被视为被撤销。

署长应当：

（d）终止该承诺（一项或多项）；并且

（e）负责按本法第 34 条（1）（a）规定发送终止该承诺（一项或多项）的通知及对外公布并书面提交法院。

（1.2）条件不会再存在情况下终止

除非法院已经按本法第 43 条（1）规定做出一项命令或调查结论认定该初步认定所适用的货物的倾销或补贴已经造成损害或延缓或者正在威胁造成损害，并且该项命令或调查结论没有按本法 76.01 条（5）（a）、第 76.02 条（4）、第

76.03 条（12）（a）、第 76.04 条（1）或第 76.1 条（2）规定被撤销或者按本法第 76.03 条（1）规定视为被撤销，署长在接受该承诺（一项或多项）之后任何时间如果相信即使终止该承诺（一项或多项），本法第 49 条（a）或（b）规定的条件（按适用情况选定）仍不会再存在，应终止该承诺（一项或多项）。

（1.3）终止承诺的法律效力

按本条（1.2）规定终止的承诺应终止所有按本法规定对该承诺所涉及的货物的倾销或补贴进行的司法程序，除非署长在接受了两项或更多项承诺情况下，有充分理由做出相反的指示。

（2）如果没有应采取的措施

在任何对货物的倾销或补贴的调查中，虽然署长按本法第 49 条规定接受了若干项承诺并且这些承诺的任何一项或多项已经或正在被违反，但如果从几乎全部进口到加拿大的该货物考虑该承诺没有被违反（曾经或正在），署长不得按本条（1）规定采取任何措施，除非有充分理由做出相反的指示。

第 53 条

（1）署长对承诺进行重新审议及续签

除非法院已经按本法第 43 条（1）规定做出一项命令或调查结论认定该初步认定所适用的货物的倾销或补贴已经造成损害或延缓或者正在威胁造成损害，并且该项命令或调查结论没有按本法 76.01 条（5）（a）、第 76.02 条（4）、第 76.03 条（12）（a）、第 76.04 条（1）或第 76.1 条（2）规定被撤销或按本法第 76.03 条（1）规定被视为被撤销，署长如果相信以下事实，应于该承诺被接受之日之后 5 年期满之前并且在每个随后的期限（如果有）期满之前对其进行重新审议，并应续签该承诺在另一个不超过 5 年的期间内有效：

（a）该承诺仍服务于其所期望的目的；并且

（b）署长没有被要求按本法第 52 条规定终止该承诺。

（2）承诺期满失效

承诺在署长按本条（1）规定不再续签后立即期满失效。

（3）期满失效终止所有法律程序

如果某项承诺按本条（2）规定期满失效，该期满失效应终止所有本法规定对该承诺所涉及的货物的倾销或补贴的司法程序，除非在任何署长接受了两项或多项承诺的情况下，署长仍有充分理由做出相反的指示。

（4）通知

按本条（1）规定续签或不续签某项承诺时，署长应负责按本法第 34 条（1）（a）规定通知并对外公布及向法院提交该终止。

第 53.1 条

（1）对法院退回的决定采取的措施

如果本法第 53 条（1）规定项下关于续签或不续签某项承诺的决定被法院根据本法第 96.1 条规定提出的申请搁置并且该问题被退回给署长：

（a）署长应当：

（i）重新考虑该问题并做出新的决定；并且

（ii）负责按本法第 34 条（1）（a）规定通知并对外公布及向法院提交按本项（i）规定采取的措施。以及

（b）如果决定不续签某项承诺，该承诺应被视为于退回该问题的命令发出之日已经被续签并有效至按本款（a）（i）规定采取措施之前。

（2）对工作组退回的决定采取的措施

如果按本法第 53 条（1）规定做出的续签或不续签某项承诺的决定按本法第 77.015 条（3）或（4）、第 77.019 条（5）、第 77.15 条（3）或（4）或者第 77.19 条（4）规定被退回至署长：

（a）署长应当：

（i）重新考虑该决定并确认、撤销或修改该决定；并且

（ii）负责按本法第 34 条（1）（a）规定通知并对外公布及向法院提交按本项（i）规定采取的措施；以及

（b）该承诺应当被视为于该决定发出之日已被续签并且有效至按本款（a）（i）采取措施之前。

第 54 条　修改承诺

除本法第 53 条（1）及（2）另有规定外，承诺可在任何时间按其规定条件修改。

由指定的海关执法人员认定

第 55 条

（1）由指定的海关执法人员认定

署长如果：

（a）按本法第 41 条（1）规定对任何货物已经做出一项倾销或补贴的最终认定，并且

（b）已经收到来自法院的本法第 4 条至第 6 条规定所指的关于该最终认定所适用的命令或调查结论（如可行），

应指示某个指定海关执法人员在该命令或调查结论之日之后 6 个月内认定，

（c）本条（2）规定所指的货物是否事实上是与该命令或调查结论所指的货物的商品名称相同，

（d）海关按此放行的货物的正常价格及出口价格或对该货物的补贴金额，以及

（e）如果适用本法第 6 条或第 10 条规定的货物的出口补贴金额。

（2）适用

本条（1）规定仅适用于：

（a）海关于对其做出一项初步认定之日或之后及对其接受某项承诺之日或之前放行的货物；

（b）本法第 5 条（b）或第 6 条（b）规定所指的货物；

（c）海关于对这些货物所做的承诺按本法第 52 条规定被终止之日或之后及法院对该货物按本法第 43 条（1）规定发出一项命令或调查结论之日或之后放行的货物；以及

（d）本法第 4 条（1）（b）或（2）（c）规定所指的货物。

重新认定及上诉

由指定的海关执法人员或署长重新认定

第 56 条

（1）最终决定

在法院做出的命令或调查结论或者总督发出的命令按本法第 7 条规定征收反补贴税后进口到加拿大的任何货物，某个海关执法人在该货物按《海关法》第 32 条（1）、（3）或（5）规定办理正式报关手续之后 30 天内做出的以下认定具有最终性质：

（a）关于该进口货物是否与法院的命令或调查结论或者总督的命令所适用的货物的商品名称相同；

（b）与法院的命令或调查结论或者总督的命令所适用的货物的商品名称相同的任何进口货物的正常价格或补贴金额（如果有）；以及

（c）与法院的命令或调查结论所适用的货物的商品名称相同的任何进口货物的出口价格或出口补贴金额（如果有）。

（1.01）申请重新认定

作为本条（1）规定的例外：

（a）如果该款规定①所指的认定涉及任何货物，包括某个 NAFTA 国家的货物，该货物的进口人可在该认定做出之后 90 天内按规定格式及方式向指定的海关执法人员递交一份书面申请并随附规定信息，要求做出重新认定，但该进口人必须已经缴纳了该货物应缴纳的全部关税；以及

（b）如果该款规定②所指的认定涉及某个 NAFTA 国家的货物，该 NAFTA 国家的政府，或者该货物的生产人、加工人或出口人，均可提出本款（a）规定所指的申请，要求重新认定，但不论该货物的进口人是否已经缴纳了该货物应缴纳的全部关税。

（1.02）中止适用（1.1）款规定

本条（1.01）规定有效期间，本条（1.1）规定中止适用。

（1.1）申请重新认定

作为本条（1）规定的例外：

（a）如果该款规定③所指的认定涉及任何货物，包括美国的货物，该货物的进口人可在该认定做出之后 90 天内按规定格式及方式向指定的海关执法人员递交一份书面申请并随附规定信息，要求做出重新认定，但该进口人必须已经缴纳了该货物应缴纳的全部关税；以及

（b）如果该款规定④所指的认定涉及美国的货物，美国政府，或者该货物的生产人、加工人或出口人，均可提出本款（a）规定所指的申请要求重新认定，但不论该货物的进口人是否已经缴纳了该货物应缴纳的全部关税。

（2）被视为已经做出的认定

如果本条（1）规定所指的涉及任何进口货物的认定实际上没有在该款规定⑤所指的 30 天内做出，下列情况下，该认定应被视为已经被提出：

（a）该货物报关之后第 30 天；并且

（b）认定内容与办理该货物报关手续的人在报关之时的任何申报内容相符。

第 57 条　由指定的海关执法人员重新认定

除非署长此前已按本法第 59 条规定对按本法第 56 条（1）或（2）规定做出的认定做出了重新认定，或者对本法第 13.2 条（3）规定项下的快速审查启动之后（但在按本款规定做出认定之前）海关已放行的货物已经做出认定，在下列情况下，指定的海关执法人员有权对其做出重新认定：

---

① 指本条（1）规定。——译者注
② 指本条（1）规定。——译者注
③ 指本条（1）规定。——译者注
④ 指本条（1）规定。——译者注
⑤ 指本条（1）规定。——译者注

（a）根据本法第 56 条（1.01）或（1.1）规定提出申请；或者

（b）在该认定做出之后 2 年内，如果该指定的海关执法人员认定应当重新做出认定。

第 58 条

（1）认定或重新认定的最终性

指定的海关执法人员按本法第 55 条或第 57 条规定对任何货物做出的认定或重新认定均为最终认定。

（1.1）申请重新认定

作为本条（1）规定的例外：

（a）如果该款规定①所指的认定或重新认定涉及任何货物，包括某个 NAFTA 国家的货物，该货物的进口人可在该认定做出之后 90 天以内按规定格式及方式向署长递交一份书面申请并随附规定信息，要求做出重新认定，但该进口人必须已经缴纳了该货物应缴纳的全部关税；以及

（b）如果该款规定②所指的认定或重新认定涉及某个 NAFTA 国家的货物，该 NAFTA 国家的政府，或者该货物的生产人、加工人或出口人，均可提出本款（a）规定所指的申请，要求做出重新认定，但不论该货物的进口人是否已经缴纳了该货物应缴纳的全部关税。

（1.2）中止适用（2）款规定

本条（1.1）规定有效期间，本条（2）规定中止适用。

（2）申请重新认定

作为本条（1）规定的例外：

（a）如果该款规定③所指的认定涉及任何货物，包括美国的货物，该货物的进口人可在该认定做出之后 90 天内按规定格式及方式向指定的海关执法人员递交一份书面申请并随附规定信息，要求做出重新认定，但该进口人必须已经缴纳了该货物应缴纳的全部关税；以及

（b）如果该款规定④所指的认定涉及美国的货物，美国政府，或者该货物的生产人、加工人或出口人，均可提出本款（a）规定所指的申请，要求做出重新认定，但不论该货物的进口人是否已经缴纳了该货物应缴纳的全部关税。

第 59 条

（1）非法定的重新认定

---

① 指本条（1）规定。——译者注
② 指本条（1）规定。——译者注
③ 指本条（1）规定。——译者注
④ 指本条（1）规定。——译者注

除本条（3）另有规定外，下列情况下，署长有权对本法第 55 条、第 56 条或第 57 条规定所指的或者按本法规定做出的涉及任何进口货物的认定或重新认定做出重新认定：

（a）根据本法第 56 条（1.01）或（1.1）规定提出申请；或者

（b）任何时间，如果该进口人或出口人在按《海关法》第 32 条（1）、（3）或（5）规定办理货物报关手续或获得该货物的海关放行之时曾有过任何虚假申报或瞒骗情事；

（c）任何时间，如果本法第 2 条（6）、第 26 条或第 28 条适用，或者对该货物适用；

（d）任何时间，为了使法院、联邦上诉法院或加拿大最高法院对该货物的某项决定生效；以及

（e）本法第 55 条或第 56 条（1）规定所指的认定做出之后 2 年内，在其他任何署长认为应当的情况下，如果署长此前没有对该货物按本款（a）至（d）规定或按本条（2）或（3）规定做出过重新认定。

（1.1）对重新认定的重新认定

署长有权在下列时间对任何重新认定做出重新认定：

（a）按本条（1）（a）至（c）及（e）任何一项规定做出重新认定之后，但在本法第 61 条规定项下的上诉被开庭审理之前的任何时间，根据加拿大司法部长的建议，如果该项重新认定会减少对该货物应征收的关税；以及

（b）其他任何时间，如果该项重新认定会与法院、联邦上诉法院或加拿大最高法院的某项决定或者与本款（a）规定项下涉及同一进口人或货物所有人在该重新认定所涉及的货物进口之日或之前进口的其他同类货物的某项重新认定相一致。

（2）非法定的重新认定

署长为了使按本法第 I.1 部分或第 II 部分规定项下某个工作组的涉及任何进口货物的决定有效，有权在任何时间对本法第 55 条、第 56 条或第 57 条规定所指的或者按本条规定做出的涉及该货物的认定或重新认定做出重新认定。

（3）法定的重新认定

署长应当根据按本法第 58 条（1.1）或（2）规定提出的对本法第 55 条规定项下的某项认定或对本法第 57 条规定项下的某项重新认定做出重新认定的申请；

（a）在按本法第 58 条（1.1）或（2）规定提出该申请之后 1 年内对该认定或重新认定做出重新认定，如果涉及本法第 55 条规定项下的某项认定或本法第 57 条（b）规定项下的某项重新认定；以及

（b）在按本法第 56 条（1.01）或（1.1）规定提出申请之后 1 年内对该重新认定做出重新认定，如果涉及本法第 57 条（a）规定项下的某项重新认定。

（3.1）重新认定的通知

署长应负责将本条规定项下的每项重新认定的通知通过挂号邮件邮递给该进口人、该 NAFTA 国家的政府（如果该进口货物是某个 NAFTA 国家的货物）及可能规定的人和加拿大秘书，如果该重新认定使本法第 I.1 部分或第 II 部分规定项下某个工作组的决定有效。

（3.2）假定

按本条（3.1）规定邮递给某个 NAFTA 国家政府的通知，适用本法规定时，在被邮递之日以后 10 天，应被视为已经被该政府收取。

（3.3）（4）及（5）款规定的中止适用

本条（3.1）及（3.2）规定有效期间，本条（4）及（5）规定中止适用。

（4）重新认定的通知

署长应负责将本条规定项下的每项重新认定的通知通过挂号邮件邮递给该进口人、美国政府（如果该进口货物是美国的货物），以及可能规定的人和加拿大秘书，如果该重新认定使本法第 II 部分规定项下某个工作组的决定有效。

（5）假定

按本条（4）规定邮递给美国政府的通知，适用本法规定时，在被邮递之日以后 10 天，应被视为已经被该国家政府收取。

第 60 条

（1）重新认定的法律效力

按本法第 57 条或第 59 条规定做出某项对任何货物是否是本法第 56 条（1）（a）规定的货物的重新认定，或者某项关于该货物的正常价值或出口价格或者对该货物的出口补贴金额的重新认定时，如果该重新认定认定应缴纳附加关税或已缴纳的关税的全部或部分（按适用情况选定）不应缴纳：

（a）该进口人应缴纳对该货物应征收的附加关税；或者

（b）已缴纳的多征的任何关税及利息［不包括因为未缴纳《海关法》第 32 条（5）或第 33 条规定要求缴纳的关税而支付的利息］，应立即的全部或部分退还给该进口人。

（2）署长的决定

作为本法第 25 条（2）规定的例外，按本法规定对销售给在加拿大的某个进口人的货物征收的任何关税，应纳入本法第 25 条（1）（c）（i）或（d）（v）规定（按适用情况选定）所指的成本，只要在本条（1）规定所指的任何重新认定中署长认为：

（a）该货物被本法第 25 条（1）（c）规定所指的人从该进口人手中购买后以某个低于下列总价值的价格转售：

（i）销售人获得该货物的价格；以及

（ii）管理、销售及任何其他成本，因销售该货物直接或间接产生的。并且

（b）该货物的出口价格（按本法第 24 条规定确定的）因为本法第 25 条（1）（b）（ii）规定所列的某项原因不可信。

第 60.1 条　应发送通知

按本法第 55 条、第 56 条（1）、第 57 条或第 59 条规定进行认定或重新认定后，应立即向在加拿大的进口人发送该认定或重新认定的通知。

向加拿大国际贸易法院上诉

第 61 条

（1）向法院上诉

除本法第 77.012 条或第 77.12 条另有规定外，认为自己受到署长按本法第 59 条规定对任何货物做出的某项重新认定的损害的人，可在该重新认定做出之日之后 90 天内向署长及法院递交一份书面的上诉通知，对该重新认定向法院上诉。

（2）上诉的对外公告

本条（1）规定项下的上诉的开庭审理通知必须提前（开放日期前）至少 21 天通过《加拿大政府公报》对外公告，任何人在开庭审理之日至少 7 天前向法院递交出庭书后均可出庭。

（3）法院的命令或调查结论

对任何本条（1）规定项下的上诉，法院有权做出其诉讼标的的性质所要求的命令或调查结论，并且在不影响前述规定的普遍适用的前提下，有权宣布对该上诉所涉及的货物应征收或不应征收的关税，法院的命令、调查结论或宣布是最后决定，对其不得提出本法第 62 条规定的上诉。

向联邦法院上诉

第 62 条

（1）就法律问题向联邦法院上诉

下列本法第 61 条规定项下的上诉的任何一方，可在按本法第 61 条（3）规定做出命令或调查结论之后 90 天内向联邦上诉法院就任何法律问题提出上诉：

（a）上诉人；

（b）署长；或者

（c）按本法第61条（2）规定递交出庭书的任何人，如果该人在该项上诉中有实质性的利益关系并且已获得法院或该法院的法官的许可，

（2）上诉的处置

联邦上诉法院有权通过做出诉讼标的性质所要求的命令或调查结论方式来处置上诉，并且在不影响前述规定普遍适用的前提下，有权：

（a）宣布对向法院上诉所涉及的货物应征收或不应征收的关税；或者

（b）将诉讼标的退回法院重新开放审理。

第62.1条　［2001年废止］

第63条至第75条　［1985年废止］

对命令和调查结论的审查

司法审查

第76条　申请司法审查

除本法第61条（3）、本法第I.1部分或第II部分另有规定外，按本法规定要求对某项命令或调查结论进行司法审查的申请，可依据《联邦法院法》第18.1条（4）规定所列的任何理由向联邦上诉法院提出。

法院对命令和调查结论的审查

第76.01条

（1）法院对命令的中期审查

在本法第3条至第6条任何一条规定所指的命令或调查结论做出之后的任何时间，法院有权自行或根据财政部长、署长、任何人或任何国家政府的申请，对下列问题进行中期审查：

（a）该命令或调查结论；或者

（b）该命令或调查结论的任何方面。

（2）法院有权重新开庭审理任何诉讼标的

为进行中期审查，法院有权在做出决定前重新开庭审理任何诉讼标的。

（3）限制规定

除非该人或该国政府能使法院相信该审查有正常理由，法院不得根据任何人

或任何国家政府的申请进行中期审查。

（4）中期审查启动前的命令

如果法院决定不根据某人或某国政府的申请进行中期审查，法院应为此做出一项命令并说明理由，并且法院应向该人或该国政府提供一份该命令及该理由的通知，并负责在《加拿大政府公报》上公布该命令的通知。

（5）中期审查完成时的命令

法院应于某项中期审查完成之时：

（a）按本条（1）（a）规定做出一项撤销该命令或调查结论或者对该命令或调查结论继续审查（修改或不修改，视情况要求）的命令，并且说明做出该命令的理由；以及

（b）按本条（1）（b）规定，对该命令或调查结论（视情况要求）做出任何命令，并且说明做出该命令的理由。

（6）完成审查

完成某项中期审查时，法院应当：

（a）向署长、法庭规则规定的任何其他人及政府发送：

（i）一份该命令，在审查完成后立即；以及

（ii）一份做出该命令的理由，在该命令做出之日之后 15 天内。并且

（b）负责在《加拿大政府公报》上公布该命令。

（7）命令有效期满

在中期审查完成之时做出的命令，除撤销某项命令或调查结论的外，于下列时间到期：

（a）该中期审查所针对的命令或调查结论做出之日之后 5 年，如果没有按本法第 76.03 条（3）规定启动一项期满审查；

（b）法院按本法第 76.03 条（12）规定做出一项命令之日，如果按本法第 76.03 条（3）规定启动一项期满审查。

对退回的审查

第 76.02 条

（1）法院对退回及重新开庭审理的命令的审查

法院如果收到按本法第 41.1 条（1）（a）或（2）（a）规定对法院的某项命令或调查结论（不包括本法第 3 条至第 6 条任何规定所指的命令或调查结论）所适用的货物采取措施的通知，有权自行或根据财政部长、署长或任何其他人或政府的申请，对该命令或调查结论进行审查，并且法院在进行审查时，有权在做出

审查决定之前重新开庭审理任何诉讼标的。

（2）限制规定

除非该人或政府能使法院相信有必要进行审查，法院不得根据任何人或政府的申请进行审查。

（3）法院对退回及重新开庭审理的命令的审查

如果法院的某项命令或调查结论按本法 77.015 条（3）或（4）、第 77.019条（5）、第 77.15 条（3）或（4）或者第 77.19 条（4）规定被退回至法院，法院应对该命令或调查结论进行审查，并且法院在进行审查时，有权在做出审查决定之前重新开庭审理任何诉讼标的。

（4）完成审查

审查完成之时，法院应确认该命令或调查结论或者撤销该命令或调查结论，并对被审查的命令或调查结论所适用的货物按该问题的性质需要做出另一项命令或调查结论，而且法院如果做出另一项命令或调查结论，应说明该命令或调查结论所适用的货物，包括（如可适用）该货物的供应人及出口国家。

（5）通知

审查完成时，法院应当：

（a）向署长、法庭规则规定的任何其他人及政府，以及加拿大秘书［如果涉及本条（3）规定项下的某项审查］发送：

（i）一份按本条（4）规定做出的命令或调查结论，在该审查完成后立即；以及

（ii）一份做出该决定的理由，在该审查完成之后 15 天内。并且

（b）负责在《加拿大政府公报》上公布该命令或调查结论。

期满审查

第 76.03 条

（1）视为被撤销的命令或调查结论

如果法院没有在下列规定日期的次日之后 5 年期满之前，按本条（3）规定对本法第 3 条至第 6 条任何一条规定所指的命令或调查结论启动期满审查，该命令或调查结论应被视为按该 5 年期满被撤销：

（a）该命令或调查结论做出之日，如果没有按本条（12）（b）规定做出一项继续执行该命令或调查结论的命令；以及

（b）最后一个命令做出之日，如果没有按本条（12）（b）规定做出一项或多项继续执行该命令或调查结论的命令。

（2）公布到期通知

如果某项命令或调查结论按本条（1）规定被视为被撤销，法院应不迟于该款规定①项下的命令或调查结论到期之日之前10个月内，负责在《加拿大政府公告》上公布一项列有法庭规则所规定信息的到期通知。

（3）法院对命令的审查

法院有权以下列方式启动一项对本法第3条至第6条任何一条规定所指的命令或调查结论的期满审查：

（a）自行地；或者

（b）根据财政部长、署长或其他任何人或政府申请，如果该申请是在到期通知中规定的期限内提出的。

（4）限制规定

除非该人或政府能使法院相信有必要进行审查，法院不得根据任何人或政府的申请进行审查。

（5）拒绝的命令

法院如果根据某人或政府的申请决定不启动期满审查，应为此做出一项命令并说明其理由，法院还应向该人或政府发送一份该命令及该理由说明，并负责在《加拿大政府公报》上公布该命令。

（6）通知

法院如果决定启动一项期满审查，应立即：

（a）负责将决定通知：

（i）署长，以及

（ii）法庭规则所规定的所有其他人及政府。

（b）向署长提供一份作为其按本条（3）规定启动一项审查决定依据的行政记录。并且

（c）负责在《加拿大政府公报》公布列有法庭规则所规定信息的启动该审查的通知。

（7）如果审查被启动

如果法院决定启动一项期满审查，署长应当：

（a）在本条（6）（a）（i）规定项下的审查通知之后150天内，认定对某个或某些国家的命令或调查结论的期满是否可能导致该货物的倾销或补贴的继续或恢复；并且

（b）在认定做出后立即向法院通报该认定。

---

① 指本条（1）规定。——译者注

（8）署长认定的后果

如果署长认定对任何的命令或调查结论的期满不会导致该货物的倾销或补贴的继续或恢复，法院在按本条（11）规定确定倾销或补贴的累计作用时不得考虑这些货物。

（9）署长认定的后果

署长如果认定对任何的命令或调查结论的期满可能导致该货物的倾销或补贴的继续或恢复，应立即向法院提供法庭规则所要求的任何涉及诉讼标的的信息或材料。

（10）法院的认定

如果署长做出一项本条（9）规定所指的认定，法院应认定对该款规定①所指的货物的命令或调查结论是否可能导致损害或延缓。

（11）确定累计作用

适用本条（10）规定时，应确定从一个以上国家进口到加拿大的本条（9）规定所指的署长认定所适用的货物的倾销或补贴的累计作用，如果法院相信累计作用的确定对于考虑从这些国家中任何一个国家进口到加拿大的该命令或调查结论所适用的货物与下列货物之间的竞争条件是适当的：

（a）从这些国家中任何其他国家进口到加拿大的该命令或调查结论所适用的货物；或者

（b）国内生产人的同类货物。

（12）法院的命令

法院应做出一项命令：

（a）撤销对下列货物的命令或调查结论：

（i）本条（8）规定所指的货物；或者

（ii）法院认定该命令或调查结论的期满不可能导致损害或延缓所涉及的货物。或者

（b）继续对其认定该命令或调查结论的期满可能导致损害或延缓所涉及的货物执行该命令或调查结论做出修改或不修改。

第 76.04 条

（1）分别做出命令或调查结论

如果本法第 76.01 条、第 76.02 条或第 76.03 条规定项下的审查涉及一个以上 NAFTA 国家的货物，或者涉及一个或多个 NAFTA 国家及一个或多个其他国家的货物，并且法院应按本法第 76.01 条、第 76.02 条或第 76.03 条中任何一条规

---

① 指本条（9）规定。——译者注

定做出另一项命令或调查结论，法院应按该条规定对每个 NAFTA 国家的货物分别做出一项命令或调查结论。

（2）中止适用本条（3）规定

本条（1）规定有效期间，本条（3）规定中止适用。

（3）分别做出命令或调查结论

如果本法第 76.01 条、第 76.02 条或第 76.03 条规定项下的审查涉及美国及其他国家的货物，并且法院应按本法第 76.01 条、第 76.02 条或第 76.03 条中任何一条规定做出另一项命令或调查结论，法院应按该条规定对美国货物单独做出一项命令或调查结论。

第 76.1 条

（1）财政部长要求审查

如果在按《世界贸易组织协定》附件 2 第 2 条规定设立的争议裁决机构做出一项建议或裁定之后的任何时候，财政部长在考虑该建议或裁定的基础上认为有必要，可以要求：

（a）署长审查按本法规定做出的任何决定、认定或重新认定，或者某项决定、认定或重新认定的任何部分；或者

（b）法院审查本法第 3 条至第 6 条规定中任何一条规定所指的命令或调查结论，或者此类某项命令或调查结论的任何部分，法院在对其做出决定之前可在进行审查过程中重新开庭审理任何诉讼标的。

（2）审查结果

本条（1）规定项下的审查完成时，署长或法院（按适用情况选定）应当：

（a）继续执行该决定、认定或重新认定、命令或调查结论，不做任何修改；

（b）继续执行该决定、认定或重新认定、命令或调查结论，对其进行署长或法院（按适用情况选一）认为必要的修改；或者

（c）撤销该决定、认定或重新认定、命令或调查结论，并且做出另一项署长或法院（按适用情况选一）认为必要的决定、认定或重新认定、命令或调查结论。

（3）理由

按本条（2）（a）或（b）规定继续执行某项决定、认定或重新认定、命令或调查结论，或者或按本条（2）（c）规定做出另一项决定、认定或重新认定时，署长或法院（按适用情况选定）应对其决定作出说明，并应列出该决定、认定或重新认定所适用的货物，包括供货人及出口国家的名字（如可行）。

（4）向财政部长通报

署长或法院（按适用情况选定）应向财政部长通报任何按本条（2）（a）或

（b）规定继续执行的决定、认定或重新认定、命令或调查结论，或者按本条（2）（c）规定做出的另一项决定、认定或重新认定、命令或调查结论。

（5）视为

署长按本条（2）（b）规定继续执行或按本条（2）（c）规定做出的任何决定、认定或重新认定，应被视为是按下列规定做出的：

（a）本法第41条（1）（a）规定，如果该决定或认定是作为本条规定项下对署长按该款规定①做出的某项最终决定的审查结果而继续执行的或者做出的；

（b）本法第41条（1）（b）规定，如果该决定或认定是作为本条规定项下对署长按该款规定②做出的负责终止某项调查决定的审查结果而继续执行的或者做出的；

（c）本法第53条（1）规定，如果该决定或认定是作为本条规定项下对署长按该款规定③做出的续签或不续签某项承诺的决定的审查结果而继续执行的或者做出的；或者

（d）本法第59条（1）（1.1）或（2）规定，如果该决定或认定是作为本条规定项下对署长按这些项④任何一项规定做出的某项重新认定的审查结果而继续执行的或者做出的。

命令及调查结论的废除

第77条　智利货物

法院如果已经做出一项命令或调查结论导致对后来依照按本法第14条规定制定的实施细则规定免予适用本法的智利货物征收反倾销税，应撤销对这些货物的倾销的命令或调查结论。

---

① 指本法第41条（1）（a）规定。——译者注
② 指本法第41条（1）（b）规定。——译者注
③ 指本法第53条（1）规定。——译者注
④ 指本法59条（1）（1.1）或（2）。——译者注

第 I.1 部分
对某个 NAFTA 国家货物的争议裁决

解　释

第 77.01 条

（1）词语定义

本部分规定中，

"主管当局"，涉及某项最终决定时，指做出该决定的署长或法院。

"委员会"，指按本法第 77.018 规定指定的特别争端委员会。

"最终决定"，指：

（a）署长按本法第 41 条（1）（a）规定做出的某项最终决定；

（b）署长按本法第 41 条（1）（b）规定负责终止某项调查的决定；

（c）法院按本法第 43 条（1）规定做出的命令或调查结论；

（d）署长按本法第 53 条（1）规定做出的续签或不续签某项承诺的决定；

（e）署长按本法第 59 条（1）规定做出的重新认定；

（f）署长按本法第 59 条（3）规定做出的重新认定；

（f.1）署长按本法第 59 条（1.1）规定做出的重新认定；

（g）法院按本法第 76.03 条（4）或（5）规定做出的命令；

（h）法院按本法第 76.03 条（12）规定做出的命令；

（i）法院按本法第 76.02 条（4）规定对本法第 76.02（1）规定项下的某项审查做出的命令或调查结论；

（i.1）法院按本法第 76.1 条（2）（b）或（c）规定做出的命令或调查结论；或者

（j）法院按本法第 91 条（3）规定做出的命令或调查结论。

以上只要适用于或者是对某个 NAFTA 国家的特定货物做出的，但不包括任何为使联邦上诉法院或加拿大最高法院某项决定生效而做出的认定、重新认定、决定或者命令或调查结论。

"部长"，指国际贸易部部长。

"NAFTA 国家秘书"，指《北美自由贸易协定》第 2002 条规定的秘书处的国家秘书。

"工作组"，指按本法第 77.013 条规定指定的某个工作组。

"规则"，指按《北美自由贸易协定》第 19 章规定制定并且随时修改的程序规则。

"特别委员会"，指按本法第 77.023 条规定指定的某个特别委员会。

（2）抵触

本部分规定与《联邦法院法》规定有抵触时，在有抵触的范围内以本部分规定为准。

申请审议

第 77.011

（1）申请审议最终决定

部长或某项最终决定所涉及的货物的 NAFTA 国家政府，只要该决定适用于该 NAFTA 国家的货物，可按《北美自由贸易协定》第 1904 条第 4 款规定，要求由某个工作组对该最终决定进行审议。

（2）同上

任何有资格（但不包括本法第 77.012 条规定）按《联邦法院法》或本法第 96.1 规定提出申请审议或者根据本法第 61 条上诉某项最终决定的人，可按《北美自由贸易协定》第 1904 条第 4 款规定，向加拿大秘书提交一份由某个工作组对该最终决定进行审议的申请。

（3）视为

按本条（2）规定提出的申请，应被视为部长为《北美自由贸易协定》第 1904 条第 4 款规定意义上的两国工作组审议的申请。

（4）期限

本条（1）或（2）规定项下的申请必须在该最终决定在《加拿大政府公报》公布之日之后 30 天内提出，如果涉及本法第 59 条（1）或（3）规定项下的署长的重新认定，应在某个 NAFTA 国家政府收到该重新认定的通知之日之后 30 天内提出。

（5）申请理由

本条（1）或（2）规定项下对审议某项最终决定的申请，只有基于《联邦法院法》第 18.1 条（4）规定所列的某项理由才能提出。

（6）申请审议的通知

加拿大秘书接到某个 NAFTA 国家政府按本条（1）规定提出的申请或接到按本条（2）规定提出的申请后，应将该申请及加拿大秘书收到申请的日期通知部长及有关 NAFTA 国家秘书。

（7）不得申请或上诉

按本条（1）或（2）规定提出由某个工作组审议某项最终决定的申请时，任何人或政府不得按《联邦法院法》或本法第 96.1 条规定对该决定提出申请或按本法第 61 条规定提出上诉。

第 77.012 条

（1）申请及上诉

下列情况下，任何人或政府不可按《联邦法院法》或本法第 96.1 条规定或本法第 61 条规定对某项最终决定提出申请或上诉：

（a）下列时间之后 30 天期限到期之前：

（i）该最终决定在《加拿大政府公报》上公布之日；或者

（ii）某个 NAFTA 国家政府收到本法第 59 条（1）、（1.1）或（3）规定项下某项署长的重新认定的通知之日。以及

（b）该期限开始之日之后 20 天内，但该人或政府必须已经书面向加拿大秘书及有关 NAFTA 国家秘书，并且按规定方式向任何有资格提出申请或上诉的人通报了其提出此类申请或上诉的意向。

（2）期限的延长

为了允许政府或个人按《联邦法院法》或本法第 96.1 条规定在《北美自由贸易协定》第 1904 条第 4 款规定确定的期限到期之后对某项最终决定提出申请以对该决定进行审议，《联邦法院法》第 18.1 条（2）及本法第 96.1 条（3）规定所指的期限应延长 10 天，并且应从该款规定［指《北美自由贸易协定》第 1904 条第 4 款规定］确定的期限开始之日开始计时。

设立工作组

第 77.013 条

（1）工作组的指定

根据本法第 77.011 条规定项下由某个工作组对某项最终决定进行审议的申请，应按《北美自由贸易协定》第 19 章附件 1901.2 第 1 项至第 4 项规定及其任何实施细则的规定为此指定一个工作组。

（2）可以被指定的法官

在加拿大的任何高级法院的法官及在加拿大的任何高级法院的退休法官，均有资格被指派到某个工作组。

（3）单一工作组

申请对本法第 41 条（1）（a）规定项下的某项适用于或针对某个 NAFTA 国家特定货物的署长的最终认定进行审议，并且对本法第 43 条（1）规定项下的某项适用于或针对这些货物的法院的命令或调查结论也提出了审议申请，经部长及该 NAFTA 国家政府同意，可只指定一个工作组负责对该最终认定及该命令或调查结论进行审议。

第 77.014 条　行政记录

主管当局在指定某个审议某项最终决定的工作组成员时，应负责按规则规定移交行政记录。

工作组审议

第 77.015 条

（1）进行审议

工作组应按《北美自由贸易协定》第 19 章规定对某项最终决定进行审议。

（2）工作组的权力

工作组享有实施细则规定赋予它的权力、权利及特权。

（3）审议后的处置

完成对某项最终决定的审查后，工作组应认定要求进行该审议的理由是否成立，并且应做出一项命令确认该决定或者将该诉讼标的退回至主管当局在该工作组规定的期限内做出重新认定。

（4）对主管当局的措施的审议

工作组可自行或根据按规则规定提出的申请，对主管当局按本条（3）规定项下的某项命令进行审议，并可在加拿大秘书收到该措施的通知之日之后 30 天内做出该款规定①所指的另一项命令。

（5）决定

工作组的某项决定应作书面记录并应包括做出该决定的理由及该工作组成员的任何异议或一致的意见，加拿大秘书应通过挂号邮件向部长、所涉及的 NAFTA 国家政府、主管当局及在审议中作证的其他人寄送一份记录和根据本条（3）或（4）做出的命令，并应负责在《加拿大政府公报》上公布该决定的通知。

---

① 指本条（3）规定。——译者注

对工作组决定采取的措施

第 77.016 条

（1）某个工作组对某件退回主管当局重新考虑的诉讼标的按本法第 77.015 条（3）或（4）规定做出一项命令或者按本法第 77.019 条（5）规定采取的任何措施，该主管当局应在该工作组规定的期限内按本法规定采取符合该工作组的决定规定的措施。

（2）不要求主管当局重复采取措施

作为本法任何其他规定的例外，可不要求某个主管当局对本法第 77.015 条（4）规定项下的命令采取措施，除非该当局需要采取与其按本法第 77.015 条（3）规定项下的命令规定所采取的措施不同的措施。

特别异议司法程序

第 77.017 条

（1）申请启动特别异议司法程序

在某个工作组按本法第 77.015 条（3）或（4）规定做出某项命令之后的规则规定的期限内，部长或该命令所涉及的 NAFTA 国家政府可书面向加拿大秘书申请对该命令启动特别异议司法程序。

（2）申请理由

启动特别异议司法程序的申请只能依据《北美自由贸易协定》第 1904 条第 13 款规定所列的理由提出。

（3）申请启动特别异议司法程序的通知

加拿大秘书收到部长按本条规定提出的申请时，应将该申请及加拿大秘书收到该申请的日期通知有关 NAFTA 国家的秘书；加拿大秘书收到某个 NAFTA 国家政府按本条规定提出的申请时，应将该申请及加拿大秘书收到该申请的日期通知部长。

第 77.018 条　特别异议委员会的指定

根据本法第 77.017 条规定项下的某项启动特别异议司法程序的申请，应按《北美自由贸易协定》第 19 章附件 1904.13 第 1 项规定及其相关的任何实施细则的规定为此指定一个特别异议委员会。

第 77.019 条

（1）特别异议委员会司法程序的执行

委员会应按《北美自由贸易协定》第 19 章附件 1904. 13 规定及规章规定执行特别异议委员会司法程序并做出一项决定。

（2）委员会的权力

委员会拥有实施细则赋予其的权力、权利及特权。

（3）如果没有理由

执行特别异议司法程序的委员会如果认定启动该程序的申请中的理由不成立，应驳回该申请，该申请所涉及的工作组的决定应予以确认。

（4）新工作组

如果某个工作组的某项命令被某个委员会搁置，应按本部分规定指定一个新的工作组来对该命令所涉及的最终决定进行审议。

（5）工作组采取的措施

如果某个工作组的某项命令被某个委员会退回，该工作组应采取与该委员会的决定相一致的措施。

（6）决定

委员会的决定应作书面记录并应包括做出该决定的理由及该委员会成员的任何异议或一致的意见，加拿大秘书应通过挂号邮件向部长、所涉及的 NAFTA 国家政府、主管当局及在司法程序中出庭作证的其他人寄送一份记录及该委员会做出的决定，并应负责在《加拿大政府公报》上公布该决定的通知。

第 77. 02 条

（1）最终命令及决定

除本法第 77. 015 条（4）及本法第 77. 019 条另有规定外，工作组或委员会的命令或决定为最终决定，具有约束效力并且不得上诉。

（2）不审议

除本法第 77. 015 条（4）及本法第 77. 019 条另有规定外，工作组或委员会按本法规定做出或执行的或者有意做出或执行的任何命令、决定或司法程序，均不得以任何理由，包括该命令、决定或司法程序超出做出或执行该命令、决定或司法程序工作组或委员会的管辖权的理由，或者该工作组或委员会在任何司法程序过程中无论因任何原因超越或失去管辖权的理由：

（a）被置疑、审议、搁置、撤销、禁止或限制；或者

（b）在任何法院成为任何司法程序的诉讼标的或者成为任何法院的调查或命令的对象，无论是否以强制令、移送命令、禁止令、授权令、声明或其他方式，或者根据司法文件本身的要求。

（3）不适用

《联邦法院法》第 18. 3 条（1）规定不适用于工作组、委员会或特别委员

会。

成　员

第 77.021 条

（1）行为守则

工作组、委员会或特别委员会的每位成员应当遵守根据《北美自由贸易协定》第 1909 条规定制定并随时修改的行为守则。

（2）遵守秘密信息的披露承诺

工作组的每位成员及每个规定的人，应按规定格式签署并遵守一项信息披露承诺，遵守对向在本部分规定项下的司法程序中的成员或个人提供的秘密的、个人的、企业专有的及其他特许或规定的信息披露和使用规定。

（3）豁免

除本法第 77.022 条另有规定外，不得对工作组的成员按本部分规定已经或应当的作为或不作为提起诉讼或启动其他司法程序。

第 77.022 条　工作组成员的报酬及费用

应向工作组每位成员支付报酬及其行使本部分规定项下的职责所发生的差旅费，该报酬及差旅费由按《北美自由贸易协定》第 2001 条规定设立的自由贸易委员会确定。

特别委员会审议

第 77.023 条

（1）申请审议

请求特别委员会进行审议的申请可由某个 NAFTA 国家政府向加拿大秘书提出，但只能涉及《北美自由贸易协定》第 1905.1 条规定所指的指控。

（2）特别委员会的指定

根据本条（1）规定所指的审议申请，应按《北美自由贸易协定》第 1904.13 条规定及其实施细则的任何规定为此指定一个特别委员会。

第 77.024 条

（1）工作组审议及委员会司法程序的停止

除本条（2）另有规定外，特别委员会如果根据加拿大提出的涉及《北美自由贸易协定》第 1905.1 条规定所指的指控的审议申请，做出一项对某个 NAFTA 国家不利的肯定的调查结论，部长应停止所有下列审议和程序，如果这些审议或程序是该 NAFTA 国家政府或某人在按《北美自由贸易协定》第 1905.1 条规定申请协商之日之后提出申请的：

（a）本法第 77.011 条规定项下的工作组审议；以及

（b）本法第 77.017 条规定项下的委员会司法程序。

（2）例外规定

本条（1）规定不适用于在该特别委员会做出该肯定的调查结论前 150 天以上申请的工作组审议或委员会司法程序。

第 77.025 条　停止申请

如果特别委员会根据某个 NAFTA 国家政府的申请做出一项不利于加拿大的肯定的调查结论，该 NFATA 国家政府可申请部长停止所有：

（a）本法第 77.011 条规定项下的工作组审议；以及

（b）本法第 77.017 条规定项下的委员会司法程序。

如果这些审议或程序是该 NAFTA 国家政府或某人申请的，并且这样一项停止申请提出时，部长应停止这些审议及程序。

第 77.026 条　停止的生效时间

部长停止所有工作组审议及委员会程序时，该停止应于下列时间节点生效：

（a）该特别委员会做出肯定的调查结论之日的次日，如果该停止是按本法第 77.024 条规定做出的；以及

（b）该停止的申请提出之日的次日，如果该停止是按本法第 77.025 条规定做出的。

第 77.027 条　中止计时

如果特别委员会根据某个 NAFTA 国家政府或加拿大对《北美自由贸易协定》第 1905.1 条规定所指的某项指控的申请做出一项不利于加拿大的肯定的调查结论，除按本法第 77.033 条规定恢复外并且在恢复前，下列时段不应计入：

（a）本法第 77.011 条（4）规定的对该 NAFTA 国家的货物申请工作组审议的期限及本法第 77.017 条（1）规定的申请委员会程序的时段；以及

（b）《联邦法院法》规定的期限及本法第 61 条、第 96.1 条（3）规定的涉及本法第 77.017 条（1）规定项下的最终决定的词语定义所指的对该 NAFTA 国家的货物的任何认定、重新认定、决定或命令上诉或申请司法审议的时段。

第 77.028 条

（1）工作组程序的中止

在下列时间，部长有权中止《北美自由贸易协定》第 1904 条规定对某个 NAFTA 国家的货物的适用：

（a）某项由特别委员会按《北美自由贸易协定》第 1905.2 条规定申请做出

的不利于加拿大的肯定的调查结论之后 60 天期满之后 90 天之前的任何时间；以及

（b）其他任何时间，如果该 NAFTA 国家政府在特别委员会做出的不利于加拿大的肯定调查结论之后对加拿大的货物中止《北美自由贸易协定》第 1904 条规定的适用。

（2）中止通知

部长按本条（1）规定对某个 NAFTA 国家的货物中止适用《北美自由贸易协定》第 1904 条规定时，加拿大秘书应向该 NAFTA 国家的 NAFTA 国家秘书报送一份书面的中止通知并应在《加拿大政府公报》上公布一项中止通知。

第 77.029 条

（1）中止优惠

总督有权根据财政部长的建议，在某项由特别委员会按《北美自由贸易协定》第 1905.2 条规定申请做出的不利于加拿大的肯定调查结论之后 60 天期满之后 90 天之前的任何时间，发布命令中止对该 NAFTA 国家适用总督认定适合该情况的《北美自由贸易协定》项下的优惠。

（2）权力

为了按本条（1）规定中止对某个 NAFTA 国家的适用，总督有权采取下列任何一项或多项措施：

（a）中止加拿大按《北美自由贸易协定》或某项议会法案规定给予该国家的或给予该国家的货物、服务提供人、投资人或投资的优惠及特权；

（b）修改或中止任何联邦法律对该国家或该国家的货物、服务提供人、投资人或投资的适用；

（c）将任何联邦法律扩大适用于该国家或该国家的货物、服务提供人、投资人或投资；以及

（d）一般地采取总督认定为此目的所必要的措施。

（3）命令的有效期

按本条（1）规定发出的命令，除非被收回，应在该命令规定的期限内有效。

（4）词语定义

在本条规定中，"联邦法律"，指任何联邦法律或者为行使某项议会法案授予的权力而发出的、制定的或规定的实施细则、命令或其他法律文件的全部或部分。

（5）命令不是法定文件

按本条（1）规定做出的命令不是《法定文件法》意义上的法定文件。

（6）与认定相一致的措施

如果按本条（1）规定发出一项命令之后，该款规定①所指的特别委员会按《北美自由贸易协定》第1905.10条（a）规定做出一项认定，总督应采取与该认定相一致的措施。

第77.03条　只能适用一条规定

《北美自由贸易协定》第1904条规定按本法第77.028条规定对某个NAFTA国家中止适用时，《北美自由贸易协定》第1905.2条规定项下的优惠不得按本法第77.029条规定对该NAFTA国家中止适用；《北美自由贸易协定》第1905.2条规定项下的优惠按本法第77.029条规定对某个NAFTA国家中止适用时，《北美自由贸易协定》第1904条规定不得按本法第77.028条规定对该NAFTA国家中止适用。

第77.031条

（1）移送联邦上诉法院

部长如果按本法第77.028条规定中止适用《北美自由贸易协定》第1904条规定，并且：

（a）如果有任何工作组审议已按本法第77.024条规定被暂停，部长、该NAFTA国家政府或任何作为该项被暂停的工作组审议的一方的个人，可在暂停之日之后30天内，依据《联邦法院法》第18.1条规定所列的任何理由，向联邦上诉法院申请对作为该工作组审议对象的最终决定进行审查；或者

（b）如果任何委员会程序已按本法第77.025条规定被暂停，该NAFTA国家政府或作为该NAFTA国家被暂停的委员会程序的一方的个人，可在暂停之日之后30天内，依据《联邦法院法》第18.1条规定所列的任何理由，向联邦上诉法院申请对作为该委员会所审议的原始工作组审议对象的最终决定进行审查。

（2）同上

该NAFTA国家政府如果中止《北美自由贸易协定》第1904条规定适用于《北美自由贸易协定》第1905.8条规定项下的加拿大货物，并且：

（a）如果任何工作组审查已按本法第77.025条规定被暂停，该NAFTA国家政府或该NAFTA国家政府作为该暂停的工作组审查的一方的人，可在暂停之日后30天内，依据《联邦法院法》第18.1条（4）规定所列的任何理由，向联邦上诉法院申请对作为该工作组审查标的的最终决定进行复议；或者

（b）如果任何委员会程序已按本法第77.025条规定被暂停，该NAFTA国家政府或该NAFTA国家政府作为该暂停的委员会程序的一方的人，可在暂停之日后30天内，依据《联邦法院法》第18.1条（4）规定所列的任何理由，向联邦

---

① 指本条（1）规定。——译者注

上诉法院申请对作为该委员会审查的最初工作组决定的审查标的的最终决定进行复议。

（3）同上

适用本条（1）或（2）规定时，如果已向联邦上诉法院申请对任何最终决定进行审查，如果第 1904 条规定的中止按本法第 77.032 条规定被终止，该最终决定不得再由工作组或委员会审议。

第 77.032 条　中止的终止

部长应终止任何按本法第 77.028 条（1）规定进行的中止，如果按《北美自由贸易协定》第 1905.10 条规定召集的特别委员会决定，该特别委员会的肯定的调查结论所依据的问题已经得到纠正。

第 77.033 条　恢复

下列情况下，按本法第 77.024 条（1）及第 77.025 条规定暂停的所有工作组审议、委员会程序及按本法第 77.027 条规定停止计时的时段，应予恢复：

（a）如果《北美自由贸易协定》第 1904 条规定在某项肯定的调查结论做出之日之后 90 天期限期满之时或者部长规定的某个更早的日期之时没有按本法第 77.028 条（1）（a）规定中止适用；或者

（b）如果优惠按本法第 77.029 条规定被中止。

犯　法

第 77.034 条

（1）犯法

任何人违反或不遵守以下规定为犯法：

（a）本法第 77.021 条（2）规定项下的某项信息披露承诺；

（b）关于秘密的、个人的、企业专有的或其他特许或规定信息的披露及使用的规则；

（c）按任何 NAFTA 国家使《北美自由贸易协定》有效的法律规定发出的对个人的、企业专有的或其他特许或规定信息的披露令或保护令。

（2）处罚

被本条（1）规定为犯法的每个人：

（a）犯有一项即席判决的犯罪行为，处不超过 1000000 加元罚金；或者

（b）犯有一项可按简易程序定罪的犯罪行为，处不超过 100000 加元罚金。

（3）同意

对本条规定项下的犯法，其司法程序的启动无须经过加拿大司法部长书面批

准。

实施细则

第77.035 条　实施细则

总督有权根据部长及财政部长的建议制定实施细则：

（a）授权某个工作组、委员会或特别委员会享有总督认为使《北美自由贸易协定》第19章规定和规章有效所必需的权力、权利及特权，包括某个高等记录法庭的权力、权利及特权；

（b）准许部长在代表联邦政府行使职责或职能中雇用某个指定的海关执法人员或某一指定级别的海关执法人员或担任某个负责的职位。

（c）实施《北美自由贸易协定》第19章附件1901.2第1项第4项及附件1904.13第1项规定或使其生效；以及

（d）一般地出于实现本部分规定的立法目的及实施本部分的规定。

第77.036 条　在《加拿大政府公报》上公布

按《北美自由贸易协定》第1909条规定制定的规则及行为守则及其任何修改，应在《加拿大政府公报》上公布。

法律适用

第77.037 条　适用

在本条规定生效之后生效的以下法律的任何规定，不得适用于某个NAFTA国家的货物，除非某项联邦法律专门声明该条规定适用于该NAFTA国家的货物：

（a）某项修改本法的法律；

（b）其他任何关于征收反倾销税或反补贴税的联邦法律；或者

（c）修改某项联邦法律的某条规定，涉及规定对某最终决定应进行司法审查或者规定此类审查的理由的。

第77.038　第二部分规定的中止适用

本法第II部分规定在本部分有效期内中止适用。

第 II 部分
对美国货物的争端裁决

解　释

第 77.1 条

（1）词语定义

在本部分规定中：

"美国秘书"，指《北美自由贸易协定》第 1909 条规定的秘书处的美国处的秘书。

"主管当局"，涉及某项最终决定时，指做出该决定的署长或法院。

"委员会"，指按本法第 77.18 条规定指定的特别异议委员会。

"最终决定"，指：

（a）本法第 41 条（1）（a）规定项下的署长的某项最后决定；

（b）本法第 41 条（1）（a）规定项下的某项署长要求终止某项调查的决定；

（c）本法第 43 条（1）规定项下的法院的某项命令或调查结论；

（d）本法第 53 条（1）规定项下署长的某项续签或不续签某项承诺的决定；

（e）本法第 59 条（1）规定项下的署长的某项重新认定；

（f）本法第 59 条（3）规定项下的署长的某项重新认定；

（f.1）本法第 59 条（1.1）规定项下的署长的某项重新认定；

（g）本法第 76.01 条（4）或第 76.03 条（5）规定项下的法院的某项命令；

（h）本法第 76.01 条（5）或第 76.03 条（12）规定项下的法院的某项命令；

（i）本法第 76.02 条（4）项下法院关于本法第 76.02 条（1）规定项下审议的某项命令或调查结论；

（i.1）本法第 76.01 条（2）（b）或（c）规定项下的法院的某项命令或调查结论；

（j）本法第 91 条（3）规定项下的法院的某项命令或调查结论。

以上适用于或涉及美国某项特定货物的，但不包括任何出于使联邦上诉法院或加拿大最高法院对这些货物做出的某项决定有效的目的而做出的此类认定、重新认定、决定、命令或调查结论。

"部长"，指国际贸易部长。

"工作组"，指依据本法第 77.13 条任命的工作组。

"规则"，指程序规则，按《北美自由贸易协定》第 19 章规定制定并随时修改的。

"秘书处"，指按本法第 77.23 条规定设立的加拿大秘书处。

（2）相抵触

本部分规定与《联邦法院法》规定之间发生任何抵触时，在有抵触的范围内以本部分规定为准。

申请审议

第 77.11 条

（1）申请对最终决定进行审议

部长或美国政府有权按《北美自由贸易协定》第 1904 条第 4 款规定申请某个工作组对某项最终决定进行审议。

（2）同上

接到任何按《联邦法院法》第 28 条规定或本法第 96.1 条规定（不考虑本法第 77.12 条规定）符合条件的人向加拿大秘书处提出的对某项决定的审议申请或上诉，部长应按《北美自由贸易协定》第 1904 条第 4 款规定申请由某个工作组对该最终决定进行审议。

（3）期限

本条（2）规定项下的申请必须在该最终决定的通知在《加拿大政府公报》上公布之日后 25 天内提出，如果涉及本法第 59 条（1）或（3）规定项下的署长的重新认定，应在某个 NAFTA 国家政府收到该重新认定的通知之日后 25 天内提出。

（4）申请理由

对某项最终决定进行审议的申请只有基于《联邦法院法》第 28 条（1）规定所列的某项理由才能提出。

（5）申请审议的通知

加拿大秘书接到部长按本条规定提出的申请后，应将该申请及收到该申请的日期通知美国秘书；接到美国政府按本条规定提出的申请后，加拿大秘书应将该申请及收到该申请的日期通知部长。

（6）不得申请或上诉

部长或美国政府申请由某个工作组对某项最终决定进行审议时，任何人或政府不能按《联邦法院法》第18条或第28条规定或者本法第96.1条规定对该决定提出申请，或者按本法第61条规定提出上诉。

第77.12

（1）申请及上诉

下列情况下，任何人或政府不得按《联邦法院法》第18条或第28条规定或者按本法第96.1条规定对某项最终决定提出审议申请，或者按本法第61条规定提出上诉：

（a）下列时间之后30天期限到期之前：

（i）该最终决定在《加拿大政府公报》上公布之日；或者

（ii）美国收到该重新认定的通知之日，如果涉及本法第59条（1）、（1.1）或（3）规定项下的某项署长的重新认定。以及

（b）该期限开始之日后20天内，但该人或政府必须已经书面向加拿大秘书及美国秘书并且按规定方式向任何有资格提出申请或上诉的人通报了其提出此类申请或上诉的意向。

（2）期限的延长

为了允许某国政府或个人按《联邦法院法》第28条规定或按本法第96.1条规定在《北美自由贸易协定》第1904条第4款规定确定的期限到期后对某项最终决定提出审议申请，《联邦法院法》第28条（2）及本法第96.1条（3）规定所指的期限应延长30天，并且应从在《北美自由贸易协定》第1904条第4款规定确定的期限开始之日开始计时。

设立工作组

第77.13条

（1）工作组的指定

根据本法第77.11条规定由某个工作组对某项最终决定进行审议的申请，应按《北美自由贸易协定》第19章附件1901.2第1项至第4项规定及其任何实施细则的规定为此专门指定一个工作组。

（2）单一工作组

申请对本法第41条（1）（a）规定项下的某项适用于或针对美国具体货物

的署长的最终认定进行审议，并且对本法第 43 条（1）规定项下的某项适用于或针对这些货物的法院的命令或调查结论也提出了审议申请，经部长及美国政府同意，可指定由一个（单一的）工作组来审议该最终认定及该命令或调查结论。

第 77.14 条　行政记录

主管当局在指定某个审议某项最终决定的工作组成员时，应负责按规则规定移交行政记录。

工作组审议

第 77.15 条

（1）进行审议

工作组应按《北美自由贸易协定》第 19 章规定对某项最终决定进行审议。

（2）工作组的权力

工作组享有实施细则规定赋予它的权力、权利及特权。

（3）审议后的处置

完成对某项最终决定的审议后，工作组应认定要求进行该审议的理由是否成立，并且应做出一项命令确认该决定或将该诉讼标的退回至主管当局在该工作组规定的期限内做出重新认定。

（4）对主管当局的措施的审议

工作组可自行或根据按规则规定提出的申请，对主管当局按本条（3）规定项下的某项命令进行审议，并可在加拿大秘书收到该措施的通知之日后 30 天内做出本条（3）规定所指的另一项命令。

（5）决定

工作组的某项决定应作书面记录并应包括做出该决定的理由及该工作组成员的任何异议或一致的意见，加拿大秘书应通过挂号邮件向部长、美国政府、主管当局及在审议中出庭作证的其他人寄送一份记录和根据本条（3）或（4）做出的命令，并应负责在《加拿大政府公报》上公布该决定的通知。

对工作组决定采取的措施

第 77.16 条

（1）主管当局采取的措施

某个工作组对某件退回到主管当局重新考虑的诉讼标的按本法第 77.15 条（3）或（4）规定做出一项命令时，主管当局应在该工作组规定的期限内按本法规定采取与该工作组的决定相一致的措施。

（2）不要求主管当局重复采取措施

作为本法任何其他规定的例外，可不要求某个主管当局对本法第77.15条（4）规定项下的命令采取措施，除非该当局需要采取的措施与其按本法第77.15条（3）规定项下的命令所采取的措施不一致。

特别异议司法程序

第 77.17 条

（1）申请启动特别异议司法程序

在某个工作组按本法第77.15条（3）或（4）规定做出某项命令之后的规章规定的期限内，部长或美国政府可书面向加拿大秘书申请对该命令启动特别异议司法程序。

（2）申请理由

启动特别异议司法程序的申请只能基于《北美自由贸易协定》第1904条第13款规定所列的理由提出。

（3）申请启动特别异议司法程序的通知

加拿大秘书收到部长按本条规定提出的申请时，应将该申请及收到该申请的日期通知美国秘书；加拿大秘书收到美国政府按本条规定提出的申请时，应将该申请及收到该申请的日期通知部长。

第 77.18 条　特别异议委员会的指定

根据本法第77.17条规定项下的某项启动特别异议司法程序的申请，应按《北美自由贸易协定》第19章附件1904.13第1项规定及相关的任何实施细则的规定专门为此指定一个特别异议委员会。

第 77.19 条

（1）特别异议委员会司法程序的执行

委员会应按《北美自由贸易协定》第19章附件1904.13规定及规章规定执行特别异议委员会司法程序并做出一项决定。

（2）委员会的权力

委员会拥有实施细则规定赋予其的权力、权利及特权。

（3）新工作组

如果某个工作组的某项命令被某个委员会搁置，应按本部分规定指定一个新的工作组来对该命令所涉及的最终决定进行审议。

（4）工作组采取的措施

如果某个工作组的某项命令被某个委员会退回，该工作组应采取与该委员会的决定相一致的措施。

（5）决定

委员会的决定应作书面记录并应包括做出该决定的理由及该委员会成员的任何异议或一致的意见，加拿大秘书应通过挂号邮件向部长、美国政府、主管当局及在司法程序中出庭作证的其他人寄送一份记录及该委员会做出的决定，并应负责在《加拿大政府公报》上公布该决定的通知。

第 77.2 条

（1）最终命令及决定

除本法第 77.15 条（4）及本法第 77.17 条另有规定外，工作组或委员会的命令或决定为最终决定，具有约束效力并且不得对此上诉。

（2）不审议

除本法第 77.15 条（4）及本法第 77.17 条另有规定外，工作组或委员会按本法规定做出或执行的或者有意做出或执行的任何命令、决定或司法程序，均不得以任何理由，包括该命令、决定或司法程序超出做出或执行该命令、决定或司法程序工作组或委员会的管辖权的理由，或者该工作组或委员会在任何司法程序过程中无论因任何原因超越或失去管辖权的理由：

（a）被置疑、审议、搁置、撤销、禁止或限制；或者

（b）在任何法院成为任何司法程序的诉讼标的或者成为任何法院的调查或命令的对象，无论是以强制令、移送命令、禁止令、授权令、声明或其他方式还是根据司法文件的性质要求。

（3）不适用

《联邦法院法》第 28 条（4）规定不适用于工作组或委员会。

成　员

第 77.21 条

（1）行为守则

工作组或委员会的每位成员应当遵守根据《北美自由贸易协定》第 1910 条规定制定并随时修改的行为守则。

（2）遵守秘密信息的披露承诺

工作组的每位成员及每个规定人，应按规定格式签署并遵守信息披露承诺，遵守对在本部分规定项下的司法程序中的成员或个人提供的秘密的、个人的、企业专有的及其他特许或规定的信息披露及使用规定。

（3）豁免

除本法第77.26条另有规定外，不得对工作组的成员按本部分规定已经做或本意要做的作为或不作为，提起诉讼或启动其他司法程序。

第77.22条　工作组成员的报酬及费用

应向工作组每位成员支付报酬及其行使本部分规定项下的职责所发生的差旅费，报酬及差旅费由根据《北美自由贸易协定》规定设立的贸易委员会确定。

秘书处

第77.23条　加拿大秘书处的设立

在此设立一个秘书处，称为加拿大秘书处，以方便《北美自由贸易协定》第19章规定的实施及工作组和委员会的工作。

第77.24条

（1）秘书

总督应根据部长的建议在秘书处指定一名秘书，任期不得超过5年。

（2）工资及费用

应向加拿大秘书支付总督确定的工资或其他报酬及费用。

（3）秘书职位空缺或无法履职

如果加拿大秘书的职位空缺或无法履职，或者如果加拿大秘书缺席，总督有权按其认为适用的条件指定另一人作为加拿大秘书，被指定的人应享有加拿大秘书在本部分规定项下的所有权力、职责及职能，并且应向其支付总督确定的工资或其他报酬及费用。

（4）养老金

《公务员养老金法》的规定，除涉及任职的规定外，适用于加拿大秘书。但是，从公务员队伍以外被指定作为加拿大秘书的人，可以在被指定之日后60天内以向财政委员会主席提交书面通知的形式，选择参加《外交公务员（特别）养老金法》。在此情况下，《外交公务员（特别）养老金法》的规定，除涉及任职的规定外，应自被指定之日起适用于加拿大秘书，并且《公务员养老金法》不得适用。

（5）首席执行官

加拿大秘书是秘书处的首席执行官，并且有权监督并领导秘书处的工作和工作人员。

第77.25条　工作人员

秘书处工作正常进行所需要的官员、书记员及雇员，应按《公务员雇佣法》

规定指定。

犯 法

第 77. 26 条

（1）犯法

任何人违反或不遵守以下规定为犯法：

（a）本法第 77. 21 条（2）规定项下的某项信息披露承诺；

（b）关于秘密的、个人的、企业专有的或其他特许或规定信息的披露及使用的规则；

（c）按美国法律使《北美自由贸易协定》有效的规定发出的对个人的、企业专有的或其他特许或规定信息的披露令或保护令。

（2）处罚

按本条（1）规定为犯法的每个人：

（a）犯有一项即席判决的犯罪，处不超过 1000000 加元罚金；或者

（b）犯有一项可按简易程序定罪的犯罪，处不超过 100000 加元罚金。

（3）同意

对本条规定项下的犯法启动司法程序时，无须经过加拿大司法部长书面批准。

实施细则

第 77. 27 条 实施细则

总督有权根据部长及财政部长的建议制定实施细则：

（a）授权某个工作组、委员会或特别委员会享有总督认为使《北美自由贸易协定》第 19 章规定和规章有效所必需的权力、权利及特权，包括某个高等记录法庭的权力、权利及特权；

（b）准许部长在代表联邦政府行使职责或职能中雇用某个指定的海关执法人员或某一指定级别的海关执法人员或担任某个负责的职位。

（c）实施《北美自由贸易协定》第 19 章附件 1901. 2 第 1 项至第 4 项及附件 1904. 13 第 1 项规定或使其生效；以及

（d）一般地出于实现本部分的立法目的及实施本部分的规定。

第 77. 28 条 在《加拿大政府公报》上公布

按《北美自由贸易协定》第 1910 条规定制定的规章及行为守则及其任何修

改，应在《加拿大政府公报》上公布。

法律的适用

第 77.29 条　适用

在本条规定生效之后生效的以下法律的任何规定，不得适用于美国的货物，除非某项联邦法律专门声明该条规定适用于美国的货物：

（a）某项修改本法的法律；

（b）其他任何关于征收反倾销税或反补贴税的联邦法律；或者

（c）修改某项规定对某最终决定进行司法审议或规定此类审议的理由的联邦法律的某条规定的规定。

第 III 部分
一般规定

向署长提供证据

第 78 条

（1）署长有权要求提供证据

如果存在以下情形，署长有合理的理由相信在加拿大的任何人能够提供与署长在某项调查启动之前进行的任何程序、该项调查或者为方便本法的管理或执法而对在该货物进口到加拿大之时应缴纳或可能应缴纳的关税的估定相关的证据，署长有权以书面通知形式要求该人向署长提供经过宣誓或以其他方式公证的该通知中所指的证明：

（a）在署长接到投诉人已经准备好各种文件的通知之后但在某项调查启动之前进行的任何程序中，或者在按本法规定对货物的倾销或补贴进行的任何调查中。或者

（b）与下列货物的销售有关时：

（ⅰ）任何向在加拿大的某个进口人销售的货物；或者

（ⅱ）任何位于加拿大境外或者在加拿大境外生产过程中的货物。

上述货物商品名称与本法第3条、第5条或第6条规定所指的法院的某项命令或调查结论所适用的货物的商品名称相同，并且将要或可能要进口到加拿大的。

（2）提供证据的通知

署长按本条（1）规定以发送通知的形式要求任何人提供证据时，应当：

（a）在该通知中包括为该人识别该证据所需的足够的信息；

（b）在该通知中具体规定提供该证据的期限、方式及形式；以及

（c）在该通知中包括一份本条或本法第82条至第85条规定的条文或摘要。

（3）应提供的证据或陈述

以按本条（1）规定发送通知的形式要求某人向署长提供证据时，该人应当：

（a）按该通知的要求提供证据，如果这样做对该人合理地可行。

（b）如果按该通知的要求只提供一部分证据是对该人合理地可行：

（ⅰ）便提供该部分证据；并且

（ⅱ）向署长提交一份经过宣誓的书面陈述，说明该证据的其余部分的情况并具体说明为什么他无法按该通知的要求提供该证明的其余部分。以及

（c）如果提供证据对该人不可行，则向署长提供一份经过宣誓的陈述，陈述并具体说明为什么他无法提供证据。

（4）不得提供口头证据

本条任何规定不得理解为准许署长要求任何人口头提供证据。

（5）延长期限

如果按本条（2）（b）规定署长具体规定了提供证据的期限，署长有权在该期限期满之前或者之后，延长提供该证据的期限。

第79条

（1）指定为保密证据

如果某个按本法第78条（3）规定向署长提供证据的人希望该证据的部分或全部按保密证明管理，该人应于提供证据时提交一份指定其希望按保密证据管理的证据的声明，随附一份对他为什么指定该证据按保密证据管理的说明。

（2）应提供的摘要或声明

某人如果按本条（1）规定向署长提交一份按保密证据管理的声明并随附该本条（1）规定所指的说明，应同时向署长提交一份关于被指定按保密证据管理的证据的摘要，摘要的详细程度以能合理地理解该证据为准。

关税的征收

第 80 条　[1985 年废止]

第 81 条

（1）向进口人以外的其他人追缴关税

作为本法任何规定的例外，如果按本法规定对货物应征收的任何关税没有在按本法规定发出关税缴纳通知书之后 30 天内缴纳，署长有权以书面通知的形式，要求购买该货物的在加拿大的任何人缴纳该笔关税，所缴纳的税款不得超过其购买的货物所应缴纳的关税税款，该笔税款在该通知发出之后，应当是欠国家的一笔债务，有任何管辖权的法院有权采取任何措施追缴该笔债务及与该笔债务相关的司法费用。

（2）按《海关法》规定追缴

已缴纳的税款低于对进口到加拿大的货物应征收的关税税款时，如果应按本条（1）规定向某人追缴，该追缴措施不妨碍可按《海关法》规定对该笔应征收关税的少缴部分税款的追缴。

信息披露

第 82 条　信息的定义

在本法第 83 条至第 87 条规定中，信息包括证据。

第 83 条　应披露的信息

如果信息是为了本法规定项下的任何司法程序向署长提供的，该司法程序中的所有方有权根据要求在正常的工作时间内查阅该信息，并且有权以支付规定费用的方式被提供任何此类信息的副本，信息副本可以是文件格式的，也可以是其他任何可读并且准确的载体的，除非该信息是本法第 84 条（1）规定所适用的信息。

第 83.1 条　应披露的信息

如果信息是为了本法规定项下涉及某个 NAFTA 国家货物的任何司法程序向署长提供的，署长应在收到该 NAFTA 国家政府的申请时，向该政府提供任何所申请的信息的副本，信息副本可以是文件格式的，也可以是其他任何可读并且准确的载体的，除非该信息是本法第 84 条（1）规定所适用的信息。

第 84 条

（1）不应披露的信息

　　如果某人做出以下指定或提交，并且该指定或提交（按适用情况选定）没有被该人撤回，联邦公共管理部门所雇用的任何在其受雇期间占有该信息的人，不得在被解雇之前或之后，以任何方式故意向任何其他人披露（或允许披露），只要该信息能够被其业务或事务与该信息有关的任何人的业务竞争人或竞争对手真正地利用：

　　（a）按本法第85条（1）（a）规定将信息指定为保密的；或者

　　（b）向署长提交了本法第79条（1）规定所指的声明及解释，如果涉及由其按本法第83条（3）规定提供的在本法规定中被称为"信息"的证据。

　　（2）披露

　　本条（1）规定不适用于：

　　（a）本法第85条（1）（b）规定所指的任何信息摘要或声明，或者本法第79条（2）规定所指的任何摘要；或者

　　（b）署长为按《世界贸易组织协定》附件2所规定的《关于争端裁决规定及程序的谅解》设立的某个工作组或裁决机构的司法程序而披露信息。

　　（3）向律师披露

　　作为本条（1）规定的例外，本条（1）规定所适用的信息，如果在本法规定项下的任何司法程序中向署长提供，署长应根据书面申请并收取规定费用，按其确定的方式及时间，向这些司法程序或从这些司法程序中产生的本法规定项下的其他司法程序中任何一方的律师提供，作为任何其他法律规定的例外只在这些司法程序中使用，并遵守署长规定的任何合理必要的条件，确保该信息如果没有向署长提供的人的书面同意不会由该律师以任何方式向任何人提供以真正使用或者可能向下列任何方提供：

　　（a）该司法程序或其他司法程序的任何一方，包括该律师所代表的一方；

　　（b）其业务或事务与该信息相关的任何人的任何业务竞争人或竞争对手。

　　（3.1）限制规定

　　署长有权不按本条（3）规定披露信息，如果署长相信披露信息可能对按本法第85条（1）（a）规定将该信息指定为保密信息的人的业务或事务造成重大伤害。

　　（4）律师的定义

　　在本条（3）规定中，"律师"，在本法规定项下的司法程序中，包括在该司法程序中代表该方的任何人，但不包括该方的领导、随从或雇员。

　　第85条

　　（1）指定为保密信息

　　如果为本法规定项下的司法程序向署长提供信息的人希望该信息的部分或全

部应予保密，该人应于该信息提供之时提交：

（a）一份指定其希望予以保密的信息按保密信息管理的声明，随附一份关于为什么他将该信息指定为保密的说明。以及

（b）一份按本款（a）规定被指定为保密信息的非保密的版本或非保密的摘要，详细程序应以能够合理地理解该信息的实质为准，或者一份载有以下内容的声明，并随附一份说明，解释为什么做出任何此类声明：

（i）无法制作此类非保密的版本或非保密的摘要；或者

（ii）此类非保密的版本或非保密的摘要能披露该人有正当理由希望予以保密的事实。

（2）解释

下列情况下，应视为按本条（1）（a）规定指定保密信息的人不遵守本条（1）（b）的规定：

（a）该人不提供本条（1）（b）规定所指的非保密的版本或非保密的摘要或者声明；

（b）该人按本条（1）（a）规定提供了被指定为保密信息的非保密的版本或非保密的摘要，但署长相信该提供没有遵守本条（1）（b）的规定；

（c）该人提供了本条（1）（b）规定所指的声明，但不提供解释做出任何此类声明的理由的说明；或者

（d）该人提供了本条（1）（b）规定所指的声明，但署长认为对为什么做出该声明的理由的解释不能证明其正当性。

第 86 条

（1）如果不遵守

如果某人已经按本法第 85 条（1）（a）规定指定了保密信息并且署长认为该项指定是必要的，但该人不遵守本法第 85 条（1）（b）的规定，署长应将该人遵守或不遵守的依据及本法第 87 条（3）规定的适用告知该人，如果该人没有在本法第 87 条所规定的期限内按该条规定采取必要的措施以遵守本法第 85 条（1）（b）规定。

（2）如果署长认定指定没有必要

如果某人按本法第 85 条（1）（a）规定指定了保密信息，并且由于该信息的性质、范围、从其他渠道的可获得性或者该人没有提供他为什么将其指定为保密信息的说明，署长认为将该信息指定为保密信息没有必要，应将下列事项告知该人：

（a）署长认为指定该信息为保密信息没有必要及署长这样认为的理由；

（b）告知本条（1）规定所指的事项，如果该人不遵守本法第 85 条（1）

（b）的规定。

第87条

（1）撤销指定或提交说明

某人如果因其按本法第85条（1）（a）规定指定保密信息而被按本法第86条（2）（a）规定告知，可以在被告知之后15天内：

（a）撤销该指定；或者

（b）向署长提交一份关于他为什么指定保密信息的说明或进一步说明。

如果该人在该15天期限内没有做上述两项作为中任何一项，署长在为该信息提供目的而进行的司法程序中或在任何由于这些司法程序而产生的司法程序中不应考虑该信息，除非是署长从他人处获得的信息。

（2）署长应考虑

如果某人按本条（1）规定在所指的15天期限内向署长提交一份关于他为什么指定保密信息的说明或进一步说明，署长应再次考虑是否考虑该说明或进一步说明，并且考虑将该信息指定为保密信息是否有必要，如果署长决定仍没有必要，应该告知该人该信息在所用于的司法程序中或在任何由于这些司法程序产生的司法程序中将不会被署长考虑，在此情况下，署长以后在任何司法程序中均不考虑该信息，除非是署长从他人处获得的信息。

（3）如果不遵守没有被纠正

除本条（4）另有规定外，如果某个已经按本法第86条规定被告知他不遵守本条第85条（1）（b）关于任何信息的规定的人，但该人在被署长按此告知之后15天以后或不超过被告知之后30天的更长期限内，无论是该人在该15天期限期满之前或之后，均没有在自己的决定权允许的范围内采取任何措施以遵守本条第85条（1）（b）规定，署长应负责告知该人该信息在所用于的司法程序中或在任何由于这些司法程序产生的司法程序中将不会被署长考虑，在此情况下，署长以后在任何司法程序均不考虑该信息，除非是署长从他人处获得的信息。

（4）例外规定

本条（3）规定不适用于任何署长按本条（1）或（2）规定被禁止在该信息所用于的司法程序中予以考虑的信息。

第88条　第86条及第87条的适用

本法第86条及第87条规定不适用于按本法第78条（3）规定提交给署长的证据。

第88.1条　对信息披露的禁止规定

如果法院书面提示署长，《加拿大国际贸易法院法》第46条（1）规定适用于按本法第76.03条（6）（b）规定向其提供的信息，联邦公共管理部门所雇用的任何在其受雇期间占有该信息的人，不得在被解雇之前或之后，故意以任何方式向任何其他人披露（或允许披露）该信息，只要这些信息能够被其业务或事务与该信息有关的任何人的业务竞争人或竞争对手真正地利用。

对谁是进口人的行政裁定

第 89 条

（1）申请对谁是在加拿大的进口人做出行政裁定

如果某个问题适用本法规定时同时涉及两个或多个作为已进口或将进口到加拿大的货物（对其应征或已征收关税的或如果进口将要征收关税的）的在加拿大的进口人的人，下列情况下署长有权并且根据该货物进口中任何利益关系人的申请，向法院申请对该问题做出行政裁定，除非（但仅限于）对已经进口到加拿大的货物已经：

（a）按本法第 55 条或第 56 条规定做出过一项认定；并且

（b）本款（a）规定所指的认定是 90 天以前做出的。

（2）同上

署长如果按本条（1）规定对本条（1）规定所指的问题提出一项行政裁定申请，应当：

（a）在该申请中陈述署长相信哪两个人或多个人是该货物在加拿大的进口人；

（b）在该申请中陈述哪些货物是与初步认定（在按本条第 31 条规定启动并且仍在继续进行的某项调查中做出的）中具体规定的货物有相同商品名称；

（c）向法院提供署长认为对考虑该问题有用的信息及法院有权要求提供的信息；并且

（d）将该申请通知法院的行政裁定所要求的人或法院有权要求的人。

（3）被视为仍在继续的调查

如果在任何调查中，署长对任何货物按本法第 41 条（1）规定做出一项倾销或补贴的最后决定，该调查适用本条（2）（b）规定时应被视为在法院对该货物做出一项命令或调查结论前仍在继续。

第 90 条　法院的行政裁定

如果按本法第 89 条（1）规定向法院申请对本法第 89 条（1）规定所指的问题做出行政裁定，法院应当：

（a）就该问题做出它的行政裁定，认定哪两个人或多个人是该货物在加拿大的进口人；

（b）除本条（c）另有规定外，收到该申请后立即对该问题做出它的行政裁定；并且

（c）如果该申请中含有一项按本法第89条（2）（b）规定做出的声明，在其在因收到本法第89条（2）（b）规定所指的初步认定的通知而开始的调查中做出一项命令或调查结论之前不得对该问题做出它的行政裁定，除非在向法院提出申请之后，法院按本法第41条（1）规定收到通知称已按本法第41条（1）规定对该初步认定中具体规定的货物终止了该调查，在此情况下，法院应在收到该通知之后立即做出它的行政裁定。

第91条

（1）规则

如果：

（a）按本法第89条（1）规定向法院提出了对本法第89条（1）规定所指的问题做出行政裁定的一项申请，

（b）在申请中按本法第89条（2）（b）规定做出了一项声明，并且

（c）法院对该问题的行政裁定是，该货物在加拿大的进口人不是署长按本法第89条（2）（a）具体规定的人，

应适用下列规定：

（d）在法院对该问题做出行政裁定之后，署长应当立即：

（i）重新审理任何按本法第41条（1）规定对该初步认定中所具体规定的货物做出倾销或补贴的认定，并根据情况确认、撤销或修改该最终认定，并且

（ii）将其按本项（i）规定采取的措施通知规定的人及政府，并在《加拿大政府公报》上公布且向法院递交；

（e）如果署长按本款（d）规定撤销某项最终认定，本法第41条规定应被视为此前没有适用过该最终认定所适用的货物而再次适用于这些货物，但是，本法第41条规定要求署长采取的措施，应作为本法第41条任何规定的例外，署长应在法院对该问题做出行政裁定之后60天之内采取；

（f）如果署长已经要求本法第89条（2）（b）规定所指的对该初步认定中具体规定的货物的调查按本法第41条（1）规定终止，法院应被视为按本法第46条规定书面通知署长要求要求发起对这些货物的倾销或补贴的调查，署长应按本法第31条（2）规定立即启动这项调查；以及

（g）法院有权自行决定或者根据署长或任何利益关系人的申请，在遵守本条（2）规定的条件下，按本条（2）规定项下的授权，重新审理任何本法第90条（c）规定所指的调查中由其做出的任何命令或调查结论，法院在按此重新审理时，有权在做出决定之前重新开庭审理任何诉讼标的。

（2）对重新审理命令或调查结论的限制规定

下列情况下，法院不得按本条（1）（g）规定的授权启动对某项命令或调查结论的重新审理：

（a）对本条（1）（a）规定所指的问题做出行政裁定之后超过90天；或者

（b）根据任何人的申请，但该人相信法院重新审理该命令或调查结论是必要的。

（3）完成重新审理

如果法院按本条（1）（g）规定的授权重新审理某项命令或调查结论：

（a）法院应立即完成重新审理并且无论如何不得超过其决定启动该重新审理之日后90天，完成重新审理后，法院应确认该命令或调查结论或者撤销该命令或调查结论，并根据该诉讼标的的性质对重新审理的命令或调查结论所适用的货物做出另一项命令或调查结论。如果做出另一项命令或调查结论，法院应宣布该命令或调查结论适用于哪项货物（必要时包括适用来自哪个供应人和来自哪个出口国家的）。

（b）法院应通过挂号邮件向署长、进口人、出口人、法庭规则可能具体规定的其他人及政府寄送：

（i）按本款（a）规定对该命令或调查结论采取的措施以及一份该另一项命令或调查结论［如果按本款（a）规定做出另一项命令或调查结论］，在重新审理完成之后立即；以及

（ii）一份所采取的措施的理由，在重新审理完成之后15天之内。并且

（c）立即负责在《加拿大政府公报》上公布该命令或调查结论的通知，如果法院按本款（a）规定做出另一项命令或调查结论。

（4）单独做出命令或调查结论

如果本条（1）（g）规定的授权项下的重新审理涉及美国的货物也涉及其他国家的货物，并且法院应按本条（3）（a）规定做出另一项命令或调查结论，法院应对美国的货物按本条（3）（a）规定单独做出一项命令或调查结论。

第92条　按第55条规定认定

按本法第55条规定对任何进口货物做出的认定（因为该货物的进口人是某个随后法院对其做出行政裁定的人，但他过去不是该货物的进口人），应被视为没有被做出，并且从本法第55条规定的意义上讲，法院对与该进口货物的商品名称明显相同的货物做出的命令或调查结论的日期应被视为是：

（a）法院确认该命令或调查结论的日期，如果法院在做出行政裁定之后，应按本法第91条（1）（g）规定重新审理该命令或调查结论并予以确认；

（b）做出另一项命令或调查结论的日期，如果法院在做出它的行政裁定之

后，应按本法第 91 条 (1) (g) 规定重新审理后撤销该命令或调查结论并做出另一项命令或调查结论；以及

(c) 法院的行政裁定的日期，在任何其他情况下。

第 93 条　按第 56 条、第 57 条或第 59 条规定认定

按本法第 56 条、第 57 条或第 59 条规定对任何货物做出的认定或重新认定 (因为该货物的进口人是某个随后法院对其做出行政裁定的人，但他过去不是该货物的进口人)，适用本法第 56 条规定时，应被视为从下列两个日期中较早一个日期开始计时：

(a) 法院做出行政裁定之日后第 60 天；与

(b) 按本法第 56 条规定对该货物做出另一项认定的日期。

第 94 条　行政裁定的约束力

法院对任何已进口或将进口到加拿大的货物进口人的问题做出的行政裁定，对署长及加拿大边境事务署在本法的管理及执法中所雇用的所有人在该行政裁定所涉及的具体货物方面具有约束力，除非法院被瞒骗所误导或者 (仅限于将要进口到加拿大的货物) 署长在法院做出行政裁定之后发现有法院在做出行政裁决时没有获得的重要事实。

第 95 条　署长应提供进口人的姓名

任何与货物进口到加拿大相关的利益关系人如果申请署长提供该货物的进口人的姓名，除规定的情况外，署长应立即向该人提供进口人的姓名。

收集信息

第 96 条　署长有权提前收集信息

为了便于本法的管理及执法，署长如果相信向某个在加拿大的进口人销售的货物或者位于加拿大境外或处于加拿大境外生产过程中的货物与或者可能与本法第 3 条、第 5 条或第 6 条规定所指的法院的某项命令或调查结论所适用的货物的商品名称相同，并且这些货物将要或可能要被进口到加拿大，有权为了在这些货物进口前确定它们的倾销幅度或对它们的补贴金额，向在加拿大境内或境外的人按其认定符合情况需要的方式及格式，收集其认为对此有用的信息。

申请审查

第 96.1 条

(1) 申请司法审查

除本法第 77.012 或第 77.12 条另有规定外，可向联邦上诉法院申请审查或搁置：

（a）本法第 41 条（1）（a）规定项下署长的某项最终认定；

（b）本法第 41 条（1）（b）规定项下署长要求终止某项调查的决定；

（c）本法第 53 条（1）规定项下某项署长续签或不续签某项承诺的决定；

（c.1）本法第 43 条（1）规定项下的某项命令或调查结论；

（d）本法第 76.01 条（4）或第 76.03 条（5）规定项下法院的某项命令；

（d.1）本法第 76.03 条（7）（a）规定项下署长的某项认定；

（e）本法第 76.02 条（4）规定项下法院对本法第 76.02 条（1）规定项下的某项审查做出的某项命令或调查结论；

（f）本法第 76.01 条（5）或第 76.03 条（12）规定项下法院的某项命令；或者

（g）本法第 91 条（3）规定项下法院的某项命令或调查结论。

（2）申请理由

如果署长或法院（按适用情况选定）有下列问题的，可按本条规定提出申请：

（a）署长或法院的作为没有管辖权或超出其管辖权或者拒绝行使该管辖权；

（b）署长或法院不遵守法律要求其遵守的自然正义、程序公正的原则或其他程序；

（c）署长或法院做出的某项决定或命令中的法律错误，不论是否是在记录员在场时出现的错误；

（d）署长或法院以某种反常或任性的方式或者不考虑他们案头的材料做出某项决定或命令或者某个错误的事实调查结论；

（e）署长或法院根据虚假或伪造证据的作为或不作为；或者

（f）署长或法院以其他任何违反法律规定的方式作为。

（3）提交申请

除本法第 77.012 条（2）另有规定外，该认定、决定或命令或调查结论所直接影响的任何人，均可在该认定、决定或命令或调查结论由署长或法院首次通知该人之时后 30 天内，或者在联邦上诉法院或法院的某个法官有权在该 30 天期限到期之前或之后确定或允许的另外期限内，向联邦上诉法院提交一份书面申请通知，按本条规定提出审议申请。

（4）剥夺初审法庭的管辖权

如果联邦上诉法院按本条规定对开庭审理、对某项审查申请做出决定并搁置某项认定、决定或命令或调查结论拥有管辖权，初审法庭对涉及该认定、决定或命令或调查结论的某些司法程序便不拥有管辖权。

（5）简易方式开庭审理

本条规定项下的申请应立即并以简易方式依照《联邦法院法》第 18.1 条及第 28 条规定的司法审议的申请规则开庭审理并做出决定。

（6）处置

对本法规定项下的申请，联邦上诉法院有权驳回申请，搁置该认定、决定或命令或调查结论及搁置该最终认定、决定或命令或调查结论，或者将诉讼标的退回署长或法院（按适用情况选定）按其认为适当的指示做出认定。

第 96.11 条

（1）不适用

《联邦法院法》第 18.3 条（1）规定在本法规定项下涉及某个 NAFTA 国家的货物的司法程序方面不适用于署长或法院。

（2）第 96.2 条中止适用

在本条（1）规定有效期内，本法第 96.2 条规定中止有效。

第 96.2 条　不适用

《联邦法院法》第 18.3 条（1）规定在本法规定项下涉及美国的货物的司法程序方面不适用于署长或法院。

第 96.21 条

（1）申请对最终认定进行审查

国际贸易部长有权按某个 NAFTA 国家使《北美自由贸易协定》生效的法律所规定的方式，申请按该项法律规定审查某项最终认定。

（2）同上

除对于某个 NAFTA 国家使《北美自由贸易协定》生效的法律外，任何按该 NAFTA 国家法律规定符合条件启动本国程序对某项最终认定进行司法审议的人，有权向加拿大秘书提交一份申请，申请由按该项法律规定设立的工作组对该最后认定进行审查。

（3）视为

本条（2）规定项下的申请应被视为部长申请的《北美自由贸易协定》第 1904 条第 4 款规定所定义的两国审查。

（4）期限

本条（1）或（2）规定项下的申请，只能在该最后终认定的通知在该 NAFTA 国家的官方出版刊物上公布之日后 30 天内提出，或者如果涉及一项没有按此方式公布的最终认定，只能在部长收到该最终认定的通知之日后 30 天内提出。

（5）最终认定的定义

在本条规定中，"最后终定"，按《北美自由贸易协定》附件 1911 规定定义。

（6）第 96.3 条中止适用

在本条规定的有效期内，本法第 96.3 条规定中止有效。

第 96.3 条

（1）申请对最终决定进行审查

国际贸易部长有权按美国使《北美自由贸易协定》生效的法律所规定的方式，申请按该项法律规定审查某项最终认定。

（2）同上

根据任何按美国法律规定（除对于美国使《北美自由贸易协定》生效的法律外）符合条件启动本国程序对某项最终认定进行司法审查的人向加拿大秘书提出的申请，国际贸易部长应按美国使《北美自由贸易协定》生效的法律规定的方式申请由按该项法律规定设立的工作组对该最后认定进行审查。

（3）期限

该最后认定的通知在《美国联邦政府公报》上公布之日后 25 天之后，或者如果涉及一项没有在《美国联邦政府公报》上公布的最终认定，在部长收到该最终认定的通知之日后 25 天之后，不得按本条（2）规定向加拿大秘书提出任何申请。

（4）最终认定的定义

在本条规定中，"最终认定"，按《北美自由贸易协定》第 1911 条的"最后认定"一词的定义中（b）项规定定义。

犯　法

第 96.4 条

（1）犯法

任何人犯有以下行为为犯法：

（a）将署长按本法第 84 条（3）规定向该人披露的信息用于按本法第 84 条（3）规定披露信息的目的以外的目的；或者

（b）违反署长按本法第 84 条（3）规定的某项条件。

（2）处罚

本条（1）规定为犯法的每个人：

（a）犯有一项即席判决的犯罪，处不超过 1000000 加元罚金；或者

（b）犯有一项可按简易程序定罪的犯罪，处不超过 100000 加元罚金。

（3）同意

本条规定项下违法的司法程序的启动无须经过加拿大司法部长书面同意。

实施细则

第 97 条

（1）实施细则

总督有权根据部长及财政部长的建议制定实施细则：

（a）规定本法规定的哪些事项应由或可以由实施细则规定。

（a.1）规定以下因素在认定时可以考虑：

（i）损害、延缓或者损害威胁的存在；以及

（ii）该损害、延缓或者损害威胁是否是任何货物或其他原因造成的。

（b）规定两份或多份符合文档处理规定的投诉、调查或法院调查可以合并为一项投诉、调查或法院调查进行的情况及方式，以及该合并的通知应发送的人及方式。

（c）［1994 年废止］

（d）对"关税及国内税"一词适用本法第 2 条（1）规定中"补贴"的定义时做出定义。

（e）对"生产成本""管理、销售及所有其他成本的合理金额"及"利润的合理金额"等词语适用本法第 19 条（b）或本法第 20 条（1）（c）（ii）规定时做出定义。

（e.1）规定货物的生产成本及与货物有关的管理、销售或所有其他成本的计算方法。

（f）对"利润的合理金额"一词适用本法第 25 条（1）（c）（ii）或（d）（i）规定时做出定义。

（f.1）对"生产的启动期"一词适用本法第 23.1 条规定时做出定义，包括规定在认定启动期的时间时应考虑的因素。

（f.2）规定适用本法第 30.3 条（3）规定时，确定倾销幅度的方式，包括确定可确定的最大倾销的方式。

（g）对"利益关系人"一词适用本法第 45 条（6）或者本法第 89 条或第 95

条规定时做出定义。

（g.1）将加拿大或美国的某个政府视为有资格按本法第 77.11 条（2）规定向加拿大秘书提出申请的人。

（g.11）将加拿大或某个 NAFTA 国家的某个政府视为有资格按本法第 77.011 条（2）规定向加拿大秘书提出申请的人。

（g.2）对"美国的货物"一词适用本法规定时做出定义。

（g.21）对"某个 NAFTA 国家的货物"一词适用本法规定时做出定义。

（g.22）对各个 NAFTA 国家的货物确定哪份刊物应被视为该国家适用本法规定时的官方刊物。

（g.23）确定"智利的货物"适用本法规定时的定义。

（h）规定总督按本法第 7 条（1）规定命令进行的调查应遵守的程序。

（i）规定在本法第 21 条（1）规定所指的销售之时如何在加拿大境内或境外的通行利率中或参照这些通行利率选定某个利率，在本法第 21 条（1）（a）（ii）（B）规定所指的情况下做出本法第 21 条（1）（a）规定所指的认定应参照的。

（j）规定在本法第 27 条（1）规定所指的销售之时如何在加拿大境内或境外的通知利率中或参照这些通行利率选定某个利率，在本法第 27 条（1）（a）（ii）（B）规定所指的情况下做出本法第 27 条（1）（a）规定所指的认定应参照的。

（k）规定确定或具体规定以加拿大以外某个国家的货币表示的某个金额在用于本法管理或执法的目的或应考虑时应当确定、认定或计算的相当于加元的价值的日期。

（k.1）规定确定用于计算涉及远期市场上外国货币销售的出口销售价格汇率的方法。

（k.2）规定在汇率波动或持续变动情况下对出口价格及正常价格进行调整的方法。

（k.3）规定署长有权拒绝考虑本法第 49 条（5）规定所指的申请之后的期限。

（k.4）规定署长在按本法第 76.03 条（7）（a）规定做出某项认定时可以考虑的因素。

（k.5）规定法院在按本法第 76.03 条（10）规定做出某项认定时可以考虑的因素。

（k.6）规定将本金及利息分摊入进口货物的方法，如果这些金额包括一部分与该货物的价值不直接相关的费用。以及

（1）制定实现本法立法目的及规定的一般规定。

（2）规定利率的实施细则

总督有权根据财政部长的建议，制定实施细则规定适用本法规定时的某个利率或确定某个利率的方法。

命　　令

第 98 条

（1）中止适用的命令

总督有权为了确保本法符合《补贴协定》的规定而发布命令，全部或部分修改本法对任何国家的任何规定或中止这些规定的适用。

（2）命令的有效期

任何一项按本条（1）规定做出的命令，除非被撤回，应在该命令具体规定的期限内有效。